생활
법률

초 판 발 행 | 2006년 3월 15일
초판5쇄발행 | 2012년 9월 20일

지은이 | 금태환 김경욱 김성탁 김현준 김혜정 박인수
박홍규 배병일 서정욱 성낙현 신우철 이동형 이부하
이상욱 이용호 임재홍 전우현 정태욱 채형복
펴낸곳 | 영남대학교 출판부

디자인 | 김선주

출판등록 | 경산 제16-1호 • 등록일자 | 1975년 9월 5일
주소 | 경북 경산시 대동 214-1
전화 | 053 · 810 · 1801 ~ 4 • 팩스 | 053 · 810 · 4722
E-mail | behappy@yumail.ac.kr

ISBN 89-7581-299-5 03360

저자와의 협약으로 인지를 생략합니다.
잘못된 책은 바꾸어 드립니다.

값16,000원

# 생활법률

금태환 김경욱 김성탁 김현준
김혜정 박인수 박홍규 배병일
서정욱 성낙현 신우철 이동형
이부하 이상욱 이용호 임재홍
전우현 정태욱 채형복

영남대학교출판부

이 책은 법학을 전공하지 않은 일반인들을 위해, 생활 속의 법률문제를 알기 쉽게 설명한 책이다. 비전공자에게 법학이란 꽤나 어려운 것으로 생각되는 경향이 있으나, 사실은 그렇지 않다. 왜냐하면 법학이란 사람과 사람, 그리고 사람과 사회의 관계를 규율하는 매우 현실적인 학문이기 때문이다. 그러한 관계를 원활하게 유지하기 위하여 요구되는 법을 위반하면, 형벌을 받거나 손해배상의 책임을 져야 한다.

따라서 사람답게 살려면 법에 대한 최소한의 상식이 당연히 요구된다. 이 책은 그러한 생활 상식을 법의 차원에서 교양으로 제공하기 위해, 법과대학 교수들이 각자 담당하는 전공 분야의 법에 대한 기본 상식을 사례 중심으로 풀이한 것이다. 지면의 제약상 많은 문제가 다루어지지는 못했지만, 기본적인 것은 대부분 언급되어 있다.

이 책에서 설명된 법원칙들을 제대로 익히면 실생활에서 법문제에 부딪혔을 때 매우 현명하게 대처할 수 있을 것으로 생각한다. 아무쪼록 많은 이들이 이 책을 벗삼아 생활 속의 법률상식을 익혀서 법치사회, 민주사회의 훌륭하고 교양있는 시민이 되기를 당부한다. 급격하게 변모하는 여러 법의 모습을 꼼꼼하게 그려주신 교수님들과 교정에 수고한 법학연구소 간사 이선주, 조교 이명주, 그리고 집필을 지원하고 출판을 맡아준 영남대학교출판부에 진심으로 감사한다.

2006. 2. 28.

집필자 일동

# 차례

# 차례

## 제3장 _ 행정법 • 금태환 · 임재홍 · 김현준



## 제4장 _ 민법 • 이상욱 · 배병일

차례

차례

Computer 法

# 컴퓨터와 법

정태욱

## 유명 상표와 유사한 도메인을 상업적으로 활용하는 경우

● **사례**

A는 'www.viagra.co.kr'이라는 인터넷 도메인 이름으로 홈페이지를 개설하여 통신망으로 생칡즙, 칡수 등을 팔고 있는 쇼핑몰 운영자였다. 이에 대해 비아그라 제조사인 미국의 화이자 프로덕츠(Pfizer Products Inc.)와 한국내 자회사인 화이자제약(주)은 도메인등록 말소 및 사용금지 청구를 하였다.

**사례의 해결 |** 도메인 분쟁은 인터넷이 발전하면서 새로 발생하는 법적 문제이므로 아직 논란이 많지만, 점점 물리적 공간에서의 상표권자의 기존의 이익을 보호하는 쪽으로 법리가 형성되어 가고 있다. 위의 사례는 실재하였던 사건으로 그에 관한 법원의 판단은 제1심과 제2심의 견해가 달랐다.

1심 재판부는 인터넷 사이트에서 판매한 칡즙은 성기능장애 치료제(비아그라)와 전혀 관계가 없는 상품이고, 또한 외국계 기업이 건강식품으로써 칡즙을 판매하는 것은 일반인들이 보기에 이례적이라는 등의 이유로 상표권 침해행위가 되지 않는다고 판단하였다. 그리고 외국계 기업이 칡즙 등 재래건강식품을 판매하는 것이 일반적으로 생각되지는 않는다는 점 등을 언급하면서 영업주체를 혼동할 위험을 초래하지 않았고 따라서 부정경쟁이 아니라면서 원고 청구를 기각하였다.

그런데 위 사건 항소심에서는 그 결론이 바뀌게 되었다. 즉 원심이 파기되어 파이저사가 승소하였다. 발기부전 치료제의 표지로서 국내에 널리 인식된 'Viagra'라는 상품표지가 생칡즙이라는 상품에 사용됨으로써 그 식별력이 손상될 것으로 봄이 상당하므로, 이 사건 도메인네임을 사용하여 피고들이 생칡즙을 판매하는 행위는 'Viagra'라는 표지의 식별력을 손상하게 하는 행위에 해당한다고 본 것이다.

비아그라 사건의 항소심은 영업혼동과 부정경쟁을 긍정하였을 뿐 아니라, 보다 중요하게는 이른바 '상표 희석화의 법리'를 적극적으로 고려하였다. 희석화의 법리란 상표의 고객흡인력을 저해(희석화(dilution))하는 것을 일반적으로 금지할 수 있도록 하는 것으로서 저명한 상표권자를 보호하는 법리이다.

이는 부정경쟁방지법이 개정된 것에 큰 영향을 받은 것으로 보인다. 부정경쟁방지및영업비밀보호에관한법률은 2001년 개정을 통하여 유명상표와의 혼동 외에 비상업적 사용 등 정당한 사유없이 유명상표의 표지의 '식별력이나 명성을 손상시키는 행위'를 부정경쟁행위의 유형으로 추가하였던 것이다 (법 제2조 제1호 다목).

## 북한 사이트를 방문한 경우

**● 사례**

A는 인터넷 사이트들을 돌아 다니다가 북한에서 운영하는 사이트를 보았다. A는 그 사이트의 게시판에 글을 올리기도 하였고, 또 그 사이트의 정보를 다운 받아 자신의 홈페이지에 올려놓기도 하였다. A의 행위는 허용되는가?

**사례의 해결 |** A의 행위는 현행 국가보안법상 문제될 여지가 있다. 게시판에 글을 올리는 행위는 현행 국가보안법상 회합, 통신의 죄에 해당할 수 있고, 그 사이트의 정보를 다운받아 자신의 홈페이지에 올린 행위는 찬양 고무죄에 해당할 수 있다. 해당 규정은 다음과 같다.

국가보안법 제8조 (회합 · 통신등)

① 국가의 존립 · 안전이나 자유민주적 기본질서를 위태롭게 한다는 정을 알면서 반국가단체의 구성원 또는 그 지령을 받은 자와 회합 · 통신 기타의 방법으로 연락을 한 자는 10년 이하의 징역에 처한다.

제7조 (찬양 · 고무등)

① 국가의 존립 · 안전이나 자유민주적 기본질서를 위태롭게 한다는 정을 알면서 반국가단체나 그 구성원 또는 그 지령을 받은 자의 활동을 찬양 · 고무 · 선전 또는 이에 동조하거나 국가변란을 선전 · 선동한 자는 7년이하의 징역에 처한다.

국가보안법의 법문언을 엄격히 해석하면 자유민주적 기본질서를 위태롭게 한다는 사실을 인지하고 하는 행위만 처벌할 수 있으나, 기존의 국가보안법의 적용실태는 그것을 상당히 넓게 인정하고 있음에 유의하여야 한다. 그러나 최근 국가보안법 개정의 논의가 공론화 되면서 사법당국의 대처도 많이 완화되고 있다.

현재 경찰청이 파악해 관리하고 있는 친북 인터넷 사이트가 열 곳이 넘는 것으로 알려져 있다. 모두 미국과 일본 등 해외에서 제작하고 있는 것들이다. 경찰은 '컴퓨터범죄수사대'를 통해 이들 사이트의 동향을 관찰하며, 노골적으로 북한을 선전하면 내용이 있을 경우 그 때마다 정보통신부에 통보해 접속불가 조처를 내리도록 하고 있다.

과거 대표적인 북한 사이트로서는 중국 베이징에 본부를 둔 북한의 범태평양조선민족경제개발촉진협회가 개설한 '조선인포뱅크' 사이트를 들 수 있다. 그 사이트는 △김정일의 최근 활동 내용을 월별로 담은 뉴스리포트 △무역상사를 비롯한 업체 소개 △각종 조선의 수출입 품목 소개 △북한의 문화유적과 전통 · 영화 · 음악 등을 아우른 문화광장 또 △냉면 · 개피떡 · 녹두묵채 등 평양의 유명음식과 그 요리법을 자세히 안내한 조선료리 △북한의 한의학을 소개한 조선의학 등의 내용을 별도 코너로 마련해 놓고 있는 등 과학기술 정보 등 정치군사 정보를 제외한 북한에 대한 거의 모든 정보를 소개하고 있다. 경찰당국은 그 사이트들에 대하여 주로 경제, 과학기술, 문화 등에 관한 내용이 중심이어서 접속불가 조처를 내리지는 않았다.

## 컴퓨터 관련 저작권의 문제

**● 사례**

A는 마이크로소프트사의 엑셀 프로그램을 집에서 복제하여 개인적으로 사용하고 있다. A의 행위는 저작권에 위반되는가?

**사례의 해결** A의 행위는 처벌되지 않는다. 컴퓨터프로그램의 복제는 일정한도 내에서는 허용된다. 그것이 이른바 프로그램 저작권의 제한이다. 이에 대하여는 컴퓨터프로그램보호법 제12조에 규정되어 있다. 동규정은 다음과 같다. 저작권 제한에 대한 일반적 이해를 위해서 위 사례의 경우에 국한하지 않고, 법조문 전부를 인용해 본다.

컴퓨터프로그램보호법 제12조(프로그램저작권의 제한)

다음 각호의 1에 해당하는 경우에는 그 목적상 필요한 범위안에서 공표된 프로그램을 복제 또는 사용할 수 있다.

1. 재판을 위하여 필요한 경우

2. 초 · 중등교육법, 고등교육법에 의한 학교 및 다른 법률의 규정에 의하여 설립된 교육기관(상급학교 입학을 위한 학력이 인정되거나 학위를 수여하는 교육기관에 한한다)에서 교육을 담당하는 자가 당해 프로그램의 종류 · 용도 · 전체 프로그램에서 복제된 부분이 차지하는 비중, 복제의 부수 및 특성에 비추어 프로그램저작권자의 이익을 부당하게 해하지 아니하는 범위안에서 수업과정에 제공할 목적으로 하는 경우

3. 고등학교 및 이에 준하는 학교이하의 교육목적을 위하여 필요한 교과용도서에 게재하는 경우

4. 가정과 같은 한정된 장소에서의 개인적인 목적(영리를 목적으로 하는 경우를 제외한다)으로 하는 경우

5. 학교의 입학시험 그 밖의 학식 및 기능에 관한 시험 또는 검정을 목적(영리를 목적으로 하는 경우를 제외한다)으로 하는 경우

위에서 보는 바와 같이 프로그램보호법 제12조 제4호에 '가정과 같은 한정된 장소에서의 개인적인 목적을 위하여 복제 또는 사용하는 경우' 라고 규정하고 있다. 이 규정은 구체적 제한도 없이 실제로 특정 프로그램을 가정과 같은 한정된 장소에서 사적 이용을 위하여서는 자유로이 복제할 수 있으며, 사용할 수 있다는 규정으로서 저작권 제한 규정 중 가장 포괄적이며 대표적인 규정이다.

그런데 문제는 대부분의 사람들은 가정에서 직접 복제하는 것이 아니고, 시중에서 상업적으로 복제한 것을 구입하여 가정에서 사용하게 된다. 과연 이 경우까지 허용될 것인가, 이에 대하여는 부정적인 견해가 우세하다. 프로그램 보호법 제12조 제4호에 명시적인 규정이 없다 하여도 개인적 목적의 복제에는 반드시 이용자 '본인' 이 직접 가정에서 복제할 경우에 한정된다고 범위를 축소하는 것이 일반적이다.

# 해킹의 법률문제

● **사례 1(악의 없는 단순 해킹)**

부산 Y고교 2학년생인 김OO군(17세)은 컴퓨터 기술을 배우는 과정에서 순전히 호기심에 의하여 자신의 집의 인터넷을 이용하여 전국의 17개 대학 및 기업체의 전산망에 침투하여 각종 자료를 열람하였다. 이러한 단순한 해킹도 처벌되는가, 만약 처벌된다면 어떤 벌을 받게 되는가?

**사례의 해결** 단순한 호기심에 의한 해킹이라도 비밀번호를 풀고 다른 사람의 컴퓨터나 메모리에 침입하는 행위 자체가 범죄를 구성한다. 어떤 이들은 악의의 목적이 없는 해킹은 적어도 형사법적으로 처벌되는 범죄로 규정되어서는 안 된다고 주장하기도 하지만, 현행법상 이들의 주장은 수용될 수 없다. 비록 무해한 해킹이라고 하여도 비밀장치, 즉 고유한 아이디와 패스워드를 입력하는 경우에만 접근이 가능한 컴퓨터에 침입을 한다거나 혹은 네트워크 상의 정보를 몰래 취득하는 것은 범법행위로 간주된다. 즉 해킹은 비록 시스템과 정보에 어떤 직접적인 손상을 가하지 이전에도 정보사회의 건전한 정착을 위해 필수불가결한 보안과 신뢰를 해친다는 점에서 범죄성이 인정된다는 것이다.

정보통신망이용촉진및정보보호등에관한법률 제48조(정보통신망 침해행위 등의 금지) 제1항은 누구든지 정당한 접근권한 없이 또는 허용된 접근권한을 초과하여 정보통신망에 침입하여서는 아니된다고 규정하고 있다. 이를 위반하면 동법 제63조 제1항의 벌칙에 따라 3년 이하의 징역 혹은 3천만 이하의 벌금을 받게 된다. 그러나 주의할 것은 위와 같은 비밀침해죄는 잠금장치가 되어 있는 시스템의 경우에만 적용된다는 것이다. 그리하여 만약에 시스템에 접속되어 있는 상태에서 자리를 비웠거나 혹은 공용으로 쓰는 전산실에서 자신의 사이트에 텔넷이나 ftp로 서버에서 작업을 하거나, 웹메일 서버에 접속하여 편지함을 확인하다가 로그아웃하지 않고 그냥 자리를 뜬 경우, 타인이 와서 그 시스템에 있는 정보를 탐지하였다고 하여도 이는 비밀침해죄가 성립하지 않게 된다. 이는 형법상의 주거침입죄의 경우와 대조적이다. 주거침입죄는 문이 열려있든 닫혀있든 관계없이 주인의 의사에 반하여 주거에 무단침입하면 처벌될 수 있지만, 컴퓨터상의 비밀침해죄는 그와 다르다.

**● 사례 2(패킷 스니퍼링)**

대구 Y고교 1학년생인 김OO군(16세)은 컴퓨터 기술을 배우면서 전산망에 전산망에 침투하지 않은 채 네트워크 상의 데이터 흐름을 모니터하는 프로그램을 개발하여 이용자의 ID와 Password를 알아내었다. 김군의 행위는 어떻게 처벌되는가?

**사례의 해결** 해킹의 기술은 단순히 전산망을 침투하는 것만이 아니라 위와 같은 패킷 스니퍼링도 포함한다. 그렇게 하여 정보를 몰래 알아낸 행위자가 그 정보를 도용하거나 누설하였는가는 묻지 않는다. 즉 단지 이용자의 ID와 Password를 몰래 알아낸 것만으로 범죄를 구성하는 것이다. 정보통신망의 안전을 확보하기 위해서는 전산시스템 내의 보호조치뿐 아니라 유통의 안전을 위한 보호조치도 또한 필요한 것이며, 이러한 패킷 스니퍼링은 특정 전산시스템에 직접 침투하는 것보다 그 위험성이 더 크다고 할 수 있어 단순 해킹보다 더 무겁게 처벌된다.

정보통신망이용촉진및정보보호등에관한법률 제49조(비밀 등의 보호)에서는 '누구든지 정보통신망에 의하여 처리 · 보관 또는 전송되는 타인의 정보를 훼손하거나 타인의 비밀을 침해 · 도용 또는 누설하여서는 아니 된다'고 하여 '전송' 중인 정보를 빼내가는 행위 자체를 불법을 규정하고 있으며, 동법 제62조에 의하여 5년 이하의 징역 혹은 5천만원 이하의 벌금형을 받게 된다.

● **사례 3**(해킹 후 데이터나 프로그램 등을 부정조작하여 업무처리를 그르치게 하는 경우)

A는 평소 미워하는 B의 컴퓨터를 해킹하여 그 업무처리 프로그램에 버그를 침투시켜 놓았다.

**사례의 해결** A는 형법 제314조 제2항의 컴퓨터등 손괴(전자기록등손괴, 컴퓨터등장애) 및 업무방해 죄로 처벌받게 된다. 동규정은 다음과 같다.

형법 제314조 제2항

컴퓨터등 정보처리장치 또는 전자기록등 특수매체기록을 손괴하거나 정보처리장치에 허위의 정보 또는 부정한 명령을 입력하거나 기타 방법으로 정보처리에 장애를 발생하게 하여 사람의 업무를 방해한 자도 제1항의 형(5년 이하의 징역 또 는 1,500만원 이하의 벌금)과 같다.

해커가 침투하여 컴퓨터 등 정보처리장치 내에 있는 데이터나 프로그램을 부정 조작하여 결과적으로 업무처리를 그르치게 했을 경우는 '정보처리 업무방해' 에 해당된다. 즉 해커가 단순히 정보를 엿보거나 복사한 행위를 지나쳐 프로그램이나 데이터를 부정 조작하여 컴퓨터가 정보처리를 함에 있어서 장애를 일으켰을 경우는 해커의 행위는 형법상 '업무방해죄' 에 해당된다.

나아가 해커가 컴퓨터 등에 수록된 전자기록 등을 못쓰게 망가뜨렸을 경우에는 전자기록 등의 손괴행위로 봐 형법상 '기물손괴죄' 에 해당될 수 있다. 전자기록 등에 수록된 데이터나 프로그램 또는 데이터베이스에 축적된 정보를 해커가 침투하여 몽땅 지워버렸을 경우 '재물손괴' 행위로 보는 것이 다수의 견해이다.

# 인터넷 성범죄

● **사례 1**(음란 화상 채팅방을 이용하거나 그 사이트를 운영하는 경우)

인터넷 화상채팅 사이트인 씨엔조이(www.seenjoy.com)의 공개대화방에서 회원 21명이 각종 음란행위를 연출하였고, 그 운영자는 채팅방에 몰래 들어가 다른 회원들의 음란행위 영상을 몰래 볼 수 있도록 하는 '투명인간' 아이템을 판매하는 경우 그 회원과 운영자는 어떤 처벌을 받게 되나.

**사례의 해결** | 비록 회원들 상호 간에 이루어지는 음란행위라고 하지만, 회원이면 누구나 임의로 접근할 수 있으며, 또 비회원의 경우에도 투명인간의 아이템과 같은 수단으로 관람할 수 있다는 사실을 알고 있다고 할 때, 그들의 행위는 정보통신망을 통하여 음란한 화상을 전시한 자에 해당하여 처벌을 면치 못한다. 정보통신망이용촉진및정보보호에관한법률 제65조 '정보통신망을 통하여 음란한 부호 · 문언 · 음향 · 화상 또는 영상을 배포 · 판매 · 임대하거나 공연히 전시한 자'에 해당한다.

또한 그러한 사이트를 운영하고 심지어 투명인간 아이템을 판매한 운영자는 그러한 정보통신망을 통한 음란 화상 전시를 교사하거나 방조한 행위로 볼 수 있으며, 따라서 당연히 그와 같이 처벌됨은 물론이고 오히려 죄질은 더욱 무거워 실제 양형에서는 단순 음란 행위 전시자보다 중하게 처벌될 것이다.

한편 음란 화상채팅을 캡쳐하여 인터넷 상에 유통시키는 것은 별도의 범죄를 구성한다. 그것을 인터넷 망에 유통시키는 것은 앞서 본 정보통신망법의 음란 영상을 배포 및 전시의 죄에 해당할 것이며. 또한 그 캡쳐 행위가 해킹을 통하여 이루어진다면, 그에 대한 처벌도 당연하다. 문제는 음란 화상채팅을 본인의 의사에 반하여 캡쳐하는 것 자체도 처벌되어야 마땅할 것인데, 현재로서는 성폭력범죄의처벌및피해자보호등에관한법률 제14조의2(카메라등이용촬영)을 활용하는 방법밖에 없어 보인다. 그 규정은 '카메라 기타 이와 유사한 기능을 갖춘 기계장치를 이용하여 성적 욕망 또는 수치심을 유발할 수 있는 타인의 신체를 그 의사에 반하여 촬영한 자는 5년이하의 징역 또는 1천만원이하의 벌금에 처한다' 고 되어 있어, 캡쳐 행위가 '신체' 를 직접 촬영하는 것은 아니라는 항변이 있을 수 있겠지만, 아무리 죄형법정주의라고 하여도 그렇게까지 엄격하게 해석할 필요는 없어 보인다.

**● 사례 2(인터넷을 통한 성매매)**

A는 인터넷 채팅 사이트에 '월수입 400' 이라는 방을 만들어 윤락 의사가 있는 19세 미만의 여성 10명을 모집한 뒤 250여 차례에 걸쳐 윤락을 알선하고 920여 만원을 챙겼다. A는 어떤 처벌을 받는가?

**사례의 해결 |** 인터넷을 통한 성범죄 가운데, 오늘날 특히 커다란 사회문제로 대두하고 있는 것이 원조교제이다. 원조교제는 일상생활상의 용어이고, 그것의 정확한 법적 표현은 청소년 성매매 혹은 윤락행위라고 하여야 할 것이다. 19세 미만의 원조교제에 대한 법적 규제로는 청소년의성보호에관한법률이 있다.

여기서의 문제는 원조교제를 위한 채팅 등의 서비스를 제공하는 인터넷 사업체가 과연 어떻게 되는가하는 것이다. 청소년성보호법에서는 그 알선, 중개행위를 처벌하고 있다. 따라서 채팅에서 원조교제 등을 목적으로 하는 대화방을 만들거나 혹은 원조교제의 희망자와 요청자들을 상호 연결해 주었다면 이는 범법행위가 된다. 그것을 영리를 목적으로 하였든 그렇지 않든, 혹은 일회적으로 하였든 반복적으로 하였든 상관없이 처벌된다.

그런데 단지 일반적인 채팅서비스만을 제공하고, 그것을 사용자들이 원조교제의 기회로 이용하는 경우라면 원조교제의 당사자는 몰라도 그 서비스 제공자는 처벌될 수 없다. 따라서 실질적으로 원조교제 등의 윤락행위의 알선 중개의 죄로 처벌하기는 쉽지 않다. 현재 여러 메신저 프로그램은 이성간의 만남을 공공연하게 주선하고 있지만, 그것이 명시적으로 윤락이나 원조교제의 목적이라고 하기 어려운 이상 현재로서는 그 자체를 처벌하기는 어려운 실정이다.

**● 사례 3(사이버 스토킹)**

A는 1999년 12월 경쟁회사에서 이중으로 근무한 사실이 적발되어 퇴사당하자 회사사장인 김씨의 인적사항을 이용하여 성인전용 웹사이트에 회원으로 가입한 후 게시판에 김씨의 ID로 성교 상대방을 구하는 음란한 내용과 함께 김씨의 연락처를 게재하여 김씨가 남모르는 이들로부터 봉변을 당하게 하였다. A는 어떻게 처벌되는가?

**사례의 해결** 스토킹은 주지하듯이 상대방이 싫어하는데도 불구하고 계속하여 쫓아다니고, 또 반복적으로 연락을 하여 두려움을 야기하거나 생활에 방해를 초래하는 범법행위를 말한다. 그런데 인터넷 시대가 되면서 그러한 스토킹이 보다 수월해지고 또 새로운 유형의 사이버스토킹이 대두하게 되었다.

우선 일반적으로 성적인 그림이나 내용을 담은 E-mail을 지속적으로 보내 상대방을 괴롭히는 경우에는 성폭력범죄의처벌및피해자보호등에관한법률의 통신매체이용음란죄로 처벌될 수 있다. 그런데 지속적으로 E-mail등을 보내긴 하지만 성적인 내용이 아닌 경우에는 그 법률로는 규제할 수 없게 된다. 이에 관하여는 정보통신망이용촉진및정보보호등에관한법률에 의해 처벌된다. 비록 성적인 내용이 아니라고 하여도, '수치심이나 혐오감 또는 공포감을 불러일으키는 말이나 음향 글이나 화상 또는 영상을 계속하여 상대방에게 도달하게 하여 상대방의 일상적 생활을 방해하는' 행위는 처벌토록 되어 있다.

사이버스토킹에서 특히 문제가 되는 것은 앙심을 품고 다른 이의 이름을 성인음란사이트 게시판 같은 곳에 올려놓아 영문도 모른 채 다수의 사람들로부터 음란한 메일등에 시달리도록 만드는 경우이다. 이러한 행위를 우선 성폭력범죄의처벌및피해자보호등에관한법률의 통신매체이용음란죄로 처벌할 수 있을지 생각해 볼 수 있으나 쉽지는 않을 듯하다.

왜냐하면 원행위자의 경우 직접적으로 음란물을 송신한 것이 아니라 그렇게 하게끔 만든 것에 불과하기 때문이다. 이는 형법상 범죄의 정범(正犯)이 아니라 그것을 사주한 교사범(教唆犯) 혹은 타인을 도구로 이용하는 간접정범(間接正犯)에 해당하는 것인데, 그것이 그 구성 요건을 충족할지는 확실치 않다. 교사범 혹은 간접정범의 구성요건에는 피교사자 혹은 피이용자를 직접적으로 사주할 것을 필요로 하는데, 단지 게시판에 글을 올린 것을 '직접적 사주' 라고 말하기는 쉽지 않아 보이기 때문이다. 그리하여 우리 사법당국은 이러한 사이버 음란 스토킹을 명예훼손죄로 처벌하고 있다. '허위의 사실을 적시하여 사람의 명예를 훼손하였다' 는 것이다.

한편 명예훼손으로 규율되면, 피해자가 실제로 그로 인해 음란한 메일을 받았는가의 여부는 중요하지 않게 된다. 성인 음란 사이트의 게시판에 다른 사람이 피해자의 이름으로 성교파트너를 구한다는 내용을 올리고 피해자의 연락처를 남겨 놓았다면 그 자체로 명예훼손의 범죄행위가 된다. 한편 이러한 명예훼손죄는 5년 이하의 징역형으로 되어 있어 1년 이하의 징역형인 통신매체음란죄에 비하여 그 형량이 아주 높다. 후자의 경우에는 실형이 선고되는 경우가 많지 않을 것이나, 전자는 그렇지 않을 것이다.

# 憲法

# 헌법

박인수 · 신우철 · 이부하

# 병역법 제88조 제1항 제1호 위헌제청

● 사례

당해사건의 피고인 겸 제청신청인 A는 현역입영대상자로서 현역병으로 입영하라는 병무청장의 현역입영통지서를 받고도 입영일로부터 5일이 지나도록 이에 응하지 아니하여 병역법 제88조 제1항 제1호 위반으로 서울지방법원 남부지원에 공소제기되어 재판계속 중이다.

이에 제청신청인인 A는 위 공소사실에 적용된 병역법 제88조 제1항 제1호가 종교적 양심에 따른 입영거부자들의 양심의 자유 등을 침해한다고 주장하면서 위 법원에 위헌제청신청(2002초기54)을 하였고, 이를 받아들인 법원은 2002. 1. 29. 위 규정에 대하여 헌법재판소에 위헌여부심판을 제청하였다.

**쟁점** |

1. 헌법상 보장되는 양심의 내용
2. 양심의 자유로부터 대체복무를 요구할 권리가 도출되는지 여부
3. 양심실현의 자유에 대한 침해 여부의 심사에 일반적인 비례의 원칙이 적용되는지 여부
4. 대체복무제도의 도입을 통하여 병역의무에 대한 예외를 허용하면 국가안보란 공익을 효율적으로 달성할 수 없다고 본 입법자의 판단이 현저히 불합리하거나 명백히 잘못된 것인지 여부
5. 양심보호조치 등에 관한 입법자에 대한 권고

**심판대상조문** |

병역법(1999. 2. 5. 법률 제5757호로 개정된 것) 제88조(입영의 기피) ① 현역입영 또는 소집통지서(모집에 의한 입영통지서를 포함한다)를 받은 사람이 정당한 사유없이 입영 또는 소집기일부터 다음 각 호의 기간이 경과하여도 입영하지 아니하거나 소집에 불응한 때에는 3년 이하의 징역에 처한다. 다만 제53조 제2항의 규정에 의하여 전시근로소집에 대비한 점검통지서를 받은 사람이 정당한 사유없이 지정된 일시의 점검에 불참한 때에는 6월 이하의 징역이나 200만원 이하의 벌금 또는 구류에 처한다.

1. 현역입영은 5일
2.~4. 생략
② 생략

이유

## 1. 심판의 대상

심판의 대상은 병역법 제88조 제1항 제1호(1999. 2. 5. 법률 제5757호로 개정된 것, 이하 '이 사건 법률조항'이라 한다)로 그 내용은 다음과 같다.

병역법 제88조(입영의 기피) ① 현역입영 또는 소집통지서(모집에 의한 입영통지서를 포함한다)를 받은 사람이 정당한 사유없이 입영 또는 소집기일부터 다음 각 호의 기간이 경과하여도 입영하지 아니하거나 소집에 불응한 때에는 3년 이하의 징역에 처한다. 다만, 제53조 제2항의 규정에 의하여 전시근로소집에 대비한 점검통지서를 받은 사람이 정당한 사유없이 지정된 일시의 점검에 불참한 때에는 6월 이하의 징역이나 200만원 이하의 벌금 또는 구류에 처한다.

1. 현역입영은 5일

## 2. 제청법원의 위헌제청이유와 관계기관의 의견

### 1) 제청법원의 위헌제청이유

(1) 사상이나 양심 또는 종교적 교리를 이유로 병역의무의 이행을 거부하는 이른바 양심적 · 종교적 병역거부(이하 '양심적 병역거부'라 한다)의 경우에는 헌법상 국민의 기본적 의무인 병역의무와 자유민주적 기본질서의 핵심적 기본권인 사상 · 양심의 자유 및 종교의 자유 사이에 충돌을 일으키므로 그 본질적 내용들을 훼손하지 않는 범위 내에서 양자를 조화 · 병존시킬 필요가 있다.

그러나 현행 병역법은 양심상의 결정을 이유로 입영을 거부하는 이른바 양심적 병역거부에 대해서도 예외 없이 형사처벌을 하고 있는바, 이는 양심적 병역거부를 하는 자(이하 '양심적 병역거부자'라고 한다)의 사상과 양심의 자유 및 종교의 자유, 나아가 인간의 존엄과 가치 및 행복추구권 · 평등권 등을 침해할 가능성이 크다.

(2) 독일이나 미국과 같은 대부분의 선진국과 동유럽국가들은 양심적 병역거부를 할 수 있는 권리를 헌법상 또는 법률상의 권리로 인정하고 있고, 국제연합인권위원회 등 국제기구에서도 이에 대한 인정을 회원국에 권고 또는 의무화하고 있으나, 우리나라는 양심적 병역거부를 할 권리(이하 '양심적 병역거부권' 이라고 한다)를 인정하지 않고 형사처벌을 하고 있는 실정이므로 헌법적인 검토가 필요하다.

### 2) 제청신청인의 위헌제청신청이유

(1) 헌법 제10조는 인간의 존엄과 가치를 보장하고, 제37조 제1항은 헌법에 열거되지 않은 국민의 자유와 권리는 경시되지 않는다고 규정하고 있는바, 진 · 선 · 미를 추구하면서 유한한 인생을 살아감에 있어서, 종교와 양심은 인간으로서의 존엄과 가치를 실현하는 데 없어서는 안 될 요소인데, 종교적 양심에 따른 병역거부 등을 형벌로 제약하는 것은 이들 조항에 대한 위배에 해당한다.

(2) 헌법 제11조가 종교 등을 사유로 하는 차별취급을 금지하고 있는데도 진실한 종교적 양심에 따라 병역을 거부하는 자에 대하여 강제로 징집을 실시하거나 형사처벌을 과하는 것은 평등원칙에 어긋난다. 여성이나 일정한 질병 및 심신장애를 가진 자를 병역의무자에서 제외하는 것처럼 양심적 병역거부자를 병역의무자에서 제외하는 것은 대체복무를 부과하는 한, 합리적 차별의 범주 안에 있다고 할 수 있고, 양심적 병역거부자들이 겪은 과거의 불이익을 고려할 때, 적극적 평등실현조치의 관점에서도 이를 고려해야 한다.

(3) 양심의 자유와 종교의 자유는 정신적인 강제로부터의 해방을 위한 필수적 전제조건이며, 사상의 다원성을 그 뿌리로 하는 자유민주적 기본질서의 불가결한 활력소인바, 형벌을 부과하여 병역을 강제하는 것은 양심이나 종교에 대한 본질적인 부담을 주는 것인 반면, 징병의 강제를 통한 국가의 이익은 양심적 병역거부자들에 대한 강제징집을 하지 않더라도 충족될 수 있으므로 이러한 경우에는 국가의 법질서가 양보하는 것이 바람직함에도 불

구하고 형벌을 통해 이들의 징집을 강제하는 것은 양심의 자유 등을 침해하는 것이다.

(4) 종교의 자유 중 신앙실현의 자유가 헌법 제37조 제2항이 정하는 한계 내에서 제한될 수 있다고 하더라도, 이 때 제한의 필요성여부에 대한 판단기준은 명백하고 현존하는 위험의 법리나 과잉금지의 원칙일 것인데, 양심적 병역거부자들은 극소수의 인원에 불과하여 국방상 명백하고 현존하는 위험으로 이어지지 아니하며 대체복무의 기회를 주지 않고 곧바로 형벌을 가하는 것은 과잉금지의 원칙에 위배되는 것이다.

(5) 대체복무제도를 인정할 경우 평등권위반이나 병역기피자 양산 등의 문제가 발생할 수 있으나, 이것은 복무기간 · 고역의 정도 · 합숙생활 등에서 현역복무에 상응하는 대체복무제도를 실시하면 문제가 없고, 양심적 병역거부자들이 징병인원의 0.2% 정도인 점과 현대전이 과학전으로 바뀌고 있는 양상 등에 비추어 볼 때, 대체복무제의 실시는 국방에 위해가 되기보다는 오히려 적절한 인력사용방법의 하나가 될 것이다.

#### 3) 서울지방검찰청 남부지청장의 의견

(1) 병역의무의 이행은 국민의 평화적 생존권과 행복추구권을 보장하기 위해 필수 불가결한 것인데, 양심적 병역거부권을 인정하게 되면, 스스로 병역을 이행하고자 하는 사람들이 줄어들어 국가의 존립에 중대한 위협을 가져올 것이므로 이를 인정하지 않는 것이 행복추구권을 침해한다고 볼 수 없다.

(2) 객관적으로 현역복무가 불가능함이 드러나는 신체장애자와 객관적인 검증이 불가능한 양심적 병역거부자를 같게 취급할 수는 없고, 오히려 양심적 병역거부자에게 병역의무부과의 예외규정을 두면, 대다수 국민들의 평등권을 침해할 우려가 있으므로 특정 종교를 이유로 그 신자들에게만 병역의무를 강제하는 것이 아닌 한, 평등원칙에 위반된다고 할 수 없다.

(3) 양심상 병역거부를 양심실현의 자유에 포함시켜 본다고 하더라도, 이는 헌법 제37조 제2항에 의하여 그 제한이 가능한 권리로서 그 대외적인 표현이나 실현은 개인의 국가에 대한 기본적 의무에 의하여 제한되므로, 개인은 그 양심에 반할지라도 병역의무를 거부할 수 없으며, 따라서 양심의 자유를

침해한다고 볼 수 없다.

(4) 종교적 신념에 의한 양심적 병역거부자는 전쟁행위를 거부하는 것인바, 우리나라와 같은 특수한 안보상황에서 군사교육을 포함한 병역의무를 강제한다고 하더라도, 군사교육 자체가 곧 전쟁행위를 강제하는 것은 아니므로, 이것이 개인의 종교의 자유를 침해하는 것이라고 할 수 없다.

#### 4) 국방부장관의 의견

(1) 양심적 병역거부는 양심의 자유나 종교의 자유에서 당연히 도출되는 헌법상의 권리가 아니라, 입법자의 입법에 의하여 비로소 인정되는 법률상의 권리에 지나지 않고, 가사 양심적 병역거부권을 양심실현의 자유로 본다고 하더라도, 이것은 헌법 제37조 제2항에 의한 제한이 가능한 권리인바, 우리나라에 적대적인 무력집단의 전쟁야욕을 억제하고 국가적 정당방위차원에서 징집된 자에게 집총을 명하는 것은 타인의 생명권을 침해하는 것이 아니므로 전쟁을 거부하는 신념을 가진 자에게 국가가 평시에 병역의무를 요구하는 것은 신념에 위협을 주는 양심의 자유의 본질적인 침해라고 할 수 없다.

(2) 양심적 병역거부자가 주장하는 대체복무는 기초군사훈련과 8주간의 예비군훈련 그리고 전시동원소집의무까지도 면제해 달라는 것으로 이는 현행 병역법상의 보충역제도와도 그 성격이 다른 사실상의 병역면제를 의미하고, 징병제를 채택하고 있는 나라에서 대체복무를 선택가능하도록 하는 것은 징병제의 본질인 획일성과 평등성에 반하며, 다른 종교신봉자들은 물론 병역의무이행자나 군대 내의 잠재적 병역거부자들을 차별하는 결과를 야기한다.

(3) 우리나라와 같이 복무여건이 열악한 현실에서 대체복무를 인정하게 되면, 병역거부자가 급증할 우려가 있고, 더구나 양심적 병역거부자를 가려내기 위한 심사절차의 엄격성이 확보되기 어려운 상황에서 징병제의 획일성과 통일성이 손상되어 징병제가 와해될 우려가 있으며, 나아가 현역복무와 동등한 고역의 정도를 가진 업무를 군대 밖에서 찾는 것도 쉽지 않은 일이어서 대체복무제도를 국가안전보장과 조화로운 제도로 볼 수 없고, 현행 현역복무기간이 2년 내지 2년 4월임을 감안하면, 병역의무의 실효성확보를 위해 입영불응죄의 법정최고형을 3년으로 하고, 1년 6월 이상의 실형이 선고된 경우

에는 제2국민역에 편입하여 더 이상 병역의무를 이행하지 않아도 되도록 한 것은 과잉금지원칙에 위반된다고 할 수 없다.

## 3. 판 단

### 1) 양심의 자유의 헌법적 의미 및 보장내용

(1) 헌법은 제19조에서 '모든 국민은 양심의 자유를 가진다.' 라고 하여 양심의 자유를 국민의 기본권으로 보장하고 있다. 이로써 국가의 법질서와 개인의 내적 · 윤리적 결정인 양심이 서로 충돌하는 경우 헌법은 국가로 하여금 개인의 양심을 보호할 것을 규정하고 있다. 소수의 국민이 양심의 자유를 주장하여 다수에 의하여 결정된 법질서에 대하여 복종을 거부한다면, 국가의 법질서와 개인의 양심 사이의 충돌은 항상 발생할 수 있다.

헌법상 보호되는 양심은 어떤 일의 옳고 그름을 판단함에 있어서 그렇게 행동하지 아니하고는 자신의 인격적인 존재가치가 허물어지고 말 것이라는 강력하고 진지한 마음의 소리로서 절박하고 구체적인 양심을 말한다(헌재 1997. 3. 27. 96헌가11, 판례집 9-1, 245, 263; 2001. 8. 30. 99헌바92등, 판례집 13-2, 174, 203; 2002. 4. 25. 98헌마425등, 판례집 14-1, 351, 363). 즉 '양심상의 결정' 이란 선과 악의 기준에 따른 모든 진지한 윤리적 결정으로서 구체적인 상황에서 개인이 이러한 결정을 자신을 구속하고 무조건적으로 따라야 하는 것으로 받아들이기 때문에 양심상의 심각한 갈등이 없이는 그에 반하여 행동할 수 없는 것을 말한다.

인간의 존엄성 유지와 개인의 자유로운 인격발현을 최고의 가치로 삼는 우리 헌법상의 기본권체계 내에서 양심의 자유의 기능은 개인적 인격의 정체성과 동질성을 유지하는 데 있다.

(2) '양심의 자유' 가 보장하고자 하는 '양심' 은 민주적 다수의 사고나 가치관과 일치하는 것이 아니라, 개인적 현상으로서 지극히 주관적인 것이다. 양심은 그 대상이나 내용 또는 동기에 의하여 판단될 수 없으며, 특히 양심상의 결정이 이성적 · 합리적인가, 타당한가 또는 법질서나 사회규범, 도덕률과 일치하는가 하는 관점은 양심의 존재를 판단하는 기준이 될 수 없다.

일반적으로 민주적 다수는 법질서와 사회질서를 그의 정치적 의사와 도덕적 기준에 따라 형성하기 때문에, 그들이 국가의 법질서나 사회의 도덕률과 양심상의 갈등을 일으키는 것은 예외에 속한다. 양심의 자유에서 현실적으로 문제가 되는 것은 사회적 다수의 양심이 아니라, 국가의 법질서나 사회의 도덕률에서 벗어나려는 소수의 양심이다. 따라서 양심상의 결정이 어떠한 종교관 · 세계관 또는 그 외의 가치체계에 기초하고 있는가와 관계없이, 모든 내용의 양심상의 결정이 양심의 자유에 의하여 보장된다.

(3) 헌법 제19조의 양심의 자유는 크게 양심형성의 내부영역과 형성된 양심을 실현하는 외부영역으로 나누어 볼 수 있으므로, 그 구체적인 보장내용에 있어서도 내심의 자유인 '양심형성의 자유' 와 양심적 결정을 외부로 표현하고 실현하는 '양심실현의 자유' 로 구분된다. 양심형성의 자유란 외부로부터의 부당한 간섭이나 강제를 받지 않고 개인의 내심영역에서 양심을 형성하고 양심상의 결정을 내리는 자유를 말하고, 양심실현의 자유란 형성된 양심을 외부로 표명하고 양심에 따라 삶을 형성할 자유, 구체적으로는 양심을 표명하거나 또는 양심을 표명하도록 강요받지 아니할 자유(양심표명의 자유), 양심에 반하는 행동을 강요받지 아니할 자유(부작위에 의한 양심실현의 자유), 양심에 따른 행동을 할 자유(작위에 의한 양심실현의 자유)를 모두 포함한다.

양심의 자유 중 양심형성의 자유는 내심에 머무르는 한, 절대적으로 보호되는 기본권이라 할 수 있는 반면, 양심적 결정을 외부로 표현하고 실현할 수 있는 권리인 양심실현의 자유는 법질서에 위배되거나 타인의 권리를 침해할 수 있기 때문에 법률에 의하여 제한될 수 있는 상대적 자유라 할 것이다(헌재 1998. 7. 16. 96헌바35, 판례집 10-2, 159, 166 참조).

**2) 이 사건 법률조항에 의하여 제한되는 기본권**

헌법은 제39조에서 국민의 의무로서 국방의 의무를 규정하고 있고, 헌법상의 국방의무를 구체화하는 병역법 제3조는 대한민국 국민인 남자에게 병역의무를 부과하고 있다. 이 사건 법률조항은 병역의무의 이행을 강제하기 위하여 현역입영대상자들이 정당한 사유없이 입영기일로부터 5일이 경과하여도 입영하지 아니하는 경우 이들을 처벌하도록 규정함으로써 병역기피자에 대하여 형사처벌이라는 제재를 가하고 있다. 이 사건 법률조항은 '정당한 사유없이' 입영을 기피하는 경우만을 처벌하도록 하고 있으나, 양심상의 결정을 내세워 병역의무를 거부하는 것은 여기서의 '정당한 사유'에 해당하지 않으므로(대법원 2004. 7. 15. 선고 2004도2965 판결 참조), 양심적 병역거부자들도 일반 병역기피자들과 마찬가지로 이 사건 법률조항에 의한 형사처벌을 받게 된다.

자신의 종교관 · 가치관 · 세계관 등에 따라 전쟁과 그에 따른 인간의 살상에 반대하는 진지한 양심이 형성되었다면, '병역의무를 이행할 수 없다.'는 결정은 양심상의 갈등이 없이는 그에 반하여 행동할 수 없는 강력하고 진지한 윤리적 결정인 것이며, 병역의 의무를 이행해야 하는 상황은 개인의 윤리적 정체성에 대한 중대한 위기상황에 해당한다. 이와 같이 상반된 내용의 2개의 명령, 즉 '양심의 명령'과 '법질서의 명령'이 충돌하는 경우에 개인에게 그의 양심의 목소리를 따를 수 있는 가능성을 부여하고자 하는 것이 바로 양심의 자유가 보장하고자 하는 대표적인 영역이다.

이 사건 법률조항은 형사처벌이라는 제재를 통하여 양심적 병역거부자에게 양심에 반하는 행동을 강요하고 있으므로, '국가에 의하여 양심에 반하는 행동을 강요당하지 아니 할 자유', '양심에 반하는 법적 의무를 이행하지 아니 할 자유', 즉 부작위에 의한 양심실현의 자유를 제한하는 규정이다.

한편, 헌법 제20조 제1항은 종교의 자유를 따로 보장하고 있으므로 양심적 병역거부가 종교의 교리나 종교적 신념에 따라 이루어진 것이라면, 이 사건 법률조항에 의하여 양심적 병역거부자의 종교의 자유도 함께 제한된다. 그러나 양심의 자유는 종교적 신념에 기초한 양심뿐만 아니라 비종교적인 양심도 포함하는 포괄적인 기본권이므로, 이하에서는 양심의 자유를 중심으로 살펴보기로 한다.

### 3) 이 사건 법률조항의 입법목적

헌법은 제5조 제2항에서 '국가의 안전보장'과 국토방위를 국군의 신성한 의무라고 규정하면서 제39조 제1항에서 국가안전보장을 실현하기 위한 중요한 수단으로서 국방의 의무를 명문으로 인정하고 있다. 또한 헌법 제37조 제2

항은 국민의 모든 자유는 국가안전보장을 위하여 제한될 수 있다는 것을 밝히면서 제76조 제1항에서 국가의 안전보장을 위하여 대통령에게 국가긴급권을 부여하고 있고, 제91조에서 대통령의 자문기관으로서 국가안전보장회의를 두도록 규정하는 등 '국가의 안전보장' 을 중대한 헌법적 법익으로 규정하고 있다.

'국가의 안전보장' 은 국가의 존립과 영토의 보존, 국민의 생명 · 안전의 수호를 위한 불가결한 전제조건이자 모든 국민이 자유를 행사하기 위한 기본적 전제조건으로서 헌법이 이를 명문으로 규정하는가와 관계없이 헌법상 인정되는 중대한 법익이며, 국방의 의무는 국가의 안전보장을 실현하기 위하여 헌법이 채택한 하나의 중요한 수단이다. 이 사건 법률조항은 국민의 의무인 '국방의 의무' 의 이행을 관철하고 강제함으로써 징병제를 근간으로 하는 병역제도 하에서 병역자원의 확보와 병역부담의 형평을 기하고 궁극적으로 국가의 안전보장이라는 헌법적 법익을 실현하고자 하는 것이다.

#### 4) 양심실현의 자유의 보장문제

##### (1) 헌법적 질서의 일부분으로서 양심실현의 자유

① 양심의 자유가 개인의 내면세계에서 이루어지는 양심형성의 자유뿐만 아니라 외부세계에서 양심을 실현할 자유를 함께 보장하므로, 양심의 자유는 법질서나 타인의 법익과 충돌할 수 있고 이로써 필연적으로 제한을 받는다. 양심의 자유를 의도적으로 제한하는 법률이 아니라 할지라도, 국민 모두에 대하여 적용되는 법률은 국민 누군가의 양심과 충돌할 가능성을 항상 내재하고 있다.

양심의 자유는 헌법상의 기본권에 의하여 보호되는 자유로서 실정법적 질서의 한 부분이다. 기본권적 자유는 법적 자유이며, 법적 자유는 절대적 또는 무제한적으로 보장될 수 없다. 국가의 존립과 법질서는 국가공동체의 모든 구성원이 자유를 행사하기 위한 기본적 전제조건이다. 기본권의 행사가 국가공동체 내에서의 타인과의 공동생활을 가능하게 하고 국가의 법질서를 위태롭게 하지 않는 범위 내에서 이루어져야 한다는 것은 모든 기본권의 원칙적인 한계이며, 양심의 자유도 헌법적 질서 내에 자리잡음으로써 모든 헌법적 법익을 구속하는 이러한 한계가 이미 설정되었다.

따라서 양심의 자유가 보장된다는 것은, 곧 개인이 양심상의 이유로 법질서에 대한 복종을 거부할 수 있는 권리를 부여받는다는 것을 의미하지는 않는다. 모든 개인이 양심의 자유를 주장하여 합헌적인 법률에 대한 복종을 거부할 가능성이 있으며, 개인의 양심이란 지극히 주관적인 현상으로서 비이성적 · 비윤리적 · 반사회적인 양심을 포함하여 모든 내용의 양심이 양심의 자유에 의하여 보호된다는 점을 고려한다면, '국가의 법질서는 개인의 양심에 반하지 않는 한 유효하다.'는 사고는 법질서의 해체, 나아가 국가공동체의 해체를 의미한다. 그러나 어떠한 기본권적 자유도 국가와 법질서를 해체하는 근거가 될 수 없고, 그러한 의미로 해석될 수 없다.

② 따라서 이 사건의 경우 헌법 제19조의 양심의 자유는 개인에게 병역의무의 이행을 거부할 권리를 부여하지 않는다. 양심의 자유는 단지 국가에 대하여 가능하면 개인의 양심을 고려하고 보호할 것을 요구하는 권리일 뿐, 양심상의 이유로 법적 의무의 이행을 거부하거나 법적 의무를 대신하는 대체의무의 제공을 요구할 수 있는 권리가 아니다. 따라서 양심의 자유로부터 대체복무를 요구할 권리도 도출되지 않는다. 우리 헌법은 병역의무와 관련하여 양심의 자유의 일방적인 우위를 인정하는 어떠한 규범적 표현도 하고 있지 않다. 양심상의 이유로 병역의무의 이행을 거부할 권리는 단지 헌법 스스로 이에 관하여 명문으로 규정하는 경우에 한하여 인정될 수 있다.

(2) 국방의 의무와 양심실현의 자유의 경우 법익교량의 특수성

양심실현의 자유의 보장 문제는 '양심의 자유'와 양심의 자유에 대한 제한을 통하여 실현하고자 하는 '헌법적 법익' 및 '국가의 법질서' 사이의 조화의 문제이며, 양 법익간의 법익형량의 문제이다.

그러나 양심실현의 자유의 경우 법익교량과정은 특수한 형태를 띠게 된다. 수단의 적합성, 최소침해성의 여부 등의 심사를 통하여 어느 정도까지 기본권이 공익상의 이유로 양보해야 하는가를 밝히는 비례원칙의 일반적 심사과정은 양심의 자유에 있어서는 그대로 적용되지 않는다. 양심의 자유의 경우 비례의 원칙을 통하여 양심의 자유를 공익과 교량하고 공익을 실현하기 위하여 양심을 상대화하는 것은 양심의 자유의 본질과 부합될 수 없다. 양심상의

결정이 법익교량과정에서 공익에 부합하는 상태로 축소되거나 그 내용에 있어서 왜곡 · 굴절된다면, 이는 이미 '양심'이 아니다. 이 사건의 경우 종교적 양심상의 이유로 병역의무를 거부하는 자에게 병역의무의 절반을 면제해 주거나 아니면 유사시에만 병역의무를 부과한다는 조건 하에서 병역의무를 면제해 주는 것은 병역거부자의 양심을 존중하는 해결책이 될 수 없다.

따라서 양심의 자유의 경우에는 법익교량을 통하여 양심의 자유와 공익을 조화와 균형의 상태로 이루어 양 법익을 함께 실현하는 것이 아니라, 단지 '양심의 자유'와 '공익' 중 양자택일, 즉 양심에 반하는 작위나 부작위를 법질서에 의하여 '강요받는가 아니면 강요받지 않는가'의 문제가 있을 뿐이다.

### 5) 이 사건 법률조항이 양심실현의 자유를 침해하는지의 여부

(1) 개인이 법률에 의하여 양심실현의 자유를 침해당했다고 주장하는 경우는 법률이 국민 누구에게나 적용되는 법적 의무를 부과하면서 자신의 고유한 윤리적 갈등상황을 특별히 배려해 주지 않는다는 것, 즉 개인의 양심상의 갈등상황을 고려하는 의무면제규정이나 대체의무규정과 같은 특례규정을 두고 있지 않다는 것을 문제삼는 경우이다.

국가가 양심실현의 자유를 보장하는가의 문제는 법공동체가 개인의 양심을 존중하는 방법을 통하여 양심상의 갈등을 덜어줄 가능성을 가지고 있는가의 여부에 관한 문제이다. 결국 양심실현의 자유의 보장문제는 '국가가 민주적 공동체의 다수결정과 달리 생각하고 달리 행동하고자 하는 소수의 국민을 어떻게 배려하는가.'의 문제, 소수에 대한 국가적 · 사회적 관용의 문제이며, '국가가 자신의 존립과 법질서를 유지하면서도 또한 개인의 양심도 보호하는 대안을 제시할 수 있는가.'의 문제이다.

양심의 자유는 일차적으로 입법자에 대한 요청으로서 가능하면 양심의 자유가 보장될 수 있도록 법질서를 형성해야 할 의무를 부과하는 기본권이다. 법적 의무와 개인의 양심이 충돌하는 경우 법적 의무의 부과를 통하여 달성하고자 하는 공익의 실현과 법질서를 위태롭게 함이 없이 법적 의무를 대체하는 다른 가능성이나 법적 의무의 개별적 면제와 같은 대안을 제시함으로써 양심상의 갈등이 제거될 수 있다면, 입법자는 이와 같은 방법을 통하여 개인의 양심과 국가 법질서의 충돌가능성을 최소화해야 할 의무가 있다.

(2) 따라서 이 사건 법률조항이 양심의 자유를 침해하는지의 문제는 '입법자가 양심의 자유를 고려하는 예외규정을 두더라도 병역의무의 부과를 통하여 실현하려는 공익을 달성할 수 있는지'의 여부를 판단하는 문제이다. 입법자가 공익이나 법질서를 저해함이 없이 대안을 제시할 수 있음에도 대안을 제시하지 않는다면, 이는 일방적으로 양심의 자유에 대한 희생을 강요하는 것이 되어 위헌이라 할 수 있다.

그런데 양심의 자유를 주장하는 자에 대하여 아무런 대체의무의 부과 없이 국민 모두에게 적용되는 의무로부터 면제하는 것은 헌법상 허용되지 않는 특권을 부여하는 것과 같다. 그러므로 양심의 자유가 국민의 의무로부터의 예외를 요청한다면, 국가적 관용과 예외의 허용이 소수의 특권이 되지 않도록 국가는 가능하면 다른 대체의무의 부과를 통하여 이러한 불평등적 요소를 상쇄해야 한다.

병역의무와 관련하여 의무부과의 불평등적 요소를 가능하면 제거하면서도 개인의 양심을 고려하는 수단, 즉 양심과 병역의무라는 상충하는 법익을 이상적으로 조화시키는 방안으로서 대체적 민간복무제(이하 '대체복무제'라 한다)가 고려된다.

대체복무제란 양심적 병역거부자로 하여금 국가기관, 공공단체, 사회복지시설 등에서 공익적 업무에 종사케 함으로써 군복무를 갈음하는 제도를 말하는데, 현재 실제로 다수의 국가에서 헌법상 또는 법률상의 근거에 의하여 이 제도를 도입하여 병역의무와 양심 간의 갈등상황을 해결하고 있다.

(3) 그렇다면 이 사건 법률조항의 위헌여부는 '입법자가 대체복무제도의 도입을 통하여 병역의무에 대한 예외를 허용하더라도 국가안보란 공익을 효율적으로 달성할 수 있는지'에 관한 판단의 문제로 귀결된다.

입법자는 대체복무제를 도입할 것인지를 판단함에 있어서 국가의 전반적인 안보상황, 국가의 전투력, 병력수요, 징집대상인 인적 자원의 양과 질, 대체복무제의 도입시 예상되는 전투력의 변화, 한국의 안보상황에서 병역의무가 지니는 의미와 중요성, 병역의무이행의 평등한 분담에 관한 국민적 · 사회적 요구, 군복무의 현실적 여건 등을 종합적으로 고려해야 하는데, 현재 우리의 안보상황에서 대체복무제를 도입하더라도 국가안보란 중대한 공익의 달성에 아무런 지장이 없는지에 관하여는 다음과 같은 상이한 평가와 판단이 가능하다.

① 한편으로는 다음과 같은 낙관적인 예상이 가능하다.

우선 양심적 병역거부자가 전체 징병인원에서 차지하는 비중은 미미할 뿐만 아니라, 오늘날의 국방력은 전투력에 의존하는 것만도 아니고, 현대전은 정보전 · 과학전의 양상을 띠므로 인적 병력자원이 차지하는 중요성은 상대적으로 낮아졌다.

병역의무에 대하여 예외를 인정할 경우 병역의무의 형평문제가 제기된다고 하나, 양심의 보호와 형평의 문제를 동시에 해결할 수 있는 대안으로서 대체복무제의 도입은 현실적으로 가능하며, 다수의 국가에서 이미 오래 전부터 시행되고 있다.

복무기간, 고역의 정도 등을 종합하여 대체복무의 부담이 현역복무와 등가관계가 성립되도록 대체복무제도를 운영한다면, 국방의무의 평등한 이행을 확보할 수 있고, 이 제도를 악용하려는 병역기피의 문제도 해결할 수 있다. 또한 대체복무제를 도입한 많은 다른 나라들의 경험에서 확인할 수 있듯이, 병역거부가 양심상의 결정에 근거한 것인지에 대한 엄격한 사전심사절차와 사후관리를 통하여 진정한 양심적 병역거부자를 가려내는 것이 가능하므로, 대체복무제도라는 대안을 채택하더라도 국방력의 유지에는 아무런 손상이 없다.

② 그러나 다른 한편으로는 다음과 같은 부정적인 예상도 가능하다.

우리나라는 휴전상태에 있는 세계 유일의 분단국으로서 그간의 군비경쟁을 통하여 축적한 막강한 군사력을 바탕으로 남북이 아직도 적대적 대치상태에 있다. 이와 같이 고유한 안보상황에서 병역의무 및 병역부담의 평등원칙은 다른 나라와 비교할 수 없는 중대한 의미를 가진다. 국방의 개념, 현대전의 양상에 변화가 생긴 것은 사실이나, 국방력에 있어서 인적 병력자원이 차지하는 비중은 여전히 무시할 수 없을 뿐만 아니라, 작금의 출산율 감소로 인한 병력자원의 자연감소도 감안하여야 한다.

우리나라 현역복무의 힘든 여건을 감안하면, 대체복무를 통하여 부담의 등가성을 확보하는 것이 용이하지 않으며, 부담의 등가성을 실현하려는 나머지 대체복무가 양심실현에 대한 징벌적 수단으로 전락할 위험도 있다.

또한 비록 현 단계에서 양심적 병역거부자가 전체 징병인원에서 차지하는 비중이 크지 않다 하더라도 형벌을 통하여 일반적으로 병역기피를 억제하였던 예방효과는 대체복무제의 도입으로 인하여 급격히 무너질 가능성도 배제할 수 없다. 병역비리와 병역기피풍조가 줄기차게 이어져 왔었다는 우리 사회의 지난 경험에 비추어 볼 때, 제도적 대비책만으로 대체복무제를 악용하려는 의도적 병역기피를 완전히 차단할 수 있으리라는 전망을 하는 것은 너무 낙관적이다. 병역부담평등에 대한 사회적 요구가 강력하고 절대적인 우리 사회에서 병역의무에 대한 예외를 허용함으로써 의무이행의 형평성문제가 사회적으로 야기된다면, 대체복무제의 도입은 사회적 통합을 결정적으로 저해함으로써 국가전체의 역량에 심각한 손상을 가할 수 있으며, 나아가 국민개병제에 바탕을 둔 전체 병역제도의 근간을 흔들 수도 있다.

(4) 이 사건과 같이 기본권을 제한하는 법률의 위헌성여부가 미래에 나타날 법률 효과에 달려 있다면, 헌법재판소가 어느 정도로 이에 관한 입법자의 예측판단을 심사할 수 있으며, 입법자의 불확실한 예측판단을 자신의 예측판단으로 대체할 수 있는가 하는 문제가 제기된다.

① 입법자에게 인정되는 예측판단권은 법률을 통하여 달성하고자 하는 공익의 비중 및 침해되는 법익의 의미, 규율영역의 특성, 확실한 판단을 내릴 수 있는 현실적 가능성의 정도에 따라 다르다. 달성하고자 하는 공익의 비중이 클수록, 개인이 기본권의 행사를 통하여 타인과 국가공동체에 영향을 미칠수록, 즉 기본권행사의 사회적 연관성이 클수록, 입법자에게는 보다 광범위한 형성권이 인정되므로, 이 경우 입법자의 예측판단이나 평가가 명백히 반박될 수 있는가 아니면 현저하게 잘못되었는가 하는 것만을 심사하게 된다. 이러한 한계까지는 공익을 어떠한 방법으로 실현하고자 하는가의 판단은 입법자의 형성권에 맡겨져야 한다(헌재 2002. 10. 31. 99헌바76등, 판례집 14-2, 410, 432~433 참조).

② 이 사건으로 돌아와 보건대, 비록 양심의 자유가 개인의 인격발현과 인간의 존엄성실현에 있어서 매우 중요한 기본권이기는 하나, 양심의 자유의

본질이 법질서에 대한 복종을 거부할 수 있는 권리가 아니라 국가공동체가 감당할 수 있는 범위 내에서 개인의 양심상 갈등상황을 고려하여 양심을 보호해 줄 것을 국가로부터 요구하는 권리이자 그에 대응하는 국가의 의무라는 점을 감안한다면, 입법자가 양심의 자유로부터 파생하는 양심보호의무를 이행할 것인지의 여부 및 그 방법에 있어서 광범위한 형성권을 가진다고 할 것이다.

한편, 이 사건 법률조항을 통하여 달성하고자 하는 공익은 국가의 존립과 모든 자유의 전제조건인 '국가안보'라는 대단히 중요한 공익으로서, 이러한 중대한 법익이 문제되는 경우에는 개인의 자유를 최대한으로 보장하기 위하여 국가안보를 저해할 수 있는 무리한 입법적 실험을 할 것을 요구할 수 없다. 뿐만 아니라, 병역의무의 이행을 거부함으로써 양심을 실현하고자 하는 경우는 누구에게나 부과되는 병역의무에 대한 예외를 요구하는 경우이므로 병역의무의 공평한 부담의 관점에서 볼 때, 타인과 사회공동체 전반에 미치는 파급효과가 크다고 할 수 있고, 이로써 기본권행사의 강한 사회적 연관성이 인정된다.

따라서 이러한 관점에서 볼 때, '국가가 대체복무제를 채택하더라도 국가안보란 공익을 효율적으로 달성할 수 있기 때문에 이를 채택하지 않은 것은 양심의 자유에 반하는가.'에 대한 판단은 '입법자의 판단이 현저하게 잘못되었는가.' 하는 명백성의 통제에 그칠 수밖에 없다.

(5) 국가안보상의 중요정책에 관하여 결정하는 것은 원칙적으로 입법자의 과제이다. 국가의 안보상황에 대한 입법자의 판단은 존중되어야 하며, 입법자는 이러한 현실판단을 근거로 헌법상 부과된 국방의 의무를 법률로써 구체화함에 있어서 광범위한 형성의 자유를 가진다.

한국의 안보상황, 징병의 형평성에 대한 사회적 요구, 대체복무제를 채택하는 데 수반될 수 있는 여러 가지 제약적 요소 등을 감안할 때, 대체복무제를 도입하더라도 국가안보라는 중대한 헌법적 법익에 손상이 없으리라고 단정할 수 없는 것이 현재의 상황이라 할 것인바, 대체복무제를 도입하기 위해서는 남북한 사이에 평화공존관계가 정착되어야 하고, 군복무여건의 개선 등을 통하여 병역기피의 요인이 제거되어야 하며, 나아가 우리 사회에 양심적 병역거부자에 대한 이해와 관용이 자리잡음으로써 그들에게 대체복무를 허용하더라도 병역의무의 이행에 있어서 부담의 평등이 실현되며 사회통합이 저해되지 않는다는 사회공동체 구성원의 공감대가 형성되어야 하는데, 이러한 선행조건들이 충족되지 않은 현 단계에서 대체복무제를 도입하기는 어렵다고 본 입법자의 판단이 현저히 불합리하다거나 명백히 잘못되었다고 볼 수 없다.

병역의무와 양심의 자유가 충돌하는 경우 입법자는 법익형량과정에서 국가가 감당할 수 있는 범위 내에서 가능하면 양심의 자유를 고려해야 할 의무가 있으나, 법익형량의 결과가 국가안보란 공익을 위태롭게 하지 않고서는 양심의 자유를 실현할 수 없다는 판단에 이르렀기 때문에 병역의무를 대체하는 대체복무의 가능성을 제공하지 않았다면, 이러한 입법자의 결정은 국가안보라는 공익의 중대함에 비추어 정당화될 수 있는 것으로서 입법자의 '양심의 자유를 보호해야 할 의무' 에 대한 위반이라고 할 수 없다. 그렇다면 이 사건 법률조항은 양심적 병역거부자의 양심의 자유나 종교의 자유를 침해하는 것이라 할 수 없다.

#### 6) 평등원칙의 위반여부

이 사건 법률조항은 일반 병역기피자들과 본질적으로 다른 이유에서 병역거부에 이른 양심적 병역거부자를 일반 병역기피자들과 같이 취급하여 처벌하는 것이어서 평등원칙에 위배되는 것이 아닌지 문제될 수 있으나, 이는 결국 '양심적 병역거부자에게 병역의무에 대한 예외를 인정하지 않은 것이 위헌인지' 의 판단으로 귀착되므로, 이미 위에서 살펴본 바와 같이 이 사건 법률조항의 적용에 대한 예외를 양심적 병역거부자에게 부여하지 않았다 하여 평등원칙에 위반된다고 할 수 없다.

제청신청인은 종교적 양심에 따라 병역을 거부하는 자를 처벌하는 것이 헌법 제11조에 반하여 종교를 사유로 차별취급을 하는 것이라고 주장하나, 이 사건 법률조항은 병역거부가 양심에 근거한 것이든 아니든, 그 양심이 종교적 양심이든, 비종교적 양심이든 가리지 않고 통일적으로 규제하는 것일 뿐, 종교를 사유로 차별을 가하는 것이 아니다.

제청신청인은 나아가 양심적 병역거부자가 병역의무를 이행하는 것이 불가능한 것은 심신에 장애나 질병이 있는 사람의 경우와 다르지 않다거나, 보충역 및 예술 · 체육 분야에 특기를 가진 사람이 공익근무요원으로 복무하는 것과 비교하여 평등원칙위반을 주장하나, 제청신청인이 그 비교대상으로 삼고 있는 사람들과 양심적 병역거부자 사이에는 병역복무의 관점에서 볼 때 본질적인 차이점이 있으므로, 그에 상응하여 다른 취급을 한다 하여 평등원칙에 위반된다고 할 수 없다.

**7) 입법자에 대한 권고**

(1) 양심적 병역거부의 문제는 이제 우리나라에서도 국가공동체의 주요한 현안이 되었다. 이미 오래 전부터 여호와의 증인을 중심으로 종교적 양심을 이유로 병역을 거부하는 현상이 존재하였고, 최근에는 이러한 현상이 불교신자, 평화주의자들에게까지 확산되는 것을 엿볼 수 있다. 병역기피자는 이 사건 법률조항에 의하여 형사처벌을 받는 것은 물론이고, 공무원, 임 · 직원으로의 취업을 제한받고 각종 관허업의 허가 · 인가 · 면허 등을 받을 수 없으며(병역법 제76조), 형사처벌을 받은 후에도 공무원임용자격이 상당한 기간 동안 박탈되는 등(국가공무원법 제33조 등) 사회적으로 막대한 불이익을 받게 된다.

양심적 병역거부자의 수는 비록 아직 소수에 불과하나, 입법자는 이 사건 법률조항의 시행으로 인하여 양심갈등의 상황이 집단적으로 발생한다는 것을 그 동안 충분히 인식하고 확인할 수 있었으므로, 이제는 양심적 병역거부자의 고뇌와 갈등상황을 외면하고 그대로 방치할 것이 아니라, 이들을 어떻게 배려할 것인가에 관하여 진지한 사회적 논의를 거쳐 나름대로의 국가적 해결책을 찾아야 할 때가 되었다고 판단된다.

국제적으로도 이미 1967년부터 유럽공동체, 국제연합의 차원에서 양심적 병역거부를 인정하여야 한다는 결의를 반복하기에 이르렀고, 1997년 국제연합의 조사에 의할 때, 징병제를 실시하는 93개국 중 양심적 병역거부를 전혀 인정하고 있지 않는 국가는 약 절반에 불과할 정도로 이미 많은 국가에서 입법을 통하여 이 문제를 해결하고 있다.

(2) 입법자는 헌법 제19조의 양심의 자유에 의하여 공익이나 법질서를 저

해하지 않는 범위 내에서 법적 의무를 대체하는 다른 가능성이나 법적 의무의 개별적인 면제와 같은 대안을 제시함으로써 양심상의 갈등을 완화해야 할 의무가 있으며, 이러한 가능성을 제공할 수 없다면, 적어도 의무위반시 가해지는 처벌이나 징계에 있어서 그의 경감이나 면제를 허용함으로써 양심의 자유를 보호할 수 있는 여지가 있는가를 살펴보아야 한다.

그러므로 입법자는 양심의 자유와 국가안보라는 법익의 갈등관계를 해소하고 양 법익을 공존시킬 수 있는 방안이 있는지, 국가안보란 공익의 실현을 확보하면서도 병역거부자의 양심을 보호할 수 있는 대안이 있는지, 우리 사회가 이제는 양심적 병역거부자에 대하여 이해와 관용을 보일 정도로 성숙한 사회가 되었는지에 관하여 진지하게 검토하여야 할 것이며, 설사 대체복무제를 도입하지 않기로 하더라도, 법적용기관이 양심우호적 법적용을 통하여 양심을 보호하는 조치를 취할 수 있도록 하는 방향으로 입법을 보완할 것인지에 관하여 숙고하여야 한다.

**결론** 병역법 제88조 제1항 제1호(1999. 2. 5. 법률 제5757호로 개정된 것)는 헌법에 위반되지 아니한다.

# 음반및비디오물에 관한 법률 제17조 제1항 등 위헌제청

● **사례**

피고인 A는 누구든지 한국공연예술진흥협의회의 심의를 받지 아니한 비디오물을 시청제공하여서는 아니됨에도,

(1) 1997. 11. 7.부터 11. 9.까지 안양시 만안구 안양4동 676의 136 카톨릭 안양근로자회관 강당에서 불특정 다수의 시민들을 상대로 위 협의회의 심의를 받지 아니한 비디오물인 호남호녀, 미나마타, 양도살자, 사랑해요, 천황의 군대는 진군한다, 바이바이 바브시카, 르완다 대학살, 시가라키에서 불어오는 바람, 브라질 에비뉴, 퓨마의 딸, 외투 등 총 11편의 비디오물을 상영함으로써 이를 시청제공하였고,

(2) 1998. 4. 3.부터 4. 4.까지 위 장소 천주교 수원교구 전, 진, 상 사회복지관내에서 위 협의회의 심의를 받지 않은 '레드헌트'라는 비디오물을 2회에 걸쳐 불특정 다수인이 참석한 가운데 상영함으로써 이를 시청제공하였다.

피고인 A는 위와 같은 공소사실로 수원지방법원에 기소되어 재판진행 중 음반및비디오물에 관한법률(1997. 4. 10. 법률 제5322호로 개정되고, 1999. 2. 8. 법률 제5925호 음반 · 비디오물및게임물에 관한법률 부칙 제2조로 폐지되기 이전의 것, 이하 '음반법'이라 한다) 제17조 제1항 등이 헌법에 위배된다는 이유로 위헌제청신청을 하자 수원지방법원은 1999. 2. 2. 음반법 제17조 제1항, 제17조 제3항 후단, 제25조 제1항 제3호 중 제17조 제3항 후단에 관한 부분, 제25조 제2항 제3호의 위헌여부에 관하여 의문이 있다는 이유로 위헌여부심판제청결정(99초119)을 하였다.

A가 주장하는 대로 음반법 제17조 제1항 등은 헌법에 위배되는가?

**심판대상조문** | 위헌제청법원이 위헌제청한 법률조항은 음반법 제17조 제1항, 제17조 제3항 후단부분, 제25조 제1항 제3호 중 제17조 제3항 후단에 관한 부분 및 제25조 제2항 제3호(이하 '이 사건 법률조항'이라 한다)이고, 뒤에서 보는 바와 같이 이 사건 심판의 대상은 위 법률조항 이외에 음반법 제17조 제3항 전단부분 및 제25조 제1항 제3호 중 제17조 제3항 전단에 관한 부분

**쟁점** |

1. 재판의 전제성이 결여된 위헌제청 법률조항에 대한 직권조사
2. 비디오물에 대하여 한국공연예술진흥협의회의 사전심의를 받도록 하는 것이 사전검열에 해당하는지 여부
3. 위헌제청되지 아니한 법률조항에 대하여도 위헌결정을 할 수 있는지 여부

**요지** 1. 법률이 재판의 전제가 되는 요건을 갖추고 있는지의 여부는 제청법원의 견해를 존중하는 것이 원칙이나, 재판의 전제와 관련된 법률적 견해가 유지될 수 없는 것으로 보이면 헌법재판소가 직권으로 조사할 수도 있는 것이다.

2. 이미 위헌결정한 구 음반및비디오물에관한법률(1997. 4. 10. 법률 제5322호로 개정되기 이전의 것)에 의한 공연윤리위원회와 이후 개정된 동법률(1997. 4. 10. 법률 제5322호로 개정되고, 1999. 2. 8. 법률 제5925호 음반 · 비디오물및게임물에관한법률 부칙 제2조로 폐지되기 이전의 것)에 의한 한국공연예술진흥협의회는 그 구성, 심의결과의 보고 등에 있어서 약간의 차이는 있으나, 공연법에 의하여 행정권이 심의기관의 구성에 지속적인 영향을 미칠 수 있고 행정권이 주체가 되어 검열절차를 형성하고 있는 점에 있어서 큰 차이가 없으므로, 한국공연예술진흥협의회도 검열기관으로 보는 것이 타당하고, 따라서 한국공연예술진흥협의회가 비디오물의 제작 · 판매에 앞서 그 내용을 심사하여 심의기준에 적합하지 아니한 비디오물에 대하여는 제작 · 판매를 금지하고, 심의를 받지 아니한 비디오물을 제작 · 판매할 경우에는 형사처벌까지 할 수 있도록 규정한 이 사건 법률조항은 사전검열제도를 채택한 것으로서 헌법에 위배된다.

3. 위헌제청되지 아니한 법률조항이라고 하더라도 위헌제청된 법률조항과 일체를 형성하고 있는 경우에는 그에 대한 판단을 할 수 있다.

**결론** 1. 음반및비디오물에관한법률(1997. 4. 10. 법률 제5322호로 개정되고, 1999. 2. 8. 법률 제5925호 음반 · 비디오물및게임물에관한법률 부칙 제2조로 폐지되기 이전의 것) 제17조 제1항, 제3항 전단, 제25조 제1항 제3호중 제17조 제3항 전단에 관한 부분, 제25조 제2항 제3호는 헌법에 위반된다.

2. 나머지 위헌제청부분은 이를 각하한다.

**참조조문** 헌법 제21조 제1항, 제2항, 제107조 제1항

헌법재판소법 제41조 제1항

# 통신의 자유침해 등 위헌확인

● 사례

A는 1996. 3. 12. 국가보안법위반죄로 대법원에서 징역 1년이 확정되어 안양교도소와 순천교도소에서 복역하다가 1997. 7. 8. 형기(집행유예실효로 합산된 기간 포함)의 종료로 출소하였다.

피청구인 B는, 청구인 A가 안양교도소에 수용 중이던 1996. 4. 17. 김○○ 변호사에게 보내기 위하여 발송의뢰한 서신과, 같은 달 19. 유○○ 변호사에게 보내기 위하여 발송의뢰한 서신을 행형법(이하 '법'이라 한다) 제18조 제3항 본문에 따라 검열한 다음 그 발송을 각 거부하였다.

청구인 A는, 피청구인의 위와 같은 서신검열 및 발송거부 행위로 청구인의 기본권이 침해되었고, 아울러 수형자의 서신을 검열하도록 규정한 법 제18조 제3항 본문은 위헌이라고 주장하면서 1996. 12. 5. 이 헌법소원심판청구서를 제출하였다.

A의 헌법소원청구는 정당하며 A의 주장대로 기본권을 침해하는가?

**심판대상** 피청구인이, 청구인의 1996. 4. 17.자 및 같은 달 19.자 서신을 각 검열한 행위와 위 각 서신의 발송을 거부한 행위로 인하여 청구인의 기본권을 침해받았는지 여부와, 법 제18조 제3항 본문 중 '수형자의 서신검열' 부분(이하 '이 법률조항'이라 한다)의 위헌여부이고 이 법률조항 본문의 내용은 다음과 같다.

법 제18조(접견과 서신의 수발) 제3항 : 수용자의 접견과 서신수발은 교도관의 참여와 검열을 요한다. (단서 생략)

**쟁점**

1. 교도소장의 수형자에 대한 서신발송의뢰 거부조치 및 서신검열조치에 대한 헌법소원 심판청구와 보충성의 원칙
2. 국선대리인선임신청이 인용되어 국선대리인이 헌법소원심판청구서를 제출한 경우의 청구기간의 계산
3. 수형자(청구인)의 서신에 대한 검열행위가 종료되고 청구인이 형기만료로 출소한 경우에도 권리보호의 이익이 인정되는지 여부
4. 수형자에 대한 서신검열을 규정하고 있는 행형법 제18조 제3항이 법률에 대

한 헌법소원심판청구의 대상으로서의 직접관련성을 갖추었는지 여부

5. 수형자의 서신을 검열하는 것이 수형자의 통신의 자유 등 기본권을 침해하는 것인지 여부

**요지**

1. (1) 수형자의 서신발송의뢰를 교도소장이 거부한 행위에 대하여는 행정심판법 및 행정소송법에 의한 심판이나 소송이 가능하므로, 이 절차를 거치지 아니한 채 제기된 심판청구 부분은 부적법하다.

(2) 수형자의 서신을 교도소장이 검열하는 행위는 이른바 권력적 사실행위로서 행정심판이나 행정소송의 대상이 되는 행정처분으로 볼 수 있으나, 위 검열행위가 이미 완료되어 행정심판이나 행정소송을 제기하더라도 소의 이익이 부정될 수밖에 없으므로 헌법소원심판을 청구하는 외에 다른 효과적인 구제방법이 있다고 보기 어렵기 때문에 보충성의 원칙에 대한 예외에 해당한다.

2. 헌법재판소법 제70조 제1항에 따르면 국선대리인선임신청이 인용되어 헌법소원심판청구가 제기된 경우에는 국선대리인선임신청일을 헌법소원심판청구시로 보고 있으므로, 국선대리인의 헌법소원심판청구서가 그 선임통지를 받은 날로부터 60일이 경과한 후에 제출되었다고 하더라도 헌법소원심판청구는 국선대리인선임신청일에 제기된 것으로 보아야 한다.

3. 피청구인의 서신검열행위는 이미 종료되었고, 청구인도 형기종료로 출소하였다 하더라도 수형자의 서신에 대한 검열행위는 헌법이 보장하고 있는 통신의 자유와 비밀을 침해받지 아니할 권리 등과의 관계에서 그 위헌 여부가 해명되어야 할 중요한 문제이고, 이러한 검열행위는 행형법의 규정에 의하여 앞으로도 계속 반복될 것으로 보인다. 그런데 '미결수'에 대한 서신검열행위의 위헌여부에 대하여는 헌법재판소가 1995. 7. 21.에 선고한 92헌마144 서신검열 등 위헌확인 결정에서 헌법적 해명을 하였으나, '수형자'에 대하여는 아직 견해를 밝힌 사실이 없으므로 헌법판단의 적격성을 갖추었다고 인정되어 심판청구의 이익이 있다.

4. 행형법 제18조 제3항 본문은 '수용자의 …… 서신수발은 교도관의 ……

검열을 요한다' 고 규정하고 있으므로, 이 법률조항에 따라 서신검열이나 발송거부라는 구체적인 집행행위가 있을 때 비로소 통신의 자유 등의 기본권 침해의 법률효과가 발생한다. 따라서 이 법률조항 자체만으로는 헌법소원심판청구의 대상으로서 직접관련성을 결여하고 있으므로 이 법률조항에 대한 심판청구는 부적법하다.

5. (1) 수형자를 구금하는 목적은 자유형의 집행이고, 자유형의 본질상 수형자에게는 외부와의 자유로운 교통 · 통신에 대한 제한이 수반된다. 따라서 수형자에게 통신의 자유를 구체적으로 어느 정도 인정할 것인가의 기준은 기본적으로 입법권자의 입법정책에 맡겨져 있다. 수형자의 교화갱생을 위하여 서신수발의 자유를 허용하는 것이 필요하다고 하더라도, 구금시설은 다수의 수형자를 집단으로 관리하는 시설로서 규율과 질서유지가 필요하므로 수형자의 서신수발의 자유에는 내재적 한계가 있고, 구금의 목적을 달성하기 위하여 수형자의 서신에 대한 검열은 불가피하다. 현행법령과 제도하에서 수형자가 수발하는 서신에 대한 검열로 인하여 수형자의 통신의 비밀이 일부 제한되는 것은 국가안전보장 · 질서유지 또는 공공복리라는 정당한 목적을 위하여 부득이할 뿐만 아니라 유효적절한 방법에 의한 최소한의 제한이며 통신의 자유의 본질적 내용을 침해하는 것이 아니다.

(2) 형사절차가 종료되어 교정시설에 수용중인 수형자는 원칙적으로 변호인의 조력을 받을 권리의 주체가 될 수 없다. 다만 수형자의 경우에도 재심절차 등에는 변호인 선임을 위한 일반적인 교통 · 통신이 보장될 수도 있겠으나, 기록에 의하면 청구인은 교도소 내에서의 처우를 왜곡하여 외부인과 연계, 교도소내의 질서를 해칠 목적으로 변호사에게 이 사건 서신을 발송하려는 것이므로 이와 같은 경우에는 변호인의 조력을 받을 권리가 보장되는 경우에 해당한다고 할 수 없다.

**결론 |** 청구인이 1996. 4. 17. 청구외 김◯◯에게 보내기 위하여 발송의뢰한 서신 및 같은 달 19. 청구외 유◯◯에게 보내기 위하여 발송의뢰한 서신을 피청구인이 각 발송거부한 부분에 관한 심판청구와 행형법 제18조 제3항 본문 중

'수형자의 서신검열' 부분에 관한 심판청구를 각 각하하고, 피청구인이 위 각 서신을 검열한 부분에 관한 심판청구를 기각한다.

**참조조문** | 헌법 제12조 제4항, 제18조, 제37조 제2항
헌법재판소법 제68조 제1항 단서, 제69조 제1항, 제70조 제1항, 제71조 제1항
형사소송법 제30조 제1항
행형법 제6조, 제18조 제1항, 제2항, 제4항

## 재판관 ○○○의 반대의견

2. 헌법소송은 변호사강제주의를 채택하여 변호사를 선임할 자력이 없는 자에게는 국선대리인선임신청을 하게하고 국가(헌법재판소)가 선정한 국선대리인(변호사)으로 하여금 심판청구와 심판수행을 할 수 있게 되어 있으므로, 국선대리인은 일정한 기간 내에 헌법재판소에 심판청구서를 제출하고 이 청구서가 제출된 것을 조건으로 심판청구기간 준수의 효과가 생긴다고 보아야 한다. 국선대리인은 선정결정정본과 동시에 송달된 선임신청서부본에 의하여 헌법재판소법 제71조 제1항 소정의 심판청구서를 제출할 의무가 있다는 것을 알았다고 보아야 하므로, 같은 법 제69조 제1항의 청구기간은(선정결정정본과 선임신청서부본의 송달로써 비로소 같은 법 제68조 제1항에 규정된 청구사유를 알게 되므로) 이 날로부터 60일 이내에 심판청구서를 제출해야 하는 것으로 해석함이 상당하다. 그런데 이 사건의 경우에는 국선대리인 김종춘이 개임결정 정본과 선임신청서 부본을 송달받은 1996. 9. 7.로부터 60일이 지난 같은 해 12. 5. 심판청구서를 제출한 것이 기록상 명백하므로, 이 심판청구는 청구기간이 도과되어 부적법하다.

# 형법 제59조 제1항 단서 등 위헌소원, 형법 제62조 제1항 단서 위헌소원

청구인들은 아래 표 ①란 기재와 같은 전과로 각 집행유예기간 중에 있었는데, 그 유예기간 중에 ②란 기재와 같은 범죄사실로 ③란 기재와 같이 기소되었다.

그 소송계속 중, 청구인 갑은 자격정지 이상의 형을 받은 전과가 있는 자에 대하여 선고유예를 할 수 없도록 규정한 형법 제59조 제1항 단서와 금고 이상의 형의 선고를 받아 집행을 종료한 후 또는 집행이 면제된 후로부터 5년을 경과하지 아니한 자에 대하여는 집행유예를 선고할 수 없도록 규정한 형법 제62조 제1항 단서가 헌법에 위반된다고 주장하고, 청구인 을은 형법 제62조 제1항 단서가 헌법에 위반된다고 주장하면서, ④란 기재와 같이 위헌제청신청을 하였으나, ⑤란 기재일자에 그 신청이 기각되자 ⑥란 기재일자에 이 헌법소원심판을 청구하였다.

**청구인 을 (97헌바62)**

① 전과 – 1997. 2. 6. 창원지방법원 진주지원 성폭력범죄의처벌및피해자보호등에관한법률 위반죄
징역 3년에 집행유예 4년 징역

② 범죄사실 – 1997. 5. 10. 피해자 강성조가
소유하는 승용차 열쇠, 현금, 신용카드와 승용차 1대를 절취

③ 당해사건– 위 지원 97고단761 절도

④ 위헌제청 – 97초264 98초95

⑤ 제청기각 – 1997. 9. 2. 1998. 3. 27

⑥ 헌법소원 – 1997. 9. 10. 1998. 4. 8

**청구인 갑 (98헌바28)**

① 전과 – 1997. 2. 11. 청주지방법원 충주지원 특정범죄가중처벌등에관한법률 위반(도주차량)죄
10월에 집행유예 2년

② 범죄사실 – 1997. 12. 3. 피해자 김은정을 강간하고 두피좌상 등을 가함

③ 당해사건 – 위 지원 97고단761 절도

④ 위헌제청 – 97초264 98초95

⑤ 제청기각 – 1997. 9. 2. 1998. 3. 27

⑥ 헌법소원 – 1997. 9. 10. 1998. 4. 8

헌법재판소 전원재판부 1998. 12. 24 97헌바62 등

**심판대상** 형법(1953. 9. 18. 법률 제293호) 제59조 제1항 단서, 제62조 제1항 단서(이하 '이 법률조항들' 이라 한다)의 위헌여부이고, 그 조문내용은 다음과 같다.

제59조(선고유예의 요건) ① 1년 이하의 징역이나 금고, 자격정지 또는 벌금

의 형을 선고할 경우에 제51조의 사항을 참작하여 개전의 정상이 현저한 때에는 그 선고를 유예할 수 있다. 단 자격정지 이상의 형을 받은 전과가 있는 자에 대하여는 예외로 한다.

제62조(집행유예의 요건) ① 3년 이하의 징역 또는 금고의 형을 선고할 경우에 제51조의 사항을 참작하여 그 정상에 참작할 만한 사유가 있는 때에는 1년 이상 5년 이하의 기간 형의 집행을 유예할 수 있다. 단 금고 이상의 형의 선고를 받아 집행을 종료한 후 또는 집행이 면제된 후로부터 5년을 경과하지 아니한 자에 대하여는 예외로 한다.

**쟁점** 1. 선고유예 또는 집행유예의 선고를 할 수 없게끔 예외규정을 두는 것이 입법정책에 관한 사항인지 여부(적극)

2. 선고유예 또는 집행유예의 선고를 할 수 없게끔 예외규정을 둔 형법 제59조 제1항 단서, 제62조 제1항 단서가 평등권을 침해하는지 여부(소극)

3. 위 법률조항이 과잉금지의 원칙에 위반되는지 여부(소극)

**요지** 1. 형법이 규정하고 있는 선고유예 및 집행유예제도는 형사정책적인 목적을 실현하기 위한 제도로서, 선고유예 또는 집행유예의 선고를 할 수 없게끔 예외규정을 둔 형법 제59조 제1항 단서, 제62조 제1항 단서는 범죄자에 대한 교정처우의 실태, 범죄발생의 추이 및 범죄억제를 위한 형사정책적 판단, 형벌법규에 규정된 법정형의 내용 등 여러 가지 사정을 모두 헤아린 입법자의 광범한 재량에 따른 결정의 결과이므로 존중되어야 할 영역에 속한다.

2. 위 법률조항은 단기자유형의 폐단을 막고 범죄인의 자발적 개선을 통하여 재범을 방지할 목적으로 초범자나 과거의 범죄일로부터 상당한 기간이 지난 자에 한하여 선고유예 또는 집행유예를 할 수 있게 한 것으로서, 그 입법목적이 정당하고 차별취급의 수단은 합리적인 근거가 있으므로 평등권 침해로 인정되지 않는다.

3. 위 법률조항은 입법목적이 정당하고 방법의 적정성, 피해의 최소성, 법익의 균형성의 측면에서 과잉금지의 원칙에 위반된다고 볼 수 없다.

**결론** 형법(1953. 9. 18. 법률 제293호) 제59조 제1항 단서, 제62조 제1항 단서는 헌법에 위반되지 아니한다.

**참조조문** 헌법 제10조, 제11조 제1항, 제12조 제1항, 제27조 제1항, 제37조 제2항, 제103조
형법 제60조, 제61조, 제63조, 제64조, 제65조(1953. 9. 18. 법률 제293호), 제59조의2, 제62조의2(1995. 12. 29. 법률 제5057호)

# 사립대학에서의 종교적 차별대우

● **사례**

대한예수교 장로회총회에서 설립한 사립 K대학교는 2001학년도 신입생모집요강에서 신입생자격을 (1) 신학과는 세례를 받은 자, 나머지 학과는 기독교 교인 중 '학습인' 이상으로 제한하고, (2) 이들을 신급(信級)에 따라 원입인 · 학습인 · 유아세례교인 · 입교인(세례교인)으로 구분하며, (3) 또 입학지원시 신앙증명서류로서 학습 및 입교(세례) 연명부 사본 또는 교회 당회장 증명서를 첨부하도록 하였다. 이 K대학교의 신입생모집요강은 헌법 제11조(법앞의 평등)와 제20조(종교의 자유) 및 제31조(교육을 받을 권리)를 침해하는 것이 아닌가?

**종교적 차별의 금지**

헌법 제11조 제1항은 "모든 국민은 법 앞에 평등하다. 누구든지 성별 · 종교 또는 사회적 신분에 의하여 정치적 · 경제적 · 사회적 · 문화적 생활의 모든 영역에 있어서 차별을 받지 아니한다"라고 하여, 평등원칙과 평등권을 동시에 규정하고 있다. 또 헌법 제20조는 제1항에서 "모든 국민은 종교의 자유를 가진다"라고 하고, 제2항에서 "국교는 인정되지 아니하며, 종교와 정치는 분리된다"라고 하여, 종교의 자유 및 정교분리의 원칙을 각각 규정하고 있다. 또 헌법 제31조 제1항은 "모든 국민은 능력에 따라 균등하게 교육을 받을 권리를 가진다"라고 규정하여, 헌법 제11조의 평등의 이념을 교육의 영역에서 특별히 구현하고 있다. 여기서 말하는 '능력'이란 일신전속적인 재능을 의미하며, '균등'한 교육이란 '능력' 이외에 성별 · 종교 · 사회적 신분 등을 이유로 교육받을 기회를 차별하지 아니함을 의미한다. 그런데 문제의 K대학교 신입생모집요강은 기독교신앙의 일정한 등급, 이른바 '신급'을 입학자격으로서 요구하고 있다. 이는 ① 순전히 종교적인 이유만으로 대학교육의 기회를 차별함으로써 헌법 제11조의 평등원칙 · 평등권 및 헌법 제31조 제1항의 균등하게 교육받을 권리를 침해하는 것이며, ② 대학입학의 조건으로 특정 신앙을 수험생들에게 강제함으로써 헌법 제20조 제1항의 종교의 자유를 침해하는 것이다. 물론 헌법이 보장하는 평등원칙 · 평등권이 '합리적 이유있는 차별'을 허용하는 '상대적 평등'이라고 하지만, 신학과가 아닌 일반 학과에까지 기독교신앙을 입학자격으로서 요구하는 것은 그러한 '합리적 이유'를 발견하기 어렵다고 본다.

혼인에관한특례법(1977. 12. 31. 법률 제3052호, 1987. 11. 28. 법률 제3971호, 1995. 12. 6. 법률 제5013호)

헌법재판소법 제23조 제2항 제1호

**사인간의 기본권 효력**

국립대학의 재학관계는 그 법적 성질을 특별권력관계의 일종인 '영조물이용관계' 로 보는 것이 다수설의 입장이다(헌재 1992. 10. 1. 92헌마68등 참조). 그러나 사례와 같은 사립대학의 재학관계는 이를 ① 국립대학과 실질적으로 차이가 없는 일종의 공법관계라고 보는 설(헌재 1991. 7. 22. 89헌가106 참조), ② 실정법(교육법)에 명문규정이 없는 한 원칙적으로 사법관계라고 보는 설(다수설)이 나뉘고 있다. 바로 여기서 원칙적으로 '국가↔국민간의 공법관계' 에 적용되는 기본권조항이 '사인 상호간의 자유의사에 기한 사법관계' 에까지 확장 · 적용될 수 있느냐는 문제가 생긴다. 즉 이른바 기본권의 대사인적(對私人的) 효력 내지 제3자적 효력의 문제이다. 가령 사례의 경우 '평등권 · 종교자유 · 수학권 등 기본권의 제한은 K대학교를 택한 수험생과 K대학교 사이의 자유로운 선택 · 계약의 결과일 따름' 이므로, 이를 헌법적으로 문제삼는 것은 잘못일 수도 있다. 하지만 오늘날 기본권의 대사인적 · 제3자적 효력에 관한 다수설인 '간접적용설' 에 따를 때, 사례에서 문제된 평등권 · 종교자유 · 수학권 등의 기본권들은 사법상의 일반원칙조항들(민법 제2조의 신의성실 · 권리남용금지, 제103조의 공서양속 등등)을 통하여 K대학교와 신입생간의 사법관계에도 적용된다고 한다. 요컨대 K대학교의 신입생모집요강 때문에 낙방한 수험생들은 손해배상청구와 같은 구체적 소송절차에서 동 요강의 위헌성을 주장할 수 있지만, 이는 어디까지나 사법상의 일반조항들을 통한 간접적 방법으로써만 가능하다는 것이다.

**'인권위원회' 의 조사 등**

문제의 신입생입시요강은 국립대학의 그것과 달라서 헌법소원심판의 청구대상인 '공권력의 행사' 로 볼 수 없기 때문에(헌재 1992. 10. 1. 92헌마68등 참조), 동 요강을 대상으로 헌법소원심판을 청구하여 그 법적 효력 자체를 무효화시키는 방법을 강구할 수는 없다(사례5 참조). 그렇다고 하여 대학 · 기업 · 노동조합 · 정당 등등 사적 단체 내부에서의 인권침해에 대하여, 사적 자치 내지 자율이라는 명목으로 이를 무한정 방치해 둘 수는 없는 일이다. 바로 이러한 문제에 적극적으로 대처하기 위하여, 상당기간 논란 끝에 '국가인권위원회법'(법률 제6481호 2001. 5. 24 공포, 2001. 11. 25 시행)이 드디어 제정 · 공포되었다. 이 법의 국가인권위원회는 공권력에 의한 인신구금 · 보호처분과 관련된 인권 이외에, '법인 · 단체 · 사인에 의한 평등권침해의 차별행위' 까지를 규제대상으로 삼고 있다. 법상 규정된 '차별금지사유' 는 성별 · 종교 · 장애 · 나이 · 사회신분 · 출신지역 · 출신국가 · 출신민족 · 용모/신체조건 · 혼인여부 · 임신/출산 · 가족상황 · 인종 · 피부색 · 사상/정치의견 · 전과 · 성적지향 · 병력 등이고, '차별금지영역' 은 고용 · 거래 · 교육으로 3분된다(법 31②). 또, 인권침해 · 차별행위의 규제수단으로는 방문조사(법 24), 개선 · 시정권고(법 25), (법원 · 헌법재판소에의) 의견제출(법 28) 등이 마련되어 있다. 사례의 경우 국가인권위원회는 K대학교의 '종교' 를 이유로 한 '교육' 영역의 차별행위에 대하여, 조사 · 권고 · 의견제출 등의 조치를 취할 수 있게 된다. 그러나 이러한 수단들은 하나같이 법적 강제성을 결여하고 있기 때문에 인권구제수단으로서 그 실효성에는 의문이 제기되고 있다.

**'현재성' 과 '자기관련성'**

만약 사례의 K대학교가 국립대학이었다면, 수험생들의 기본권을 침해하는 그 입시요강은 헌법소원심판절차를 통하여 직접 무효화될 수 있을 것인가? 헌법소원심판에 관해서는 이하 사례5에서 상세히 설명하겠지만, 여기에는 몇 가지 전제조건이 필요하다. 우선 기본권침해의 '현재성' 의 문제이다. 국립대학의 입시요강은 현재의 시점에서는 법적 효력이 없는 일종의 행정계획(사실상의 준비행위 내지 사전안내)에 불과하므로, 기본권침해의 현재성이 부인될 소지도 없지 아니하다. 하지만 그러나 사실상의 준비행위나 사전안내라 할지라도 그 내용이 국민의 기본권에 직접 영향을 끼치는 내용이고, 앞으로 요강의 내용대로 입시가 실시될 것이 틀림없으리라 예상되는 때에는, 기본권침해의 현재성을 인정하는 것이 헌법재판소의 태도이다(헌재 1992. 10. 1.

92헌마68등). 다음으로 기본권침해의 '자기관련성'의 문제이다. 여기서는 헌법소원심판을 청구할 수 있는 자들의 인적 범위가 문제로 제기된다. 헌법재판소는 입시요강의 적용대상인 수험생 · 신입생이 아니라, 이미 입시를 통과한 재학생이 헌법소원심판을 청구한 경우에는 기본권침해의 자기관련성이 없다고 보았다(헌재 1997. 3. 27. 94헌마277 참조).

# 동성연애자의 헌법적 권리

● **사례**

해군 ○○부대의 하사관 A는 몇몇 사병들과 함정 내에서 동성연애행위를 계속하여 오던 중, 그 사실이 군당국에 발각되어 군검찰관에 의하여 계간(鷄姦)·추행죄(군형법 92)로 기소되었다. 군사법원의 공판절차에서 A는 (1) 자유로운 합의에 의한 동성연애행위까지 군당국이 개입·규제하는 것은 행복추구권과 사생활의 자유에 대한 과도한 제한일 뿐 아니라, (2) 동성연애자라는 이유만으로 처벌하는 것은 평등원칙·평등권을 침해한 자의적 형벌권행사라고 주장하였다. A의 주장은 헌법적으로 정당한가?

**동성연애자의 인권**

사례에서 A는 자신의 동성연애행위가 헌법 제10조의 행복추구권 내지 동 제17조의 사생활의 자유로서 보장되어야 한다고 주장한다. 사생활영역에서의 자유로운 활동에 대해 헌법재판소는 독일의 학설·판례를 수용하여, 이것이 행복추구권·인격권에 함축된 '일반적 행동자유권'으로서 보장되는 것이라고 보고 있다. 그리고 헌법재판소의 결정에 따르면 이에는 ① 성적 자기결정권, ② 계약자유/사적자치, ③ 청소년의 당구장이용, ④ 혼인의 자유, ⑤ 기부금품의 모집, ⑥ 소유권이전등기 여부, ⑦ 경조기간의 음식물접대, ⑧ 마실물의 선택, ⑨ 과외교습 등등이 포함된다고 한다. 그렇다면 동성연애행위는 과연 '일반적 행동자유권'의 한 내용인 '성적자기결정권'으로써 인식될 수 있을 것인가? 우리 헌법재판소나 법원은 이 문제에 대하여 일찍이 결정한 바 없으나, 15년 전 미국연방대법원은 동성연애행위가 프라이버시권에 포함되지 아니한다고 이미 판시하였다. 즉 '동성연애를 할 권리는 미국의 역사와 전통에 뿌리박은 권리로 볼 수 없으므로, 합의에 의한 자택에서의 남색을 처벌하는 조지아 주법은 합헌'이라는 것이다(Bowers v. Hardwick, 478 U. S. 186, 1986).

**동성연애자에 대한 차별**

그렇다면 동성연애자를 차별취급하는 행위는 평등권·평등원칙을 침해하는 것인가? 이 문제에 대하여 우리 헌법재판소나 법원은 아무런 결정을 내린 바 없다. 그런데 미국연방대법원은, 위 Bowers 사건에서와 정반대로, 동성연애자를 차별취급하는 것은 위헌이라고 판시하였다. 즉 "동성애적 · 양성애적 취향을 근거로 한 차별대우로부터 소수자를 보호하지 아니하는 주 헌법은 … 헌법수정 제14조(평등보호조항)에 위반된다"는 것이다(Romers v. Evans, 116 S.C.T. 1620, 1996). 현행 헌법의 해석론으로는 두 가지 상반된 관점이 제기될 수 있다. 우선, ① 헌법 제11조(평등원칙 · 평등권)의 차별금지사유(성별 · 종교 · 사회적신분)와 차별금지영역(정치 · 경제 · 사회 · 문화생활)은 '단순예시적' 인 것이므로(통설), 동성애적 · 양성애적 취향을 이유로 한 군사부문에서 차별대우 역시 헌법 제11조의 규율범위에 포섭되는 것으로 볼 수 있다. 반면 ② 동성연애행위가 성별 · 종교 · 사회적신분에 준할 정도로 고정적 · 지속적인 '지위(status)' 인지는 의문이므로, 그러한 일종의 성적 취향 내지 '활동(actus)' 을 이유로 한 차별까지 헌법 제11조의 규율범위에 포섭되지는 아니한다고 볼 소지도 있다. 그런데 최근에 공포된 국가인권위원회법 제31조 제2항은 '성적 지향' 을 차별금지사유의 하나로 명시함으로써, 전자의 해석론에 가까운 입법태도를 보이고 있다.

**'과잉금지' 와 '자의금지'**

사례에서 A의 동성연애행위가 설령 일반적 행동자유권 내지 평등원칙 · 평등권의 보호범위에 포섭된다고 하더라도, 그에 대한 국가공권력의 모든 개입이 곧 '위헌' 으로 무효화되는 것은 아니다. 종래 우리 헌법재판소는 ① 공권력이 기본권 일반에 개입하는 경우 그 위헌성을 판단하는 헌법적 기준으로서 '과잉금지원칙(=비례성심사)(헌법제37②)' 을 채택하고 있으며, ② 공권력이 평등원칙 · 평등권을 침해하였는지 여부를 판단하는 헌법적 기준으로는 '자의금지원칙' (=합리성심사)을 채택하고 있다. 즉 ① 기본권을 제한하는 공권력은 정당한 입법목적을 실현하기 위하여 필요한 최소한에 머물러야 한다는 것이고(과도한 제한을 금지), ② 헌법이 보장하는 평등원칙 · 평등권은 합리적 이유 있는 차별을 허용하는 상대적 평등이라는 것이다(자의적 차별을 금지). 그런데 사례에서와 같은 '군대(해군)' 는 대체로 남성들의 격리된 사회로서, 성욕 해소가 억제될 수밖에 없으므로 동성연애관계가 형성될 가능성이 농후하고, 또 계급적 상하관계에 입각하여 그러한 관계가 강요될 위험성도 적지 않으며, 이 때문에 군의 기강과 계급질서가 혼란에 빠질 소지도 다분히 있다. 군형법 제92조가 군대 내에서의 동성연애행위를 처벌하는 것은, 바로 군대라는 특수계급사회의 내부질서를 유지하는 데 목적이 있으므로, 그 차별의 합리성을 전면적으로 부인하기는 어렵다. 더욱이 동 제92조가 군사범죄로서는 비교적 가벼운 '1년 이하의 징역'을 형벌로 규정하고 있는 점, 대법원이 동 규정을 '군내부에서 군인 상호간에 이루어진 행위'에만 적용되는 것으로 한정해석하고 있는 점을 고려한다면, 이것을 기본권에 대한 과도한 제한으로 판단하기는 어렵다고 본다.

요컨대 동 규정은 형벌입법권의 과잉한 행사 내지 자의적인 행사라 볼 수 없으므로, 헌법에 위반되지 아니한다.

# 친일파재산의 환수와 소급입법금지

**● 사례**

일제시대의 친일파 후손들이 그들의 소유로 되어 있던 재산을 되찾는 소송을 청구하는 등 적극적 권리주장을 펴자, 이에 분개한 국회의원들은 (1) 과거 일제시대의 친일파와 민족반역자의 재산은 국유로 환수하며, (2) 그러한 재산에 대해서는 소유권을 주장하는 소송을 청구하지 못한다는 내용을 골자로 '친일파재산환수에관한특별조치법'을 제안하여 본회의에 상정하였다. 이 법안은 합헌적인 것인가?

**헌법전문의 법적 효력**

헌법전문은 모든 국가법규범의 기초적 전제가 되는 기본원리를 선언한 것으로서, 국가기관이나 국민에 대하여 법적 구속력을 지니는 법규범이라고 한다. 그것은 형식적으로는 헌법전의 일부를 구성하고, 실질적으로는 헌법전의 단계적 구조 중에서 최상위의 규범이라고 한다. 이처럼 헌법전문의 규범적 효력을 긍정하는 것이 학계의 통설이며, 헌법재판소도 헌법재판에 있어 헌법전문의 내용들을 원용하여 구체적 판단들을 내리고 있다. 우리 헌법전문은 '3·1운동으로 건립된 대한민국 임시정부의 법통을 계승'한다는 명문의 규정을 두고 있는데, 이는 곧 반제반일·항일투쟁과 민족자주·국가독립이라고 하는 3·1운동 및 임시정부의 기본정신을 대한민국의 국가이념으로서 계승한다는 의미로 해석된다. 동시에 이러한 국가이념은 광복 이후 반세기를 넘은 오늘날까지도 여전히 남아 있는 인적·물적·정신적 친일잔재의 청산을 헌법적 과제로서 요구하고 있는 것이기도 하다. 그러므로 과거 친일파의 재산권주장을 봉쇄함으로써 일제시대의 물적 잔재를 청산하려는 동 특별법(안)의 입법목적은, 대한국민의 민족정기를 회복하고 대한민국의 국가이념을 공고히 하려 한다는 점에서, 그 헌법적 정당성을 인정받을 수 있다고 본다.

**소급입법의 금지원칙**

사례의 특별법(안)의 입법취지가 헌법전문의 임정법통계승 및 일제잔재청산이라는 헌법적 요청에 부합하는 것임은 분명하다. 그러나 이것은 헌법 제

13조 제2항의 규정에 위반되는 것이 아니냐는 의문이 제기될 수도 있다. 헌법 제13조 제2항은 '모든 국민은 소급입법에 의하여 재산권을 박탈당하지 아니한다' 라고 규정하고 있기 때문이다. 물론 이 문제와 관련하여 헌법전문의 규범적 효력이 헌법본문의 규정들에 절대적으로 우선하는 것이라고 본다면, 헌법 제13조 제2항의 적용을 완전히 배제해 버리는 해석론도 가능할 것이다. 하지만 헌법규정 상호간의 규범적 관계가 어느 한 쪽이 다른 한 쪽을 완전히 배제하는 식으로 서열화될 수 있을지는 의문이다. 모순 · 충돌하는 여러 헌법규정의 가치들을 가능한 한 존중하여 서로 양립시키는 것이 헌법해석의 올바른 방법이기 때문이다. 이 문제와 관련하여서는 소급입법의 금지원칙에 대하여 헌법재판소가 내린 제한적 해석론을 참고할 필요가 있다고 생각한다.

**신뢰보호의 예외상황**

소급입법의 개념에 관해서 우리 헌법재판소는 ① 과거에 이미 완성된 사실이나 법률관계를 규율하는 '진정소급효' 의 입법과 ② 이미 과거에 시작되었으나 아직 완성되지 아니한 사실이나 법률관계를 규율하는 '부진정소급효' 의 입법을 구분하면서, 전자의 경우에는 신뢰보호 내지 법적 안정성의 견지에서 '특단의 사정'이 없는 한 이를 원칙적으로 위헌적인 것으로 보지만, 후자의 경우에는 소급입법도 가능한 것으로 보고 있다. 하지만 진정소급입법의 경우에도 "공익적 필요"가 개인의 신뢰보호에 우월하는 특단의 사정이 있는 경우에는 예외적으로 허용될 수 있는 것으로 보고 있다. 이러한 헌법재판소의 기본입장은 독일판례에서 영향을 받은 것으로서, 독일연방헌법법원도 진정소급입법이 일정한 상황에서 예외적으로 허용되는 경우가 있음을 인정하고 있다(BVerfGE 13, S. 261[272]). 아무튼 헌법재판소의 기준을 따를 때 진정소급입법이 허용되는 예외적인 사유로서는, ① 국민이 소급입법을 예상할 수 있었거나 법적 상태가 불확실하고 혼란스러웠거나 하여 보호할 만한 신뢰의 이익이 적은 경우, ② 소급입법에 의한 당사자의 손실이 없거나 아주 경미한 경우, ③ 신뢰보호의 요청에 우선하는 심히 중대한 공익상의 사유가 소급입법을 정당화하는 경우를 들 수 있다.

**친일재산환수의 합헌성**

상술한 소급입법금지의 예외사유를 기준으로 사례의 특별법(안)을 살펴보기로 하자. ① 강박과 위협을 수단으로 한반도를 불법강탈한 일제의 무단통치 하에서 반민족행위자들에 대한 규제는 사실상 불가능하였으므로, 어차피 사후의 소급입법이 불가피한 상황이었던 것이다. ② 당시의 친일파와 민족반역자들은 일제의 불법적 국권침탈과 민족말살정책에 적극 협조하는 등 일반적 정의에 정면으로 반하는 행위를 자행했으므로, 그 악랄한 반민족적 불법행위에 대하여 향후에라도 제재가 가해질 것을 당시 이들이 전혀 예상하지 못했다고 보기는 곤란하다. ③ 해방 이후의 정국은 반민족행위자의 처리에 관한 한 대단히 불확실하고 혼란스러운 법적 상태에 처해 있었다고 보이므로, 친일파와 민족반역자들의 물적 기반을 보장해주는 구 법령에 대한 이들의 신뢰는 보호할 가치가 없는 것이다. ④ 일재잔재의 청산으로 민족자주 · 국가독립의 이념을 수호한다고 하는 공익적 필요의 중대성에 비추어, 이 경우 개인의 법적 지위에 대한 신뢰이익을 절대적으로 관철하는 것이 객관적으로 정당화되기는 어렵다. 결론적으로 동 특별법(안)은 헌법에 위반되지 아니한다.

# '호스트빠' 단속의 헌법적 쟁점

**● 사례**

대구광역시 수성구에서 유흥주점 '루머스'를 경영하는 A는 세칭 '호스트(남성접대부)'를 유흥접객원으로 고용하여 불법영업을 계속해오다 구청단속반에 적발·고발조치되었다. (1) A를 처벌할 수 있는 법적 근거는 무엇인가? (2) 이들이 처벌을 면하기 위하여 동원할 수 있는 헌법적 절차로는 어떠한 것들이 있겠는가?

**헌법→법률→명령→처분**

국가공권력이 국민의 기본권에 개입하는 경우, 이는 원칙적으로 '법률'의 형식으로써만 가능하다(헌법 37②). 이처럼 헌법이 국민의 대표기관인 국회에서 제정한 법률로써만 국민의 기본권을 제한할 수 있도록 한 것은 다음과 같은 이유 때문이다. 즉 ① 전제군주·행정권으로부터의 기본권억압을 국민대표기관인 국회가 제지한다는 연혁적·현실적 이유와, ② 국민이 스스로 선출·구성한 대표기관만이 국민의 권리를 제한할 수 있다는 이념적 이유가 그것이다. 하지만 사회행정·경제행정·과학기술행정·환경행정 등등 행정권의 강화현상이 두드러진 현대국가에 있어서는, 대의기관에서의 번거로운 입법절차를 거치기보다, '법률'은 개략의 골자만을 규정하고 구체적 규율은 하위의 행정입법(명령·규칙)에 위임하는 것이 일반적이다. 사례의 경우 유흥주점운영자(A)·남성호스트의 기본권(평등권, 직업선택의 자유)과 여성고객의 기본권(평등권, 일반적 행동자유권)에 개입하는 공권력은 다음과 같은 위계로 이루어져 있다.

**1) 기본권의 제한을 법률로써만 가능하도록 규정한 헌법 제37조 제2항**

헌법 제37조 … ② 국민의 모든 자유와 권리는 국가안전보장·질서유지 또는 공공 복리를 위하여 필요한 경우에 한하여 '법률'로써 제한할 수 있으며, 제한하는 경우에도 자유와 권리의 본질적인 내용을 침해할 수 없다.

**2) 헌법 제37조 제2항에 따라 국회에서 제정한 식품위생법 제21조**

식품위생법 제21조(시설기준) ① 다음의 영업을 하고자 하는 자는 보건복지

부령이 정하는 시설기준에 적합한 시설을 갖추어야 한다. … 3. 식품접객업 ② 제1항 각호의 규정에 의한 영업의 세부종류와 그 범위는 '대통령령' 으로 정한다. 제77조(벌칙) 다음 각호의 1에 해당하는 자는 1년 이하의 징역 또는 500만원 이하의 벌금에 처한다. … 3. 제21조 … 의 규정에 의한 시설기준 … 에 위반한 영업자.

### 3) 식품위생법 제21조의 위임에 따라 행정부에서 발포한 식품위생법시행령(대통령령) 제7조 및 제8조

식품위생법시행령 제7조(영업의 종류) 법 제21조 제2항의 규정에 의한 영업의 세부종류와 그 범위는 다음 각호와 같다. … 8. 식품접객업 가. 휴게음식점영업 … 나. 일반음식점영업 … 다. 단란주점영업 … 라. 유흥주점영업 : 주로 주류를 조리 · 판매하는 영업으로서 유흥종사자를 두거나 유흥시설을 설치할 수 있고 손님이 노래를 부르거나 춤을 추는 행위가 허용되는 영업. 제8조(유흥종사자의 범위) ① 제7조 제8호 라목의 규정에 의한 유흥종사자의 범위는 다음 각호와 같다. 1. 유흥접객원 … ② 제1항 제1호의 유흥접객원은 손님과 함께 술을 마시거나 노래 또는 춤으로 손님의 유흥을 돋구는 '부녀자' 를 말한다.

환언하면 사례에서 A를 처벌할 수 있는 법적 근거로서는 ① 유흥주점의 유흥접객원으로서 '부녀자' 만을 인정하는 식품위생법시행령 제8조 제2항, ② 그에 대한 위임근거로서 식품위생법 제21조 제2항 및 위반시의 처벌규정인 동 제77조, ③ 국민의 기본권제한을 법률로써만 가능하도록 한 헌법 제37조 제2항 등이 있다.

**'법원' 에서의 절차**

법원의 구체적 소송절차에서 A가 주장할 수 있는 헌법적 주장은 크게 두 가지를 생각해볼 수 있다. 그 하나는 식품위생법 제21조 · 제77조에 대하여 포괄적 위임입법금지, 평등권 · 평등원칙, 죄형법정주의 등의 위반을 이유로 재판부에 위헌법률심판제청을 신청하는 것이다(헌법 107①, 111②1호). 나머지

하나는 식품위생법시행령 제8조의 위헌성(평등권 · 평등원칙위반) 내지 그 위법성을 소송절차에서 적극 주장하는 것이다(헌법 107②). 이 중에서 전자, 즉 위헌법률심판제청을 신청하려면 '재판의 전제성'이 있어야 하는데(헌법재판소법 41①), 만약 법원이 당사자의 신청을 기각하면 당사자는 그로부터 14일 이내에 헌법소원(위헌소원)심판을 청구할 수 있다(법 68②, 69②). 위헌법률심판제청신청의 서식은 아래와 같다.

## 위헌법률심판제청신청

사 건 : 98가합2423  분담금
원 고 : 교통안전공단
피 고 : 거양해운(주)

위 사건에 관하여 피고는 아래와 같이 위헌법률심판제청을 신청합니다.

신 청 취 지

교통안전공단법 제13조 제2항 제1호와 제2호, 동법 제17조, 동법 제18조, 동법 제19조와 동법 제21조는 헌법 제11조 제1항, 헌법 제15조, 헌법 제23조 제1항과 헌법 제59조 등에 위반된다.

신 청 이 유

1. 교통안전기금에 관한 교통안전공단법 관련규정의 개요
2. 재판의 전제성

   …… 따라서 위 법률의 위헌성 여부는 현재 서울지방법원 남부지원 96가합2423호로 계류중인 분담금청구소송에서의 재판의 전제가 된다고 판단됩니다.
3. 교통안전분담금제도의 위헌성에 관하여
   가. 헌법 제11조상의 평등원칙 위반 여부
   나. 헌법 제37조 제2항의 과잉금지원칙 위반 여부
4. 결 어

   앞에서 살펴본 바와 같이 …… 위헌이라고 판단되므로, 신청인의 소송대리인은 귀원에 위헌법률심판을 제청해주실 것을 신청하기에 이르렀습니다.

200 .  .  .

위 피고 ○ ○ ○

서울지방법원 남부지원 귀중

**'헌법재판소' 에서의 절차**

사례에서 A는 식품위생법 제21조 · 제77조에 대하여 그것이 자신의 기본권을 침해한다는 이유로 헌법소원심판을 청구하거나, 식품위생법시행령 제8조에 대하여 마찬가지 이유로 헌법소원심판을 청구할 수 있다('법령소원'). 법령소원의 경우는 다음 사례5에서 설명하는 보충성의 원칙이 적용되지 아니하지만, 현재성 · 자기관련성 그리고 무엇보다도 직접성의 요건이 준수되어야 한다.또 헌법재판소법 제69조 제1항의 '청구기간' 제한에도 주의할 필요가 있다. 그밖에 헌법재판소에서는 상기 식품위생법 조항들에 대하여 법원의 위헌법률심판제청이 있는 경우에 그 위헌성 여부를 판단하게 된다.

**법가치의 '하향평준화?**

사례에서 보듯 '부녀자'를 접객원으로 고용하는 유흥주점은 허용되지만, 남자를 접객원으로 고용하는 행위는 식품접객업시행령 제8조에 따라 금지된다. 한마디로 '룸싸롱'은 합법이고 '호스트빠'는 불법이라는 것인데, 그렇다면 이는 헌법 제11조의 양성평등의 원칙에 위반되는 것 아닌가? 하지만 이 문제는 소위 '하향식 균등'을 주장하는 것이어서 평등원칙의 적용이 배제되는 것으로 흔히 인식되어 왔다. 즉 "헌법이 보장하는 평등의 원칙은 개인의 기본권신장이나 제도의 개혁에 있어서 법적 가치의 상향적 실현을 보편화하기 위한 것이지 불균등의 제거만을 목적으로 한 나머지 하향식 균등까지 수용하고자 하는 것은 결코 아니"라는 것이다(헌재 1990. 6. 25. 89헌마107; 1989. 5. 24. 89헌가37 · 96). 이러한 주장에 대한 여러분의 반론은? 여성들의 '호스트빠' 이용을 위 사례13에서 살펴본 '일반적 행동자유권'으로 포섭할 여지는 없는가? 남성들의 '호스트빠' 취업을 헌법 제15조 소정의 '직업선택의 자유' 개념으로 포섭할 여지는 없는가?

# 헌법소원심판의 청구요건

● **사례**

다음 각 경우에 B는 A를 대상으로 헌법소원심판을 청구할 수 있는가?

(1) A : 자의로 여종업원을 해고한 ○○주식회사 B : 해고된 여종업원의 남편

(2) A : ○○단란주점에 대한 구청직원의 자의적 영업정지처분 B : 대한요식업협회

(3) A : 폭행사건 피의자에 대한 검사의 불기소처분 B : 동 폭행사건의 고발인

(4) A : 상고심까지 거친 제1심의 사형판결 B : 동 판결을 언도받은 사형수

(5) A : 공무원채용에 군필자를 우대하는 법률 B : 공무원시험 준비중인 여성

**헌법소원심판제도** 헌법이 단순히 종이쪽에 머물지 않도록, 생활 속에서 살아 숨쉬도록 해주는 가장 중요한 제도적 장치가 바로 '헌법재판제도' 이다. 현행 1987년헌법은 민주화투쟁의 성과물의 하나로서 '헌법재판소' 를 설치하도록 제도화하고, 여기에서 위헌법률심판 · 탄핵심판 · 정당해산심판 · 권한쟁의심판 · 헌법소원심판 등을 담당하도록 하였다. 이 중에서 기본권이 헌법전 속의 권리에 그치지 아니하고 현실 속에서 기능하도록 해주는 핵심장치가 바로 '헌법소원심판제도' 이다. 그것은 통계상 헌법재판의 실제에서 압도적 다수를 차지하고 있기도 하다.

**심판청구의 제기요건** 기본권 침해에 대한 구제장치로서 헌법소원심판은, 그 청구절차에 있어 몇 가지 제한이 부가된다. ① 헌법소원심판의 대상은 '공권력의 행사 또는 불행사' 이다. 입법부 · 집행부의 그것(법률 · 명령 · 행정처분 등)이 이에 해당된다. 유의할 점은 '법원의 재판' 은 그 청구대상에서 명문으로 제외되어 있다는 것이다(재판소원금지). ② 헌법소원심판은 '기본권의 침해' 를 요건으로 한다. 즉 원칙적으로 현재에 자신의 기본권을 직접적으로 침해당한 자만이 헌법소원심판을 청구할 수 있다(현재성 · 자기관련성 · 직접성). ③ 헌법소원심판은 기본권의 최후적 보장수단이므로, 다른 법률의 구제절차를 모두 마친 후

에만 청구할 수 있다(보충성원칙). ④ 그밖에 헌법소원심판은 변호사를 대리인으로 선임해야만 제기할 수 있으며(변호사강제주의)(단, 무자력자는 국선변호인의 선임신청이 가능), 기본권 침해사유의 발생을 안 날로부터 60일 이내에, 사유가 발생한 날로부터 180일 이내에 제기해야만 한다(청구기간제한).

**사례의 해결** (1)에서 사기업인 A주식회사의 해고처분은 공권력의 행사가 아니므로 헌법소원심판청구의 대상이 될 수 없다. 그리고 배우자인 B가 대신하여 헌법소원심판청구를 하는 것도 기본권침해의 자기관련성이 없으므로 인정될 수 없다(헌재 1998. 11. 26. 98헌마239 참조).

(2)에서 법인 내지 단체인 B는 구성원(OO단란주점)과 별도로 그 자신의 고유한 기본권이 침해되었을 때에만 헌법소원심판을 청구할 수 있다. 헌법재판소도 '구성원의 권리구제를 위하여 그를 대신한 단체의 헌법소원심판청구'를 수리하지 아니하였다(헌재 1991. 6. 3. 90헌마56).

(3)에서 검사의 불기소처분을 대상으로 하는 헌법소원심판은 당해 범죄의 피해자인 고소인만이 자기관련성이 있으며, 범죄와 무관한 제3자인 고발인은 자기관련성이 인정되지 않는다. 가령, 지나가는 행인이 범죄를 목격하고 이를 고발하였는데, 검찰에서 자의적으로 불기소처분을 내린 경우에, 그 범죄의 피해자가 아닌 단순고발인은 검사의 불기소처분에 대하여 헌법소원심판을 청구할 수 없다.

(4)에서 법원의 재판은 헌법소원심판의 대상이 되지 않는 것이 원칙이다('재판소원금지'). 이 경우 사형을 규정한 법조항 그 자체를 대상으로 헌법소원심판을 청구하는 것은 가능하다('법령소원').

(5)에서 공무원시험을 준비중인 것만으로 과연 기본권침해의 현재성을 인정할 수 있느냐는 논란될 수 있다. 헌법재판소는 군필자가산점제도에 대한 위헌결정(헌재 1999. 12. 23. 98헌마363)에서 공무원시험을 '준비중'인 청구인들에 대해서도, '가산점제도가 적용될 것이 확실히 예측된다'는 이유로 기본권침해의 현재성을 모두 인정하였다.

※ 불기소처분에 대한 헌법소원

## 헌법소원심판청구서

청 구 인 홍 길 동(洪 吉 童)
서울 구로구 구로10동 1000의 100, 10통 10반
(전화 600-9999)
대리인 변 호 사 김 갑 돌
서울 서초구 서초동, 조선빌딩 501호
피 청구인 ○○지방검찰청 ○○지청 검사

청 구 취 지

"피청구인이 1997.9.9. ○○지방검찰청 ○○지청 1997년 형제7777호 사건에 있어서 피의자 김××의 사기의 점에 대하여 한 불기소처분은 청구인의 평등권을 침해한 것이므로 이를 취소한다"라는 결정을 구합니다.

침 해 된 권 리

헌법 제11조 제1항 평등권
헌법 제27조 제5항 재판절차에서의 진술권

침 해 의 원 인

피청구인의 1997. 9. 9. ○○지방검찰청 ○○지청 1997년 형제7777호 사건의 피의자 김××에 대한 무혐의 불기소처분

청 구 이 유

1. 사건의 개요
2. 위 불기소처분의 위헌성
3. 심판청구에 이르게 된 경위(고소, 불기소처분, 항고, 재항고과정 등 약술)
4. 청구기간의 준수여부 등

첨 부 서 류

1. 각종 입증서류(불기소처분결과통지서, 항고사건처분통지서, 재항고사건처분통지서 등)
2. 소송위임장(소속변호사회 경유)

200 . . .

청구인 대리인 변호사 김 갑 돌

헌법재판소 귀중

※ 행정행위에 대한 헌법소원

## 헌법소원심판청구서

청 구 인　홍 길 동(洪 吉 童)
서울 구로구 구로10동 1000의 100, 10통 10반
(전화 600-9999)
대리인 변 호 사 김 갑 돌
서울 서초구 서초동, 조선빌딩 501호

피 청 구 인　사회보호위원회

청 구 취 지

"피청구인이 1997. 10. 20. 청구인에 대하여 한 가출소취소결정은 청구인의 신체의 자유를 침해한 것이므로 이를 취소한다"라는 결정을 구합니다.

침 해 된 권 리

헌법 제12조 신체의 자유

침 해 의 원 인

피청구인의 1997. 12. 20.자 청구인에 대한 가출소취소결정

청 구 이 유

1. 사건의 개요
2. 위 결정의 위헌성
3. 심판청구에 이르게 된 경위 (신청 · 처분 · 구제절차 과정 등 약술)
4. 청구기간의 준수여부 등

첨 부 서 류

1. 각종 입증서류
2. 소송위임장(소속변호사회 경유)

200 .　.　.

청구인 대리인 변호사　김　갑　돌

헌법재판소 귀중

※ 부작위에 대한 헌법소원

**헌법소원심판청구서**

청 구 인 홍 길 동(洪 吉 童)

서울 구로구 구로10동 1000의 100, 10통 10반

(전화 600-9999)

대리인 변 호 사 김 갑 돌

서울 서초구 서초동, 조선빌딩 501호

피 청 구 인 ○○군수

청 구 취 지

"피청구인이 청구인으로부터 1997. 10. 22.부터 동년 12. 10.경까지 수차에 걸쳐 ×××소재 임야에 대한 임야조사서의 열람·복사신청이 있었음에도 이를 방치한 부작위는 청구인의 알권리를 침해한 것이므로 위헌임을 확인한다."라는 결정을 구합니다.

침 해 된 권 리

헌법 제21조 알권리

침 해 의 원 인

피청구인이 청구인으로부터 1997. 10. 22.부터 동년 12. 10.경까지 수차에 걸쳐 ×××소재 임야에 대한 임야조사서의 열람·복사신청이 있었음에도 이를 방치한 부작위

청 구 이 유

1. 사건의 개요
2. 위 부작위의 위헌성
3. 심판청구에 이르게 된 경위(신청과정등 약술)

첨 부 서 류

1. 각종 입증서류
2. 소송위임장(소속변호사회 경유)

200 . . .

청구인 대리인 변호사 김 갑 돌

헌법재판소 귀중

※ 법령에 대한 헌법소원

**헌법소원심판청구서**

청 구 인 홍 길 동(洪 吉 童)

서울 구로구 구로10동 1000의 100, 10통 10반

(전화 600-9999)

대리인 변 호 사 김 갑 돌

서울 서초구 서초동, 조선빌딩 501호

청 구 취 지

"○○법 (1997. 12. 30. 법률 제××××호) 제○○조는 헌법에 위반된다"라는 결정을 구합니다.

침 해 된 권 리

헌법 제11조 평등권, 제15조 직업선택의 자유

침 해 의 원 인

○○법 (1997. 12. 30. 법률 제××××호) 제○○조

청 구 이 유

1. 사건의 개요
2. 위 규정의 위헌성
3. 심판청구에 이르게 된 경위
4. 청구기간의 준수여부 등

첨 부 서 류

1. 각종 입증서류
2. 소송위임장(소속변호사회 경유)

200 . . .

청구인 대리인 변호사 김 갑 돌

헌법재판소 귀중

※ 법 제68조 제2항에 의한 헌법소원(위헌소원)

## 헌법소원심판청구서

청 구 인 홍 길 동(洪 吉 童)
서울 구로구 구로10동 1000의 100, 10통 10반
(전화 600-9999)
대리인 변호사 김 갑 돌
서울 서초구 서초동, 조선빌딩 501호

청 구 취 지

"○○법(1997. 5. 30. 법률 제×××호) 제○○조는 헌법에 위반된다"라는 결정을 구합니다.

당 해 사 건

서울고등법원 ○○구 ○○호 퇴직처분 무효확인
원고 ○○○, 피고 ×××
위헌이라고 해석되는 법률조항
○○법 (1997. 5. 30. 법률 제×××호) 제○○조

청 구 이 유

1. 사건의 개요
2. 재판의 전제성
3. 위헌이라고 해석되는 이유
4. 심판청구에 이르게 된 경위(청구기간의 준수여부 등)

첨 부 서 류

1. 위헌제청신청서
2. 위헌제청신청기각 결정문 및 동 결정의 송달증명서
3. 기타 입증서류
4. 소송위임장(소속변호사회 경유)

200 . . .

청구인 대리인 변호사 김 갑 돌

헌법재판소 귀중

# 제대군인지원에관한법률 제8조 제1항 등 위헌확인

● **사례**

청구인 A는 1998. 2. 이화여자대학교를 졸업한 여성이며, 청구인 B · C · D · E는 같은 대학교 4학년에 재학 중이던 여성들로서 모두 7급 또는 9급 국가공무원 공개경쟁채용시험에 응시하기 위하여 준비중에 있으며, 청구인 F는 연세대학교 4학년에 재학 중이던 신체장애가 있는 남성으로서 역시 7급 국가공무원 공개경쟁채용시험에 응시하기 위하여 준비중에 있다. 청구인들은 제대군인이 6급 이하의 공무원 또는 공 · 사기업체의 채용시험에 응시한 때에 필기시험의 각 과목별 득점에 각 과목별 만점의 5퍼센트 또는 3퍼센트를 가산하도록 규정하고 있는 제대군인지원에관한법률 제8조 제1항, 제3항 및 동법시행령 제9조가 자신들의 헌법상 보장된 평등권, 공무담임권, 직업선택의 자유를 침해하고 있다고 주장하면서 1998. 10. 19. 이 사건 헌법소원심판을 청구하였다.

헌법재판소 전원재판부 1999. 12. 23. 98헌마363

**심판대상** 이 사건 심판의 대상은 제대군인지원에관한법률(1997. 12. 31. 법률 제5482호로 제정된 것. 이하 '이 법'이라 한다) 제8조 제1항 및 제3항, 동법시행령(1998. 8. 21. 대통령령 제15870호로 제정된 것. 이하 '이 시행령'이라 한다) 제9조가 청구인들의 기본권을 침해하는지 여부이다.

**판시사항**

1. 제대군인이 공무원채용시험 등에 응시한 때에 과목별 득점에 과목별 만점의 5% 또는 3%를 가산하는 제대군인가산점제도(이하 '가산점제도')가 헌법에 근거를 둔 것인지 여부(소극)
2. 가산점제도로 인한 차별의 대상
3. 가산점제도의 평등위반여부를 심사함에 있어 적용되는 심사척도
4. 가산점제도로 여성, 신체장애자 등의 평등권이 침해되는지 여부(적극)
5. 가산점제도로 여성, 신체장애자 등의 공무담임권이 침해되는지 여부(적극)

**결정요지** 1. 헌법 제39조 제1항에서 국방의 의무를 국민에게 부과하고 있는 이상 병역법에 따라 군복무를 하는 것은 국민이 마땅히 하여야 할 이른바 신성한 의무를 다 하는 것일 뿐, 그러한 의무를 이행하였다고 하여 이를 특별한 희생으로 보아 일일이 보상하여야 한다고 할 수는 없는 것이므로, 헌법 제39조 제2항은 병역의무를 이행한 사람에게 보상조치를 취하거나 특혜를 부여할 의무를 국가에게 지우는 것이 아니라, 법문 그대로 병역의무의 이행을 이유로 불이익한 처우를 하는 것을 금지하고 있을 뿐인데, 제대군인지원에관한법률 제8조 제1항 및 제3항, 동법시행령 제9조에 의한 가산점제도는 이러한 헌법 제39조 제2항의 범위를 넘어 제대군인에게 일종의 적극적 보상조치를 취하는 제도라고 할 것이므로 이를 헌법 제39조 제2항에 근거한 제도라고 할 수 없고, 제대군인은 헌법 제32조 제6항에 규정된 '국가유공자 · 상이군경 및 전몰군경의 유가족'에 해당하지 아니하므로 이 헌법조항도 가산점제도의 근거가 될 수 없으며, 달리 헌법상의 근거를 찾아볼 수 없다.

2. 전체여성 중의 극히 일부분만이 제대군인에 해당될 수 있는 반면, 남자의 대부분은 제대군인에 해당하므로 가산점제도는 실질적으로 성별에 의한 차별이고, 가산점을 받을 수 있는 현역복무를 하게 되는지 여부는 병역의무자의 의사와 관계없이 징병검사의 판정결과 · 학력 · 병력수급의 사정에 따라 정해지는 것이므로 가산점제도는 현역복무나 상근예비역 소집근무를 할 수 있는 신체건장한 남자와 그렇지 못한 남자, 즉 병역면제자와 보충역복무를 하게 되는 자를 차별하는 제도이다.

3. 평등위반 여부를 심사함에 있어 엄격한 심사척도에 의할 것인지, 완화된 심사척도에 의할 것인지는 입법자에게 인정되는 입법형성권의 정도에 따라 달라지게 될것이나, 헌법에서 특별히 평등을 요구하고 있는 경우와 차별적 취급으로 인하여 관련 기본권에 대한 중대한 제한을 초래하게 된다면 입법형성권은 축소되어 보다 엄격한 심사척도가 적용되어야 할 것인바, 가산점제도는 헌법 제32조 제4항이 특별히 남녀평등을 요구하고 있는 "근로" 내지 '고용'의 영역에서 남성과 여성을 달리 취급하는 제도이고, 또한 헌법 제25조에 의하여 보장된 공무담임권이라는 기본권의 행사에 중대한 제약을 초래하는 것이기 때문에 엄격한 심사척도가 적용된다.

4. (1)제대군인에 대하여 여러 가지 사회정책적 지원을 강구하는 것이 필요하다 할지라도, 그것이 사회공동체의 다른 집단에게 동등하게 보장되어야 할 균등한 기회 자체를 박탈하는 것이어서는 아니되는데, 가산점제도는 아무런 재정적 뒷받침 없이 제대군인을 지원하려한 나머지 결과적으로 여성과 장애인 등 이른바 사회적 약자들의 희생을 초래하고 있으며, 각종 국제협약, 실질적 평등 및 사회적 법치국가를 표방하고 있는 우리 헌법과 이를 구체화하고 있는 전체 법체계 등에 비추어 우리 법체계내에 확고히 정립된 기본질서라고 할 '여성과 장애인에 대한 차별금지와 보호'에도 저촉되므로 정책수단으로서의 적합성과 합리성을 상실한 것이다.

(2) 가산점제도는 수많은 여성들의 공직진출에의 희망에 걸림돌이 되고 있으며, 공무원채용시험의 경쟁률이 매우 치열하고 합격선도 평균 80점을 훨씬 상회하고 있으며 그 결과 불과 영점 몇 점 차이로 당락이 좌우되고 있는 현실에서 각 과목별 득점에 각 과목별 만점의 5% 또는 3%를 가산함으로써 합격여부에 결정적 영향을 미쳐 가산점을 받지 못하는 사람들을 6급 이하의 공무원 채용에 있어서 실질적으로 거의 배제하는 것과 마찬가지의 결과를 초래하고 있고, 제대군인에 대한 이러한 혜택을 몇 번이고 아무런 제한없이 부여함으로써 한 사람의 제대군인을 위하여 몇 사람의 비(非)제대군인의 기회가 박탈당할 수 있게 하는 등 차별취급을 통하여 달성하려는 입법목적의 비중에 비하여 차별로 인한 불평등의 효과가 극심하므로 가산점제도는 차별취급의 비례성을 상실하고 있다.

(3) 그렇다면 가산점제도는 제대군인에 비하여, 여성 및 제대군인이 아닌 남성을 부당한 방법으로 지나치게 차별하는 것으로서 헌법 제11조에 위배되며, 이로 인하여 청구인들의 평등권이 침해된다.

5. 헌법 제25조의 공무담임권 조항은 모든 국민이 누구나 그 능력과 적성에 따라 공직에 취임할 수 있는 균등한 기회를 보장함을 내용으로 하므로, 공직자선발에 관하여 능력주의에 바탕한 선발기준을 마련하지 아니하고 해당 공직이 요구하는 직무수행능력과 무관한 요소를 기준으로 삼는 것은 국민의 공직취임권을 침해하는 것이 되는바, 제대군인 지원이라는 입법목적은 예외적으로 능력주의를 제한할 수 있는 정당한 근거가 되지 못하는데도 불

구하고 가산점제도는 능력주의에 기초하지 아니하고 성별, '현역복무를 감당할 수 있을 정도로 신체가 건강한가'와 같은 불합리한 기준으로 여성과 장애인 등의 공직취임권을 지나치게 제약하는 것으로서 헌법 제25조에 위배되고, 이로 인하여 청구인들의 공무담임권이 침해된다.

**주문** 제대군인지원에관한법률(1997. 12. 31. 법률 제5482호로 제정된 것) 제8조 제1항, 제3항 및 동법시행령(1998. 8. 21. 대통령령 제15870호로 제정된 것) 제9조는 헌법에 위반된다.

# 학원의설립 · 운영에관한법률 제22조 제1항 제1호 등 위헌제청, 학원의설립 · 운영에관한법률 제3조 등 위헌확인

● 사례

(1) 청구외 A는 서울지방법원에 학원의설립 · 운영에관한법률 위반으로 공소제기되었는데(98고단7799), 그 공소사실의 요지는 "피고인은 '하누리교육'의 대표로서, 1995. 12. 초순경부터 1997. 10. 16.경까지 사이에 PC통신업체인 천리안 · 미래텔에 개설한 '하누리방'을 통하여 회원으로 가입한 2,415명으로부터 약 374,000,000원을 받고 수천회에 걸쳐 문제를 내고 질의 · 응답하는 방식으로 과외교습을 하고, 1997. 7. 초순경부터 같은 해 10.경까지 사이에 공소외 B 등 지도교사로 하여금 교습비를 내고 가입한 회원의 집을 방문지도하게 하는 방식으로 과외교습을 함으로써 위 법률 제22조 제1항 제1호, 제3조에 위반하였다"는 것이다. 위 법원은 그 소송계속 중 1998. 11. 10. 위 A에게 적용될 학원의설립 · 운영에관한법률 제22조 제1항 제1호, 제3조에 헌법위반의 의심이 있다고 하여 직권으로 위헌여부의 심판을 제청하였다(98헌가16 사건).

(2) 청구인들은 전문음악인들로서 그중 청구인 A는 작곡 전공, 서울대학교 음악대학 명예교수 겸 사단법인 한국음악협회 이사장이고, 청구인 B는 피아노연주 전공, 경원대학교 음악대학장이고, 청구인 C는 성악 전공, 한양대학교 음악대학 교수 겸 국립오페라단 단장이고, 청구인 D는 첼로연주 전공, 경희대학교 음악교수 겸 실내악단 비하우스 대표이고, 청구인 E는 바이올린연주 전공, 서울대학교 음악대학교수 겸 실내악단 바로크합주단 대표이다. 청구인들은 음악에 재능이 있는 어린이들에 대한 과외교습을 금지하는 학원의설립 · 운영에관한법률 제3조와 과외교습에 대한 처벌을 규정한 위 법률 제22조 제1항 제1호가 청구인들의 기본권을 침해한다고 주장하면서 이 사건 헌법소원심판을 청구하였다(98헌마429 사건).

헌법재판소 전원재판부 2000. 4. 27. 98헌가16 · 98헌마429(병합)

**심판대상** 이 사건 심판의 대상은 학원의설립 · 운영에관한법률 제3조, 제22조 제1항 제1호(각 1995. 8. 4. 법률 제4964호로 전문개정된 이후의 것. 이하 위 법률을 '법'이라고 하고, 이들 조항을 '이 사건 법률조항'이라 한다)가 헌법에 위반되는지 여부이고, 이 사건 법률조항 및 관련규정들의 내용은 다음과 같다.

법 제3조(과외교습) 누구든지 과외교습을 하여서는 아니된다. 다만, 다음 각호의 1에 해당하는 경우에는 그러하지 아니하다.

1. 학원 또는 교습소에서 기술 · 예능 또는 대통령령이 정하는 과목에 관한 지식을 교습하는 경우

2. 학원에서 고등학교 · 대학 또는 이에 준하는 학교에의 입학이나 이를 위한 학력인정에 관한 검정을 받을 목적으로 학습하는 수험준비생에게 교습하는 경우

3. 대학 · 교육대학 · 사범대학 · 전문대학 · 방송통신대학 · 개방대학 · 기술대학 또는 개별 법률에 의하여 설립된 대학 및 이에 준하는 학교에 재적중인 학생(대학원생을 포함한다)이 교습하는 경우

법 제22조(벌칙) ① 다음 각호의 1에 해당하는 자는 1년 이하의 징역 또는 300만원 이하의 벌금에 처한다.

1. 제3조의 규정에 위반하여 과외교습을 한 자

**판시사항**

1. 부모의 자녀교육권
2. 교육에 대한 국가의 책임
3. 부모의 자녀교육권과 국가의 교육책임과의 관계
4. 법 제3조에 의하여 제한되는 기본권
5. 기본권 제한의 한계로서의 비례의 원칙
6. 입법목적의 정당성과 수단의 적합성
7. 수단의 최소침해성
8. 법익의 균형성

**결정요지**

1. 자녀의 양육과 교육은 일차적으로 부모의 천부적인 권리인 동시에 부모에게 부과된 의무이기도 하다. '부모의 자녀에 대한 교육권' 은 비록 헌법에 명문으로 규정되어 있지는 아니하지만, 이는 모든 인간이 누리는 불가침의 인권으로서 혼인과 가족생활을 보장하는 헌법 제36조 제1항, 행복추구권을 보장하

는 헌법 제10조 및 "국민의 자유와 권리는 헌법에 열거되지 아니한 이유로 경시되지 아니한다"고 규정하는 헌법 제37조 제1항에서 나오는 중요한 기본권이다. 부모는 자녀의 교육에 관하여 전반적인 계획을 세우고 자신의 인생관·사회관·교육관에 따라 자녀의 교육을 자유롭게 형성할 권리를 가지며, 부모의 교육권은 다른 교육의 주체와의관계에서 원칙적인 우위를 가진다.

2. 헌법 제31조 제1항은 "모든 국민은 능력에 따라 균등하게 교육을 받을 권리를 가진다"고 규정하여 국민의 교육을 받을 권리를 보장하고 있다. '교육을 받을 권리'란 모든 국민에게 저마다의 능력에 따른 교육이 가능하도록 그에 필요한 설비와 제도를 마련해야 할 국가의 과제와 아울러 이를 넘어 사회적·경제적 약자도 능력에 따른 실질적 평등교육을 받을 수 있도록 적극적인 정책을 실현해야 할 국가의 의무를 뜻한다. 특히 같은 조 제6항은 "학교교육 및 평생교육을 포함한 교육제도와 그 운영, 교육재정 및 교원의 지위에 관한 기본적인 사항은 법률로 정한다"고 함으로써 학교교육에 관한 국가의 권한과 책임을 규정하고 있다. 위 조항은 국가에게 학교제도를 통한 교육을 시행하도록 위임하였고, 이로써 국가는 학교제도에 관한 포괄적인 규율권한과 자녀에 대한 학교교육의 책임을 부여받았다.

3. 자녀의 양육과 교육에 있어서 부모의 교육권은 교육의 모든 영역에서 존중되어야 하며, 다만 학교교육에 관한 한, 국가는 헌법 제31조에 의하여 부모의 교육권으로부터 원칙적으로 독립된 독자적인 교육권한을 부여받음으로써 부모의 교육권과 함께 자녀의 교육을 담당하지만, 학교 밖의 교육영역에서는 원칙적으로 부모의 교육권이 우위를 차지한다.

4. 법 제3조에 의하여 제한되는 기본권은, 배우고자 하는 아동과 청소년의 인격의 자유로운 발현권, 자녀를 가르치고자 하는 부모의 교육권, 과외교습을 하고자 하는 개인의 직업선택의 자유 및 행복추구권이다.

5. 과외교습을 금지하는 법 제3조에 의하여 제기되는 헌법적 문제는 교육의 영역에서의 자녀의 인격발현권·부모의 교육권과 국가의 교육책임의 경계설정에 관한 문제이고, 이로써 국가가 사적인 교육영역에서 자녀의 인격발현권·부모의 자녀교육권을 어느 정도로 제한할 수 있는가에 관한 것이다. 학교교육에 관한 한, 국가는 교육제도의 형성에 관한 폭넓은 권한을 가

지고 있지만, 과외교습과 같은 사적으로 이루어지는 교육을 제한하는 경우에는 특히 자녀인격의 자유로운 발현권과 부모의 교육권을 존중해야 한다는 것에 국가에 의한 규율의 한계가 있으므로 법치국가적 요청인 비례의 원칙을 준수하여야 한다.

6. (1)사교육의 영역에 관한 한, 우리 사회가 불행하게도 이미 자정능력이나 자기조절능력을 현저히 상실했고, 이로 말미암아 국가가 부득이 개입하지 않을 수 없는 실정이므로, 위와 같이 사회가 자율성을 상실한 예외적인 상황에서는 고액과외교습을 방지하여 사교육에서의 과열경쟁으로 인한 학부모의 경제적 부담을 덜어주고 나아가 국민이 되도록 균등한 정도의 사교육을 받도록 하려는 법 제3조의 입법목적은 입법자가 '잠정적으로' 추구할 수 있는 정당한 공익이라고 하겠다.

(2) 수단의 적합성의 관점에서 보더라도 법 제3조가 학원 · 교습소 · 대학(원)생에 의한 과외교습을 허용하면서 그밖에 고액과외교습의 가능성이 있는 개인적인 과외교습을 광범위하게 금지하는 규제수단을 택하였고, 이러한 수단이 위 입법목적의 달성에 어느정도 기여한다는 점은 의문의 여지가 없다. 따라서 수단으로서의 적합성도 인정된다 하겠다.

7. 법 제3조는 원칙적으로 허용되고 기본권적으로 보장되는 행위에 대하여 원칙적으로 금지하고 예외적으로 허용하는 방식의 '원칙과 예외'가 전도된 규율형식을 취한데다가, 그 내용상으로도 규제의 편의성만을 강조하여 입법목적 달성의 측면에서 보더라도 금지범위에 포함시킬 불가피성이 없는 행위의 유형을 광범위하게 포함시키고 있다는 점에서, 입법자가 선택한 규제수단은 입법목적의 달성을 위한 최소한의 불가피한 수단이라고 볼 수 없다.

8. 법 제3조와 같은 형태의 사교육에 대한 규율은, 사적인 교육의 영역에서 부모와 자녀의 기본권에 대한 중대한 침해라는 개인적인 차원을 넘어서 국가를 문화적으로 빈곤하게 만들며, 국가간의 경쟁에서 살아남기 힘든 오늘날의 무한경쟁시대에서 문화의 빈곤은 궁극적으로는 사회적 · 경제적인 후진성으로 이어질 수밖에 없다. 따라서 법 제3조가 실현하려는 입법목적의 실현효과에 대하여 의문의 여지가 있고, 반면에 법 제3조에 의하여 발생하는 기본권제한의 효과 및 문화국가실현에 대한 불리한 효과가 현저하므로, 법 제3조는 제

한을 통하여 얻는 공익적 성과와 제한이 초래하는 효과가 합리적인 비례관계를 현저하게 일탈하여 법익의 균형성을 갖추지 못하고 있다.

### 재판관 한 ○○의 반대의견

이 사건 법률조항이 국민의 기본권을 과도하게 침해하는 위헌적인 규정이라는 점에서는 다수의견과 견해를 같이 하나, 우리 현실에 비추어 볼 때 아직까지는 과외교습을 전면 허용할 것이 아니고 일정부분 규제할 필요가 있다. 따라서 이 사건 법률조항에 대하여 바로 위헌선언을 할 것이 아니라 헌법불합치결정을 함으로써 입법자로 하여금 국민의 기본권을 가능한 한 적게 침해하면서도 과외교습을 둘러싼 폐단을 제거할 수 있는 새로운 수단을 마련하도록 하는 것이 타당하다.

### 재판관 정 ○○의 반대의견

이 사건 법률조항의 입법목적은 정당하고, 단속의 필요성도 인정되나, 이 법률조항의 위헌성은 과외교습의 규제방식이 기본권제한입법의 체계와 방식을 제대로 갖추고 있지 못한 데에 있는 것이며, 괴외교습의 폐단이 여전히 극심하여 이를 규제하여야 할 필요성과 당위성이 인정되는 현재의 상황에서 이 사건 법률조항의 효력을 소멸시켜 과외교습을 전면적으로 허용하는 것이 곧 합헌적 상태를 실현하는 것이라 볼 수 없다. 그러므로 단순위헌결정을 하여 당장 그 효력을 상실시킬 것이 아니라, 입법자가 광범위한 국민적 합의를 거쳐 합리적인 범위에서 과외교습을 규제할 수 있도록 하고 과외교습이 전혀 규제되지 않는 상황을 피하기 위하여 새로운 입법이 이루어질 때까지는 이 사건 법률조항을 잠정적으로 적용하도록 하는 헌법불합치결정을 하는 것이 바람직하다.

### 재판관 이 ○○의 반대의견

과외교습은 학교교육에 종속된 보충교육으로서 학교교육의 공공성을 침해하는 경우 국가는 학교교육의 정상화를 위하여 재량적으로 이를 규제할 수 있고, 그 규제입법의 위헌심사기준은 입법형성의 합리성이다. 다수의견이 이를 금지함으로써 비례성원칙에 반한다고 지적하고 있는 친척이나 이웃집 가정주부의 교습, 뛰어난 예술인의 개인 과외교습 등은 이를 허용할 경우 교습행위의 은밀성으로 인하여 입법목적 달성에 어려움이 있고, 그러한 개인교습이 학교교육의 공공성을 해하지 않는다는 보장도 없다. 과외교습 금지로 인한 공익을 고려할 때 이들이 개인 과외교습을 못함으로써 불이익을 받는다 하더라도 법익간에 균형을 잃는 것도 아니다. 초등학생의 학교 교과목에 대한 과외교습 금지는 그것이 초등학생에게 신체적 · 정서적 · 교육적으로 바람직하지 않은 영향을 미칠 수 있기 때문이다. 결국, 이 사건 법률조항은 국가와 학부모의 공동과제인 자녀의 학교교육과 학부모가 결정하는 사교육의 한 부분인 과외교습과의 조화를 꾀하기 위한 입법으로서 합리성을 벗어난 것으로 인정되지 아니한다. 이 사건 법률조항이 원칙적인 금지와 예외적인 허용이라는 규율형식을 취하고 있으나, 실질적으로 이 법에서 허용되는 과외교습은 학습이 부진한 학생들로 하여금 이를 보충하는 데 모자람이 없는 한편, 사회적 폐해의 소지가 현저하고 부작용이 보다 높은 개인의 과외교습에 한하여 금지되고 있을 뿐이다. 따라서 이 사건 법률조항은 입법목적의 정당성 및 수단의 합리성을 갖춘 입법으로서 과외교습자와 학부모 · 학습자의 기본권의 본질적인 내용을 침해하는 것이 아니므로 합헌이다.

**결론** 학원의설립 · 운영에관한법률 제3조, 제22조 제1항 제1호(각 1995. 8. 4. 법률 제4964호로 전문개정된 이후의 것)는 헌법에 위반된다.

# 개발제한구역(이른바 그린벨트) 지정으로 인한 토지재산권 제한

## ● 사례

청구인들(A)은 도시계획법 제21조에 의하여 건설교통부장관이 1971. 7. 30.부터 같은 해 12. 4.까지 사이에 개발제한구역으로 지정한 지역 내에 위치한 토지의 소유자들이다. 위 청구인들은 몇몇을 선정당사자(B)로 선정하였고, 위 선정당사자들(B)은 국가를 상대로 서울지방법원에 선정당사자들이 위 개발제한구역의 지정에 의하여 입은 손실 중 일부로 청구인 1인당 각 금 300,000원씩을 보상하라는 내용의 소송(96가합90820)을 제기하였다. 위 선정당사자들은 위 소송계속중 도시계획법 제21조(1972. 12. 30. 법률 제2435호로 개정된 것)가 재판의 전제가 된다고 하여 위 법원에 위헌심판제청을 신청하였으나, 위 법원은 1997. 10. 1. 위 신청을 기각하였고(97카기3279), 청구인들은 같은 달 19. 그 결정문을 송달받고 같은 달 29. 이 사건 헌법소원심판을 청구하였다. 이들 선정당사자(B)들의 헌법소원청구는 정당한가?

**쟁점**

1. 토지재산권의 사회적 의무성
2. 개발제한구역(이른바 그린벨트) 지정으로 인한 토지재산권 제한의 성격과 한계
3. 토지재산권의 사회적 제약의 한계를 정하는 기준
4. 토지를 종전의 용도대로 사용할 수 있는 경우에 개발제한구역 지정으로 인한 지가의 하락이 토지재산권에 내재하는 사회적 제약의 범주에 속하는지 여부
5. 도시계획법 제21조의 위헌 여부
6. 헌법불합치결정을 하는 이유와 그 의미
7. 보상입법의 의미 및 법적 성격

**심판대상조문**

도시계획법(1971. 1. 19. 법률 제2291호로 제정되어 1972. 12. 30. 법률 제2435호로 개정된 것) 제21조(개발제한구역의 지정) ① 건설교통부장관은 도시의 무질서한 확산을 방지하고 도시주변의 자연환경을 보존하여 도시민의 건전한 생활환경을 확보하기 위하여 또는 국방부장관의 요청이 있어 보안상 도시의 개발을 제한

할 필요가 있다고 인정되는 때에는 도시개발을 제한할 구역(이하 '개발제한구역' 이라 한다)의 지정을 도시계획으로 결정할 수 있다.

② 제1항의 규정에 의하여 지정된 개발제한구역 안에서는 그 구역지정의 목적에 위배되는 건축물의 건축 · 공작물의 설치 · 토지의 형질변경 · 토지면적의 분할 또는 도시계획사업의 시행을 할 수 없다. 다만 개발제한구역 지정 당시 이미 관계법령의 규정에 의하여 건축물의 건축 · 공작물의 설치 또는 토지의 형질변경에 관하여 허가를 받아(관계법령에 의하여 허가를 받을 필요가 없는 경우를 포함한다) 공사 또는 사업에 착수한 자는 대통령령이 정하는 바에 의하여 이를 계속 시행할 수 있다.

③ 제2항의 규정에 의여 제한될 행위의 범위 기타 개발제한에 관하여 필요한 사항은 대통령령으로 정하는 범위 안에서 건설교통부령으로 정한다.

**참조조문** 헌법 제23조, 제35조, 제122조

도시계획법시행령 제20조(개발제한구역안에서의 행위 제한) ① 법 제21조 제3항의 규정에 의하여 시장 · 군수는 개발제한구역안에서 다음 각호의 1에 해당하는 경우에 한하여 이를 허가할 수 있다. 다만, 건설교통부령이 정하는 경미한 행위에 대하여는 시장 · 군수에게 신고하여 이를 행할 수 있다.

1. 다음에 해당하는 건축물의 건축과 공작물의 설치로서 개발제한구역의 지정목적에 지장이 없다고 인정되는 것

가. 공익상 필요한 건축물의 건축과 공작물의 설치

나. 그 용도로 보아 인구밀집지역안에 둠이 부적당하고 개발제한구역 안에 둠이 적당하다고 인정되는 건축물의 건축과 공작물의 설치

다. 농림수산업 등 개발제한구역의 지정목적에 지장이 없는 사업의 관리에 필요하다고 인정되는 건축물의 건축

라. 개발제한구역의 지정 당시 이미 있던 주택용 건축물의 증축 · 개축 또는 재축

마. 비주택용 건축물과 공작물의 개축 또는 재축

바. 개발제한구역안에서 건설교통부령이 정하는 부락공동시설 · 공익시

설 · 공용시설 및 공공시설 등의 설치로 인하여 철거된 건축물 또는 공작물의 철거후 2년 이내의 이축

사. 개발제한구역안에 거주하는 주민의 생활환경개선에 필요한 건설교통부령이 정하는 건축물의 건축 및 공작물의 설치

2. 토지의 형질변경으로 다량의 토석 채취, 임목의 벌채를 수반하지 아니하거나 개발제한구역의 지정목적에 지장이 없다고 인정되는 것

3. 토지의 분할로서 건축물의 신축 또는 증축 등의 행위가 수반되지 아니하거나 개발제한구역의 지정 목적에 지장이 없다고 인정되는 것

② 제1항에 의한 건축물 및 공작물의 종류, 규모와 건축물의 최소 대지면적, 건축면적의 대지면적에 대한 비율, 건축면적의 토지형질변경면적에 대한 비율 및 토지분할의 기준은 건설교통부령으로 정한다.

도시계획법시행령 제21조(시행중인 공사에 대한 특례) ① 법 제21조 제2항 단서의 규정에 의하여 공사 또는 사업(기준공된 대지위의 건축물의 건축 또는 공작물이 설치를 포함한다)을 계속 시행하고자 하는 자는 그 공사 또는 사업의 설계내용을 개발제한구역의 지정고시가 있은 날로부터 1월 이내에 관할시장 · 군수에게 신고하여 그의 조정을 받아야 한다.

② 제1항의 규정에 의하여 신고를 한 내용이 토지의 형질변경으로서 건축물의 건축을 목적으로 하는 경우에는 당해 공사에 대한 준공검사가 끝난 후 1월 이내에 건축허가를 신청하여야 한다.

③ 시장 · 군수는 제1항의 규정에 의한 신고 또는 제2항의 규정에 의한 허가신청을 받았을 경우에는 개발제한구역의 지정목적에 비추어 필요하다고 인정될 때에는 다음 각호의 1에 해당하는 조치를 할 수 있다.

1. 공사의 추진상황 · 주변토지의 이용상황 또는 그 환경 기타의 사정을 종합적으로 고려하여 사업규모의 축소 · 사업계획의 변경 · 공사 시행 방법의 변경 등의 조정 또는 그 조정의 건의

2. 관계법령의 규정 · 허가조건 기타 처분내용의 위반 · 공사진척 상황의 현저한 부진 · 사업수행능력의 결여 등 공사시행자의 귀책사유로 공사를 계속함이 부적당하다고 인정될 때 또는 개발제한구역의 지정목적에 현저한 지장을 초래한다고 인정될 때에는 허가의 취소 또는 그 허가취소의 건의

이유

## 1. 심판의 대상

이 사건 심판의 대상은 도시계획법(1971. 1. 19. 법률 제2291호로 제정되어 1972. 12. 30. 법률 제2435호로 개정된 것) 제21조(이하 '이 사건 법률조항'이라 한다)의 위헌 여부이고, 그 내용은 다음과 같다.

제21조(개발제한구역의 지정) ① 건설교통부장관은 도시의 무질서한 확산을 방지하고 도시주변의 자연환경을 보존하여 도시민의 건전한 생활환경을 확보하기 위하여 또는 국방부장관의 요청이 있어 보안상 도시의 개발을 제한할 필요가 있다고 인정되는 때에는 도시개발을 제한할 구역(이하 '개발제한구역'이라 한다)의 지정을 도시계획으로 결정할 수 있다.

② 제1항의 규정에 의하여 지정된 개발제한구역안에서는 그 구역지정의 목적에 위배되는 건축물의 건축 · 공작물의 설치 · 토지의 형질변경 · 토지면적의 분할 또는 도시계획사업의 시행을 할 수 없다. 다만 개발제한구역 지정 당시 이미 관계법령의 규정에 의하여 건축물의 건축 · 공작물의 설치 또는 토지의 형질변경에 관하여 허가를 받아(관계법령에 의하여 허가를 받을 필요가 없는 경우를 포함한다) 공사 또는 사업에 착수한 자는 대통령령이 정하는 바에 의하여 이를 계속 시행할 수 있다.

③ 제2항의 규정에 의하여 제한될 행위의 범위 기타 개발제한에 관하여 필요한 사항은 대통령령으로 정하는 범위안에서 건설교통부령으로 정한다.

## 2. 청구인들의 주장 및 이해관계기관의 의견

### 1) 청구인들의 주장

(1) 국민의 재산권을 제한하는 사항은 반드시 법률로써 정하여야 하고 다른 국가기관에 이를 위임할 수 없는데, 이 사건 법률조항은 개발제한구역의 지정을 법률로써 정하지 아니하고 이를 건설교통부장관 및 건설교통부령에 의하여 할 수 있도록 위임하였으므로, 재산권보장을 규정한 헌법 제23조에 위반된다. 뿐만 아니라, 법 제21조 제1항이 규정하고 있는 '도시의 무질서한

확산을 방지' 한다는 문구는 그 뜻이 모호하고, '도시주변의 자연환경을 보전하여 도시민의 건전한 생활환경을 확보' 한다는 문구도 그 개념이 지나치게 광범위하고 그 뜻이 모호하므로, 위 법률조항은 헌법에 위반된다.

(2) 개발제한구역 중 대지나 잡종지 등 기타지역은 풍치지구 지정 등의 방식에 의한 통상의 도시계획제한으로도 그 목적을 달성할 수 있고, 농경지는 농업환경의 변화와 국토의 효율적인 이용이라는 측면에서 일률적인 전면금지로 대응할 것이 아니라 농지이용과 거래의 규제문제로 접근하고, 임야에 대하여는 자연공원 또는 녹지지역의 지정으로 녹지환경보전의 문제를 해결할 수 있으며, 가용용지를 확대하면서도 자연환경을 보전하고 미화할 수 있는 것이다. 그럼에도 불구하고 개발제한구역에 있어서는 법 제18조 및 제19조에 의한 일반도시계획제한과는 달리 예외적으로 건설교통부령에 의하여 제한적으로 규정된 개발행위만 허용함으로써 토지 및 지상물 관련행위가 포괄적으로 전면금지되고 있다. 그러므로 법 제21조는 재산권의 본질적인 내용을 침해하는 것이고, 입법목적에 비추어 볼 때 개인의 재산권을 지나치게 제한하는 것이므로 헌법 제37조 제2항에도 위반된다.

(3) 헌법 제23조 제1항은 국민의 재산권을 보장하고, 제3항은 공공필요에 의하여 재산권을 제한하는 경우에는 반드시 법률이 정하는 바에 의하여 정당한 보상을 하도록 규정하고 있다. 그런데 위에서 본 바와 같은 개발제한구역내의 토지에 대한 사용제한은 토지 소유자에 대하여 손실보상을 요하는 특별한 희생에 해당한다. 그럼에도 불구하고 이 법에는 제21조에 의하여 개발제한구역으로 지정된 토지에 대하여 손실보상을 위한 아무런 규정을 두고 있지 아니하다. 그러므로 손실보상 없이 재산권을 제한하는 법 제21조는 헌법 제23조 제1항·제3항에 위반된다.

(4) 개발제한구역으로 지정된 토지에 대하여는 앞서 본 바와 같은 제한이 있기 때문에 주변환경이나 주거환경의 변화가 허용되지 않는 결과 부득이 다른 지역으로 거주지를 이전할 수밖에 없게 되거나, 그나마 재력이 충분하지 아니한 경우에는 토지를 매도하려고 해도 적시에 적정한 가격으로 매도하기가 어려워 거주의 이전이 쉽지 아니하고, 그 결과 직업선택도 제한되고 있다. 그러므로 법 제21조는 개발제한구역내에 거주하는 주민의 헌법상 보장

된 거주이전의 자유와 직업선택의 자유를 침해하므로 헌법 제14조, 제15조에 위반된다.

(5) 위와 같이 이 사건 법률조항은 개발제한구역으로 지정된 토지의 소유자에 대하여 합리적인 이유없이 재산권을 침해하고 그 거주자에 대하여 거주이전의 자유 및 직업선택의 자유를 침해함으로써 이들의 평등권을 침해하므로, 헌법 제11조에 위반된다.

**2) 법원의 위헌제청신청기각 이유**

(1) 서울고등법원의 기각이유(89헌마214 사건)

법 제21조 소정의 제한은, 재산권의 행사는 공공복리에 적합하도록 하여야 한다는 헌법 제23조 제2항의 규정에 따른, 재산권의 내재적 제약의 범위내에 속하는 일반적인 제한으로서 누구도 그 제한을 수인하지 않으면 안되는 것이고, 이는 특정인에 대하여 특별한 재산상의 희생을 강제하는 것이라고도 볼 수 없으므로 이와 같은 제한을 부과함에 있어서는 이에 대한 손실보상을 요건으로 할 필요가 없다. 따라서 이 사건 법률조항이 재산권행사의 제한에 따른 보상규정을 두고 있지 아니하였다 하여 헌법 제23조 제3항에 위반된다고 볼 수 없다.

(2) 대법원의 기각이유(90헌바16 사건)

법 제21조 제1항 · 제2항의 규정에 의하여 개발제한구역안에 있는 토지의 소유자는 재산상의 권리행사에 많은 제한을 받게 되고 그 한도내에서 일반토지소유자에 비하여 불이익을 받게 되었음은 명백하지만 '도시의 무질서한 확산을 방지하고 도시주변의 자연환경을 보전하여 도시민의 건전한 생활환경을 확보하기 위하여 또는 국방부장관의 요청이 있어 보안상 도시의 개발을 제한할 필요가 있다고 인정되는 때' 에 한하여 가하여지는 위와 같은 제한은 공공복리에 적합한 합리적인 제한이라고 볼 것이고, 그 제한으로 인한 토지소유자의 불이익은 공공의 복리를 위하여 감수하지 않으면 안될 정도의 것이라고 인정되므로 이에 대한 손실보상의 규정을 두지 않았다고 하여 법 제21조 제1항 · 제2항의 규정을 헌법 제23조 제3항이나 제37조 제2항에 위반되는 것이라고 할 수 없다.

(3) 서울지방법원의 기각이유(97헌바78 사건)

이 사건 법률조항에 의한 제한이 토지소유권의 본질적 내용을 침해하는 것이라고 볼 수 없고, 토지의 위치와 기능에 따른 이러한 제한이 토지소유자들에 대한 부당한 차별대우라고 볼 수도 없으며, 토지소유권에 대한 이러한 제한이 토지소유권에 대한 사회적 구속성의 범위 내라고 보는 한, 이에 대한 손실보상 규정을 두지 아니하였다고 하여 이 사건 법률조항이 손실보상에 관한 헌법 규정에 위배된다고 볼 수도 없다.

**3) 건설부교통부장관 및 법무부장관의 의견**

(1) 이 사건 법률조항에 규정된 도시의 확산 방지는 도시의 평면적 확산을 방지하는 것으로서 개발제한구역이 아닌 도시 내부의 고층화를 제한하는 것이 아닌 것으로 해석할 수 있고, 이러한 범위안에서 개발제한구역을 지정하는 목적은 도시의 확산으로 인한 교통난, 식수난 등 도시문제의 사전예방, 우량농경과 도시주변 자연환경의 보전 및 도시의 유휴토지의 확보와 재해예방을 위한 도시공간으로서의 기능을 갖도록 하기 위한 것으로 풀이할 수 있으므로 그 규정내용이 모호하다고 할 수 없다.

(2) 개발제한구역내라고 하여 건축행위를 전면적으로 금지하는 것이 아니고 도시의 무한정한 확산방지와 환경보전을 위하여 인구유입시설, 공장 및 유통시설 등 도시적 건축행위만을 장래를 향하여 제한하는 것이며, 그 밖에는 법령에서 정하는 범위내에서 자유로운 이용이 가능하며 원칙적으로 모든 기존건축물의 개량과 함께 주택 · 공장 등의 증축도 허용하고 있으므로, 개발제한구역으로 지정된 토지소유권자의 재산권을 본질적으로 침해하는 내용의 것이 아닐 뿐만 아니라 그 제한의 정도가 과잉금지나 비례의 원칙에 위반되지도 않는다.

(3) 이 사건 법률조항에 의한 개발제한구역의 지정은 재산권의 본질적 내용의 침해가 아니고 헌법 제23조 제2항, 제122조 등에 의하여 공공복리의 증진을 위하여 토지소유자가 수인하여야 할 사회적 제약내의 제한으로서 손실보상의 문제는 발생하지 않는다. 왜냐하면 개발제한구역은 법 제12조 등에 의하여 다른 용도지역, 용도지구와 마찬가지로 도시계획의 일환으로 지정되는 것으

로서 개발제한구역으로 지정된 토지라 하더라도 토지재산권의 본래적 기능, 즉 지목에 따른 사용, 수익, 처분을 방해하는 것이 아니라 단순히 구역지정목적에 현저히 위배되는 행위만 제한될 뿐이고, 그밖에 주민들의 일상생활이나 생업에 관한 사항 등 구역보전의 목적에 위배되지 않는 행위는 구역 지정당시의 용도대로 계속 이용하는 것에는 아무런 제한이 없다. 도시계획구역면적이 전국토의 13.5%에 불과한데도 개발제한구역으로 지정된 토지의 면적이 전국토의 5.5%에 달하고 있다는 사실은 곧 개발제한구역의 지정으로 말미암아 그 토지의 소유자에게 특별한 희생이 발생하는 것이 아니라는 것을 말하고 있다. 따라서 개발제한구역의 지정에 따른 손실보상 규정의 결여를 이유로 이 사건 법률조항이 위헌이라는 주장은 그 이유가 없다.

## 3. 판 단

### 1) 개발제한구역제도의 연혁 및 문제점

(1) 원래 도시계획법은 도시의 창설 또는 개량에 관한 사항을 규정함으로써 도시의 건전한 발전을 도모하고 공공복리의 증진에 기여하기 위하여 1962. 1. 20. 법률 제983호로 제정 · 공포된 법률로서 1934. 6. 20. 제령 제18호 조선시가지계획령에 포함되어 있던 내용 중 건축분야를 제외한 나머지 사항을 규율하고 있었다.

그런데 위 법률이 시행된 뒤에 정부의 강력한 공업화정책에 따른 산업구조고도화의 과정에서 도시와 그 주변에 많은 인구가 집중하게 되었고, 이로 인하여 도시의 급격한 팽창이 이루어짐으로써 종전의 법률로써 해결할 수 없는 여러 가지 도시문제가 생기게 되었다. 그리하여 이러한 도시문제를 해결하기 위한 도시계획을 결정하게 하는 한편, 사업추진의 세부절차를 규제하고 도시의 과대화 및 과밀화 방지, 도시환경조성에 필요한 공지의 확보와 이에 따른 사권의 보호 등 법적 규제상의 미비점을 보완하기 위하여 새로운 도시계획법을 마련해야할 필요가 생겨 1971. 1. 19. 법률 제2291호로서 도시계획법의 전문이 개정되게 되었다.

이 사건 법률조항이 정한 이른바 '개발제한구역제도' 는 도시의 무질서한 확산방지, 도시주변의 자연환경 보전 및 국가안보의 목적을 위하여 위 전문 개정 당시 새로이 도입되었으며, 1972. 12. 30. 법률 제2435호로 현행 규정내용과 같이 개정되어 오늘에 이르고 있다.

개발제한구역은 이 사건 법률조항에 근거하여 1971. 7. 30.부터 1977. 4. 18.까지 8차례에 걸쳐 단계적으로 확대 지정되었다. 그 지정지역은 전국토의 5.4%에 해당하는 5,397.1㎢에 달하고, 그 후 행위제한에 대한 일부 변경만 있었을 뿐, 추가지정이나 변경없이 그대로 유지되어 왔으며, 현재 전국의 개발제한구역내에는 약 1백만 명이 거주하고 있다.

무계획적이고 무질서한 도시의 확산에 따라 생기게 되는 여러 문제는 비단 우리 나라뿐 아니라 세계의 여러 나라가 당면한 범세계적인 문제로서 세계 각국은 쾌적한 도시환경의 유지 · 개선을 위하여 각자 나름대로의 도시계획 및 토지규제에 관한 입법과 정책을 실시하고 있다. 그 중에서도 특히 영국의 경우를 보면, 토지소유권에서 개발권을 분리하여 공유화한 결과 도시의 지상 또는 지하에 걸친 건설 등의 행위 또는 토지나 건물의 용도의 실질적 변경을 가하는 행위 등 모든 개발행위는 행정관청의 허가를 받아야만 시행할 수 있으며, 시가지의 팽창을 제한하고 전원의 쾌적성을 보호하기 위하여 일정한 지역을 그린벨트(Greenbelt)로 지정하여 개발을 엄격히 제한하고 있는데, 이는 우리의 개발제한구역과 매우 유사한 제도로 볼 수 있다.

(2) 이 사건 법률조항이 정한 개발제한구역제도는 고도성장기인 70 · 80년대에 도시의 평면적인 확산을 방지하고, 서울을 비롯한 대도시 주변의 녹지를 이만큼이나마 보존하는데 크게 기여하였을 뿐만 아니라, 도시주변에 미개발토지를 개발유보지로 확보하여 미래의 토지수요에 대한 장기적인 대비를 가능하게 함으로써 장래의 건전한 도시발전에 중대한 기여를 하고 있다는 점이 인정된다고 할 것이다.

이러한 개발제한구역을 아무런 대안 없이 해제하거나 규제를 대폭 완화하는 것은 부동산 투기를 유발할 뿐만 아니라, 해당지역의 급속한 개발로 말미암아 인구의 대량유입현상을 빚게되어 도시 환경적인 측면에서 심각한 부작용을 가져오게 될 것이라는 점이 지적되고 있다.

다른 한편, 개발제한구역제도는 그 지정된 구역안에서는 원칙적으로 그 구역지정의 목적에 위배되는 건축물의 건축 등이 제한됨으로써 구역내 주민들의 생활에 불편을 초래하는 것 외에도 개발제한구역의 지정으로 인한 개발가능성의 소멸과 그에 따른 지가의 상대적인 하락이나 지가상승률의 감소를 초래하는 등 특정 토지소유자들의 재산권을 제한하는 반면, 그 지정의 원인제공자와 수익자는 최소한의 부담도 하지 아니한채 남의 희생 위에 무임승차함으로써 형평과 사회정의의 요청에 따른 공평부담의 원칙에 반한다는 문제가 제기되었다. 뿐만 아니라, 개발제한구역이 그 지정당시 철저한 사전조사와 평가가 따르지 아니한 탓으로 도시의 규모나 위치를 충분히 고려하지 아니하고 지정시점을 기준으로 기존 개발지역 주위를 에워싸는 방식으로 지정됨에 따라 일부 지방 중소도시를 비롯한 특정지역의 경우 개발제한구역이 차지하는 비중이 너무 커 정상적인 도시발전을 어렵게 하고 국토의 균형발전을 저해한다는 지적이 있어 왔다.

또한, 지정당시로부터 오랜 세월이 지나는 동안 주변여건에 많은 변화가 있었음에도 불구하고 현상유지만을 고수함에 따라 늘어난 토지수요를 충당하기 위하여 개발제한구역내의 적은 비용으로 개발가능한 땅을 두고도 많은 비용을 들여 정작 보전되어야 할 임야나 녹지를 개발제한구역 밖에 있다는 이유로 개발하거나 심지어 갯벌을 매립하여 땅을 만드는 등의 비효율적인 개발방식을 강요당한 점도 없지 않았다.

### 2) 재산권의 침해 여부

(1) 재산권의 보장과 토지재산권의 사회적 의무

① 헌법은 "모든 국민의 재산권은 보장된다. 그 내용과 한계는 법률로 정한다", "재산권의 행사는 공공복리에 적합하도록 하여야 한다(제23조 제1항 및 제2항)"고 규정함으로써 재산권은 법률로써 규제될 수 있고, 그 행사 또한 일정한 제약을 받을 수 있다는 것을 밝히고 있다.

재산권이 법질서내에서 인정되고 보호받기 위하여는 입법자에 의한 형성을 필요로 한다. 즉 재산권은 이를 구체적으로 형성하는 법이 없을 경우에는 재산에 대한 사실상의 지배만 있을 뿐이므로 다른 기본권과는 달리 그 내용이 입법자에 의하여 법률로 구체화됨으로써 비로소 권리다운 모습을 갖추게 된다. 입법자는 재산권의 내용을 구체적으로 형성함에 있어서 헌법상의 재산권보장(헌법 제23조 제1항 제1문)과 재산권의 제한을 요청하는 공익 등 재산권의 사회적 기속성(헌법 제23조 제2항)을 함께 고려하고 조정하여 양 법익이 조화와 균형을 이루도록 하여야 한다.

② 한편, 현실적으로 재산권은 기본권의 주체로서의 국민이 각자의 인간다운 생활을 자기 책임하에 자주적으로 형성하는데 필요한 경제적 조건을 보장해 주는 기능을 한다. 그러므로 재산권의 보장은 곧 국민 개개인의 자유실현의 물질적 바탕을 의미한다고 할 수 있고, 따라서 자유와 재산권은 상호보완관계이자 불가분의 관계에 있다고 하겠다. 재산권의 이러한 자유보장적 기능은 재산권을 어느 정도로 제한할 수 있는가 하는 사회적 의무성의 정도를 결정하는 중요한 기준이 된다.

재산권에 대한 제한의 허용정도는 재산권행사의 대상이 되는 객체가 기본권의 주체인 국민 개개인에 대하여 가지는 의미와 다른 한편으로는 그것이 사회전반에 대하여 가지는 의미가 어떠한가에 달려 있다. 즉 재산권 행사의 대상이 되는 객체가 지닌 사회적인 연관성과 사회적 기능이 크면 클수록 입법자에 의한 보다 광범위한 제한이 정당화된다. 다시 말하면 특정 재산권의 이용이나 처분이 그 소유자 개인의 생활영역에 머무르지 아니하고 일반국민 다수의 일상생활에 큰 영향을 미치는 경우에는 입법자가 공동체의 이익을 위하여 개인의 재산권을 규제하는 권한을 더욱 폭넓게 가진다고 하겠다.

③ 토지에 대한 재산권은 연속된 공간의 특정부분을 소유하는 등의 권리이므로 그 대상이 되는 토지의 가치는 그 토지가 위치한 지역의 사회적 제반조건에 따라 정해지고, 이용 또한 그 이웃에 있는 다른 토지의 이용과 서로 조화되어야 하는 제약이 따를 수밖에 없는 특성이 있다.

그런데 토지는 원칙적으로 생산이나 대체가 불가능하여 공급이 제한되어 있고, 우리나라의 가용토지면적은 인구에 비하여 절대적으로 부족한 반면에, 모든 국민이 생산 및 생활의 기반으로서 토지의 합리적인 이용에 의존하고 있으므로, 그 사회적 기능에 있어서나 국민경제의 측면에서 다른 재산권과 같게 다룰 수 있는 성질의 것이 아니므로 공동체의 이익이 보다 강하게 관철되어야 한다(헌재 1989. 12. 22. 88헌가13, 판례집 1, 357 참조).

헌법은 토지가 지닌 위와 같은 특성을 감안하여 "국가는 국민 모두의 생산 및 생활의 기반이 되는 국토의 효율적이고 균형있는 이용 · 개발과 보전을 위하여 법률이 정하는 바에 의하여 그에 관한 필요한 제한과 의무를 과할 수 있다(제122조)"고 규정함으로써 토지재산권에 대한 광범위한 입법형성권을 부여하고 있다.

(2) 이 사건 법률조항에 의한 토지재산권제한의 내용

① 이 사건 법률조항에 의한 개발제한구역의 지정은 도시지역을 대상으로 하여 수립되는 도시계획상의 토지이용계획의 하나로서 구역의 지정에 관한 계획에 따른 토지이용제한의 한 형태이다. 이 사건 법률조항에 따라 개발제한구역으로 지정된 구역 안에서는 지정 당시 이미 관계법령의 규정에 의하여 허가를 받아 공사 또는 사업에 착수한 것을 제외하고는 그 구역지정의 목적에 위배되는 건축물의 건축, 공작물의 설치, 토지의 형질변경, 토지면적의 분할 또는 도시계획사업의 시행을 할 수 없다(법 제21조 제2항).

② 법 제17조 및 제18조에 근거한 '용도지역'이나 '용도지구'의 지정으로 인한 도시계획상의 제한은 원칙적으로 토지의 자유로운 사용을 보장하면서 개별적으로 혹은 예외적으로 각 지정목적에 어긋나는 사용을 제한하는 방식을 취하고 있는데 반하여, 이 사건 법률조항에 의한 '개발제한구역' 지정의 경우에는 구역내의 토지는 지정당시의 지목에 따른 현상유지적 혹은 현상개량적 사용외에는 일체의 사용행위가 원칙적으로 그리고 포괄적으로 제한된다는 점에서 여타의 도시계획상의 제한보다 한층 더 강한 행위제한을 받게 된다. 즉 개발제한구역의 지정은 도시개발을 제한하기 위한 것이고(법 제21조 제1항), 그와 같은 지정목적에 위배되지 아니하는 건축물의 건축 등의 행위는 사실상 상정하기 어려우므로, 개발제한구역내에 있는 토지는 그 지정과 동시에 원칙적으로 지정당시의 상태에 따른 사용만이 가능하게 되는 엄격한 제한을 받게 되는 것이다.

그러나 개발제한구역내에 있는 토지는 원칙적으로 지정 당시의 상태에 따른 사용이 가능하므로 이 사건 법률조항에 따라 제한대상이 되는 것은 토지재산권의 한 내용인 토지사용권에 한하고, 사용권이 제한된다 하더라도 구역 지정 당시의 본래적인 용도에 따른 사용은 원칙적으로 보장되고 상당한 범위내의 현상개량적인 개발행위도 예외적으로 허용되며 단지 장래에 있어서 구역의 지정목적에 반하는 사용방법만이 금지된다.

(3) 이 사건 법률조항의 위헌 여부

① 이 사건 법률조항은 입법자가 토지재산권에 관한 권리와 의무를 일반 · 추상적으로 확정하는 규정으로서 법질서 안에서 보호받을 수 있는 권리로서의 재산권의 내용과 한계를 정하는 재산권을 형성하는 규정인 동시에 공익적 요청에 따른 재산권의 사회적 제약을 구체화하는 규정이기도 하다(헌법 제23조 제1항 및 제2항).

헌법상의 재산권은 토지소유자가 이용가능한 모든 용도로 토지를 자유로이 최대한 사용할 권리나 가장 경제적 또는 효율적으로 사용할 수 있는 권리를 보장하는 것을 의미하지는 않는다. 입법자는 중요한 공익상의 이유와 앞에서 본 토지가 가진 특성에 따라 토지를 일정용도로 사용하는 권리를 제한할 수 있기 때문이다. 따라서 토지의 개발이나 건축은 합헌적 법률로 정한 재산권의 내용과 한계내에서만 가능한 것일 뿐만 아니라 토지재산권의 강한 사회성 내지는 공공성으로 말미암아 이에 대하여는 다른 재산권에 비하여 보다 강한 제한과 의무가 부과될 수 있다. 그러나, 그렇다고 하더라도 토지재산권에 대한 제한입법 역시 다른 기본권을 제한하는 입법과 마찬가지로 과잉금지의 원칙(비례의 원칙)을 준수해야 하고, 재산권의 본질적 내용인 사용 · 수익권과 처분권을 부인해서는 아니된다.

요컨대, 공익을 실현하기 위하여 적용되는 구체적인 수단은 그 목적이 정당해야 하며 법치국가적 요청인 비례의 원칙에 합치해야 한다. 즉 입법자가 선택한 수단이 의도하는 입법목적을 달성하고 촉진하기에 적합해야 하고(방법의 적정성), 입법목적을 달성하기에 똑같이 효율적인 수단 중에서 가장 기본권을 존중하고 적게 침해하는 수단을 사용해야 하며(침해의 최소성), 법률에 의하여 기본권이 침해되는 정도와 법률에 의하여 실현되는 공익의 비중을 전반적으로 비교형량하였을 때 양자 사이의 적정한 비례관계가 성립해야 한다(법익의 균형성).

② 그렇다면, 이 사건 법률조항을 규정함에 있어서 토지재산권을 제한하는 경우 지켜야할 위와 같은 원칙을 지켰는지 경우를 나누어 살펴보기로 한다.

ⅰ) 구역지정 후 토지를 종래의 목적으로 사용할 수 있는 원칙적인 경우

개발제한구역의 지정에도 불구하고 토지소유자는 원칙적으로 종래와 같이 토지를 계속 이용할 수 있다. 구역내 토지 중 이미 개발된 토지의 경우에는 도시계획법시행령이 구역지정 당시부터 있던 기존 건축물의 증·개축을 허용하고 있으므로 이 사건 법률조항이 개발제한구역으로 지정된 토지소유자에게 부과하는 현 상태의 유지의무나 변경금지의무는, 토지소유자가 자신의 토지를 원칙적으로 종래의 용도대로 사용할 수 있는 한, 재산권의 내용과 한계를 비례의 원칙에 부합하게 합헌적으로 규율한 규정이라고 보아야 한다. 이를 구체적으로 살펴 보면 다음과 같다.

a. 목적의 정당성

도시의 평면적 확산을 적절히 제한하여 도시기능의 적정화를 기하고 도시주변의 자연환경을 보존하여 도시주민의 생활의 질을 높여 나가야 한다는 것은 보편적 공익의 요청이자 국가의 의무이다. 한편 분단으로 인하여 남북이 서로 첨예하게 대치하고 있는 상황에서는 보안상의 이유로 특정 지역에 대한 개발을 제한할 필요가 있음도 부인할 수 없다.

그러므로 개발제한구역 지정으로 인한 토지재산권의 제한은 바로 이와 같은 공익상의 요청에 부응하기 위한 것으로서 그 목적의 정당성이 인정된다.

b. 수단의 적정성·침해의 최소성·법익의 균형성

이 사건 법률조항은 위와 같은 입법목적을 달성하기 위하여 개발제한구역으로 지정된 구역안에서는 그 구역지정의 목적에 위배되는 건축물의 건축·공작물의 설치·토지의 형질변경·토지면적의 분할 또는 도시계획사업의 시행을 원칙적으로 그리고 전면적으로 금지하고 있고(법 제21조 제2항), 이러한 수단이 입법목적을 달성하는 데 크게 기여한다는 것은 의문의 여지가 없으므로, 이 사건 법률조항은 수단의 적정성도 인정된다.

청구인들은 농지의 보전 및 이용에 관한 법률·자연공원법·산림법 혹은 도시계획법상의 지역·지구지정에 의한 규제만으로도 도시화 억제의 목적은 충분히 달성될 수 있음에도 불구하고 더 나아가 구역지정에 의한 개발제한까지 가하는 것은 토지이용권에 대한 과도한 제한으로서 그 수단의 적정성이 결여되어 있다고 주장한다. 그러나 개발제한구역의 지정이 궁극적으로

는 구역내 토지의 형상과 이용방법을 지정 당시의 상태대로 보존함으로써 당해구역의 도시화를 방지하고자 하는 데 그 목적이 있다는 점에 비추어보면, 구역내 토지에 대하여 선별적 · 부분적 · 예외적 이용제한의 수단만을 선택하여서는 그 목적의 효율적인 달성을 기대하기 어려울 것이므로, 이 사건 법률조항이 취한 전면적인 규제수단은 입법목적의 달성을 위하여 필요한 최소한의 조치인 것으로 인정된다.

토지는 우리들 모두의 일터이고 삶의 터전이기 때문에 토지재산권의 사회적 기능이 매우 중요할 뿐만 아니라 국민의 대다수를 점하는 도시민의 건전한 생활환경의 확보와 국가안보 등과 같은 이 사건 법률조항을 통하여 실현하려는 법익의 비중이 매우 크다는 것을 고려할 때, 지정된 구역내의 토지소유자에게 종래 상태에 따른 토지의 이용을 보장하면서 단지 개발행위만을 금지하는 것은 토지소유자에게 과도하고 일방적인 부담을 부과하는 것이 아니라 토지소유자가 수인해야 하는 사회적 제약의 범위에 속한다고 판단된다.

따라서 이 사건 법률조항이 토지재산권의 제한을 통하여 실현하고자 하는 공익의 비중과 이 사건 법률조항에 의하여 발생하는 토지재산권의 침해의 정도를 전반적으로 비교형량할 때, 양자 사이에 적정한 비례관계가 성립한다고 보이므로 법익균형성의 요건 또한 충족되었다 하겠다.

ㄷ. 결국, 구역의 지정으로 인한 개발가능성의 소멸과 그에 따른 지가의 하락이나 지가상승률의 상대적 감소는 토지소유자가 감수해야 하는 사회적 제약의 범주에 속하는 것으로 보아야 한다. 토지거래에서 건축이나 개발의 가능성을 지니고 있는 토지가 그렇지 아니한 토지에 비하여 상대적으로 더 높은 가치를 인정받고 결과적으로 지가의 상승을 가져오는 반면, 장래에 개발을 기대할 수 없는 토지는 지가상승률의 감소나 지가의 하락을 가져 오게 된다. 그러나 자신의 토지를 장래에 건축이나 개발목적으로 사용할 수 있으리라는 기대가능성이나 신뢰 및 이에 따른 지가상승의 기회는 원칙적으로 재산권의 보호범위에 속하지 않는다. 구역지정 당시의 상태대로 토지를 사용 · 수익 · 처분할 수 있는 이상, 구역지정에 따른 단순한 토지이용의 제한은 원칙적으로 재산권에 내재하는 사회적 제약의 범주를 넘지 않기 때문이다. 따라서 토지소유자가 종래의 목적대로 토지를 이용할 수 있는 한, 구역

의 지정으로 인하여 토지재산권의 내재적 제약의 한계를 넘는 가혹한 부담이 발생했다고 볼 수 없다.

d. 다만, 구역의 지정으로 인한 토지재산권의 제한이 비록 헌법적으로는 재산권에 내재하는 사회적 제약의 범위내의 것이라 할지라도, 구역의 지정이 도시민의 건전한 생활환경을 위한 것임에도 불구하고 수익자인 도시민은 최소한의 부담도 하지 아니하고 오로지 구역내의 주민과 토지소유자들에게만 그 부담을 전가하는 것은 형평과 사회정의의 요청에 반하므로, 구역내의 주민이나 토지소유자들에게는, 예컨대 각종 세금의 감면 등 다양한 혜택을 부여하는 한편 수익자로부터는 개발이익을 환수하는 방법 등을 통하여 구역내 주민의 부담을 완화하고 형평을 회복하는 조치를 취하는 것이 바람직하다 할 것이다.

ii) 구역지정 후 토지를 종래의 목적으로도 사용할 수 없거나 또는 토지를 전혀 이용할 수 있는 방법이 없는 예외적인 경우

a. 그러나 구역지정으로 말미암아 예외적으로 토지를 종래의 목적으로도 사용할 수 없거나 또는 법률상으로 허용된 토지이용의 방법이 없기 때문에 실질적으로 토지의 사용 · 수익권이 폐지된 경우에는 다르다. 이러한 경우에는 재산권의 사회적 기속성으로도 정당화될 수 없는 가혹한 부담을 토지소유자에게 부과하는 것이므로 입법자가 그 부담을 완화하는 보상규정을 두어야만 비로소 헌법상으로 허용될 수 있기 때문이다.

따라서 이 사건 법률조항은 위에서 살펴 본 바와 같이 원칙적으로는 토지재산권의 사회적 제약을 합헌적으로 구체화한 규정이지만, 토지소유자가 수인해야 할 사회적 제약의 정도를 넘는 경우에도 아무런 보상없이 재산권의 과도한 제한을 감수해야 하는 의무를 부과하는 점에서는 위헌이다. 이러한 경우 입법자는 비례의 원칙을 충족시키고 이로써 법률의 위헌성을 제거하기 위하여 예외적으로 발생한 특별한 부담에 대하여 보상규정을 두어야 한다.

b. 언제 이 사건 법률조항에 의한 제한이 토지재산권의 내재적 한계로서 허용되는 사회적 제약의 범위를 넘어 감수하라고 할 수 없는 특별한 재산적 손해가 발생하였는가의 문제는 일률적으로 확정할 수는 없고 당해 토지가 놓여 있는 객관적 상황(공부상 지목, 토지의 구체적 현황 등)을 종합적으로 고려

하여 판단해야 할 것이나, 토지소유자가 보상없이 수인해야 할 한계를 설정함에 있어서 일반적으로 다음의 두 가지 관점이 중요한 기준이 된다고 하겠다.

첫째, 토지를 합법적인 용도대로 계속 사용할 수 있는 가능성이 있는가 하는 것이다.

헌법상의 재산권의 보장은 무엇보다도, 토지소유자가 재산권에 관하여 종래의 법질서가 존속하리라는 신뢰아래 합법적으로 그의 토지에 가치를 창설한 경우 새로운 법질서의 변경으로 인하여 그 토지에 이미 형성된 가치가 갑자기 박탈되거나 절하되는 것으로부터 보호한다. 따라서 법률개정으로 인하여 종래의 용도대로 토지를 더 이상 사용할 수 없게 된 경우에는 종래 합법적으로 행사된 토지사용 · 수익권 등 이미 형성된 상태는 '그의 종래의 기능'을 변경하려는 규정에 대하여 계속 그의 존속을 관철할 수 있어야 하므로 입법자는 보상 없이는 종래의 합법적인 사용 · 수익을 제거 또는 금지할 수 없다. 다시 말하면, 종래 법적으로 허용된 방법으로 토지를 사용한 경우에는 토지소유자에 의하여 실현된 합법적인 토지사용은 그 자체로서 이미 토지의 상황을 형성하기 때문에, 그의 위치와 자연과의 관계에 따른 주변상황의 구속을 받는 것이 아니라 오히려 토지소유자가 형성한 상황에 따른 재산권적 지위를 부여받게 되는 것이다. 따라서 토지를 종래 합법적으로 행사된 토지이용의 목적으로도 사용할 수 없는 경우, 토지재산권의 이러한 제한은 국민 누구나가 수인해야 하는 사회적 제약의 범위를 넘는 것으로 판단해야 한다.

둘째, 토지에 대한 이용방법의 제한으로 말미암아 토지소유자에게 법적으로 전혀 이용방법이 없기 때문에 실질적으로 토지에 대한 사용 · 수익을 전혀 할 수 없는 경우에도, 수인의 한계를 넘는 특별한 재산적 손해가 발생하였다고 보아야 한다. 토지소유자가 자신의 토지를 사적으로 의미 있게 사용할 방법이 더 이상 없게끔 토지재산권이 제한된다면, 자신의 토지가 단지 이름만 자신에게 귀속되었을 뿐 실질적으로는 토지와 자신과의 귀속관계가 단절된 것이므로 이러한 경우에는 국민 누구나가 수인해야 하는 사회적 제약의 범위를 넘었다고 보아야 하기 때문이다.

결국, 구역지정으로 인하여 예외적으로 토지를 종래의 목적으로도 사용할 수 없거나 또는 더 이상 법적으로 허용된 토지이용의 방법이 없기 때문에 실질적으로 토지의 사용 · 수익의 길이 없는 경우에는 토지의 소유권은 이름만 남았을 뿐 알맹이가 없는 것이므로 토지소유자가 수인해야 하는 사회적 제약의 한계를 넘는 것으로 보아야 한다.

c. 위와 같은 기준에 따라 토지재산권의 내재적 한계로서 허용되는 사회적 제약의 범위를 넘어 감수하라고 할 수 없는 특별한 재산적 손해가 발생하였다고 볼 수 있는 구체적 예는 다음과 같은 경우를 들 수 있다.

c-1. 나대지의 경우

개발제한구역 내의 토지 중 지정 당시의 지목이 대지로서 나대지의 상태로 있었던 토지는 구역의 지정과 동시에 건물의 신축이 금지되는 결과 실제로는 지정 당시의 지목과 토지의 현황에 따른 용도로조차 사용할 수 없게 되었다. 토지관련 공부에 지목이 대지로 되어 있어 개발제한구역의 지정 이전에 대지로서 토지를 사용할 수 있는 법적 권리가 발생하였고 지정 당시 이미 나대지 상태로 형성되어 있어 현실이용상태 또한 지목과 일치한다면, 그 용도에 관하여 당해 토지소유자에게는 보상없이는 박탈할 수 없는 재산권적 지위를 인정해야 한다. 이 경우 나대지의 소유자는 개발제한구역의 지정 그 자체로서 그가 소유하는 토지의 이용이 사실상 폐지되는 것과 같은 결과를 감수하지 않으면 아니되므로, 이는 그나마 종전의 용도대로는 계속 사용할 수 있는 다른 토지의 경우와는 달리 토지재산권에 대한 사회적 제약의 한계를 넘는 과도한 부담을 안게 되었다고 할 것이다.

c-2. 사정변경으로 인한 용도의 폐지

토지가 종래 농지 등으로 사용되었으나 개발제한구역의 지정이 있은 후에 주변지역의 도시과밀화로 인하여 농지가 오염되거나 수로가 차단되는 등의 사유로 토지를 더 이상 종래의 목적으로 사용하는 것이 불가능하거나 현저히 곤란하게 되어버린 경우에도 당해 토지소유자에게 위 나대지의 경우에서와 유사한 가혹한 부담이 발생한다. 개발제한구역으로 지정된 토지는 토지 주변상황의 변화로 인하여 지정 당시에 행사된 용도대로의 사용이 불가능한 경우에도 원칙적으로 형질변경이 허용되지 아니하여 다른 용도로도 이용할 수 없기 때문이다.

iii) 소결론

결국, 이 사건 법률조항에 의한 재산권의 제한은 개발제한구역으로 지정된 토지를 원칙적으로 지정 당시의 지목과 토지현황에 의한 이용방법에 따라 사용할 수 있는 한, 재산권에 내재하는 사회적 제약을 비례의 원칙에 합치하게 합헌적으로 구체화한 것이라고 할 것이나, 종래의 지목과 토지현황에 의한 이용방법에 따른 토지의 사용도 할 수 없거나 실질적으로 사용·수익을 전혀 할 수 없는 예외적인 경우에도 아무런 보상없이 이를 감수하도록 하고 있는 한, 비례의 원칙에 위반되어 당해 토지소유자의 재산권을 과도하게 침해하는 것으로서 헌법에 위반된다할 것이다.

따라서 입법자가 이 사건 법률조항을 통하여 국민의 재산권을 비례의 원칙에 부합하게 합헌적으로 제한하기 위해서는, 수인의 한계를 넘어 가혹한 부담이 발생하는 예외적인 경우에는 이를 완화하는 보상규정을 두어야 한다. 이러한 보상규정은 입법자가 헌법 제23조 제1항 및 제2항에 의하여 재산권의 내용을 구체적으로 형성하고 공공의 이익을 위하여 재산권을 제한하는 과정에서 이를 합헌적으로 규율하기 위하여 두어야 하는 규정이다.

재산권의 침해와 공익간의 비례성을 다시 회복하기 위한 방법은 헌법상 반드시 금전보상만을 해야 하는 것은 아니다. 입법자는 지정의 해제 또는 토지매수청구권제도와 같이 금전보상에 갈음하거나 기타 손실을 완화할 수 있는 제도를 보완하는 등 여러 가지 다른 방법을 사용할 수 있다. 즉 입법자에게는 헌법적으로 가혹한 부담의 조정이란 '목적'을 달성하기 위하여 이를 완화·조정할 수 있는 '방법'의 선택에 있어서는 광범위한 형성의 자유가 부여된다.

**3) 평등권 등 위반 여부**

(1) 개발제한구역의 지정으로 인하여 구역내 토지소유자에게 발생하는 재산권에 대한 제한의 정도는 '토지를 종래의 지목과 그 현황에 따라 사용할 수 있는가'의 여부에 따라 현저히 상이한데도, 이를 가리지 아니하고 일률적으로 규정하여 구역내의 모든 토지소유자에게 아무런 보상없이 재산권의 제한을 수인해야 할 의무를 부과하는 이 사건 법률조항은, 재산권의 제한에 있어서 보상을 필요로 하는 예외적인 범위 안에서 개별 토지소유자에게 발생

한 재산적 부담의 정도를 충분히 고려하여 본질적으로 같은 부담은 같게 다른 부담은 다르게 규율할 것을 요청하는 평등원칙에도 위반된다.

(2) 한편, 이 사건 법률조항의 입법목적과 관련하여 그 개념이 지나치게 광범위하고 모호하다고 청구인들은 주장한다. 그러나 이 사건 법률조항뿐 아니라 법이 정한 다른 법률조항과의 연관관계에서 살펴보면, 이 사건 법률조항의 입법목적이 도시의 주변 등 일정 구역에 대하여 토지이용을 제한함으로써 도시의 지역적, 평면적 확산을 억제하고 그 구역의 자연환경을 훼손하지 않은 채 그대로 보전할 수 있도록 하며 그에 따라 도시에 거주하는 시민들의 생활환경을 건전하게 유지하려는 데 있다는 것을 법률의 해석을 통하여 쉽게 알 수 있고 이로써 행정청의 자의적인 법적용을 배제하는 객관적인 기준을 얻을 수 있으므로, 법률의 명확성원칙에 반한다고 할 수 없다.

또한, 청구인들은 이 사건 법률조항이 개발제한구역의 지정을 법률로써 정하지 아니하고 이를 행정부에 의하여 할 수 있도록 위임하였으므로 헌법 제23조에 위반된다고 주장하나, 이 사건 법률조항이 위에서 본 바와 같이 행정청과 법원에 의한 법적용의 기준으로서 명확한 이상, 입법자는 개발제한구역의 지정을 통하여 국민의 기본권을 제한하도록 법률의 집행을 당연히 행정부에게 위임할 수 있다 할 것이므로 청구인들의 위 주장은 그 이유가 없다.

#### 4) 헌법불합치결정을 하는 이유

(1) 어떤 법률이나 법률조항이 헌법에 위반되는 경우에는 헌법의 규범성을 보장하기 위하여 원칙적으로 그 법률이나 법률조항에 대하여 위헌결정을 하여야 한다. 그러나, 이 사건에 있어서는 이 사건 법률조항의 위헌성에도 불구하고 위헌결정을 통하여 당장 법률조항의 효력을 소멸시키는 것은 다음 몇가지의 사정에 비추어 바람직하지 아니하다고 판단된다.

첫째, 이 사건 법률조항이 규정한 개발제한구역의 지정이라는 제도 그 자체는 토지재산권에 내재하는 사회적 기속성을 구체화한 것으로서 원칙적으로 합헌적인 규정인데, 다만 구역지정으로 말미암아 일부 토지소유자에게 사회적 제약의 범위를 넘는 가혹한 부담이 발생하는 예외적인 경우에도 보상규정을 두지 않은 것에 위헌성이 있는 것이므로, 불합치결정을 선고함으로써 입법자가 이 사건 법률조항을 헌법에 적합하게 개정할 때까지 그대로 유지해야 할 필요성과 당위성이 있다.

둘째, 개발제한구역의 지정에 따라 생기게 된 가혹한 부담의 유무와 정도 및 이에 따른 보상의 구체적인 기준과 방법은 앞서 본 바와 같이 헌법재판소가 일률적으로 확정할 수 없고 개개의 토지에 대하여 구체적이고 객관적인 사정을 종합하여 입법자가 판단하여야 할 사항이다. 이 사건 법률조항이 예외적으로 헌법적으로 허용된 한계를 넘은 경우 입법자는 이에 대하여 금전보상의 규정을 두거나 아니면 지정의 해제 또는 토지매수청구권제도와 같이 금전보상에 갈음하거나 기타 손실을 완화할 수 있는 제도를 보완하는 등 재산권의 침해와 공익간의 비례성을 다시 회복할 수 있는 여러 가지 가능성이 있다.

또한 보상을 위한 입법의 형태, 보상의 대상과 방법 등도 선택의 여지가 다양하여 과연 어느 것이 가장 바람직하고 합리적인 것인가의 선택은 광범위한 입법형성권을 가진 입법자의 과제로서 입법정책적으로 해결되어야 할 문제이지 헌법재판소가 결정할 성질의 것이 아니다.

(2) 따라서 헌법재판소가 불합치결정을 통해서 이 사건 법률조항을 형식적으로 존속케 하는 이유는, 헌법재판소가 위헌결정을 통하여 이 사건 법률조항을 법질서에서 제거함으로써 스스로 합헌적 상태를 실현할 수 없고, 위헌적 상태의 제거는 궁극적으로 입법자의 입법개선에 달려있기 때문이다. 그러므로 불합치결정은 위헌적 상태를 조속한 시일 내에 제거해야 할 입법자의 입법개선의무를 수반하게 된다. 사회적 제약의 한계를 넘는 가혹한 부담을 초래하는 예외적인 경우에도 아무런 보상규정을 두지 아니함으로써 헌법상의 재산권보장에 위반되는 이 사건 법률조항을 입법자는 더 이상 그대로 존치시켜서는 아니되며, 이 사건 법률조항의 입법목적과 재산권의 보장 사이에 비례성이 회복될 수 있도록 보상입법을 하여 위헌적 상태를 제거할 의무가 있다.

개발제한구역의 지정으로 말미암아 토지소유자가 입게 되는 특별한 손해의 보상문제는 구역내의 개개토지에 대한 광범위하고 치밀한 실지조사가 이루어지고 충분한 재정적 준비가 갖추어진 후에 여러 이해관계의 신중한 조절과정을 거쳐야 비로소 해결이 가능한 성질의 것이라 할 것이어서 단시일내에 보상법률을 제정하는 데에는 여러 가지 어려움이 따를 것이다. 그러나 최초 개발제한구역의 지정이 이루어진 때로부터 오랜 세월이 흐른 오늘에 이르도록 일부 토지소유자에 대한 가혹한 부담이 아무런 보상없이 그대로 방치되어 온 상황을 감안한다면, 입법자는 되도록 빠른 시일내에 보상입법을 마련함으로써 이 사건 법률조항의 위헌적 상태를 제거하여야 할 것이다.

(3) 헌법재판소가 불합치결정을 내리는 경우 위헌결정을 선고한 경우와 마찬가지로 원칙적으로 위헌적 법률의 적용이 금지되므로, 행정청은 위헌적 상태를 제거하기 위한 보상입법이 마련되기 전에는 이 사건 법률조항에 근거하여 새로이 개발제한구역의 지정을 하여서는 아니된다.

그러나, 이 사건 법률조항은 오로지 보상규정의 결여라는 이유 때문에 헌법에 합치되지 아니한다는 평가를 받는 것이므로, 이 사건 청구인들을 포함한 모든 토지소유자가 토지재산권의 사회적 한계를 넘는 가혹한 부담을 받은 경우에 한하여 보상입법을 기다려 그에 따른 권리행사를 할 수 있음은 별론으로 하고, 이 사건 결정에 근거하여 이 사건 법률조항에 의한 개발제한구역의 지정이나 그에 따른 토지재산권의 제한 그 자체의 효력을 다투거나 이 사건 법률조항에 위반하여 행하여진 자신들의 행위의 정당성을 주장할 수는 없다할 것이다.

**결론** 이 사건 법률조항은 헌법에 위반되나 보상에 관한 새로운 입법이 이루어질 때까지 그 효력을 형식적으로 존속하도록 함이 상당하다. 따라서 도시계획법(1971. 1. 19. 법률 제2291호로 제정되어 1972. 12. 30. 법률 제2435호로 개정된 것) 제21조는 헌법에 합치되지 아니한다.

# 입법부작위 위헌확인

## ● 사례

청구인 A는 군법무관임용시험 혹은 사법시험에 합격한 후 현재 군법무관으로 근무 중이고, 청구인 B는 군법무관으로 근무하다가 2003. 5. 31. 전역하였는바, 청구인들(A, B)은 구 군법무관임용법(1967. 3. 3. 법률 제1904호로 개정되고 2000. 12. 26. 법률 제6291호로 전문개정되기 전의 것. 이하 '구법'이라 한다) 제5조 제3항 및 군법무관임용등에관한법률(2000. 12. 26. 법률 제6291호로 전문개정된 것. 이하 '법'이라 한다) 제6조의 위임에 따라 피청구인이 군법무관의 봉급과 그 밖의 보수를 법관 및 검사의 대우(예)에 준하여 지급하도록 하는 시행령을 제정할 의무가 있음에도 불구하고 이를 이행하지 아니함으로써 자신들의 기본권을 침해하고 있다며 2001. 10. 15. 이 사건 헌법소원을 청구하였다. 이들의 헌법소원 청구는 정당한가? 정당하다면 어떠한 기본권을 침해하였는가?

**쟁점** 1. 행정입법의무의 헌법적 성격

2. 구 군법무관임용법 제5조 제3항 및 군법무관임용등에관한법률 제6조가 군법무관의 봉급과 그 밖의 보수를 법관 및 검사의 예에 준하여 지급하도록 하는 대통령령을 제정할 것을 규정하였는데, 대통령이 지금까지 해당 대통령령을 제정하지 않는 것이 청구인들(군법무관들)의 기본권을 침해하는지 여부

**이유** 

### 1. 사건의 개요 및 심판의 대상

#### 1) 사건의 개요

청구인 이종일, 최강욱, 신형철은 군법무관임용시험 혹은 사법시험에 합격한 후 현재 군법무관으로 근무 중이고, 청구인 류관석은 군법무관으로 근무하다가 2003. 5. 31. 전역하였는바, 청구인들은 구 군법무관임용법(1967. 3. 3. 법률 제1904호로 개정되고 2000. 12. 26. 법률 제6291호로 전문개정되기 전의 것. 이하 '구법'이라 한다) 제5조 제3항 및 군법무관임용등에관한법률(2000. 12. 26. 법률 제

6291호로 전문개정된 것. 이하 '법' 이라 한다) 제6조의 위임에 따라 피청구인이 군법무관의 봉급과 그 밖의 보수를 법관 및 검사의 대우(예)에 준하여 지급하도록 하는 시행령을 제정할 의무가 있음에도 불구하고 이를 이행하지 아니함으로써 자신들의 기본권을 침해하고 있다며 2001. 10. 15. 이 사건 헌법소원을 청구하였다.

#### 2) 심판의 대상

이 사건 심판의 대상은 구법 제5조 제3항 및 법 제6조의 위임에 따라 군법무관의 대우(봉급과 그 밖의 보수)를 법관 및 검사의 대우(예)에 준하여 지급하도록 하는 대통령령을 제정하지 아니하는 부작위의 위헌 여부이다. 관련 조항의 내용은 다음과 같다.

구법 제5조 ③ 군법무관의 대우는 법관 및 검사의 대우에 준하여 대통령령으로 정한다.

법 제6조(군법무관의 보수) 군법무관의 봉급과 그 밖의 보수는 법관 및 검사의 예에 준하여 대통령령으로 정한다.

### 2. 청구인들의 주장 및 관계기관의 의견

#### 1) 청구인들의 주장

구 군법무관임용법(1952. 4. 24. 법률 제243호로 제정된 것)은 "군법회의의 법무사(군판사), 검찰관, 변호인으로 임명될 군법무과 장교의 자격 등에 관한 사항을 정할 목적"으로 제정되었다. 그러나 사법시험에 합격하여 군법무관으로 임용된 자들이 3년의 의무복무기간만 마치면 전원 전역을 하게 되어 장기적인 군법무관 확보에 어려움이 있고, 군법무관들이 법관이나 검사와 같은 자격을 가진 자임에도 보수 등 처우에 있어서 여전히 일반 현역군인과 동일한 조건의 급여를 받는 등 상대적으로 불이익이 있다는 지적이 일게 되자, 정부에서는 군법무관들의 처우문제를 해결하기 위하여 1967. 3. 3.자 법률 제1904호로 동법을 개정하면서, 제5조 제3항에서 "군법무관의 대우는 법관 및 검사의 대우에 준하여 대통령령으로 정하도록 한다."는 대우 조항을 신설하기에 이르렀다.

이에 따라 피청구인은 군법무관의 대우에 관하여 동 조항의 위임조항에 따른 시행령을 제정하였어야 함에도 현재까지 30여 년 동안 대통령령의 제정을 하지 않아 왔다. 이러한 입법부작위는 청구인의 행복추구권 · 평등권 · 직업선택의 자유 · 재산권을 침해하는 것이다.

#### 2) 국방부장관의 의견

(1) 법 제6조의 적용대상인 봉급과 그 밖의 보수가 법관 및 검사의 예에 준하는 군법무관이란 10년 이상 근무하는 장기복무장교를 말하므로 이에 해당되지 않는 청구인들의 심판청구는 자기관련성이 없어 부적법하다.

현재 군인은 '공무원보수규정 별표 13'에 의하여 봉급 및 그 밖의 보수를 지급받고 있는데 군법무관의 보수 또한 위의 규정에 의하여 규율되고 있고, 또한 '공무원수당등에관한규정' 제14조에 근거한 별표 11에 의하면 3년을 초과하여 복무하는 군법무관에게 군인장려수당을 지급하고 있으므로 군법무관의 보수에 관한 규정은 입법은 있으나 그것이 불완전한 이른바 부진정 입법부작위에 해당하고 이에 대한 심판청구는 이른바 법령소원으로 해석하여야 할 것이다. 이 경우 청구인들의 심판청구는 청구기간을 도과한 것이다.

피청구인들은 현재 현역군인의 신분이고 군인사법 제51조의 3에 의하면 군인은 근무여건 등에 관하여 군인고충심사위원회, 중앙군인사소청심사위원회에 고충의 심사를 청구할 수 있으나 청구인들은 이러한 절차를 거친 사실이 없어 이 사건은 보충성의 원칙에 위반되는 부적법한 청구라고 할 것이다.

(2) 현행 규정은 2000. 12. 26. 개정되어 2001. 3. 26.부터 그 효력이 발생되었고, 청구인들은 2001. 10. 15. 본건 헌법소원을 제기하였으므로 법 시행일부터 헌법소원 청구일까지 그 지체기간이 7개월에 불과하다 할 것이므로 피청구인의 입법부작위는 합리적인 기간 내의 지체라고 봄이 상당하다.

현재 국방부에서도 군법무관들의 처우에 일부 문제가 있음을 인정하고 군법무관들의 사기진작 및 장기복무를 유도하기 위하여 법 제6조의 위임에 의한 시행령을 제정하는 방안 혹은 군법무관수당 등의 인상을 통하여 군인보수체계의 통일성을 해치지 않으면서도 시행령의 제정과 사실상 동일한 효과를 가져오도록 하는 방안 등 군법무관들의 처우를 개선하기 위한 방법을 다각도로 검토하고 있다.

모든 군인은 군인사법 및 군인보수법에 의하여 계급에 따른 보수를 받고 있는바, 군법무관들만이 특수한 보수체계에 의하여 다른 병과 장교들보다 월등히 많은 보수를 받게 된다면 타 병과 장교들의 사기저하를 초래할 가능성이 있고 이는 결국 군의 전투력 약화로 이어질 위험이 있다고 할 것이다. 또한 군법무관처럼 특수한 전문지식을 가진 군의관, 공인회계사 자격을 가진 행정장교 등도 일반 군인과 동일한 보수를 받고 있는 상황에서 군법무관의 보수만을 인상한다면 이들과의 형평성 문제도 제기될 가능성 있다.

현재 정부는 군의 인건비를 줄이고 이를 신무기구입 등에 사용하여 군의 현대화를 추진하는 작업을 진행 중인바, 군법무관의 보수를 대폭 인상하는 것은 이러한 국방정책과 배치될 가능성이 있으며 군법무관의 보수를 인상하기 위해서는 추가예산의 확보가 뒤따라야 되는데 예산의 확보 또한 쉽지 않은 문제이다.

공무원수당등에관한규정 제14조에 근거한 별표 11에 의하면 3년을 초과하여 복무하는 군법무관등 특수장교에게 최고 월 60만원까지 군인장려수당을 지급하게 되어 있는데, 이 규정에 의하여 법 제6조의 시행령 미비는 사실상 어느 정도 보완되고 있다.

**판단**

**1) 적법요건에 관한 판단**

법 제2조는 '군법무관'을 '육 · 해 · 공군의 법무과장교'로 정의하고 있으므로 법무과장교로 임용된 이상 군법무관의 신분을 가지게 되는 것이라고 보아야 할 것이고, 국방부장관의 의견과 같이 법무과장교로서 10년을 근무하여야만 비로소 그러한 자기관련성이 인정된다고 볼 수 없다.

국방부장관은 공무원보수규정 별표 13, 공무원수당등에관한규정 제14조에 근거한 별표 11에 따른 보수 규정을 들어 법 제6조에 따른 입법의무는 상당부분 이행되고 있으므로, 이 사건은 입법은 있으나 불완전한 경우(부진정 입법부작위)에 해당된다고 답변한다.

그런데 위 별표 13은 군인의 계급과 호봉에 따른 봉급표이므로 군법무관에 특수한 규정은 아니고, 위 별표 11은 월 60만원 이하의 범위 내에서 군법무관 등에 대한 수당의 구체적인 지급대상, 지급기준 등을 소속 장관이 정하도록 하고 있으나, 그러한 수당 규정들의 명시적 근거에 군법무관임용법이나 군법무관임용등에관한법률이 포함되어 있지 않고, 동 수당이 군법무관에만 한정된 것도 아니며, 또 3년 이상의 군법무관 경력자에게만 지급되고 있고, 한편 법관 및 검사의 경우에도 현재 특정 수당이 지급되고 있는 점을 감안하면, 위 규정들이 법 제6조 내지 구법 제5조 제3항에 따라 제정되어야 할 대통령령을 대체하거나 보완하는 것이라고 단정하기 어렵다. 그렇다면 이 사건에서 문제되는 것은 부진정 입법부작위가 아니라 진정 입법부작위에 해당되는 것이다. 한편 진정 입법부작위에 대해서는 청구기간의 제한이 없으며, 국방부장관이 의견서에서 기재한 고충심사제도는 대통령령의 미제정이 문제된 이 사건에서 효과적인 사전구제절차에 해당된다고 볼 수 없다.

청구인의 경우 이 사건 심리 도중 전역하였지만, 이 사건은 헌법적으로 해명할 필요가 있는 중요한 사안이므로 동 청구인의 경우만 따로 부적법 각하할 것이 아니라 권리보호이익을 인정함이 상당하다(헌재 2001. 6. 28. 2000헌마111, 판례집 13-1, 1418, 1425 참조).

### 2) 군법무관의 보수 규정의 변천

구 군법무관임용법(1952. 4. 24. 법률 제243호로 제정된 것)은 제3조에서 군법무관은 군법무관시보로서 1년 이상 소정과목을 수습하고 고시에 합격한 자나 판사·검사 또는 변호사의 자격이 있는 자 중에서 임명하도록 규정하였다. 동법은 군법무관의 보수에 대하여는 따로 정하지 않았다.

그런데 군법무관들은 의무 복무기간이 끝나면 판·검사, 변호사를 하기 위하여 전역하였는데, 1967. 2.에 이르러 군법무관의 부족이 문제되었다. 당시 군법무관의 총 정원은 322명이었으나 현원은 146명이었는데, 그나마 단기 군법무관의 제대 등 사정을 고려하면 1967. 10.에 이르러서는 총 100명만이 남게 되는 것으로 예상되었고, 그럴 경우 군법회의의 운영 자체가 어려운 사정이었고, 고등군법회의에 필요한 소령급 이상의 법무관도 소수에 불과하였으므로, 1967. 2. 당시 군법무관의 확보는 매우 긴요한 문제였다〔제6대 국회 본회의(제59회-제11차) 회의록에서 법제사법위원장 김봉환의 심사보고 내용 참조〕.

그러한 문제에 대처하기 위하여 1967년도 개정법은 군법무관 임용시험제도를 도입하였고, 이 시험은 사법시험령에 의하여 실시하며, 이 시험에 합격한 군법무관시보가 소정의 실무수습을 마치고 실무고시에 합격하면 군법무관으로 임명되도록 하였고, 이들에게는 변호사 자격이 주어지도록 하였다(단 10년간의 장기복무장교로서의 복무기간을 마치지 않으면 자격이 박탈됨). 또한 군법무관의 대우는 법관 및 검사의 대우에 준하도록 하는(제5조 제3항) 조항이 삽입되었다.

구법 제5조 제3항은 군법무관의 확보 내지 장기적 복무를 유도하고, 우수한 군법무관을 확보하기 위하여, 군법무관임용시험제도와 군법무관에 대한 변호사 자격 부여제도와 나란히 입법된 것으로 보인다.

한편 2000. 12. 26. 군법무관임용법은 전문개정되고 법률명도 군법무관임용등에관한법률로 변경되었으며, 군법무관임용법 제5조 제3항은 군법무관임용등에관한법률 제6조로 자리를 옮기고 "군법무관의 봉급과 그 밖의 보수는 법관 및 검사의 예에 준하여 대통령령으로 정한다."라고 되어 자구 수정이 이루어졌다. 당시의 국회 법제사법위원회 및 본회의 회의록을 보면 위 구법 조항이 그와 같이 자구가 변하게 된 것은 단순한 체제상의 개선 때문이었으며, 위 구법 조항의 내용에 관한 심의나 논의가 이루어진 것은 아니다.

### 3) 행정입법 의무의 성격

행정권력의 부작위에 대한 헌법소원은 공권력의 주체에게 헌법에서 유래하는 작위의무가 특별히 구체적으로 규정되어 이에 의거하여 기본권의 주체가 행정행위를 청구할 수 있음에도 공권력의 주체가 그 의무를 해태하는 경우에 허용되고, 특히 행정명령의 제정 또는 개정의 지체가 위법으로 되어 그에 대한 법적 통제가 가능하기 위하여는 첫째, 행정청에게 시행명령을 제정(개정)할 법적 의무가 있어야 하고 둘째, 상당한 기간이 지났음에도 불구하고 셋째, 명령제정(개정)권이 행사되지 않아야 한다(헌재 1998. 7. 16. 96헌마246, 판례집 10-2, 283, 305-306).

이 사건에 있어서 대통령령의 제정의무는 구법 제5조 제3항 내지 법 제6조에 의한 위임에 의하여 부여된 것이지만, 입법부가 법률로써 행정부에게 특정한 사항을 위임했음에도 불구하고 행정부(대통령)가 이러한 법적 의무를 이행하지 않는다면 이는 위법한 것인 동시에 위헌적인 것이 된다. 우리 헌법은 국가권력의 남용으로부터 국민의 기본권을 보호하려는 법치국가의 실현을 기본이념으로 하고 있고, 근대 자유민주주의 헌법의 원리에 따라 국가의 기능을 입법 · 행정 · 사법으로 분립하여 상호간의 견제와 균형을 이루게 하는 권력분립제도를 채택하고 있다(헌재 1992. 4. 28. 90헌바24, 판례집 4, 225, 229~230). 따라서 행정과 사법은 법률에 기속되므로(헌재 1990. 9. 3. 89헌가95, 판례집 2, 245, 267), 국회가 특정한 사항에 대하여 행정부에 위임하였음에도 불구하고 행정부가 정당한 이유 없이 이를 이행하지 않는다면 권력분립의 원칙과 법치국가 내지 법치행정의 원칙에 위배되는 것이다.

따라서 이 사건과 같이 군법무관의 보수의 지급에 관하여 대통령령을 제정하여야 하는 것은 헌법에서 유래하는 작위의무를 구성한다.

#### 4) 행정입법 부작위의 정당성 유무

(1) 구법 제5조 제3항은 1967. 3. 3. 일부 개정시 처음 신설되었고, 법 제6조는 2000. 12. 26. 전문개정 당시에 위 구법의 규정이 개정된 것이다(공포 후 3개월 후부터 시행). 그러나 해당 시행령은 지금까지 제정된 바 없다.

그런데 법이 2000. 12. 26. 개정되었으므로 입법부작위 상태로 있는 기간을 구법 당시부터 기산할 것인지, 신법 시행 후부터 볼 것인지가 문제된다. 국방부장관은 현행 규정이 새로 효력을 발휘한 이상 그 시행일부터 입법부작위의 지체기간을 계산하여야 한다고 주장한다.

그런데 구법의 내용과 신법의 내용은 자구의 변동에 불과한바, 종전의 "군법무관의 대우는 법관 및 검사의 대우에 준하여 대통령령으로 정한다."는 규정이 "군법무관의 봉급과 그 밖의 보수는 법관 및 검사의 예에 준하여 대통령령으로 정한다."로 바뀐 것에 불과하다. 그러므로 시행령 제정의무의 측면에서 보면 그 불이행 기간은 구법과 신법 시행시의 기간을 합쳐서 보아야 할 것이다. 만일 구법이 이미 신법에 의하여 효력이 정지되었다는 이유로 신법 시행 이후에만 입법부작위 기간을 계산한다면, 자구 수정만 이루어지는 법 개정이 있기만 해도 구법상의 입법부작위 기간은 무시된다는 불합리한 결과가 발생하는데, 이 사건에서 입법자가 그러한 자구 수정으로 인하여 행정부의 구법상의 입법의무 불이행을 면책하려는 의도가 있었다고 볼 수 없다. 오히려 '대우'를 '봉급과 그 밖의 보수'라고 개정함으로써 좀더 명확하게 입법의무를 부과하기 위한 것이라고 보여진다.

그러므로 현재 구법 시행 기간 동안인 약 34년 간과 신법 시행 기간인 약 3년 간 입법부작위의 상태가 지속되고 있다고 볼 것이며, 또한 달리 현재 해당 시행령의 제정이 추진되고 있다고 볼 만한 사정도 발견되지 않는다.

(2) 행정부가 위임 입법에 따른 시행명령을 제정하지 않거나 개정하지 않은 것에 정당한 이유가 있었다면 그런 경우에는 헌법재판소가 위헌확인을 할 수는 없을 것이다. 그런데 그러한 정당한 이유가 인정되기 위해서는 그 위임입법 자체가 헌법에 위반된다는 것이 누가 보아도 명백하거나, 위임 입법에 따른 행정입법의 제정이나 개정이 당시 실시되고 있는 전체적인 법질서 체계와 조화되지 아니하여 그 위임입법에 따른 행정입법 의무의 이행이 오히려 헌법질서를 파괴하는 결과를 가져옴이 명백할 정도는 되어야 할 것이다.

그런데, 구법 제5조 제3항 및 법 제6조는 군법무관의 보수 수준에 관한 것으로서 이러한 사항은 헌법에서 특별히 평등을 요구하고 있는 경우라거나, 차별적 취급으로 인하여 다른 기본권에 대한 중대한 제한을 초래하는 경우가 아니므로 엄격한 비례성 심사가 아니라 자의금지원칙에 따른 합리적 이유 유무의 심사가 필요한바, 이 심사 기준에 따라 위헌성 여부를 살펴보면, 이 사건 규정은 문제점이 없는 것은 아니지만 위헌임이 명백할 만큼 자의적이라고는 할 수 없고, 군법무관 직무의 특수성을 고려할 때 위 규정이 입법자의 입법형성의 헌법적 한계를 벗어난 것이라고도 볼 수 없으며, 청구인들도 위 규정이 합헌이라고 전제하여 이 사건 청구를 하고 있다.

(3) 국방부장관은 답변서에서 '타 병과 장교들과의 형평성 및 사기 고려', '예산상 제약'을 거론하면서 이를 해당 시행령의 제정의무 불이행의 사유로 삼고 있다.

그러나, 위에서 본 바와 같이 이 사건 규정이 비합리적이라거나 입법자의 입법형성의 헌법적 한계를 벗어났다고 볼 수 없는 한, '타 병과 장교와의 형평성 문제'는, 필요하다면 새로이 입법(법률)적 개선을 추구하는 계기가 될 수는 있겠지만 시행령 제정을 거부할 사유는 될 수 없고, '예산상의 제약'도, 정부가 법률에 근거하여 군법무관의 보수를 상향조정하는 예산안을 편성하게 되면, 예산의 심의 · 확정권을 가진 국회는 이를 거부할 수 없을 것이므로 위와 같은 이유들은 모두 입법부작위의 정당한 사유가 될 수 없다. 그렇다면 입법부가 일단 해당 시행령의 제정을 아무런 유보조항 없이 행정부에 명한 이상, 대통령(소관 국방부장관)은 그 시행령을 제정하여야 할 헌법상의 의무가 있는 것이다.

(4) 통상 상위법령을 시행하기 위하여 하위법령을 제정하거나 필요한 조치를 함에 있어서는 상당한 기간을 필요로 하며 합리적인 기간내의 지체를 위헌적인 부작위로 볼 수 없지만(헌재 1998. 7. 16. 96헌마246, 판례집 10-2, 283, 306), 이 사건의 경우 구법 조항이 신설된 때로부터 현재까지 약 37년 간 행정입법부작위의 상태가 지속되고 있다. 이러한 기간은 합리적인 기간내의 지체라고 볼 수 없다.

#### 5) 침해되는 기본권

청구인들은 이 사건 입법부작위로 인하여 직업의 자유 · 평등권 · 재산권 · 행복추구권이 침해되었다고 주장한다.

그런데, 시행령이 제정되지 않아 법관, 검사와 같은 보수를 받지 못한다 하더라도, 직업의 자유에 '해당 직업에 합당한 보수를 받을 권리'까지 포함되어 있다고 보기 어려우므로 청구인들의 직업선택이나 직업수행의 자유가 침해되었다고 할 수 없다.

또한 이 사건 입법부작위가 평등권을 침해한다고 보기도 어렵다. 군법무관이 처음부터 법관 · 검사와 똑같은 보수를 받을 권리를 가진다고 전제하기 어렵고, 달리 시행령 제정상의 차별이라는 비교 관점도 성립하기 어려운 것이다.

그러나, 이 사건 입법부작위는 청구인들의 재산권을 침해하고 있는 것이라 할 것이다.

헌법 제23조 제1항은 "모든 국민의 재산권은 보장된다. 그 내용과 한계는 법률로 정한다."고 규정한다. 우리 헌법이 보장하고 있는 재산권은 경제적 가치가 있는 모든 공법상 · 사법상의 권리를 뜻한다(헌재 1992. 6. 26. 90헌바26, 판례집 4, 362, 372). 법 제6조 내지 구법 제5조 제3항은 군법무관의 보수를 법관, 검사의 예에 의할 것이라고 규정하고 다만 그 구체적 내용을 시행령에 위임하고 있다. 이러한 법조항들은 군법무관의 보수의 내용을 법률로써 일차적으로 형성한 것이고, 이 법률들에 의하여 상당한 수준의 보수(급료)청구권이 인정되는 것이라 해석될 여지가 있다. 그렇다면 그러한 보수청구권은 단순한 기대이익을 넘어서는 것으로서 법률의 규정에 의하여 인정된 재산권의 한 내용으로 봄이 상당하다. 따라서 대통령이 정당한 이유 없이 해당 시행령을 만들지 않아 그러한 보수청구권이 보장되지 않고 있다면 이는 재산권의 침해에 해당된다고 볼 것이다.

한편 청구인들은 행복추구권 침해를 주장하나, 동 기본권은 일반조항적 성격을 지니며, 보충적 성격을 지닌 기본권이므로 같은 사항에 대하여 재산권 침해를 판단한 이상 행복추구권의 침해 여부를 독자적으로 판단할 필요는 없는 것이다(헌재 2000. 12. 14. 99헌마112등, 판례집 12-2, 399, 408).

**결론 |** 이 사건에서 피청구인이 구 군법무관임용법 제5조 제3항 및 군법무관임용등에관한법률 제6조의 위임에 따라 군법무관의 봉급과 그 밖의 보수를 법관 및 검사의 예에 준하여 지급하도록 하는 대통령령을 지금까지 제정하지 아니하고 있는 입법부작위는 정당한 이유 없이 청구인들의 재산권을 침해한 것으로서 헌법에 위반된다.

# 민법 제1005조 등 위헌확인

● 사례

(1) 김○일은 김○진의 주식회사 ○○기업은행에 대한 차용금채무 일부를 연대보증하였다.

(2) ○○기업은행의 위 채권은 구 금융기관부실자산등의효율적처리및성업공사의설립에관한 법률(1999. 12. 31. 법률 제6037호로 개정되기 전의 것)의 규정에 의하여 1998. 12. 29. 한국자산관리공사(변경전 명칭 성업공사)에 양도되었다.

(3) 김○일이 1998. 2. 24. 사망하고, 김○일의 재산은 그 자녀인 위 김○진과 청구인에게 1/2지분씩 상속되었다.

(4) 한국자산관리공사는 2001. 8. 30. 청구인과 위 차용금채무의 또다른 연대보증인인 김○기 등을 상대로 서울지방법원 2001가합52341호로 양수금청구소송을 제기하였다.

(5) 청구인은 2001. 10. 26. 위 소송의 소장부본을 송달받고 2001. 11. 23. 서울가정법원에 상속포기신고를 하였다가 2002. 1. 28. 한정승인신고로 청구취지를 변경하였고, 위 한정승인신고가 서울가정법원 2002. 8. 20.자 2001느단7003 심판으로 수리되었다.

(6) 한편 위 양수금청구소송에서는 서울지방법원 2002. 10. 4. 선고 2001가합52341판결로 원고승소판결이 내려졌고, 이에 청구인과 김○기가 항소하였으나, 서울고등법원 2003. 9. 4. 선고 2002나66726 판결로 항소기각되었다.

(7) 위 판결들은 청구인이 1998. 5. 26. 이전에 상속개시가 있음을 알았으므로 민법(2002. 1. 14. 법률 제6591호로 개정된 것) 부칙 제3항에 따라 민법 제1019조 제3항에 의한 위 한정승인신고가 효력이 없다는 이유로 청구인의 한정승인 항변을 배척하고 원고의 청구를 인용한 것이다.

(8) 청구인이 2003. 9. 30. 위 2002나66726 판결에 대하여 상고하여 위 사건은 현재 대법원 2003다55073호로 계속중이다.

(9) 청구인은 위 판결들의 기초가 된 민법조항이 청구인의 재산권과 평등권을 침해한 것으로 위헌이라고 주장하면서 2003. 11. 11. 이 사건 헌법소원심판청구를 하였다.

**심판대상**

**1) 심판대상의 확정**

이 사건 심판청구로 그 위헌확인을 구하는 심판대상조항에 관하여, 청구인 본인이 제출한 청구서에는 민법 제1005조, 제1019조 제1항, 제3항, 민법부칙 제3항이 열거되어 있으나, 청구인의 국선대리인이 제출한 '심판청구취지 및 청구이유 정정신청서' 라는 제목의 심판청구서에는 민법 제1019조 제1항,

제3항, 민법부칙 제3항만이 열거되어 있고 민법 제1005조는 제외되어 있다.

변호사의 자격이 없는 사인인 청구인이 한 헌법소원심판청구나 주장은 변호사인 대리인이 추인한 경우에 한하여 효력이 있고(헌재 1992. 6. 26. 89헌마132, 판례집 4, 387, 397), 위와 같은 추인이 없는 한 대리인의 심판청구서에 기재되어 있지 아니한 청구인의 그 전의 심판청구내용은 심판대상이 되지 않으므로(헌재 1995. 2. 23. 94헌마105, 판례집 7-1, 282, 286), 민법 제1005조는 이 사건 심판대상이 되지 아니한다.

또 청구인이 실질적으로 주장하는 바는 한정승인제도를 규정한 민법 1019조 제1항이나 민법(2002. 1. 14. 법률 제6591호로 개정된 것, 이하 '개정민법' 이라고 함은 이를 가리킨다) 1019조 제3항(이하 민법 제1019조 제3항에 의하여 하는 한정승인을 '특별한정승인' 이라고 한다)이 헌법에 위반된다는 취지라기보다는 민법 제1019조 제3항에 의하여 신설된 특별한정승인제도가 위 개정민법 부칙 제3항에 의하여 일정한 범위의 상속인에게만 적용되고 청구인이 속한 범위의 상속인에게는 적용되지 아니하도록 한 점이 헌법에 위반된다는 취지이므로, 민법 제1019조 제1항, 제3항은 심판대상에서 제외한다.

나아가 청구인의 주장은 개정민법 부칙 제3항 본문이 "1998년 5월 27일부터 이 법 시행 전까지 상속개시가 있음을 안 자 중" 상속채무가 상속재산을 초과하는 사실에 대한 인식에 관하여 일정한 요건을 갖춘 사람은 특별한정승인을 할 수 있다고 규정함으로써 1998. 5. 27. 전에 상속개시 있음을 안 상속인은 위 조항에서 규정된 다른 요건을 갖추었더라도 특별한정승인을 할 수 없도록 한 것이 헌법에 위반된다는 취지이므로, 개정민법 부칙 제3항 중 실질적으로 그 위헌여부에 대한 심판이 요구되는 부분은 "1998년 5월 27일부터 이 법 시행 전까지 상속개시가 있음을 안 자 중" 부분이고, 나머지 부분에 대하여는 위헌성의 주장이 없다. 따라서 이 사건 심판대상을 개정민법 부칙 제3항 본문 중 "1998년 5월 27일부터 이 법 시행 전까지 상속개시가 있음을 안 자 중" 부분(이하 '이 사건 법률조항' 이라고 한다)이 헌법에 위반되는지 여부로 한정한다.

**2) 심판대상조항의 내용**

민법(2002. 1. 14. 법률 제6591호로 개정된 것) 부칙

③ (한정승인에 관한 경과조치) 1998년 5월 27일부터 이 법 시행 전까지 상속개시가 있음을 안 자 중 상속채무가 상속재산을 초과하는 사실을 중대한 과실 없이 제1019조 제1항의 기간 내에 알지 못하다가 이 법 시행 전에 그 사실을 알고도 한정승인신고를 하지 아니한 자는 이 법 시행일부터 3월내에 제1019조 제3항의 개정규정에 의한 한정승인을 할 수 있다. 다만, 당해 기간 내에 한정승인을 하지 아니한 경우에는 단순승인을 한 것으로 본다.

**청구인의 주장**

채무초과사실을 언제 알았는지는 전혀 고려함이 없이 상속인이 상속개시 있음을 안 시기가 1998. 5. 27. 전인가 후인가에 따라 한정승인을 허용하는 여부를 결정하도록 한 이 사건 법률조항은 헌법 제23조 제1항이 보장한 재산권 및 헌법 제11조 제1항이 보장한 평등권을 헌법 제37조 제2항이 정한 기본권 제한의 입법한계를 일탈하여 침해함으로써 헌법에 위반된다.

**판단**

**1) 청구기간**

(1) 법령에 대한 헌법소원심판청구의 청구기간

헌법재판소법 제69조 제1항은, 같은 법 제68조 제1항의 헌법소원심판은 그 사유가 있음을 안 날로부터 90일 이내에, 그 사유가 있은 날로부터 1년 이내에 청구하여야 한다고 규정하고 있다. 이에 따라 법령에 대한 헌법소원심판은, 법령의 시행과 동시에 기본권의 침해를 받게 되는 경우에는 그 법령이 시행된 사실을 안 날로부터 90일 이내에, 그 법령이 시행된 날로부터 1년 이내에 청구하여야 하고, 법령이 시행된 후에 비로소 그 법령에 해당하는 사유가 발생하여 기본권의 침해를 받게 된 경우에는 그 사유가 발생하였음을 안 날로부터 90일 이내에, 그 사유가 발생한 날로부터 1년 이내에 청구하여야 한다(헌재 2004. 4. 29. 2004헌마93, 공보92, 554, 556).

(2) 이 사건 심판청구의 청구기간

앞서 인정한 사실 및 청구인과 피상속인 김○일의 관계 등을 종합하면, 청구인은 피상속인 김○일이 사망한 1998. 2. 24.경 그 사망사실을 알았을 것으로 추인되므로, 특별한 사정이 없는 한 청구인은 이 때 상속개시 있음을 알았다고 할 것이다.

그러므로 청구인은 1998. 5. 27. 전에 상속개시 있음을 안 사람으로서, 1998. 5. 27. 이후 상속개시 있음을 안 상속인에 대하여만 특별한정승인을 허용하는 내용의 이 사건 법률조항이 시행됨과 동시에 기본권 침해를 받게 되는 경우에 해당하고, 따라서 이 사건 법률조항에 대하여 헌법소원심판을 구하는 청구인은 이 사건 법률조항이 시행된 2002. 1. 14.부터 1년 이내에 심판청구를 하였어야 한다.

그런데 청구인은 이로부터 1년이 훨씬 지난 2003. 11. 11. 비로소 이 사건 심판청구를 하였으므로 이 사건 심판청구는 청구기간을 도과한 후 제기된 것이다.

**2) 권리보호이익**

(1) 헌법불합치결정의 효력

이 사건 법률조항에 대하여는 헌법재판소가 2004. 1. 29. 2002헌가22등 사건의 결정에서 이미 헌법에 합치되지 아니한다고 선고한 바 있다(헌재 2004. 1. 29. 2002헌가22등, 판례집 16-1, 29).

헌법불합치결정은 위헌적 요소가 있는 법률조항을 합헌적으로 개정 또는 폐지하는 임무를 입법자의 형성재량에 맡긴 것인바, 그 결과 입법자가 헌법불합치결정의 취지에 맞추어 해당 조항을 개정할 때에 비로소 그 결정에 의하여 무효로 되는 부분이 구체적으로 확정되므로, 헌법불합치결정의 효력을 받는 사건에 대하여는 그 결정 이후 입법자에 의하여 개정된 법률조항이 적용되어야 한다(헌재 1995. 7. 27. 93헌바1등, 판례집 7-2, 221, 244-245). 그런데 헌법불합치결정이 있은 당시에 따로 위헌제청신청을 하지 아니하였지만 당해 법률 또는 법률조항이 재판의 전제가 되어 법원에 계속중인 사건에는 헌법불합치결정의 효력이 미치므로 위와 같은 사건에 대하여는 헌법불합치결정에 따라 개정된 법률조항이 적용되게 되며, 개선입법이 있기 전에는 헌법불합치결정이 난 법률조항의 적용이 금지되고 절차가 중지된다.

청구인은 한국자산공사가 청구인을 상대로 제기한 양수금청구소송이 대법원에 계속중에(2003다55073 사건) 위헌심판제청신청을 거치지 아니하고 이 사건 헌법소원심판청구를 하였다.

위 대법원 2003다55073 사건에서는 청구인의 한정승인신고가 유효한지 여부가 문제되었는데, 청구인은 1998. 5. 26. 이전에 상속개시가 있음을 안 사람이므로, 1998. 5. 27. 이후 상속개시가 있음을 안 사람에 대하여만 소급하여 한정승인을 할 수 있도록 규정한 이 사건 법률조항의 위헌 여부는 위 대법원 사건 재판의 전제가 되며, 한편 이 사건 법률조항에 대하여 헌법불합치결정을 한 위 2002헌가22등 결정이 선고된 2004. 1. 29. 당시 위 대법원 사건은 법원에 계속중이었다(현재까지 계속중임).

그러므로 위 대법원 2003다55073 사건은 '따로 위헌제청신청을 하지 아니하였지만 당해 법률조항이 재판의 전제가 되어 법원에 계속중인 사건'에 해당하여 위 2002헌가22등 결정의 효력을 받는다.

(2) 권리보호이익

헌법소원제도는 국민의 기본권침해를 구제하기 위한 제도이므로 그 제도의 목적에 비추어 권리보호이익이 있는 경우에만 이를 제기할 수 있다. 그리고 권리보호이익은 헌법재판소의 결정 당시에도 존재해야 한다. 그러므로 헌법소원심판청구 당시 권리보호이익이 인정되더라도 심판계속중에 사실관계 또는 법률관계의 변동으로 말미암아 청구인이 주장하는 기본권의 침해가 종료된 경우에는 원칙적으로 권리보호이익이 없으므로 헌법소원이 부적법한 것으로 된다(헌재 1997. 3. 27. 93헌마251, 판례집 9-1, 366, 370 ; 2003. 9. 25. 2003헌마161, 공보 85, 931, 932~933).

이 사건 심판청구는 법률에 대한 헌법소원으로서 심판대상조항에 대한 위헌결정을 통하여 그 조항의 효력을 상실시키고자 하는 것이다. 그런데 이 사건 심판의 대상인 이 사건 법률조항에 대하여 이 사건 헌법소원이 제기된 뒤에 위와 같이 헌법불합치결정이 있었고 이 결정이 법원에 계속중인 위 대법원 2003다55073 사건에 효력을 미쳐 이 사건 법률조항은 위 사건에 더 이상 적용되지 아니하므로 청구인은 헌법소원심판청구를 통하여 달성하고자 하는 주관적 목적을 이미 달성하였고, 이로써 이 사건 법률조항의 위헌여부를 이 사건 심판에서 또다시 가릴 실익은 소멸되었다.

그렇다면 이 사건의 심판청구는 이 사건 법률조항으로 인하여 기본권의 침해를 받았다고 주장하는 청구인이 그 구제를 받기 위하여 헌법소원심판을 청구한 뒤 사정변경으로 말미암아 청구인이 주장하는 기본권의 침해행위가 배제되어 청구인이 더 이상 기본권을 침해받고 있지 아니한 때에 해당하고, 달리 예외적으로 심판청구의 이익을 인정할 사유도 인정되지 아니하므로 더 이상 본안에 대하여 심판을 받을 이익이 없다.

**결론** 그렇다면 이 사건 심판청구는 청구기간에 관련하여서나 권리보호이익에 관련하여서나 부적법함을 면치 못할 것이므로 이를 각하한다.

行政法

# 행정법

금태환 · 임재홍 · 김현준

## 영업허가를 구하는데 필요한 행정법관계

● 사례

공학을 전공하는 대학생 가장인 甲은 생활이 어려워지자 대학교 앞 상가건물을 임대하여 음식점을 영업하려고 한다. 그런데 甲은 행정법 관계에 대한 지식이 없어 누구에게 허가를 받아야 하는지 전혀 모른다.

(1) 이럴 경우 甲은 어떻게 자기의 목적을 달성할 수 있겠는가?

(2) 만약 요건을 다 갖추었음에도 행정청이 거부처분을 하거나 부작위상태에 있는 경우 甲은 어떻게 해야 하겠는가?

**사례의 해결** (1) 일반 국민이 행정적인 서비스를 요청하는 경우는 주로 영업을 시작하거나 아니면 건축을 하는 경우 등일 것이다. 이런 경우 영업행위를 하거나 건축을 하는 것은 개인의 기본권 영역이기 때문에 일단 자유라고 생각할 수 있다. 그러나 개인의 자유란 무한정 보장되는 것은 아니다. 왜냐하면 타인의 권리를 침해할 수 있기 때문에 권리간의 조정이 필요하고, 또는 국가안전보장이나 질서유지 공공복리를 위해서 제한되는 경우도 있다. 이런 경우 헌법은 권리를 제한할 때에는 반드시 법률에 의하도록 규정하고 있다. 이상의 내용은 법학전공자라면 알 수 있겠지만 법학을 공부하지 않은 비법학도는 알 수가 없다. 그러나 적어도 음식점에 가본 경험이 있다면 음식점 한 편에 음식점 영업허가서가 걸려 있는 것을 본 적은 있을 것이다. 이로부터 어느 행정기관에 가서 어떠한 서류를 제출해서 허가를 받아야 하는 지는 잘 모른다 하더라도, 적어도 행정청으로부터 허가를 받아야 한다는 정도는 알 것이다. 개인이 일상생활에서 주로 접하는 행정청이란 동사무소, 구청(또는 군청, 시청 등)이다. 따라서 이러한 행정청을 일단 방문하면 어느 곳이나 상담을 해주는 공무원이 있기 때문에 기본적인 지식을 알 수는 있게 된다.

그러나 이렇게 상담을 통해 알 수 있는 것이란 대부분의 경우 관련 법령을 소개받는 정도에 그치고 여전히 답답함은 계속된다. 따라서 기본적인 법률지식을 알고 있다면 조금은 도움이 될 것이다. 인허가 등을 얻고자 할 때 관련 있는 법률관계는 크게 세 부분으로 나뉜다. 하나는 행정실체법이고 다른 하나는 행정절차법이다. 세 번째는 행정쟁송법이다.

행정실체법이란 권리 · 의무의 실체, 즉 권리 · 의무의 발생 · 변경 · 소멸 등을 규율하는 법이다. 이에 비해 행정절차법은 통상 권리 · 의무를 실현하는 절차를 규율하는 법으로 이해된다. 행정법학에 있어 절차법이란 행정활동을 함에 있어서 주로 사인과의 관계(외부관계)에서 밟아야 하는 과정을 규율하는 법을 말한다. 예를 든다면 허가를 취소하는 경우 취소사유 등을 규정한 법이 행정실체법이라면, 취소를 하기 위하여 거쳐야 할 절차를 규율하는 법이 행정절차법이다. 행정쟁송법이란 공법관계에 분쟁이 발생한 경우에 당사자의 쟁송제기에 의하여 일정한 국가기관(행정기관 또는 법원)이 심리하여 판단하는 절차를 말한다.

따라서 이 사례에서 허가의 기준 등을 규정한 법이 행정실체법으로 식품위생법이 이에 해당된다. 사례에서 甲이 하고자 하는 것은 식품영업 그 중에서도 식품접객업(식품위생법 시행령 제7조 8호)에 해당되는 것이기 때문에 허가를 받아야 한다. 식품위생법 제22조는 영업의 허가 등에 대해서 규정하고 있는데, "대통령령이 정하는 영업을 하고자 하는 자는 대통령령이 정하는 바에 따라 영업의 종류별 · 영업소별로 식품의약품안전청장, 시 · 도지사, 시장 · 군수 또는 구청장의 허가를 받아야 한다"고 규정하고 있다. 그 자세한 기준은 식품위생법 시행령이 자세히 규정하고 있다(동법 시행령 제7조는 영업의 종류에 대해서, 시행령 제9조는 영업허가를 받아야 할 업종 등에 대해서, 시행령 제10조는 영업의 허가관청에 대해서 규정하고 있다).

식품위생법은 영업허가와 관련된 실체법적 규정을 주로 담고 있지만 반면 절차에 관한 규정은 거의 두고 있지 않다. 과거에는 법치주의를 실체법적 측면에서만 이해한데 비해 오늘날에는 절차에서도 법치주의가 적용되는 것으로 보고 있다. 그것은 행정의 민주화나 적정화를 위해서 당연한 것으로 받아들여지고 있다. 우리나라의 경우 행정절차에 관한 일반법인 행정절차법이 1997년에 제정되었다(이외에도 민원사무처리에 관한 법률이 있다). 사례에서 행정청은 甲의 허가신청에 대해서 일정한 처분을 하여야 하기 때문에 행정절차법의 규율대상이 된다. 즉 허가를 할 것인지 여부는 식품위생법상의 기준을 갖추었는가 여부에 대한 판단결과에 의해서 결정되겠지만, 이 허가과정에서 甲에 대해서는 행정과정에 참여할 권리를 부여해야 하는 것이다.

위 허가과정에서 특히 사인이 알아두면 좋은 절차적 규정으로 다음과 같은 것이 있다. 민원1회방문처리제(민원사무처리에 관한 법률 제8조), 민원신청방식의 다양화(동법 제4조), 민원사무처리기준표의 작성 및 고시(동법 제9조), 민원실 설치 및 민원상담(동법 제11조 및 제12조), 신속한 처리요청권(동법 제6조), 신청방식 및 다수행정청이 관여하는 처분의 방식(행정절차법 제17조 및 제18조), 처리기간의 설정 및 공표(동법 제19조), 처분기준의 설정 · 공표(동법 제20조), 처분의 이유제시(동법 제23조), 고지의무(동법 제26조) 등이다.

여기서 중요한 몇 가지만 설명한다면, 먼저 민원1회방문처리제란 민원사무를 처리함에 있어서 당해 행정기관의 내부에서 할 수 있는 자료의 확인, 관계기관 · 부서와의 협조 등에 따른 모든 절차는 담당 공무원이 직접 행하도록 하여 민원인이 행정기관을 다시 방문하지 아니하도록 하는 제도이다. 그밖에도 민원사무처리에 관한 법률은 민원인의 편의를 위해 "구술 · 전화 · 전신 · 모사전송 또는 컴퓨터통신"으로 민원신청을 할 수 있도록 하고 있고(민원사무처리에 관한 법률 제4조), 민원사무편람을 비치하도록 하여 민원인이 쉽게 민원사항을 알 수 있도록 하고 있다(동법 제7조). 또한 "민원인의 편의를 위하여 법령 · 훈령 · 예규 · 고시등에 규정되어 있는 민원사항의 처리기관 · 처리기간 · 구비서류 · 처리절차 · 신청방법등에 관한 사항을 종합한 민원 사무처리기준표를 작성하여 매년 관보에 고시"하도록 하고 있다(동법 제9조). 그리고 민원실을 설치하거나 행정상당위원을 위촉하도록 하여 민원인의 상담에 응하도록 하고 있다(동법 제11조 및 제12조).

민원사무처리에 관한 법률이외에도 행정절차법이 있다. 이 행정절차법은 행정과정의 투명성과 신뢰성을 담보하기 위해서 제정된 법률이다. 사인이 인허가등을 신청함에 있어서 알아둘 필요가 있는 조항으로는 다음과 같은 것을 들 수 있다. 먼저 문서이외의 신청방법을 정한 행정절차법 제17조, 관계부서의 협의에 의한 신속한 처리를 구한 제18조, 미리 처리기간을 공표하도록 규정한 제19조, 처분기준을 설정하여 공표하도록 한 제20조, 처분의 이유를 제시하도록 한 제23조, 불복절차등에 대해서 고지의무를 부여한 행정절차법 제26조 등이다. 이상은 행정과정에서 사인이 행정절차에 참여할 수 있는 구체적인 제도들이다.

이상과 같은 절차법적 규정들을 사전에 알고 있다면 개인의 권익실현에 큰 도움이 될 것이다. 특히 행정절차법적 규정들은 행정청의 거부처분이나 부작위의 경우에 쟁송을 제기할 것인지 여부를 결정하는데 큰 도움이 된다. 예를 들면 행정절차법이 신속한 처리를 규정하고 있고, 각 민원사무마다 처리기간을 설정하고 있는데 이에 위반하는 부작위상태가 지속된다면 의무이행심판이나 부작위위법확인소송을 제기할  수 있을 것이다. 또한 불허가처분을 하는 경우 행정청에 이유제시의무가 있기 때문에 당사자는 법적, 사실적 문제의 소재를 명확히 파악할 수 있어 불복신청에 도움이 된다. 나아가 불허가처분을 하는 경우에는 불복절차에 관한 사항(여기서의 불복절차에 관한 사항이란 행정청이 처분을 하는 때 당사자에게 그 처분에 관하여 행정심판을 제기할 수 있는지 여부, 기타 불복을 할 수 있는지 여부, 청구절차 및 청구기간 기타 필요한 사항을 모두 포함한다)을 알려주도록 하고 있어 법에 따른 쟁송을 제기하는데 큰 도움이 된다.

(2) 법에 따른 구제절차를 통상 행정쟁송이라 한다. 행정쟁송이란 공법관계의 분쟁이 발생한 경우에 당사자의 쟁송의 제기에 의하여 일정한 국가기관이 심리하여 판단하는 절차를 말한다. 전통적인 행정쟁송으로는 행정심판과 행정소송이 있다. 과거에는 행정소송을 제기하기 전에 행정심판을 거쳐야 했다. 그러나 최근에 개정된 행정소송법에 의하면 행정심판을 전치하지 않아도 곧바로 행정소송을 제기할 수 있게 되었다(행정소송법 제18조). 그런데 모든 행정사건에 대해서 행정소송을 바로 제기할 수 있는 것은 아니다. 두 가지 예외가 있다. 하나는 당사자가 행정심판을 원하는 경우이고, 다른 하나는 법률에 의하여 반드시 행정심판을 거쳐야 하는 경우이다. 그런데 사례의 경우는 법정 예외사유는 아니기 때문에 甲은 행정심판이나 행정소송 양자 중에서 선택적으로 쟁송을 제기할 수 있다.

甲은 행정청의 거부처분이나 부작위에 대해서 행정심판법상 취소심판이나 의무이행심판을 제기할 수 있으며, 행정소송법상 취소소송이나 부작위위

법확인소송을 제기할 수 있다. 그런데 행정심판이나 행정소송을 제기하려면 두 가지 형식적 요건이 충족되어야 한다. 하나는 처분성이며 다른 하나는 원고적격, 즉 법률상 이익이다. 처분성을 보면 행정심판법 제2조나 행정소송법 제2조는 "처분이라 함은 행정청이 행하는 구체적 사실에 관한 법집행으로서의 공권력의 행사 또는 그 거부와 그밖에 이에 준하는 행정작용을 말한다"고 정의하고 있다. 따라서 영업허가에 대한 거부처분이 이에 해당된다.

강학상 허가란 법규에 의한 일반적 · 상대적 금지를 특정한 경우에 해제하여 적법하게 당해 행위를 할 수 있도록 하여 주는 행위를 말한다. 즉 허가의 대상이 되는 행위는 자유권으로서 이미 헌법에 의하여 보장되고 있고 국민은 원칙적으로 이를 자유로이 행할 수 있는 것이다. 즉 국민은 헌법상의 직업선택의 자유 또는 재산권행사의 자유를 가지고 있다. 그러나 이 자유권의 행사는 절대적인 것이 아니기 때문에 공익을 위해서 제한될 수 있다. 이 공익이란 입법목적에서 잘 나타나고 있다. 예를 들어 음식점영업허가의 근거법인 식품위생법은 "식품으로 인한 위생상의 위해를 방지하고 식품영양의 질적 향상을 도모함으로써 국민보건의 증진에 이바지함을 목적으로 한다"고 규정하고 이에 따라 동법의 시행규칙이 정하는 시설기준을 갖춘 자로서 허가를 받은 자만이 이를 행할 수 있도록 하고 있다.

이러한 관점에서 관계 법률은 자유권의 행사(예컨대 음식점 영업, 건축 등)를 일반적으로 금지하고 개별적으로 사인의 관련 허가신청내용이 법률이 정하고 있는 제한조치에 반하지 아니하는 경우에만 이를 적법하게 행사할 수 있도록 하는 법제를 채택하고 있다. 이것이 바로 허가제도이다.

이러한 허가는 헌법상의 기본권실현과 관련되어 있다는 점에서 기속행위로 파악된다. 따라서 관계법상의 허가요건이 충족되면 그것은 헌법상 보장된 자유권의 행사에 동법이 정하고 있는 공익상의 장애요인이 없다는 것을 의미하므로 행정청은 마땅히 허가를 해주어야 할기속을 받는다. 왜냐하면 이러한 허가거부는 정당한 법적 근거없이 헌법상의 자유권을 제한하는 것이므로 허용되지 않는 것이다. 행정청의 부작위나 거부처분은 甲의 법률상 이익을 침해한 위법한 처분이기 때문에 甲은 행정심판이나 행정소송을 제기해서 승소할 수 있을 것이다.

# 영업에 대한 제재와 권리구제

● 사례

甲이 음식점영업을 하고 있는데 관할 乙구청장은 甲이 식품위생법 제4조에서 금지하는 위해식품을 판매하였다고 하여 1월의 영업정지처분을 내렸다. 그런데 甲은 위해식품을 판매한 적이 없어 억울하다.

(1) 甲은 영업정지처분이 위법하여 효력이 없다고 판단하여 계속 영업을 하는 경우 어떠한 문제가 발생하겠는가?

(2) 甲은 위 영업정치처분으로 1개월간 영업을 정지하였다. 그러나 위 처분이 위법하고 이로 인해 손해가 발생하였다는 생각이 들었다. 이 경우 甲에게 어떠한 권리구제수단이 있겠는가?

**사례의 해결**

(1) 앞의 사례에서 본 것처럼 음식점 영업에 대해서 허가제도를 유지하는 이유는 영업행위가 기본적으로 기본권이나 자유의 영역이지만 공익을 위해서 일정한 요건을 갖춘 사람에 한해서만 영업활동을 보장하도록 한다는 취지에 기인한다. 따라서 허가를 받을 당시에는 일정한 요건을 갖추었다 하더라도 그 이후에 요건이 갖추어지지 않거나 공익을 침해하는 행위를 하는 경우에는 행정청의 사후 감독을 받아야 한다. 이러한 사후 감독에는 여러 방법이 있겠지만 허가제도에서 전형적으로 나타나는 것은 영업의 정지나 취소, 영업장 폐쇄, 과징금의 부과 등이다.

이러한 사후감독의 한 방식으로 식품위생법 제4조를 들 수 있다. 식품위생법 제4조 1호는 "썩었거나 상하였거나 설익은 것으로서 인체의 건강을 해할 우려가 있는 것"을 "판매하거나 판매할 목적으로 채취 · 제조 · 수입 · 가공 · 사용 · 조리 · 저장 또는 운반하거나 진열하지 못한다"고 규정하고 있다. 그리고 동법 제58조는 제4조의 규정을 위반한 경우 "영업허가를 취소하거나 6월 이내의 기간을 정하여 그 영업의 전부  또는 일부를 정지하거나, 영업소의 폐쇄를 명할 수 있다"고 규정하고 있다. 이러한 사후감독은 법률에 따른 최소한의 규제 내용으로 보아야 할 것이다.

그런데 문제는 甲이 위해식품을 판매한 적이 없는데 관할 구청장인 乙이 오인하여 영업정지를 부과한 경우에 甲이 이 영업정지를 위법한 것으로 판단하여 무시할 수 있는가 하는 것이다. 물론 행정청도 그 기관 담당자가 사인이기 때문에 위법한 행위를 할 수 있다. 이러한 행정청의 행위를 강학상으로는 하자있는 행정행위라고 부른다. 이 사례에서는 하자있는 행정행위가 행정의 상대방인 사인에 대해서 구속력을 갖는가 하는 것이 문제된다.

사법(私法)상의 법률행위, 즉 개인과 개인사이에 계약을 하는 경우 어느 당사자가 계약을 해제하는 일방적인 법률행위를 하더라도 그 적법성에 관하여 당사자간에 다툼이 있으면, 법원의 판결에 의하여 의무가 확정될 때까지는 누구나 그 행위의 구속력을 부정할 수 있다. 그러나 행정(行政)상의 법률관계는 사법상의 법률관계와는 다르다. 특히 행정청의 행정행위에는 공정력이라는 특이한 힘이 인정된다.

공정력이란 행정청의 행정행위가 법정요건을 갖추지 못하여 위법하다 하더라도, 무효가 아닌 한 권한 있는 기관(행정청이나 법원)에 의하여 취소될 때까지는 누구도 행정청의 행정행위의 구속력을 부정하지 못하는 효력을 말한다. 행정행위에 이와 같은 효력을 인정하는 것은 행정법관계의 안정을 위해서라고 설명되고 있다. 실정법상으로도 행정심판법이나 행정소송법이 위법한 행정행위의 취소절차로서 취소심판절차와 취소소송절차를 규정해 놓고 있다. 따라서 乙구청장의 행위가 당연 무효가 아니라면 설령 위법하다 하더라도 유효한 행위이기 때문에 甲에 대한 구속력을 갖게 된다. 甲이 이 구속력으로부터 벗어나려면 취소심판이나 취소소송을 제기하여 영업정지처분의 효력을 먼저 부정해야 한다.

만약 甲이 소송을 제기하지 않고 영업정치처분의 효력을 임의로 부정하여 영업을 계속한다면 그것은 불법영업행위가 된다. 이러한 불법행위에 대해서는 법률이 형사벌을 부과할 수 있도록 규정하고 있다. 즉 식품위생법 제75조는 '영업정지명령에 위반하여 영업을 계속한자' 에 대해서 '3년 이하의 징역 또는 2천만원 이하의 벌금에 처하거나 이를 병과' 할 수 있도록 규정하고 있다. 따라서 甲은 일단 영업정지명령을 준수하여 영업을 중단하여야 한다.

(2) 위법한 영업정지처분에 대해서 甲은 행정쟁송(취소심판, 취소소송)을 제

기할 수 있다. 동시에 집행정지신청을 하여 영업정지처분의 효력을 정지시키면 된다. 그러나 이러한 방법이외에도 위 위법한 처분으로 인하여 손해를 보는 경우 국가배상을  청구할 수 있다. 즉 乙구청장의 영업정지처분에는 공정력이 인정되기 때문에 집행정지신청을 하여 그 효력을 정지시키지 않으면 甲은 영업을 중단해야 하고 그로 인한 손해가 발생하게 된다.

이러한 행정청의 행위로 인하여 사인에게 손해가 발생하는 경우 사인은 국가나 지방자치단체를 상대로 손해배상을 청구할 수 있다.  그 근거가 국가배상법 제2조에 규정되어 있다. 국가배상법 제2조는 "국가 또는 지방자치단체는 공무원이 공무를 집행함에 당하여 고의 또는 과실로 법령에 위반하여 타인에게 손해를 가한 경우 이 법에 의하여 손해를 배상하여야한다"고 규정하고 있다. 이 사례에서 乙구청장은 식품위생법 제58조에 기하여 1월의 영업정지처분을 내렸으나 이 처분은 사실상의 근거를 결한 것으로 위법한 것이며, 그러한 위법한 처분에 과실이 있고, 이러한 영업정지처분으로 甲은 영업상 손해를 보았으며 또한 양자 사이에는 인과관계가 인정된다. 따라서 乙의 위법행위에 대해서 甲은 손해배상청구를 할 수 있다.

그런데 이 경우 甲은 누구를 상대로 손해배상을 청구해야 할지 문제된다. 왜냐하면 위 乙구청장의 업무는 국가사무를 위임받아 처리하는 것으로 국가의 지방행정기관으로서 지위를 가지고 있다. 동시에 乙구청장은 지방자치단체의 장의 지위에 있다. 이런 경우 국가배상법 제6조가 적용된다. 즉 동법 제6조는 공무원의 선임 · 감독을 맡은 자와 공무원의 봉급 · 급여 기타의 비용을 부담하는 자가 동일하지 아니한  경우에는 그 비용을 부담하는 자도 손해를 배상하여야 한다고 규정하고 있다. 甲은 국가와 지방자치단체 어느 일방에 대해서 또는 양자를 대상으로 하여 손해배상청구를 할 수 있다.

# 행정정보에 대한 공개청구권의 범위

**● 사례**

형법을 전공하는 대학원생 甲은 보안처분에 관한 논문을 작성하던 중 보안처분통계가 필요하여 A행정기관에 관련 통계의 공개를 청구하였다. 그러나 A행정기관은 대상 정보가 보안처분에 관한 것이기 때문에 비공개한다고 결정하였다.

(1) 甲은 어떤 방식으로 불복을 할 수 있는가?

(2) 이 경우 甲이 소송을 제기한 경우 승소할 수 있을까?

**사례의 해결** (1) 근대국가에서는 민주주의의 매개로 의회를 상정했다. 즉 사회가 단순하다보니 국민의 대표자가 모인 의회에서 법률을 잘 입법한다면 사회가 잘 운용되리라 믿었다. 그런데 현대국가에서는 행정이 비대해지고 국민의 생활도 행정에 밀접하게 결부되게 되었다. 이런 국가를 행정국가라고 지칭된다. 더불어 현대에 들어오면 기술이 고도로 발전하여 정보가 양산되고 무한히 축적될 수 있는 상황이 전개된다. 그래서 정보 자체가 사회발전에 큰 영향을 끼치게 되는데, 이를 정보화사회라고 한다.

이런 정보화된 행정국가에서 행정은 무한한 정보의 소유자 및 관리자로 등장하면서 행정민주주의가 중요시되었다. 이러한 행정민주주의의 중요한 내용으로 지목된 것이 많은 데, 그중에서도 행정정보에 대한 국민의 알권리 충족, 즉 정보공개가 민주주의를 위한 디딤목으로 강조되게 된다. 이것은 정보공개가 민주주의 그 자체라기보다는 국민의 정치참여나 민주주의적 운영을 위한 기본 전제라는 것을 고려한 것이다.

이런 변화에 착안에서 대부분의 국가에 정보공개에 관한 법률이 만들어졌으며 우리나라에서도 1996년도에 '공공기관의 정보공개에 관한 법률(이하 정보공개법으로 약칭한다)'이 제정되었다. 동법은 정보공개의 이유로서 국민의 알권리 보장, 국정에 대한 국민의 감시등을 통한 국정운영의 투명성 확보를 들고 있다(동법 제1조). 정보공개법에 의하여 모든 국민은 정보공개청구권을 갖는다(동법 제6조). 그리고 정보공개의 대상기관은 국가, 지방자치단체, 정부

투자기관 기타 대통령령으로 정하는 기관이 되는데, 동법 시행령은 '각급학교, 특수법인, 공무원연금법에 의한 퇴직연금의 지급정지대상기관'을 이에 포함시키고 있다.

개인이 이들 대상기관을 상대로 정보공개청구를 하려면 해당 기관에 정보공개청구서를 제출하거나 구술로써 정보공개를 청구할 수 있다(동법 제10조). 여기서 문제가 되는 것은 사인이 당해 기관에 어떤 정보가 있는지를 어떻게 알 수 있는가 하는 것이다. 왜냐하면 정보공개법은 '공공기관이 보유·관리하는 정보'에 대해서만 공개의무를 규정하고 있기 때문에 공개대상 정보를 정확히 적시해야만 공개가 가능해지기 때문이다. 이런 문제점을 해결하기 위해 정보공개법은 주요문서목록을 작성·비치하도록 규정하고 있다(제8조). 따라서 개인은 해당 기관을 방문해서 이 문서목록을 보고 정보공개를 신청하면 된다.

사례는 甲이 앞의 정보공개 요건을 갖추어 공개신청을 하였으나 A행정기관이 비공개처분을 내린 경우이다. 정보공개청구가 있으면 기관은 청구를 받은 날로부터 10일 이내에 공개여부를 결정하는데(동법 제11조 1항), 청구대상 정보가 정보공개법에 비공개대상 정보에 해당된다고 판단되면 비공개결정을 할 수 있다. 이 경우 비공개사유·불복방법 및 불복절차를 명시하여야 한다(동법 제13조 4항).

물론, A행정기관이 비공개결정을 내렸다고 해서 그것이 언제나 적법한 것은 아니다. 대부분의 기관은 아직도 정보공개에 익숙하지 못하고 밀실행정에 대한 유혹이 강하기 때문에 적극적으로 공개하기보다는 일단은 비공개하려는 경향이 강하다. 그래서 정보공개법에 의하여 공개되어야 하는 정보도 일단 비공개하는 경향이 있다. 이러한 비공개결정에 대해서 사인은 법률에 따른 불복절차를 밟아 알권리를 충족시킬 수 있다. 정보공개법은 이러한 불복절차로 이의신청, 행정심판, 행정소송을 규정하고 있다.

甲은 A행정기관으로부터 비공개결정 통지를 받은 날로부터 30일 이내에 당해 A행정기관에 서면으로 이의신청을 할 수 있다. 이의신청이 있으면 A행정기관은 이의신청을 받은 날부터 7일 이내에 그 이의신청에 대하여 결정하고 그 결과를 청구인에게 지체없이 서면으로 통지하여야 한다(동법 제18조). 공공기관은 이의신청을 각하 또는 기각하는 결정을 한 때에는 청구인에게 행정심판 또는 행정소송을 제기할 수 있다는 취지를 함께 통지하여야 한다.

甲은 이의신청절차를 밟지 않고도 바로 행정심판을 제기할 수 있다. 이 행정심판은 행정 심판법이 정하는 바에 따라 청구할 수 있다(동법 제18조). 또한 甲은 행정소송법이 정하는바에 따라 행정소송도 제기할 수 있다(동법 제19조).

(2) 위 사례에서 甲은 정보공개법 제19조에 따라 행정소송을 제기했다. 이 소송에서 甲이 청구한 정보가 정보공개법에 의하여 공개가 가능한 정보일 때에만 甲은 승소할 수 있다. 따라서 정보공개법상 어떤 정보가 비공개 되는지를 검토하여야 한다. 비공개대상 정보에 대해서는 동법 제9조가 규정을 하고 있다. 다만 여기서 한 가지 지적할 것은 정보공개법이 정보공개를 목적으로 제정된 법률이기 때문에 그 해석에 있어서 공개에 적극적인 방향으로 해석이 이루어져야 한다는 점이다. 만약 정보공개에 소극적이어서 비공개대상 정보를 규정한 제9조를 확대 해석한다면 정보공개법은 비밀보호법으로 변질된다는 점이다.

정보공개법 제9조 1항은 비공개대상정보를 규정하고 있는데 그 대표적인 것을 열거한다면 ① 다른 법률 또는 법률에 의한 명령에 의하여 비밀로 유지되거나 비공개사항으로 규정된 정보 ② 공개될 경우 국가안전보장 · 국방 · 통일 · 외교관계 등 국가의 중대한 이익을 해할 우려가 있다고 인정되는 정보 ③ 공개될 경우 국민의 생명 · 신체 및 재산의 보호 기타 공공의 안전과 이익을 현저히 해할 우려가 있다고 인정되는 정보 ④ 진행중인 재판에 관련된 정보와 범죄의 예방, 수사, 공소의 제기 및 유지, 형의 집행, 교정, 보안처분에 관한 사항으로서 공개될 경우 그 직무수행을 현저히 곤란하게 하거나 형사피고인의 공정한 재판을 받을 권리를 침해한다고 인정할만한 상당한 이유가 있는 정보 등이다.

A행정기관이 비공개결정의 근거로 삼은 것은 동법 제9조 1항 4호이다. 甲이 요구한 통계정보가 보안처분에 관한 사항이기 때문에 공개할 수 없다는 것이다. 동법 제9조 1항 4호에 대해서는 甲과 A행정기관이 각각 다른 해석을 할 가능성이 있다. 먼저 A행정기관은 다음과 같이 주장할 수 있을 것이다.

甲이 요구한 보안관찰통계(처분대상자의 수, 면제자의 수, 피보안처분자의 수 등)를 공개하면 누구나 알고자 할 때 알 수 있는 상태에 놓이게 되고, 위 공개 요구한 통계자료를 거로 인권탄압이라는 명분 등을 내세워 보안관찰법의 폐지를 주장할 것이며, 나아가 정치적 목적의 당리당략에 따라 보안관찰법의 개폐가 공론화 될 수도 있을 것이다. 그렇게 되면 보안관찰법의 권위가 현저히 약화되어 법집행에 많은 어려움을 초래하게 될 것이다.

이에 대해 甲은 다음과 같이 주장할 수 있을 것이다.

보안관찰처분이 반국가사범을 대상으로 하는 처분이기 때문에 곧바로 그 통계를 공개함이 국가안전보장에 해롭다는 것은 단순논리이다. A행정기관의 해석은 국민의 알권리와 국민주권을 규정한 헌법에 위반된다. 보안처분 관련 통계의 공개로 인하여 보안관찰법 집행에 상당한 어려움이 발생하지는 않을 것이며, 이로 인해 국가안전보장에 위해가 발생할리는 없을 것이다.

실제 여기서 든 사례는 하급심(99구24276)에서 다루어진 사건이었다. 이 사건에서 법원은 다음과 같이 판결을 내렸다.

이 사건 정보는 그 자체로서는 가치중립적일 뿐만 아니라 보안관찰처분대상자나 피보안관찰자의 신상명세나 주거지, 처벌범죄, 보안관찰법의 위반내용 등 구체적 상황을 파악할 수 있는 자료로 활용되기 어렵다.… 보안관찰법 개폐논의가 발생한다 하더라도 이는 우리 헌법질서 내에서 정치적 의사형성을 위한 과정이자 국민주권주의의 발현으로 위와 같은 사정만으로 보안관찰법의 권위가 떨어져 보안관찰처분의 집행 등 피고의 보안관찰처분에 관한 직무수행을 현저히 곤란하게 한다거나 보안관찰처분대상자가 간첩 등 반국가범죄를 범할 위험성이 증가하여 공공의 안전과 이익을 현저히 해할 우려가 있다고 볼 수 없다.

이러한 법원의 입장에 따른다면 甲은 소송에서 승소할 것이며, A행정기관은 정보를 공개해야 한다.

# 주차위반과 견인

● **사례**

(1) 대학생 甲은 부동산 중개소 앞에 차를 주차시켰다. 甲이 전세를 얻을 집을 보고 돌아와 보니 자신의 차는 이미 견인된 후였다. 그런데 甲이 주차한 곳은 평상시에도 교통이 혼잡한 곳으로 주차금지구역이며 주차금지의 교통표지판이 설치되어 있었다. 甲은 10만원의 견인비용청구서를 납부하라는 통지서를 받았다. 甲은 견인비용을 납부해야 하는가?

(2) 甲은 모월 모시 하교길에 통행이 한적한 도로를 마음껏 달렸다. 한달 후 경찰청으로부터 80Km 속도제한도로를 91Km로 주행하는 것이 무인단속카메라에 적발되어 도로교통법을 위반했으니 4만원의 벌금을 납부하라는 통지서를 받았다. 甲은 타인에게 자동차를 사용하게 한 적은 없으나 그렇다고 과속한 기억도 없어 벌금을 내는 것이 억울하다는 생각이 들어 기한 내에 납부하지 않았다. 얼마 후 8만원의 과태료를 납부하라는 고지서가 왔다. 甲은 어떻게 해야 하는가?

**사례의 해결** (1) 자동차 1,000만대를 넘어선 우리나라에서 주차문제나 도로교통문제가 사회문제화된 것은 이미 오래 전의 이야기이다. 대학생들도 운전을 하는 경우가 많기 때문에 기본적인 도로교통상식을 알아두는 것도 중요하다. 특히 도로교통법과 관련해서 문제되는 것은 속도위반이나 불법주차인데 이에 대한 제재로는 행정벌과 대집행이 있다. 첫 번째 사례는 불법주차와 대집행에 관한 것이다. 주지하듯 도로교통에 관한 기본법으로는 도로교통법이 있다. 도로교통법은 도로에서 일어나는 교통상의 모든 위험과 장해를 방지·제거하여 안전하고 원활한 교통을 확보함을 목적으로 하는 법률이다. 이 목적에 따라 동법은 '지방경찰청장이 도로에서의 위험을 방지하고 교통의 안전과 원활한 소통을 확보하기 위하여 필요하다고 인정하여 지정한 곳'에서의 주차를 금지시키고 있다(동법 제29조). 이런 경우 주차금지의 표지판을 설치하는 경우가 많다.

이 교통표지판에 의한 주차금지구역설정은 일종의 행정행위로서 그 지역에서의 주차를 금지한다는 부작위의무를 부과하는 것이며, 동시에 주차된 차량에 대해서는 주차금지구역을 떠날 것을 명령하는 작위의무를 부과하고 있는 것으로 사인은 이 교통표지판을 준수해야 하는 의무를 부담한다. 따라서 위 사례에서 甲은 이 교통표지판에 의한 주차금지명령을 어겨 도로교통법을 위반했다고 볼 수 있다. 동법은 이러한 주차위반행위에 대해서 "20만원 이하의 벌금이나 구류 또는 과료의 형으로 벌"하도록 규정하고 있다(동법 제113조).

나아가 동법 제31조는 "그 차의 운전자 또는 관리책임이 있는 사람이 현장에 없는 때에는 경찰서장 또는 시장등은 도로에서의 위험을 방지하고 교통의 안전과 원활한 소통을 확보하기 위하여 필요한 한도안에서 그 차의 주차방법을 스스로 변경하거나 변경에 필요한 조치를 할 수 있으며, 부득이한 경우에는 관할경찰서 또는 경찰서장이나 시장 등이 지정하는 곳으로 이동하게 할 수 있다"고 규정하여 견인할 수 있도록 하고 있다. 그리고 제31조의 2는 견인등에 관한 업무를 대행시킬 수 있도록 규정하고 있다. 견인을 하는 경우에는 행정대집행법이 적용되게 된다.

대집행이란 행정법상 대체적 작위의무를 의무자가 이행하지 않는 경우에 행정청이 스스로 의무자가 행하여야 할 행위를 하거나 제3자로 하여금 행하게 하고 소요비용을 의무자로부터 징수하는 행정상 강제집행을 말한다. 따라서 위 사례에서 대집행법상의 요건을 갖춘 견인이라면 甲은 견인에 따른 비용을 부담해야 한다. 행정대집행법 제2조는 대집행의 요건을 규정하고 있다.

동법 제2조는 "① 법률(법률의 위임에 의한 명령, 지방자치단체의 조례를 포함한다. 이하 같다)에 의하여 직접 명령되었거나 또는 법률에 의거한 행정청의 명령에 의한 행위로서 ②타인이 대신하여 행할 수 있는 행위를 의무자가 이행하지 아니하는 경우 ③ 다른 수단으로써 그 이행을 확보하기 곤란하고 ④ 또한 그 불이행을 방치함이 심히 공익을 해할 것으로 인정될 때에는 당해 행정청은 스스로 의무자가 하여야 할 행위를 하거나 또는 제삼자로 하여금 이를 하게 하여 그 비용을 의무자로부터 징수할 수 있다"규정한다.

따라서 사례의 경우를 동법 제2조에 대비시켜 보면 甲은 도로교통법에 따른 주차금지명령에 위반했고, 불법주차라는 위반행위상태가 지속되고 있으며, 교통이 혼잡하여 다른 수단으로 도로교통의 안전과 원활을 확보하기가 곤란하고, 이를 방치하면 공익을 해하기 때문에 제2조상의 요건을 전부 갖추고 있다. 따라서 행정청이 견인을 했고, 이에 따른 비용은 甲이 부담을 해야 한다.

(2) 도로교통법은 도로에서의 위험을 방지하고 교통의 안전과 원활한 소통을 확보하기 위하여 구역 또는 구간을 지정하여 속도를 제한할 수 있다(동법 제15조). 이러한 최고속도위반을 적발하기 위하여 경찰은 단속카메라를 설치하는 경우가 많은 데, 사례의 甲은 80Km 속도제한구역을 91Km로 달려 무인단속카메라에 적발된 것이다. 이 경우 도로교통법은 속도제한을 위반한 경우 "20만원 이하의 벌금이나 구류 또는 과료의 형으로 벌한다"고 규정하고 있다(제113조). 이 규정에 의거 경찰은 4만원의 벌금을 납부하라는 통지서를 보낸 것이다. 그런데 甲은 과속한 기억이 나지 않아 벌금을 납부하지 않았다. 이런 경우 도로교통법 제115조의 2가 적용된다.

과속을 한 경우 경찰은 그 현장에서 위반행위의 요지와 경찰서장에게 출석할 기일 및 장소 등을 명시한 고지서를 교부해야 하는데 무인카메라에 의하여 위반행위가 적발된 경우 누가 운전자인지를 확인할 수가 없게 된다. 따라서 고지서를 교부할 수 없는 때에는 자동차를 관리하는 자 등에 대하여 20만원이하의 과태료를 처하고, 과태료를 부과할 때에는 10일 이상의 기간을 정하여 과태료처분 대상자에게 의견을 진술할 기회를 주게 된다(동법 제115조의 2). 위 사례에서 甲은 이 차량의 관리자이기 때문에 8만원의 과태료를 납부하라는 고지서가 온 것이다.

물론 이 사례에서 甲이 아닌 타인이 과속을 한 사실이 입증되면 甲은 과태료를 납부할 이유가 없다. 그러나 사례의 경우에는 타인이 운전한 경우가 아니기 때문에 甲은 과태료를 납부해야 한다. 물론 입증자체가 완벽할 수는 없는 것이기 때문에 甲이 전혀 기억이 나질 않고 억울하다는 생각이 들면 이의제기를 하여야 한다. 甲이 과태료처분에 불복하려면 그 처분의 고지를 받은 날부터 30일 이내에 지방경찰서장 또는 시장 등에게 이의를 제기하여야하고, 지방경찰서장이나 시장은 이 사실을 관할 법원에 통보하면 법원은 비송사건절차법에 의하여 과태료 처분에 대한 재판을 하게 된다(동법 제115조의 2 8항)

그런데 甲이 이러한 불복절차를 밟지 않고 과태료를 납부하지 않으면 甲

은 곤란한 상황에 빠진다. 즉 동법에 의하면 甲이 30일 이내에 이의를 제기하지 않으면 행정청은 국세 또는 지방세체납처분의 예에 의하여 과태료를 징수하게 된다. 즉 체납처분절차는 국세기본법과 국세징수법에 의하며, 통상 독촉에 이어 차량압류로 진행이 된다. 만약 차량이 압류되면 이를 해제하여야 하는데 이 경우 체납처분비까지 甲이 부담해야 한다. 따라서 甲은 정해진 기한 내에 이의신청을 하거나 아니면 과태료를 납부해야 한다.

# 특별권력관계

**● 사례**

국립학교에 다니는 대학생 甲, 乙, 丙, 丁 네 명은 정권을 퇴진시킬 목적으로 정권의 부패와 무능을 비판하는 각종 정치집회를 개최하고 시위를 유발하였다. 이에 이 대학의 총장인 A는 이들의 행위가 학내에서의 정치활동을 금지하는 학칙위반을 이유로 학칙상의 처벌규정에 따라 甲, 乙, 丙, 丁을 모두 퇴학시켰다. A총장의 퇴학처분은 적법한 것인가?

**사례의 해결** 일견 대학생 甲, 乙, 丙, 丁(이하 甲 등으로 약칭한다)이 학칙을 위반했고, 위반에 대한 제재로서 학칙에 따라 퇴학을 시킨 행위는 아무런 문제가 없는 것으로 보인다. 왜냐하면 대학의 구성원인 학생은 모두 학칙을 준수해야 하기 때문이다. 그러나 공법학의 관점에서 재해석하면 이러한 판단은 단견에 그치게 된다.

왜냐하면 甲 등은 학생이기 이전에 헌법상의 각종 기본권을 향유하는 국민의 한 사람이다. 따라서 헌법이 보장하는 각종 정치적 기본권과 표현의 자유를 행사할 수 있다. 이 점에서 정권퇴진을 주장하는 것은 표현의 자유이고 집회개최나 시위가 법률에 저촉되지만 않는다면 집회 및 시위의 자유를 행사한 것에 해당이 된다. 따라서 학칙이 이러한 자유와 권리를 제한할 수 있는 가 여부에 대해서는 문제제기를 하지 않을 수 없다.

우리 헌법 제37조 2항은 '국민의 모든 자유와 권리는 국가안전보장, 질서유지 또는 공공복리를 위하여 필요한 경우에 한하여 법률로써' 제한할 수 있다고 규정한다. 따라서 법률이 아닌 학칙으로는 기본권 제한이 불가능하다. 물론 이러한 헌법해석만으로 문제가 해결되는 것은 아니다. 왜냐하면 우리 행정법이론은 헌법적 근거가 없음에도 불구하고 학칙에 의한 기본권 제한을 정당화하는 논거를 제시하여 왔기 때문이다. 그것이 바로 특별권력관계 이론이다. 종래 특별권력관계는 다음과 같이 정의되었다. 특별권력관계는 특별한 법률원인에 의하여 성립되어 특별한 공법상의 목적을 위하여 필요한 범위 안에서 포괄적 지배·복종을 내용으로 하여 그 범위 내에서 법치주의의 적용이 제한을 받는 법률관계이다. 그 대표적인 예가 공무원관계, 국 · 공립학교의 재학관계, 수형자의 재소관계 등을 예로 든다. 이 이론에 의하면 특별권력관계가 성립되면 법률의 근거가 없이 명령하고 징계할 수 있으며, 기본권 구제가 허용되지 않는다는 것이다.

이러한 종래의 특별권력관계론에 의하면, 사례의 甲등은 국립학교의 재학생이기 때문에 특별권력관계에 있는 것이고, 법적 근거 없이도 학칙에 의하여 정치적 기본권이 제한된다. 즉 학칙을 통한 명령관계가 형성되는 것이며, 이 명령을 甲등이 위반했기 때문에 퇴학이라는 징계를 받은 것이다. 나아가 이 징계는 사법심사의 대상이 되지 못하기 때문에 甲등은 권리구제를 받지 못하게 된다.

이러한 특별권력관계이론은 오늘날은 비판의 대상이 되고 있다. 왜냐하면 헌법적 근거 없이 특별권력관계라는 관념에 의하여 기본권이 제한된다는 것은 헌법에도 반하고, 법치국가 이념에도 반하기 때문이다. 이 관념은 원래 19세기 후반의 독일의 외견적 입헌군주제 아래서 창출된 것이다. 당시에도 법치행정이라는 이념이 성립되기는 했지만, 시민혁명이 실패하여 의회의 권한이 약했다. 반면 행정의 대표자인 군주의 권한이 강하다 보니, 법치주의의 적용이 배제되는 영역을 이론적으로 재구성해낸 것이 특별권력관계 이론이었다. 이 이론이 우리나라에 무비판적으로 도입되어 수용된 것이다.

그러나 이 이론은 전후 독일에서도 비판의 대상이 되어 부정론이 대두되고 우리나라에 다시 영향을 끼치고 있다. 특별권력관계에 대한 오늘날의 입장은 크게 둘로 분류할 수 있는데, 하나는 제한적이지만 특별권력관계를 긍정하는 입장이고, 다른 하나는 특별권력관계를 부정하는 입장이다. 부정하는 입장은 일단 현행 헌법과 법질서에 비추어 볼 때 긍정적으로 평가할 수 있다. 반면 전자의 제한적 긍정론의 입장은 자율적인 부분법질서를 인정한다는 의미에서 특별한 법해석의 필요성을 강조한다. 그러나 어느 입장이든 기본권제한에는 법률의 근거를 요한다고 본다. 따라서 법적 근거 없이 학칙으로 기본권을 제한하는 행위는 허용될 수 없다. 따라서 위법한 학칙에 근거한 A총장의 甲등에 대한 퇴학처분은 위법한 것이다. 甲등은 쟁송을 제기하여 승소할 수 있다.

# 경찰에 대한 신변보호요청

● 사례

여대생 甲은 친구를 통해 만난 자영업자 乙과 알고 지낸 지 2년이 되었다. 甲은 乙을 성실한 사람으로 생각했다. 그러나 언제부터인가 자주 폭언과 폭행을 하는 등 정신이 이상한 것 같아 헤어지기로 결정했으나 乙은 막무가내로 甲에게 결혼해 줄 것을 강요하고 있다. 나아가 자신과 결혼하지 않으면 甲과 甲의 가족을 살해하겠다고 협박하고 있다. 신변에 불안을 느낀 甲은 경찰에 신변보호요청을 하였으나, 경찰은 1회에  걸쳐 乙의 동태를 파악한 것 이외에는 업무가 바쁘다는 이유로 아무런 조치를 취하지 아니하였다. 그러던 중 乙은 만취한 상태에서 甲을 폭행하여 전치 6월의 중상을 입히고 알 수 없는 곳으로 도주하여 버렸다.甲의 집은 상당히 가난한 편이다. 甲에게 어떠한 해결책이 있겠는가?

**사례의 해결** 甲이 상해를 입게 된 것은 일단 乙의 폭행으로 인한 것이기 때문에 甲은 乙을 상대로 그 책임을 물어야 한다. 甲은 乙을 상대로 민·형사상 책임을 물을 수 있다. 즉 乙은 형법상 상해죄의 책임을 져야 한다. 동시에 乙은 甲에게 불법행위를 한 것이기 때문에 손해배상도 해주어야 한다. 그러나 문제는 乙이 사라져 버려 가난한 甲으로서는 병원비 마련도 쉽지 않게되어 버린 점이다. 이런 경우 甲은 乙의 폭행가능성을 알면서도 이를 방치한 국가를 상대로 하여 그 책임을 물을 수 있는 지가 이 사례의 관건이라고 할 수 있다. 국가배상법 제2조는 "국가 또는 지방자치단체는 공무원이 공무를 집행함에 당하여 고의 또는 과실로 법령에 위반하여 타인에게 손해를 가한 경우 이 법에 의하여 손해를 배상하여야 한다"고 규정하고 있다. 따라서 이 사례에서 甲의 배상청구권이  성립하려면 甲에 대한 신변보호가 경찰의 직무범위에 해당하여야 하고 신변보호를 위한 적절한 조치를 취하지 않은 것이 위법해야 한다.

경찰법 제3조는 "경찰은 국민의 생명·신체 및 재산의 보호와 … 기타 공공의 안녕과 질서유지를 그 임무로 한다"고 규정하고 있다. 경찰관직무집행법 제1조도 '국민의 자유와 권리의 보호'를 경찰관의 직무로 규정하고 있다. 이러한 조항에 입각해 볼 때 甲의 생명 및 신체를 보호해야 하는 것이 경찰의 직무라는 것을 알 수 있다.

그러나 구체적으로 甲의 생명 및 신체를 보호하기 위해서 어떤 특정의 조치를 취하지 않은 것이 위법한 것인가에 대해서는 논란이 있을 수 있다. 왜냐하면 경찰관직무집행법 제5조는 위험발생의 방지를 위해서 일정 조치를 할 수 있다고 규정하고  있다. 따라서 사례와 같은 상황에서 경찰이 어떤 조치를 취할 것인가는 경찰의 합리적인 판단에 따른 재량조치이다. 그러나 이 재량행사는 상황과 관련해서 볼 때 합리적인 재량행사이어야 한다. 판례는 이 부분을 다음과 같이 설명하고 있다(98다16890).

경찰관에게 그러한 권한을 부여한 취지와 목적에 비추어 볼 때 구체적인 사정에 따라 경찰관이 그 권한을 행사하여 필요한 조치를 취하지 아니하는 것이 현저하게 불합리하다고 인정되는 경우에는 그러한 권한의 불행사는 직무상의 의무를 위반한 것이 되어 위법하게 된다.

따라서 이 사례에서 경찰이 1회에 걸쳐 乙의 동태를 파악한 것이 적절한 조치이었는지 판단이 필요하다. 乙은 자주 폭언과 폭행을 했고 甲과  甲의 가족을 살해하겠다고 협박하였던점을 보면, 乙의 동태를 1회 파악한 것만으로는 경찰의 적절한 조치라고 보기는 힘들다. 그러므로 乙의 행위를 방치한 경찰은 위법하게 경찰권을 불행사하여 甲에게 손해를 입혔기 때문에 손해배상의 책임을 지게 된다.

# 공공수용과 보상

● **사례**

대학생 甲의 가족은 K시로부터 점용허가를 받아 하천부지에 주택을 짓고, 일부는 간이음식점을 설치 경영하고 있다. 하천의 수질이 깨끗해지면서 시민들이 하천을 많이 이용하여 그럭저럭 생계를 유지하고 있다.

(1) 甲의 가족은 생활상 불편한 점이 많아 이사를 하고자 한다. 그러나 이 주택에 대해서 전세를 얻고자 하는 사람이 없어 이사를 못하고 있다. 甲의 가족은 구청에 대해 주택에 대한 보상을 청구하려고 한다. 가능한가?

(2) K시장은 시민들이 하천부지를 많이 이용하자 하천부지에 각종 경기시설과 산책로를 만들기로 결정하고 甲의 가족들에게 점용허가를 취소한다고 통보해왔다. 甲의 가족은 계속 거주하기를 원한다. 어떻게 해야 하는가?

**사례의 해결** (1) 하천부지는 공물의 일종이다. 그것도 자연공물이다. 공물이란 국가·지방자치단체 등 행정주체에 의하여 공적 목적에 제공된 유체물을 말한다. 공물에는 자연공물과 인공공물이 있다. 자연공물이란 자연의 상태 그대로 공공의 목적에 제공된 것을 말하는데, 하천·호수·늪·바닷가 등이 대표적인 예이다. 하천법에 의하면 하천부지는 하천의 일부를 구성하는 것으로 하천과 마찬가지로 공물이 된다.

일반인은 누구나 공물을 자유로이 사용할 수 있다. 우리가 산에 오르거나 강에서 수영을 하기 위해서 별도로 허가를 받지는 않는다. 이것은 사용이 단기간이고 타인의 공물사용을 방해하지 않는 것이기 때문이다. 그러나 공물을 장기간에 걸쳐 계속 사용하는 경우 예컨대 도로에 전주를 세운다든지 공원에 주차장을 건설하는 경우에는 사정이 달라진다. 사례의 경우처럼 일정 하천부지를 甲의 가족이 계속적으로 사용하는 경우에는 그러한 권리를 설정받기 위하여 행정청의 허가(강학상 성질은 특허이다)를 받아야 한다.

하천법 제33조는 하천구역 안에서 토지의 점용, 하천부속물의 점용, 공작물의 신축·개축·변경 등을 하려면 관리청의 허가를 받아야 한다고 규정하고 있다. 甲의 가족도 이 조항에 따라 점용허가를 받았고, 특별한 사용권이 설정된 만큼 사용료를 지불하고 있다. 그런데 사례에서 甲의 가족이 이사를 하는 것은 기존 하천부지에 지은 주택 등의 사용을 포기하는 것이 된다. 더

불어 甲의 가족에게는 공물사용권을 포기한 경우에 원상회복의무가 발생하여 하천부지를 원상으로 회복시켜야 한다(하천법 제73조). 물론 이 경우에 관리청이 원상회복을 할 수 없거나 원상회복의 필요가 없다고 인정되는 때에는 허가를 받은 자의 신청 또는 직권에 의하여 원상회복의무를 면제할 수는 있다. 이런 법률관계로 볼 때 손실보상을 받기는 힘들다.

(2) 두 번째 사례는 행정청이 먼저 필요에 의하여 甲의 가족이 설정 받고 있는 공물사용권을 철회하는 경우라고 할 수 있다. 통상 공물에 대한 점용허가를 해주는 경우 사용기간을 정하여 허가를 해준다. 그런데 행정청의 입장에서 볼 때 동 하천부지에 대한 시민들의 이용이 많아지니까 각종 공공시설을 설치해서 시민의 이용에 제공하기 위한 목적으로 甲가족의 공물사용권을 점용허가 종료 이전에 소멸시키려는 것이다. 이 경우 행정청의 이러한 일방적인 공물사용권의 소멸이 법적으로 가능한가 하는 것과 가능하다면 甲의 가족에 대해서 어떠한 보상이 필요한가가 문제된다. 먼저 첫 번째 문제를 보면, 하천법 65조는 '공익사업을 위하여 필요한 경우' 관리청은 이 법에 의한 허가를 받은 자에 대하여 허가의 취소 · 공작물 또는 물건의 개축 · 변경 · 이전 · 제거의 조치를 명하거나 기타 필요한 처분을 할 수 있다고 규정하고 있다.

사례에서 K시장이 시민들을 위해 하천부지에 각종 경기시설과 산책로를 만들기로 결정한 것은 공익사업에 해당이 된다. 따라서 하천부지의 점용허가를 취소한 것은 일단 하천법에 합치하는 적법한 행위라고 할 수 있다. 그러나 이 경우 점용허가를 취소한 것은 甲의 가족의 귀책사유에 기한 것은 아니다. 즉 甲의 가족은 공익사업 때문에 하천부지사용권이 침해 된 경우로서 당해 점용허가 취소행위는 공공목적을 위한 수용에 해당한다고 할 수 있다.

헌법은 제23조에서 "공공필요에 의한 재산권의 수용 · 사용 또는 제한 및 그에 대한 보상은 법률로써 하되, 정당한 보상을 지급하여야 한다"고 규정한다. 이 조항에 따라 하천법 제75조는 제65조의 규정에 의한 관리청의 처분으로 인하여 생긴 손실에 대해서 보상해 주도록 규정하고 있다. 따라서 갑의 가족은 K시장의 점용허가 취소행위에 대해서는 적법하기 때문에 다투어 보았자 이길 가능성이 없지만, 적법행위로 인한 손실에 대해서는 하천법에 따라 보상을 받을 수 있다.

# 그린벨트 지정과 보상

● **사례**

대학생인 甲의 가족은 A시 변두리의 산간마을에서 농사를 지으며 살고 있다. 그런데 A시장은 甲의 가족이 살고 있는 지역 일대를 도시계획법상 개발제한구역으로 지정하였다. 이로 인해 甲의 가족이 소유하고 있는 주택의 가격이 하락하고, 농지와 임야는 매매가 되지 않았다. 甲의 가족은 국가의 개발제한구역지정으로 피해를 입었다고 생각하여 손실보상을 청구하였으나 A시장은 보상규정이 없다는 이유로 보상을 거부하고 있다. 甲의 가족에게는 어떠한 해결책이 있을까?

**사례의 해결** | 개발제한구역은 통상 그린벨트라 부른다. 최근에 개발제한구역을 일부 해제한다는 정부의 보도와 개발제한구역의 설정으로 피해를 입은 주민들의 시위 등으로 사회적 이슈로 떠올랐다. 동시에 개발제한구역 지정으로 피해를 입은 주민들의 소송제기와 이에 대한 헌법재판소의 결정이 내려져 법률적 해결이 일단락된 된 듯이 보이는 사례이다. 그러나 헌법재판소의 결정은 문제의 완전한 해결이라기보다는 정치적 타협을 한 듯한 결정을 내려 여전히 입법을 통한 해결을 기다려 봐야 한다.

개발제한구역은 구도시계획법 제21조의 규정에 의하여 지정이 되었는데, 그 면적이 전국토의 약 5%에 이를 정도이다. 개발제한구역제도는 고도성장기에 도시의 평면적인 확산을 방지하고 녹지를 보호함으로써 쾌적한 생활을 누릴 수 있도록 한 점에서 공익에 기여한 바 크다. 그러나 개발제한구역 안에 거주하는 주민들의 경우 권리행사가 제한됨으로써 상당한 희생을 강요받아 왔다. 즉 보상 없는 사익의 침해가 있었던 것이다.

개발제한구역의 지정이 공공필요에 의한 재산권의 제한임에도 불구하고 이에 대한 보상이 이루어지지 않은 것은 법률의 미비에 기인한다. 헌법은 제23조 3항에서 "공공필요에 의한 재산권의 수용 · 사용 또는 제한 및 그에 대한 보상은 법률로써 하되, 정당한 보상을 지급하여야 한다"고 규정한다. 그런데 구도시계획법 제21조는 개발제한구역을 지정할 수 있다고 규정할 뿐이에 대한 보상규정을 두고 있지 않다. 그래서 보상을 해 줄 규정이 없기 때문에 보상이 이루어지지 않았다. 대법원 역시 일관하게 법률에서 손실보상을 규정하지 않은 이상손실보상청구를 인정하지 않고 있다(76다1443; 84누126; 89부2; 92부14; 93다6409; 98다14030 등)

학설 역시 뚜렷한 해결책을 제시하지 못한 채 있었다. 이에 대해 헌법재판소가 교통정리 차원에서 이 문제에 대해 나름대로의 해법을 제시했다. 헌법재판소는 7가지 쟁점으로 나뉘어 헌법재판소의 입장을 제시했다(헌재 1998. 12. 24, 선고 89헌마214, 90헌바16, 97헌바78(병합) 전원재판부 결정).

① 토지재산권의 사회적 의무성

헌법상의 재산권은 토지소유자가 이용가능한 모든 용도로 토지를 자유로이 최대한 사용할 권리나 가장 경제적 또는 효율적으로 사용할 수 있는 권리를 보장하는 것을 의미하지는 않는다. 입법자는 중요한 공익상의 이유로 토지를 일정 용도로 사용하는 권리를 제한할 수 있다. 따라서 토지의 개발이나 건축은 합헌적 법률로 정한 재산권의 내용과 한계내에서만 가능한 것일 뿐만 아니라 토지재산권의 강한 사회성 내지는 공공성으로 말미암아 이에 대하여는 다른 재산권에 비하여 보다 강한 제한과 의무가 부과될 수 있다.

② 개발제한구역(이른바 그린벨트) 지정으로 인한 토지재산권 제한의 성격과 한계개발제한구역을 지정하여 그 안에서는 건축물의 건축 등을 할 수 없도록 하고 있는 도시계획법 제21조는 헌법 제23조 제1항, 제2항에 따라 토지재산권에 관한 권리와 의무를 일반 · 추상적으로 확정하는 규정으로서 재산권을 형성하는 규정인 동시에 공익적 요청에 따른 재산권의 사회적 제약을 구체화하는 규정인바, 토지재산권은 강한 사회성, 공공성을 지니고 있어 이에 대하여는 다른 재산권에 비하여 보다 강한 제한과 의무를 부과할 수 있으나, 그렇다고 하더라도 다른 기본권을 제한하는 입법과 마찬가지로 비례성원칙을 준수하여야 하고, 재산권의 본질적 내용인 사용 · 수익권과 처분권을 부인하여서는 아니 된다.

③ 토지재산권의 사회적 제약의 한계를 정하는 기준

개발제한구역 지정으로 인하여 토지를 종래의 목적으로도 사용할 수 없거나 또는 더 이상법적으로 허용된 토지이용의 방법이 없기 때문에 실질적으로 토지의 사용 · 수익의 길이 없는 경우에는 토지소유자가 수인해야 하는 사회적 제약의 한계를 넘는 것으로 보아야 한다.

④ 토지를 종전의 용도대로 사용할 수 있는 경우에 개발제한구역 지정으로 인한 지가의 하락이 토지재산권에 내재하는 사회적 제약의 범주에 속하는지 여부개발제한구역의 지정으로 인한 개발가능성의 소멸과 그에 따른 지가의 하락이나 지가상승률의 상대적 감소는 토지소유자가 감수해야 하는 사회적 제약의 범주에 속하는 것으로 보아야 한다. 자신의 토지를 장래에 건축이나 개발목적으로 사용할 수 있으리라는 기대가능성이나 신뢰 및 이에 따른 지가상승의 기회는 원칙적으로 재산권의 보호범위에 속하지 않는다. 구역지정 당시의 상태대로 토지를 사용 · 수익 · 처분할 수 있는 이상, 구역지정에 따른 단순한 토지이용의 제한은 원칙적으로 재산권에 내재하는 사회적 제약의 범주를 넘지 않는다.

⑤ 구)도시계획법 제21조의 위헌 여부

구)도시계획법 제21조에 의한 재산권의 제한은 개발제한구역으로 지정된 토지를 원칙적으로 지정 당시의 지목과 토지현황에 의한 이용방법에 따라 사용할 수 있는 한, 재산권에 내재하는 사회적 제약을 비례의 원칙에 합치하게 합헌적으로 구체화한 것이라고 할 것이나, 종래의 지목과 토지현황에 의한 이용방법에 따른 토지의 사용도 할 수 없거나 실질적으로 사용 · 수익을 전혀 할 수 없는 예외적인 경우에도 아무런 보상 없이 이를 감수하도록 하고 있는 한, 비례의 원칙에 위반되어 당해 토지소유자의 재산권을 과도하게 침해하는 것으로서 헌법에 위반된다.

⑥ 헌법불합치결정을 하는 이유와 그 의미

구)도시계획법 제21조에 규정된 개발제한구역제도 그 자체는 원칙적으로 합헌적인 규정인데, 다만 개발제한구역의 지정으로 말미암아 일부 토지소유자에게 사회적 제약의 범위를 넘는 가혹한 부담이 발생하는 예외적인 경우에 대하여 보상규정을 두지 않은 것에 위헌성이 있는 것이고, 보상의 구체적 기준과 방법은 헌법재판소가 결정할 성질의 것이 아니라 광범위한 입법형성권을 가진 입법자가 입법정책적으로 정할 사항이므로, 입법자가 보상입법을 마련함으로써 위헌적인 상태를 제거할 때까지 위 조항을 형식적으로 존속케 하기 위하여 헌법불합치결정을 하는 것인바, 입법자는 되도록 빠른 시일내에 보상입법을 하여 위헌적 상태를 제거할 의무가 있고, 행정청은 보상입법이 마련되기 전에는 새로 개발제한구역을 지정하여서는 아니 되며, 토지소유자는 보상입법을 기다려 그에 따른 권리행사를 할 수 있을 뿐 개발제한구역의 지정이나 그에 따른 토지재산권의 제한 그 자체의 효력을 다투거나 위 조항에 위반하여 행한 자신들의 행위의 정당성을 주장할 수는 없다.

⑦ 보상입법의 의미 및 법적 성격

입법자가 구도시계획법 제21조를 통하여 국민의 재산권을 비례의 원칙에 부합하게 합헌적으로 제한하기 위해서는, 수인의 한계를 넘어 가혹한 부담이 발생하는 예외적인 경우에는 이를 완화하는 보상규정을 두어야 한다. 이러한 보상규정은 입법자가 헌법 제23조 제1항 및 제2항에 의하여 재산권의 내용을 구체적으로 형성하고 공공의 이익을 위하여 재산권을 제한하는 과정에서 이를 합헌적으로 규율하기 위하여 두어야 하는 규정이다. 재산권의 침해와 공익간의 비례성을 다시 회복하기 위한 방법은 헌법상 반드시 금전보상만을 해야 하는 것은 아니다. 입법자는 지정의 해제 또는 토지매수청구권 제도와 같이 금전보상에 갈음하거나 기타 손실을 완화할 수 있는 제도를 보완하는 등 여러 가지 다른 방법을 사용할 수 있다. 이상의 헌법재판소 결정의 요지는 구도시계획법 제21조에 따른 개발제한구역지정은 공공필요에 의한 것으로 가능한 것이다. 또한 구역지정에 따른 단순한 토지이용의 제한은 원칙적으로 재산권에 내재하는 사회적 제약의 범주를 넘지 않는 것이나, 종래의 지목과 토지현황에 의한 이용방법에 따른 토지의 사용의 가능하지 않은 경우에는 보상이 필요하며, 이 점에서 보상규정을 두지 않은 구도시계획법 제21조는 토지소유자의 재산권을 과도하게 침해하는 것으로서 헌법에 위반된다는 것이다. 다만 보상의 구체적 기준과 방법은 입법자가 정해야 한다는 것이다.

이상은 원칙적인 것이나 이 사례와 관련해서 중요한 것은 甲의 가족이 보상을 받을 수 있는가 하는 점이다. 이 부분에 대해서 헌법재판소는 보상입법을 기다려 보상청구를 할 수 있다고 결정했다. 이 판결에 따라 만들어진 개발제한구역의지정및관리에관한특별조치법 제16조는 '개발제한구역의 지정으로 인하여 개발제한구역안의 토지를 종래의 용도로 사용할 수 없어 그 효용이 현저히 감소된 토지 또는 당해 토지의 사용 및 수익이 사실상 불가능한 토지의 소유자'는 건설교통부장관에게 당해 토지의 매수를 청구할 수 있다고 규정하였다. 따라서 甲의 가족은 위 법률에 따라 토지매수청구권을 행사할 수 있다.

民法

# 민법

이상욱 · 배병일

# 권리능력은 어느 시점에서 인정되고, 언제 종료하는가?

● **사례**

(1) A가 사망하고, 유족으로는 A의 아버지 C와 A의 아내 B, 태아 D가 있는 경우에, D가 출생(전부노출)했으나 독립적으로 호흡을 하지 못하고 일순간에 사망한 경우의 상속문제는 어떻게 될 것인가?

(2) A(남)와 B 부부 사이에 아들 D(미혼이라 자가 없음) 한 사람이 있고 A의 어머니 C가 있는 경우에, A와 D가 함께 타고 가던 비행기가 추락하여 모두 사망했다면 누가 먼저 사망했는가에 따라 상속문제는 어떻게 달라지는가?

**출생의 시점**

민법 제3조는 "사람은 생존한 동안 권리와 의무의 주체가 된다"고 규정하여 사람이 출생하여 사망할 때까지 당연히 권리와 의무의 주체가 된다는 것을 밝히고 있다. 권리주체가 된다는 것은 소유권이라든가 전세권과 같은 권리를 가질 수 있다는 것을 의미한다. 이러한 권리주체에는 두 종류가 있다. 하나는 우리들 인간이다. 이를 「자연인」이라고 부른다. 다른 하나는 우리 인간은 아니지만 법률상 권리와 의무의 주체가 될 수 있는 것으로서 「법인」이라고 하는 것이다.

이와 같은 권리(의무)의 주체가 될 수 있는 지위 또는 자격을 권리능력이라고 하며, 그러한 자격을 구비한 자를 권리능력자라고 한다.

민법은 모든 자연인은 출생하면서 권리와 의무의 주체가 된다고 하여 권리능력자가 된다는 것을 규정하고 있다. 따라서 모든 인간은 누구나 할 것 없이 성·연령·직업·계급 등에 의한 차별을 받지 않고 평등하게 권리능력을 가진다. 즉 남녀노소를 막론하고 정신능력(판단능력)이나 체력의 강약 여부를 묻지 않고 모두 평등하게 권리의 주체가 될 수 있는 것이다. 갓난아기나 유아 또는 심신상실의 상태에 있는 자도 권리능력을 가지는 것은 당연하다.

그런데 문제는 인간은 어느 시점에서 부터 권리 의무의 주체로서 법적으로 평가받게 되는가 하는 이른바 권리능력시기(權利能力始期)에 관한 문제이다.

인간이 태어나는 과정은 임신·출생이라는 일련의 연속적인 과정을 거치게 되는데, 과연 어느 시점에서 인간이 되는가 하는 문제이다. 민법 제3조는 "사람은 생존한 동안 권리와 의무의 주체가 된다"고 규정하여 인간은 출생한 때로 부터 사망할 때 까지 권리능력이 있다는 것을 밝히고 있다. 그렇다면 어느 시점을 출생으로 볼 것인가가 문제로 되는데, 이에 관하여 민법에는 아무런 규정을 하고 있지 않다. 현재 해석상 태아가 살아서 모체로부터 완전히 분리되었을 때(전부노출설)를 출생으로 보는 입장이 통설로 되어 있다. 모체에서 분리된 후 조금이라도 생존의 징표가 나타나는 이상 살아서 태어난 것으로 보아야 한다. 다만 형법에서는 낙태죄와 살인죄를 엄밀하게 구별하기 위하여 진통설이 통설로 되어 있다.

따라서 태어나지 않는 한 권리능력을 취득하지 않으나, 출생 후 한 순간이라도 살았다면 권리능력을 취득하였던 것으로 한다. 또한 인간으로서 출생한 이상, 기형아이건 정박아이건 관계없이 모두 권리능력을 취득하며, 인공수정자도 차별을 받지 않는다.

사람의 출생이나 출생시기를 증명하는 경우에 유력한 증거가 되는 것은 호적부의 기재이다. 호적법에 의하면 출생의 사실이 있을 경우, 일정한 자(친생자출생의 경우에는 부 · 모의 순위, 혼외자출생의 경우에는 모, 모가 신고할 수 없으면 호주 · 동거자 · 분만에 관여한 의사 · 조산원 순위로 신고의무자가 된다)는 출생 후 1개월 이내에 출생지의 시 · 군 · 면의 장에게 신고할 의무가 있다. 그러나 그 기재는 추정력을 가지는데 지나지 않을 뿐, 권리능력의 취득을 좌우할 수는 없다. 즉 권리능력의 취득은 출생이라는 사실관계에 기하여 취득되는 것이지, 호적의 기재로 취득되는 것은 아니다.

**사망의 시기**

권리능력은 언제 종료하는가, 민법 제3조는 「사람은 생존한 동안 권리와 의무의 주체가 된다」고 규정하고 있기 때문에 사람은 출생한 때로 부터 사망할 때 까지 권리능력이 있는 것이다. 즉 사람은 「사망」에 의하여 권리능력이 종료하게 된다. 따라서 어느 때를 사망의 시점으로 볼 것인가 하는 문제가 제기되는데 민법에는 사망의 시기를 정하는 기준에 관하여 아무런 규정도 두고 있지 않다.

종래에는 사람의 생명의 근원은 심장에 있다고 하여 '사망'이란 심장의 완전한 정지를 의미했다. 즉 호흡 및 맥박의 정지와 동공의 확산이라는 이른바 3징후설에 의하여 사망을 판정하였다. 그런데 최근에 와서 의학기술이 발전하여 심장이식을 비롯한 장기이식의 성공율이 높아짐에 따라 사망의 정의가 새로운 문제로 등장하게 되었다. 즉 사람의 중추기관인 뇌에 초점을 맞추어 뇌파가 일정한 기간 동안 계속하여 정지(회복불가능을 요함)한 때에는 비록 심장이 살아 있다고 할지라도 사망한 것으로 판정하여야 한다는 견해이다(뇌사설). 현재 '장기이식에 관한 법률'이 제정되어 뇌사(뇌파정지의 계속)를 사망판정의 기준으로 일부 인정되고 있으나 이 문제는 생명의 존귀함 등을 고려하여 신중하게 검토할 문제이다. 이와 같은 자연적인 사망이외에 생사불명이지만 사망한 것으로 처리하는 제도로서 실종선고제도가 있다(민법 제27조).

**동시사망의 추정**

어느 때를 사망시점으로 할 것인가 하는 문제는 재산상 또는 신분상의 문제에 큰 영향을 미치기 때문에 사망시점의 증명은 중요한 문제가 된다. 그러나 사망시점의 증명이 극히 어려운 경우가 있다. 예를 들면 부자가 함께 탑승하고 있던 항공기가 추락하여 이들이 모두 사망한 경우라든가 부부와 친자가 함께 숙박하고 있던 호텔의 화재로 인하여 모두 사망한 경우에는 이들 중 누가 먼저 사망하였는가에 따라 남은 사람들의 상속관계에 지대한 영향을 끼치게 되는 것이다. 즉 위의 예(2)에서 A가 D보다 일순간이라도 먼저 사망했다면 B와 C는 A의 유산을 공동상속하게 되고, A가 사망한 직후에 D가 사망했기 때문에 D가 상속받은 A의 유산은 D의 직계존속중 최근친인 B가 상속하게 된다. 결국 B는 A의 재산전부를 상속하게 된다. 이와 반대로 D가 A보다 일순간이라도 먼저 사망했다면 A가 사망한 때에는 D는 이미 존재하지 않기 때문에 A의 유산은 B와 C가 공동으로 상속하게 된다.

이처럼 누가 먼저 사망했는가에 따라 상속관계는 현저하게 달라지게 되므로 이는 매우 심각한 문제가 되며 심지어 고부간의 재산분쟁을 일으킬 위험마저 있는 것이다. 이에 민법은 「2인 이상이 동일한 위난으로 사망한 경우에는 동시에 사망한 것으로 추정한다」고 하여 이들을 동시에 사망한 것으로 추정하여 이후의 재산관계를 처리하도록 하고 있다. 따라서 위에서 든 예의 경우를 살펴보면 A와 D는 서로 상속할 수 없으며, 그 결과 A의 처(妻)인 B와 모(母)인 C가 A의 상속인으로서 A의 유산을 공동으로 상속하게 된다. 다만 동시사망의 추정은 어디까지나 추정이기 때문에 사망시각이 다르다는 반대사실이 입증되면 그러한 추정은 번복되어 상황은 달라지게 된다.

# 태아도 상속권이 있는가?

● **사례**

A가 자동차 사고로 사망할 당시 A의 처 B는 임신중이었는데 그 후자 C가 출생한 경우, C는 A를 상속할 수 있는가, 또한 C는 A의 사망에 따른 손해배상을 청구할 수 있는가?

**태아의 권리능력**

앞에서 설명한 것처럼 사람의 권리능력의 취득시기를 출생시부터라고 하는 원칙에 의하면 태아는 아직 법적으로 권리능력을 가지지 못하게 된다. 그러나 이러한 원칙을 그대로 관철한다면 태아에 대한 엄청난 불이익 · 불공평한 문제가 따르게 된다. 예를 들면 태아가 출생하기 몇시간 전에 사망한 부의 재산은 다른 상속인에게 귀속하고 태아는 상속을 못하게 되는가 하면 부의 사망이 교통사고 등 불법행위로 인한 경우에도 가해자에 대하여 손해배상을 청구할 수 없게 되는 것이다. 몇개월 후, 심지어 몇시간 후에 출생할 것이 명백히 예상되면서 출생시기가 조금 늦다는 우연한 사정 때문에 권리를 취득하지 못한다는 것은 불공평하기 짝이 없다. 따라서 민법은 예외적으로 다음과 같은 개별적인 경우에는 태아를 이미 출생한 것으로 보아 권리취득을 인정하고 있다.

**1) 불법행위로 인한 손해배상청구권**

태아는 불법행위에 의한 손해배상청구에 관하여 이미 출생한 것으로 본다(민법 제762조). 태아 자신이 불법행위에 의한 직접적인 피해자가 되는 경우에 한하여 권리능력이 의제된다. 예컨대 모체에게 위법한 방법으로 약물투여를 하여 태아가 기형아로 태어나게 된 경우 그 재산적 손해 및 정신적 고통에 대한 손해배상청구가 인정되는 것이다. 또한 부의 생명침해로 말미암아 야기된 부양상실 및 정신적 고통 등 태아가 입은 재산적 정신적 손해가 발생한 경우에 태아의 권리능력이 인정되므로서 그러한 손해배상을 청구할 권리가 발생하는 것이다.

### 2) 상속 · 대습상속

태아는 상속에서 이미 출생한 것으로 의제된다(제1000조 3항, 제1001조). 뿐만 아니라 대습상속권도 가지며, 유류분권도 주어진다.

### 3) 유증

유증에 대해서도 권리능력이 의제된다(민법 제1064조). 따라서 유언자가 사망할 당시에 태아이었던 자에 대한 유증은 유효하다.

### 4) 인지(認知)

인지란 혼인외의 출생자의 생부나 생모가 그 자를 자기의 자로 승인하여 법률상 친자관계가 발생하도록 하는 단독행위를 말한다. 부(父)는 포태 중에 있는 태아에 대하여 인지할 수 있다. 그러나 태아에게는 인지청구권이 인정되지 않으므로 태아 쪽에서 적극적으로 태아의 성장에 필요한 비용을 부에게 청구할 수 없다. 다만 태아가 출생한 후에는 그 자는 부 또는 모를 상대로 하여 인지청구권의 소를 제기할 수 있다.

**법률상의지위**

이상과 같이 민법은 개별적으로 일정한 법률관계에 관하여 "태아는 ...이미 출생한 것으로 본다"는 규정을 두어 태아의 권리능력을 인정하고 있다. 그런데 태아는 문제가 발생한 시점 즉, 태아인 동안에 권리능력을 취득하는 것이 아니라, 문제가 발생한 후 태아가 살아서 출생한 경우에 문제가 되었던 그 시기로 소급하여 권리능력을 가지고 있었던 것으로 본다는 것이다(大判 1976.9.14,76다1365). 따라서 태아인 동안에는 법정대리인이 존재할 여지가 없게 된다. 위의 예에서 父 A가 사망할 당시 태아에게 바로 상속권이 인정되는 것이 아니라 후에 C가 살아서 출생하게 되면 A가 사망할 당시로 소급하여 상속분을 다시 결정하게 되는 것이다. 또한 불법행위로 인한 손해배상청구의 경우에도 불법행위시 바로 태아에게 손해배상청구권이 인정되는 것이 아니라 태아인 C가 살아서 태어나기를 기다렸다가 살아서 출생하면 가해자에 대한 손해배상청구권을 인정하게 되는 것이다. 따라서 태아가 출생하기 까지의 사이에 불법행위자인 가해자가 도피를 한다든가 재산을 감소시켜 배상할 자력이 없도록 만드는 경우에는 태아의 보호를 실질적으로 어렵게 만들 우려가 있다.

※ 대판 1976. 9. 14, 76다1365 : 태아가 손해배상청구에 관하여는 이미 태어난 것으로 본다는 민법 제762조의 취지는 태아가 살아서 출생한 때에 출생시기가 문제의 시기까지 소급하여 그 때에 태아가 출생한 것과 같이 법률상 보여준다고 해석함이 상당하므로 태아가 모체와 같이 사망하여 출생의 기회를 못가졌다면 배상청구권을 논할 여지가 없다.

# 미성년자의 법률행위

● **사례**

만19세의 동갑내기인 A남과 B녀는 부모의 승낙을 받고 결혼을 하였다. A는 나름대로 사업을 해보겠다고 돌아가신 할아버지로부터 자기 앞으로 물려받은 시골 땅을 C에게 팔기로 하여 매매계약을 체결하고, 중도금까지 받았다. 이 사실을 알게된 A의 부모는 C를 찾아가 A는 미성년자이므로 위 계약을 취소한다고 통고하였다. C는 땅을 살 수 없는가?

**의사능력과 행위능력**

모든 사람(자연인)에게 권리능력이 인정되고 있다는 점은 앞에서 설명한 바와 같다. 그런데 현실적으로 우리가 어떠한 권리를 취득하거나 의무를 부담하게 되는 방법으로서는 크게 다음과 같은 두 가지의 방법을 생각할 수 있다. 먼저 하나는 우리들의 행위에 의하지 않는 경우로서 예컨대 상속인이 사망한 피상속인의 권리와 의무를 승계하는 경우와 같이 사람의 행위와는 관계없이 법률의 규정(민법 제997조,1000조 등)에 위한 방법이다. 즉 5세 정도의 유아라도 부나 모가 사망한 때에는 그 유산을 상속하여 토지나 건물의 소유자가 될 수 있는 것이다. 다른 하나는 우리들의 행위에 의한 경우이다. 즉 타인과의 계약이라는 행위를 통하여 권리를 취득하거나 의무를 부담하게 되는 경우를 말한다. 그런데 문제는 상속에 의하여 부모의 유산을 상속한 5세 정도의 유아가 양육비에 충당하기 위해서 그 재산을 매각할 수 있는가 또 그것을 인정할 수 있겠는가 하는 점이다. 아무래도 5세 정도의 유아는 아무것도 할 수 없으며 설령 국민학생이라고 해도 그의 판단력은 불완전하다고 하지 않을 수 없다. 여기서 '의사능력'과 '행위능력'이라는 문제가 제기되는 것이다.

'의사능력'이란 자기 행위의 결과를 판단할 수 있는 정신능력(또는 판단능력)을 말한다. 즉 자기 행위의 동기 및 결과를 정당하게 인식하고 그 인식에 기하여 정상적인 의사결정을 하는 정신능력을 의미한다. 이러한 정신능력이 없는 정신상태를 '의사무능력'이라고 한다. 예컨대 유아 · 정신병자 · 몽유병자가 꿈속에서 헤매는 경우, 정상적인 사람이지만 의식을 잃을 정도로 만취한 경우의 상태 등을 들 수 있다. 이러한 상태에 있는 자, 즉 의사무능력자의 법률행위에 대하여는 법률적인 효과가 인정되지 않는다. 무효가 되는 것이다. 그런데 민법에는 의사능력에 관한 명문규정이 없기 때문에 그 구체적인 판단기준이 문제가 된다. 이는 개개의 구체적인 법률행위와 관련하여 개별적으로 판단할 수밖에 없다. 비록 7세 정도의 어린이라 할지라도 아이스크림을 산다는 계약에 대해서는 의사능력이 있다고 판단할 수 있지만 부동산 매매계약에 대해서는 이를 인정할 수 없을 것이며, 정상적인 정신능력을 갖고 있는 자라도 의식을 잃을 정도로 만취한 상태에서 체결한 계약에 대해서는 의사능력이 없다고 판단하게 될 것이다. 대체적으로 7세 정도 통상인의 지능같은 것이 의사능력유무의 분계선이 된다고 본다.

이처럼 의사능력이 없는 자의 행위는 무효가 되는데 의사무능력을 이유로 무효를 주장하기 위해서는 행위자 자신이 그 법률행위를 할 당시(계약당시)에 의사능력이 없었다는 것을 입증하여야 한다. 그러나 의사무능력자 측이 의사무능력의 입증을 한다는 것은 대단히 어렵기 때문에, 결국 소송상 패소되어 불이익을 받는 결과가 되고 만다. 이와 같은 입증책임의 부담을 면제시키고 거래상 판단능력이 충분하지 않은 자의 재산을 보호하기 위하여 창설된 제도가 행위무능력자제도이다. 즉 연령과 정신장애의 정도를 기준으로 하여 획일적으로 무능력자를 정하여 이들이 법정대리인의 동의없이 단독으로 한 일정한 행위는 후에 취소할 수 있는 것으로 하였다. 이러한 자를 무능력자라고 한다. 이처럼 행위자가 단독으로 완전하게 유효한 법률행위를 할 수 있는 지위 또는 자격을 행위능력이라고 하며, 민법상 행위능력이 없는 무능력자로서는 미성년자와 한정치산자 금치산자가 있다. 따라서 이들 이외의 자는 원칙적으로 하자없이 완전한 법률행위를 할 수 있는 능력, 즉 행위능력을 가지게 되는 것이다.

## 미성년자의 능력

### 1) 성년기

만 20세를 성년기로 하여 성년기에 이르지 않은 자를 미성년자라고 한다. 연령계산방법은 출생일을 산입하여 曆에 의하여 계산한다. 예컨대 1979년 9

월 10일 오후 10시에 출생한 자는 1999년 9월 9일 오후 12시에 만 20세가 된다. 또한 성년의제제도를 채용하여 미성년자가 혼인하였을 때에는 성년에 달한 것으로 본다(민법 제826조의 2). 따라서 혼인을 한 미성년자는 성년자와 같은 능력을 가지게 되므로 자기의 子에 대하여 친권을 행사할 수 있으며 타인의 후견인이 될 수도 있다. 다만 성년의제는 민법상의 제도이므로 그 효과가 미치는 범위는 민법상의 효과에 대한 것 뿐이며, 국회의원선거법이나 미성년자보호법 · 근로기준법 등에서는 여전히 미성년자로 취급된다. 미성년자의 보호기관은 제1차로 친권자, 제2차로 후견인이 있는데 이들을 법정대리인이라고 한다.

### 2) 미성년자의 능력

미성년자가 법률행위를 하는 데는 원칙적으로 법정대리인의 동의가 필요하며 동의를 얻지 않고 한 경우에는 미성년자 본인이나 법정대리인이 이를 취소할 수 있다(민법 제5조). 그러나 미성년자도 예외적으로 다음과 같은 경우에는 행위능력이 인정된다.

(1) 권리만을 얻거나 의무만을 면하는 행위(민법 제5조 1항 단서)

부담이 없는 증여를 받는다든가, 채무의 면제를 받는 계약을 하는 경우에는 미성년자에게 이익을 주기 때문에 법정대리인의 동의를 필요로 하지 않는다. 그러나 이익을 얻는 반면에 의무를 부담하는 행위는 미성년자 단독으로 하지 못한다. 예컨대, 미성년자가 비록 시가보다 훨씬 싸게 물건을 매수하였다 할지라도 대금지급의무가 발생하게 되며, 채무의 변제를 수령한 경우에도 한편으로는 이익이 되지만 다른 한편으로는 채권자체를 상실하는 결과가 되기 때문에 단독으로 할 수 없게 되는 것이다.

(2) 처분이 허락된 재산의 처분행위(민법 제6조)

법정대리인이 일정한 재산의 범위를 정하여 처분을 허락한 재산(예컨대 용돈 3만원)은 미성년자가 임의로 처분할 수 있다.

(3) 영업이 허락된 미성년자가 그 영업에 관하여 하는 행위(민법 제8조 1항)

미성년자가 법정대리인으로 부터 허락을 얻은 특정한 영업에 관하여는 성년자와 동일한 행위능력이 있다. 여기서 영업이란 상업 · 공업 · 농업 및 자유업 등 널리 영리를 목적으로 하는 독립적 계속적인 사업을 의미하는 것으로 이해한다. 다만 종류를 특정하지 않은 허락은 인정되지 않으므로 예를 들면 문방구점, 운동구점 등과 같은 식으로 특정하여야 한다. 또한 화장품점을 허락하면서 2만원 이하의 거래만 허락하는 것과 같은 하나의 단위가 되는 영업의 일부만을 허락하거나 제한해서는 안된다. 영업에 관한 행위란 그 영업을 하는데 직접 간접적으로 필요하다고 인정되는 일체의 행위(점포임대, 종업원 고용 등)를 포함한 개념으로 새긴다.

⑷ 대리행위(민법 제117조)

대리인은 행위능력자임을 요하지 않는다. 미성년자가 타인의 대리인으로서 하는 대리행위는 언제나 단독으로 유효하게 할 수 있다.

⑸ 유언행위(제1062조)

만 17세에 달한 미성년자는 유효한 유언을 단독으로 할 수 있다.

⑹ 근로계약으로 인한 임금의 청구

미성년자는 독자적으로 임금을 청구할 수 있다.

⑺ 무한책임사원

미성년자가 법정대리인의 허락을 얻어 회사의 무한책임사원이 된 때에는 미성년자가 그 사원자격에 의하여 하는 행위는 단독으로 할 수 있다.

### 3) 미성년자가 신용카드거래 후 신용카드 이용계약을 취소한 경우의 법률관계

미성년자가 신용카드발행인과 사이에 신용카드 이용계약을 체결하여 신용카드거래를 하다가 신용카드 이용계약을 취소하는 경우 미성년자는 그 행위로 인하여 받은 이익이 현존하는 한도에서 상환할 책임이 있는 바, 신용카드 이용계약이 취소됨에도 불구하고 신용카드회원과 해당 가맹점 사이에 체결된 개별적인 매매계약은 특별한 사정이 없는 한 신용카드 이용계약취소와 무관하게 유효하게 존속한다.

이 경우에 신용카드발행인이 가맹점들에 대하여 그 신용카드사용대금을 지급한 것은 신용카드 이용계약과는 별개로 신용카드발행인과 가맹점 사이에 체결된 가맹점 계약에 따른 것으로서 유효하므로, 신용카드발행인의 가맹점에 대한 신용카드이용대금의 지급으로써 신용카드회원은 자신의 가맹점에 대한 매매대금 지급채무를 법률상 원인 없이 면제받는 이익을 얻었으며, 이러한 이익은 금전상의 이득으로서 특별한 사정이 없는 한 현존하는 것으로 추정된다(대판 2005. 4. 15. 2003다60297, 60303, 60310, 60327).

미성년자인 카드이용자들이 가맹점과의 매매계약을 통하여 취득한 물품과 제공받은 용역이 부당이득으로 반환의 대상이 된다고 주장하였지만, 법원은 이를 배척하고, 신용카드 이용계약이 취소됨으로써 미성년자인 카드이용자는 신용카드발행인인 카드회사가 가맹점에 대신 지급하였던 물품, 용역대금채무를 면제받았으므로 카드회사에게 위 물품, 용역대금 상당을 반환할 의무가 있다고 하였다.

#### 4) 한정치산자와 금치산자

한정치산자란 심신이 박약하거나 재산의 낭비로 자기나 가족의 생활을 궁핍하게 할 염려가 있는 자로서 가정법원에서 일정한 절차에 따라 한정치산선고를 받은 자를 말한다. 한정치산자의 행위능력은 미성년자의 행위능력과 동일하다. 한정치산자에게는 후견인을 두어야 한다.

금치산자란 심신상실의 상태(常態)에 있는 자로서 가정법원에서 일정한 절차에 따라 금치산선고를 받은 자이다. 따라서 의사능력이 전혀 없는 심한 정신병자라도 금치산선고를 받지 않은 한 금치산자는 아니다. 금치산자가 한 법률행위는 금치산자 본인이나 후견인에 의하여 언제나 취소될 수 있다. 다만 금치산자도 신분행위, 즉 약혼 · 혼인 · 협의이혼 · 입양등을 할 때에는 부모 또는 후견인의 동의를 얻어 독자적으로 유효한 법률행위를 할 수 있다. 금치산자에게도 한정치산의 경우와 마찬가지로 후견인을 두어야 한다. 다만 금치산자의 후견인에게는 원칙적으로 동의권이 없다.

#### 5) 무능력자의 사술(詐術)

무능력자가 능력자인 것처럼 보이기 위하여 상대방을 속인 경우(이를 무능력자의 사술이라고 함)에는 이를 보호할 필요가 없으므로 그 행위는 취소할 수 없는 것이 된다. 즉 행위무능력자가 사술로써 상대방으로 하여금 자신이 행위능력자라고 믿게 하거나 미성년자나 한정치산자가 사술로써 법정대리인의 동의가 있는 것으로 믿게 한 경우에는 오히려 그 상대방을 보호하여야 할 것이므로 그 행위를 취소하지 못하는 것이다. 예를 들면 나이에 관한 증명서(주민등록증이나 주민등록초본 또는 호적등본 등)를 변조하거나 위조하여 상대방에게 제시한다든가, 법정대리인의 동의서를 허위로 작성하여 제시한다든가, 또는 다른 사람과 짜고 그 사실을 보증하게 하는 등 적극적인 사술행위를 한 경우에는 무능력자 쪽에서 그 행위를 취소하지 못한다. 다만 단순히 성년이 되었다고 말로 속이는 것 만으로서는 사술로 볼 수 없다는 것이 판례의 태도이다.

※ 대판 1971.12.14, 71다2045 : 민법 제17조에 이른바 무능력자가 사술로서 능력자로 믿게 한 때에 있어서의 사술을 쓴 것이라 함은 적극적으로 기망수단을 쓴 것을 말하는 것이고 단순히 자기가 능력자라고 선언하는 것은 사술을 쓴 것이라 할 수 없다.

# 실종된 자가 살아 돌아온 경우의 문제

**● 사례**

이라크에서 건설공사작업중이던 A는 납치당해 행방불명되었으므로, 아내 B의 청구에 의하여 실종선고를 받고, 그의 토지는 A의 모 C와 처 B가 상속하였다. B와 C는 그 토지를 D에게 매도하고, B는 다시 E와 재혼하였다. 그런데 그 후 A가 살아서 돌아와 실종선고가 취소된 경우 상속문제와 B의 재혼관계는 어떻게 되는가?

**실종선고제도**

**1) 실종선고제도의 의의**

종래의 주소나 거소를 떠난 자(이를 부재자라고 함)의 생사불명의 상태가 장기간에 걸쳐서 계속되는 경우에 그러한 자를 살아있는 것으로 다루어 그 재산관계나 신분관계를 그대로 방치해 둔다는 것은 남아 있는 가족이나 채권자 등 이해관계인에게 매우 가혹한 결과가 생긴다. 예를 들면 남아있는 배우자는 혼인을 해소할 길이 없기 때문에 재혼의 길이 막히게 되고, 상속인은 언제까지라도 그 자의 재산을 상속할 수 없기 때문에 재산에 관한 권리행사나 의무의 이행을 할 수 없게 되는 것이다. 따라서 일정한 요건과 절차에 의하여 실종된 자를 사망한 것으로 보아(의제하여) 그 자를 둘러싼 재산상 신분상의 법률관계를 확정하는 제도를 두고 있으니 이것이 바로 실종선고라는 제도이다. 즉 실종선고제도란 부재자로서 일정한 기간 생사불명의 상태가 계속되고 있는 자에 대하여 가정법원의 선고에 의하여 사망한 것으로 보는 제도를 말한다.

**2) 실종선고의 요건과 절차**

① 부재자의 생사가 분명하지 않아야 한다. ② 보통으로는(보통실종) 부재자의 생존을 증명할 수 있는 최후의 시기부터 5년간, 특별한 경우(특별실종)에는 1년간 생사불명상태가 계속되어야 한다. 특별실종이란 전지에 임한 자(전쟁실종), 침몰한 선박중에 있던 자(선박실종), 추락한 항공기중에 있던 자(항공실종), 기타 사망의 원인이 될 위험을 당한 자(위난실종) 등 네가지가 있으며

각각 전쟁이 종지한 때(사실상 전쟁이 끝난 때, 항복선언이나 휴전선언이 있는 때), 선박이 침몰한 때, 항공기가 추락한 때, 기타 위난이 종료한 때로부터 1년의 기간이 경과하여야 한다. ③ 이해관계인이나 검사가 가정법원에 청구하여야 한다. 이해관계인이란 실종선고를 청구하는데 대하여 법률상의 이해관계가 있을 뿐만 아니라 경제적 또는 신분적인 이해관계가 있는 자를 말한다. 예컨대 부재자의 배우자 · 법정대리인 · 재산관리인 · 상속인 · 보험금수취인 등을 말하며, 단순히 사실상의 이해관계를 가지는 자(친구나 이웃사람 등)는 이해관계인에 포함되지 않는다.

이상과 같은 요건이 갖추어진 실종선고의 청구를 받은 가정법원은 6개월 이상의 기간을 정한 공시최고를 하여 부재자 및 부재자의 생사를 아는 자에 대하여 신고하도록 촉구하고 공시최고기간이 지나도록 신고가 없을 때에 비로소 실종선고를 하여야 한다.

#### 3) 실종선고의 효과

실종선고를 받은 자는 실종기간이 만료한 때에 사망한 것으로 본다. 따라서 상속이 개시되고 생존배우자와의 혼인관계가 종료하는 등의 결과가 발생한다. 다만 이 효과는 실종자의 주소나 거소를 중심으로 하는 실종기간만료시의 사법적 법률관계를 종료시키는 데에 지나지 않으며, 실종자의 권리능력을 소멸시키는 제도는 아니다. 따라서 실종자가 다른 곳에서 생존하고 있는 때에는 그곳에서의 법률관계에는 실종선고의 효과가 미치지 않는다. 뿐만 아니라 실종자가 실종선고를 받은 곳에 돌아온 경우에는 선고가 취소되지 않는 한, 종전의 법률관계는 부활되지 않지만 돌아온 후의 법률관계에서는 선고를 취소하지 않더라도 권리능력자로 인정된다.

#### 4) 실종선고의 취소

실종자가 사실은 생존하고 있거나 살아 돌아오거나 또는 선고로 사망하였다고 보이는 시기와 다른 때에 사망한 확증이 있는 경우에는, 가정법원은 본인이나 이해관계인 또는 검사의 청구에 의하여 실종선고를 취소하여야 한다.

실종선고가 취소되면 실종선고에 의하여 발생한 법률관계는 모두 번복되게 된다. 만약에 실종자가 살아서 돌아와서 선고가 취소되었다면 혼인을 비롯한 신분관계가 실종선고 전으로 부활하며 상속된 재산은 모두 본인에게 환원된다. 또한 선고로 사망한 시기와 다른 시기에 사망한 것이 증명된 때에는 상속인 또는 상속분의 변동을 초래하여 이미 상속을 한 자에게 상속회복청구를 할 수 있게 된다.

그러나 이렇게 되면 실종선고를 신뢰하여 새롭게 출발한 자가 뜻하지 않은 피해를 보게 될 염려가 있으므로 민법은 두가지의 예외를 인정하고 있다.

그 첫째는 실종선고 후 취소 전에 선의(실종선고가 사실과 다른 것을 당사자 쌍방이 알지 못한 경우)로 한 행위(예를 들면 잔존배우자의 재혼이라든가 상속인의 상속재산처분)의 효력에는 영향을 미치지 않는다. 따라서 A에 대한 실종선고가 사실에 반한다는 사실, 즉 A가 아직 살아 있다는 사실을 알지 못하고(선의) 상속한 B와 C로 부터 상속재산을 양수한 선의의 D 는 그 권리를 잃지 않는다. 또한 재혼당사자 B와 E 쌍방 모두 선의(A가 살아있다는 사실을 알지못한 경우)이면 실종선고가 취소되더라도 전혼(A와 B의 혼인)은 부활하지 않고 후혼(B와 E의 혼인)이 유효한 것이 된다. 만일에 재혼당사자의 일방이나 쌍방이 악의(A가 살아 있다는 사실을 알고 있는 경우)이면 실종선고가 취소되므로서 전혼(A와 B의 혼인)이 부활하고 후혼(B와 E의 혼인)은 중혼이 되어, 결국 전혼에는 이혼원인이 생기고 후혼은 취소할 수 있게 된다.

또한 실종선고를 직접적인 원인으로 하여 재산을 취득한 자(상속인이나 생명보험금수익자)는 그가 선의인 때에는 그 받은 이익이 현존하는 한도, 즉 그 재산이 원형인 채로 또는 그 형태를 바꾸어 잔존하고 있는 한도에서 반환할 의무가 있고, 악의인 때에는 그 받은 이익에 이자를 붙여서 반환하고 손해가 있으면 그 손해까지도 배상하여야 한다. 예를 들면 실종선고에 의하여 상속받은 자나 생명보험금을 받은 자가 선의인 때에는 얻은 재산이 원형 그대로 있으면 그것을, 다른 물건을 샀거나 대금을 예금하는 등 형태가 바뀌어 있으면 바뀐 채로 반환하면 되는 것이다. 그러나 취득한 재산을 밑천으로 하여 증식한 이득까지 반환할 필요는 없으며, 또한 그 재산을 생활비로 써버렸거나 유흥비로 몽땅 탕진하였기 때문에 이득이 전혀 없는 경우라도 반환의무를 지지 않는다.

# 불륜관계를 청산하기 위한 아파트 증여 계약은 유효한가?

● 사례

남부러울 것 없는 안정된 가정을 가진 중년 사업가 A는 뒤늦게 어여쁜 처녀를 우연히 알게 되어 가족의 만류에도 불구하고 아파트를 하나 얻어 살림까지 차렸으나, 1년 뒤 사랑도 식어버리자 헤어지는 대가로 살던 아파트를 주려고 한다. 이 증여계약은 법적으로 유효한가?

**법률행위의 성립 요건과 효력요건**

어떤 행위가 법률행위라고 할 수 있기 위해서는 최소한의 외형적 내지 형식적인 요건을 갖추어야 한다. 이를 성립요건이라고 한다. 법률행위일반에 공통하는 성립요건, 즉 일반적 성립요건으로서는 ① 당사자 ② 목적 ③ 의사표시를 들 수 있다. 이와 같은 요건이 갖추어 지면 그에 따르는 법률행위가 성립하지만, 만약 그러한 요건이 충족되지 않으면 법률행위는 불성립으로 되어 유효 · 무효를 논할 필요도 없을 뿐만 아니라 법률행위로서의 효력도 발생하지 않는다.

이상과 같은 성립요건을 갖추어 성립한 법률행위가 법률상 일정한 효과를 발생하는데 필요한 요건을 유효요건 또는 효력요건이라고 한다. 일반적인 효력요건으로서는 ① 당사자의 권리능력 · 행위능력 · 의사능력이 존재할 것 ② 법률행위의 목적(내용)이 가능하고,적법하고,사회적타당성을 가지며 확정할 수 있어야 한다 ③ 의사표시에 관하여 의사와 표시가 일치하고 의사표시에 하자가 없어야 한다.

**법률행위의 목적**

일반적으로 법률행위의 목적이란 당사자가 그의 법률행위에 의하여 발생시키려고 하는 법률효과를 말한다. 예컨대 매매계약의 경우를 보면 매매계약 결과 매도인은 목적물의 소유권이전의무와 대금지급청구권이 있으며, 매수인은 대금지급의무와 소유권이전청구권이 있다. 이러한 양자의 청구권이 매매계약이라는 법률행위의 목적이 되는 것이다. 따라서 이러한 목적을 내용이라고도 한다. 그런데 법률행위는 사적자치(私的自治)를 위하여 인정되는 법률상의 수단이므로 법률행위는 그것이 사적자치가 허용되는 사항에 관한 것이고, 또한 그 범위에 속하는 것이어야만 법률상의 효력을 가질 수 있다. 따라서 법률행위의 목적도 법에 의하여 승인되고 보호되는 것이어야만 한다. 즉 법률은 모든 법률행위를 시인하고 그 목적달성에 조력하는 것은 아니며, 일정한 이상을 가지고 그 이상에 타당하다고 인정되는 것에 대해서만 행위자가 원하는 대로의 효과가 확실하게 발생하도록 도움을 주는 것이다. 이러한 점에서 법률행위의 목적은 가능하고, 확정할 수 있는 것이어야 하며, 또한 그 목적이 현대의 법률사상에 비추어 판단할 때에 허용될 수 있는 것이어야 한다. 즉 법률행위의 목적에 관하여는 확정 · 가능 · 적법 · 사회적타당성이라는 요건이 요구되는 것이다.

#### 1) 목적(내용)의 확정성

내용이 불확정한 법률행위는 무효라고 할 수 밖에 없다. 다만 법률행위의 목적이 명확하지 않은 경우에는 그것을 명확하게 하기 위해서 법률행위의 해석이라는 작업을 통하여 그 내용을 보충할 수 있지만, 그래도 명백히 할 수 없는 것에 대해서는 법률행위로서는 무의미한 것이 되어 무효라고 할 수 밖에 없다. 따라서 법률행위의 내용은 법률행위의 성립시에 확정되어 있거나 또는 확정할 수 있는 것이어야 한다. 즉 그 목적이 확정 또는 확정가능성이 있으면 그 법률행위는 유효하게 되는 것이다. 이 확정의 표준은 구체적인 상황에 따라 판단되어야 하나 보통 당사자에 의하여 확정되어 지며 경우에 따라서는 거래의 관습이나 법률의 규정에 의하여 주어지는 경우도 있다. 막연히 '뒤를 돌보아주겠다' 는 내용의 법률행위는 확정가능성이 없는 예가 된다.

#### 2) 목적(내용)의 실현가능성

실현이 불가능한 사항을 목적으로 하는 법률행위는 법적효과를 인정하더라도 아무런 의미가 없기 때문에 무효로 된다. 예를 들면 죽은 사람을 다시 살린다는 취지의 계약은 실현가능성이 없기 때문에 무효가 되는 것이다. 실현가능한가 불능인가를 결정하는 기준은 사회통념, 즉 그시대 그 사회에서의 통상인의 평가에 의한다. 즉 물리적인 불능뿐만 아니라 물리적으로 가능하다고 하더라도 사회통념상 불능이라고 볼 수 있는 경우라면 불능이라고 한다. 이를 테면 한강에 빠트린 반지를 찾아내는 계약은 불능에 해당한다.

#### 3) 목적(내용)의 적법성

법률행위의 목적은 적법한 것이어야 한다. 즉 그 목적이 강행법규(강행규정)에 위반하는 내용의 법률행위는 무효가 된다. 강행법규(강행규정)란 '법령중의 선량한 풍속 기타 사회질서에 관계있는 규정'을 의미하며, 이는 당사자의 의사와 관계없이 언제나 그 규정이 적용되는 것이다. 이와 반대로 '법령중의 선량한 풍속 기타 사회질서에 관계없는 규정'은 「임의법규」라고 한다. 임의법규는 당사자의 의사에 의하여 그 규정의 적용을 배제할 수 있는 것이다.

#### 4) 목적(내용)의 사회적 타당성

앞에서 살펴보았듯이 임의법규에 반하는 법률행위는 유효하지만 강행법규에 반하는 법률행위는 무효이다. 그렇다고 해서 강행법규에 반하지 않는 한 어떠한 행위든 유효한 것은 아니다. 즉 강행법규에 반하지 않더라도 정의에 반하는 행위라든가 반사회적인 행위마저 유효하다고 할 수는 없는 것이다. 즉 선량한 풍속 기타 사회질서에 반하는 사항을 목적으로 하는 법률행위는 무효이다. 이는 항을 바꾸어 자세히 살펴보기로 한다.

**선량한 풍속 기타 사회질서에 반하는 법률행위**

선량한 풍속 기타 사회질서에 위반하는 법률행위는 무효이다. 선량한 풍속이란 사회의 일반적인 윤리·도덕관념을 말하며, 사회질서란 국가사회의 일반적 이익이라고 한다. 그러나 따지고 보면 양자는 그 한계가 애매하며, 반드시 별개의 내용을 가지고 있는 것도 아니다. 따라서 선량한 풍속 기타 사회질서의 위반여부는 법률행위의 내용뿐만 아니라 동기나 목적 등 주위 사정을 종합하여 미루어 짐작되는 법률행위의 전체 성격으로 부터 결정하여야 할 것이다. 법률행위가 선량한 풍속 기타 사회질서에 위반되는 형태는 대단히 다양하나 보편적으로 아래와 같이 분류한다.

### 1) 가족질서나 인륜에 반하는 행위

일부일처제나 친자간의 윤리, 성도덕에 반하는 것을 목적으로 하는 법률행위는 무효이다. 판례에 의하면 일부일처제에 반하는 이른바 첩계약은 처의 동의 유무에 관계없이 사회질서에 반하는 법률행위라고 하여 이를 무효로 하고 있다. 다만 판례는 첩관계를 청산하는 것을 조건으로 한 금전지급 약정은 유효하다고 한다. 또한 혼인예약(약혼)후 동거를 거부할 때에는 금전을 지급하기로 하는 계약도 무효이다.

친자간의 윤리관계로 자가 부모의 이혼후 모와 동거하지 않겠다는 부자간의 계약은 무효이며, 자가 부모를 상대로 하여 불법행위로 인한 손해배상을 청구하는 행위도 인륜에 반하여 허용되지 않는다. 또한 이른바 독신계약 예컨대 여자비서를 채용하면서 근무기간 중 혼인하지 않을 것을 요구하는 약관이나, 특정인과 결혼하기로 한 약관 등은 무효이다.

※ 대판 1980. 6. 24, 80다458 : 피고(夫)가 원고(妾)와의 부첩관계를 해소하기로 하는 마당에 그동안 원고가 피고를 위하여 바친 노력과 비용등의 희생을 배상 내지 위자하고 또 원고의 장래 생활대책을 마련해준다는 뜻에서 금전을 지급하기로 약정한 것이라면 부첩관계를 해소하는 마당에 위와 같은 의미의 금전지급약정은 공서양속에 반하지 않는다.

※ 대판1955. 10. 13, 4288민상245 : 따라서 불륜관계를 해소하면서 생활비를 대주겠다는 계약이나, 그 사이에서 출생한 자녀의 양육비를 대 주겠다는 계약은 유효하다고 하겠다. 그러나 처가 있는 남자가 다른 여자와 혼인식을 거행하고 장래 혼인신고하기로 하여 혼인예약을 맺는 것은 무효이다.

※ 대판 1963. 11. 7, 63다587 : 남녀가 혼인예약을 한 뒤에 남자가 여자와의 동거를 거부할 때에는 그 여자에게 금 45,000원을 지급하기로 한 약정은 남자는 상대방에게 금전을 지급함으로써 법률상 보호를 받아야 할 쌍방간의 사실상 혼인관계를 파기할 수도 있는 반면 계속 동거할 의무를 여자에게만 지우게 하는 것은 분명히 사회질서와 선량한 풍속에 반하는 사항을 내용으로 하는 계약이다.

### 2) 정의의 관념에 반하는 행위

어떠한 범죄를 내용으로 하거나 조건 또는 동기로 하는 법률행위는 무효이다. 예를 들면 밀수입의 자금으로 사용하기 위한 대차나 밀수목적으로 한 출자는 무효가 된다. 그 밖에 장물매각의 수탁, 살인청부계약 등이 전형적인 예가 된다. 또한 그 내용자체는 반사회질서적인 것이 아니라 하여도 법률적으로 이를 강제하거나 그 법률행위에 반사회적인 조건이나 금전적 가치가 결부됨으로써 반사회질서적 성질을 띠게 되는 경우도 역시 무효가 된다. 이를 테면 명예훼손의 범행을 하지 않는다는 것을 조건으로 금전을 지급하기로 한 계약은 무효이다. 부동산의 매도인에게 2중매매를 적극 권유하여(예컨대 2중매매는 민형사상 아무런 문제가 없으며 만일 문제가 되면 자기가 전부 책임을 지겠다는 등의 감언이설로 적극 사주한 경우) 그 목적물을 매수하는 것은 그 매도인의 배임행위에 적극 가담하여 이루어진 2중매매로서 사회정의에 위반되는 반사회적 법률행위로서 무효가 된다. 그 밖에 경매나 입찰에서 부정한 약속을 하는 이른바 담합행위도 사회질서에 반하여 무효이다.

### 3) 인격의 존중 또는 개인의 자유를 심하게 제한하는 행위

정신적 신체적자유를 심하게 제한 하는 행위로서 이를 테면 노예계약이나 인신매매, 매춘행위 등은 반사회적 법률행위로 무효이다. 또한 일생동안 혼인을 하지 않겠다는 계약이나 어떤 일이 있어도 이혼하지 않겠다는 약정, 근로계약중 결혼하면 자동퇴직한다는 결혼퇴직조항(일명 독신약관이라고도 함) 등도 결혼의 자유를 심하게 제한하는 것으로서 무효가 된다. 다만 생존 중에 혈액이나 장기 등 신체의 일부를 양도하는 계약은 양도인의 건강 등 의학적 측면과 양도인 · 양수인 사이의 신분관계를 고려하여 사회적 타당성 여부를 판단하여야 할 것이다. 그러나 채무불이행시에는 신체의 일부를 절단하여 양도한다는 계약(세익스피어작 「베니스의 상인」)은 당연히 무효가 된다.

경제활동의 자유를 심하게 제한하는 경우, 예를 들면 피용자가 퇴직 후 고용주와 경쟁관계에 있는 영업을 하지 않겠다는 계약, 영업을 양도한 자가 같은 종류의 영업을 하지 않기로 하는 계약등은 영업금지의 지역과 기간, 영업의 종류 등으로 보아 개인의 생존권적인 영업의 자유를 구속한다고 볼 수 있을 정도로 현저하게 제한되는 것이면 무효가 된다.

※ 대판 1982. 6. 22, 82다카90 : 해외파견된 근로자가 일정기간 소속회사에 근무하여야 한다는 사규나 약정은 민법 제103조나 제104조에 위반된다고 할 수 없고, 일정기간 근무하지 않으면 해외파견 소요경비를 배상한다는 사규나 약정은 근로계약기간이 아니라 경비반환채무의 면제기간을 정한 것이므로 근로기준법 제21조에 위배하는 것도 아니다.

#### 4) 생존의 기초가 되는 재산의 처분행위

이를 테면 자기가 장차 취득할 전재산을 양도하는 계약과 같이 생존을 불가능하게 하는 것은 무효이다. 판례는 사찰이 그 존립에 필요불가결한 재산인 임야를 증여하는 행위는 무효로 하고 있다.

#### 5) 사행성이 현저한 행위

도박은 형사상의 범죄(형법 제246조 이하 참조)가 되지만, 범죄가 되지 않을 정도의 것도 도박에 관한 모든 계약은 사회질서에 반하여 무효이다. 즉 도박에 의하여 금전채무를 발생시키는 행위 자체뿐만 아니라, 그와 관련하여 도박자금을 대여하는 행위, 도박으로 부담하게 된 노름빚을 갚기 위하여 토지를 양도하는 계약, 도박자금으로 빌린 돈의 담보를 위하여 근저당권을 설정하고 가등기하는 것 등도 모두 무효이다.

**불공정한 법률행위(폭리행위)**

당사자의 궁박 · 경솔 또는 무경험으로 인하여 현저하게 공정을 잃은 법률행위는 무효로 한다. 이러한 행위를 폭리행위라고 하며, 경제적 강자가 약자를 착취하는 것을 방지하기 위한 것이다.

궁박이란 급박한 곤궁, 즉 벗어날 길이 없는 어려운 상태를 말하며, 경제적인 어려움에 한하는 것은 아니다. 즉 신분적 압박이나 신체적. 정신적으로 절박한 상태도 포함되는 것이다. 또한 궁박의 상태는 계속적인 것이든 일시적인 것이든 상관없으며, 친척 등의 궁박상태 때문에 법률행위를 한 경우도 포함된다. 궁박의 예로서는 아내의 치료비 및 자녀의 학교공납금이 필요한 경우, 국회의원선거에 출마한 자가 선거운동비 부족으로 부동산을 처분하여야만 하게 된 경우, 아버지의 병이 위독하기 때문에 그 치료비를 마련하기 위하여 할 수 없이 부동산을 처분하게 된 경우, 농촌에서 농사만을 짓던 가족이 사고로 가장을 잃어 경제적으로나 정신적으로나 경황이 없는 경우, 응급처치를 요하는 환자가 의사로 부터 부당한 보수를 요구받는 경우등을 들 수 있다.

경솔이란 특정행위를 하기로 의사결정을 한 때에 그 행위의 결과에 대하여 보통인이 기울이는 주의를 하지 않은 심적 상태를 말한다. 판례상 인정되는 경솔의 예로서는 매도인이 평소 어리석은 사람인 것이 인정되고 매수인이 매수 후 불과 3개월 만에 매수가격의 4.5배로 전매한 것이 판명된 경우 등을 들 수 있다.

무경험이란 일반적인 생활체험의 부족을 의미한다. 이를 테면 나이가 어리다든가, 외국에서 이사온지 얼마 안 된다든가 하는 경우이다. 판례에 나타난 것을 보면 원래 아는 것과 경험이 없고 사고 경위도 모르는 채 아들이 사망했다는 비보에 충격을 받아 경황이 없는 상태에서 상대방 회사의 규모나 신용에 비추어 그 직원들의 말만 믿고 정상적인 손해배상금보다 훨씬 작은 금원을 수령하면서 합의서에 날인한 경우, 상속인이 아무 것도 모르는 것을 기화로 학자의 집에서 귀중한 서적을 염가로 매수한 경우 등을 들 수 있다. 그러나 자동차구입자가 전문가나 알 사항을 모른다고 해서 무경험으로 인정되는 것은 아니며, 매도인이 부동산매매계약 당시 나이가 32세 6월된 대학졸업자로서 직장생활도 했고 토지담보거래, 소송수행 등의 체험이 있으며 인감도 네차례나 개인한 일이 있다면 무경험 · 경솔로 매매계약을 체결한 것으로 볼 수 없다고 한다.

그리고 폭리행위가 되기 위하여는 법률행위가 현저하게 공정을 잃은 것, 즉 급부와 반대급부 사이에 현저한 불균형이 있어야 한다. 이는 단순한 산술적 개념이 아니므로 법률행위의 내용 시기 장소 기타 주의사정을 종합적으로 고려하여 판단할 수밖에 없다. 판례는 임야를 시가의 1/2.5 내지 1/5의 가격으로 매매한 경우, 3400만원 상당하는 임야를 600만원에 매매한 경우시가의 1/8정도의 가격으로 매매가 된 경우, 정상적으로 받을 수 있는 손해배상금의 1/8만 받고 합의서를 작성한 경우, 700만원 상당의 생활근거 가옥을 267만원에 매도한 경우를 급부와 반대급부간에 현저한 불균형이 있는 것으로 보고 있다.

이와 같은 불공정한 법률행위의 무효효과는 절대적이므로 법률행위가 불공정한 행위로서 무효인 경우에는 목적 부동산이 제3자에게 소유권 이전등기가 된 여부에 불구하고 누구에 대해서도 무효를 주장할 수 있다.

# 동기의 착오

**● 사례**

산업도로가 통과하고 지목을 주택지로 변경하는 개발계획이 있기 때문에 그 임야를 사두면 금방 몇 배는 값이 오를 것이라는 부동산 중개인의 말을 믿고 A는 B에게서 그 임야를 비싸게 샀는데 개발계획은 엉뚱한 곳으로 결정된 경우, A는 그 매매계약을 취소할 수 있을까?

## 착오에 의한 의사표시

**1) 착오의 의의**

의사표시에 착오가 있는 때에는 표의자는 일정한 요건하에 이를 취소할 수 있다. 착오를 이유로 취소할 수 있기 위하여는 법률행위의 중요부분에 착오가 있어야 한다. 착오란 표시된 내용과 내심의 진의와의 불일치가 표의자가 알지 못하는 사이에 생기고 있는 경우를 말한다. 착오는 표의자가 그 불일치를 알지 못한다는 점에서 진의 아닌 의사표시와 구별된다.

**2) 착오의 유형**

의사표시의 착오는 의사표시 성립의 어느 과정에서 착오가 생겼느냐에 따라 다음과 같은 유형으로 나누어진다.

(1) 표시상의 착오 : 표시행위를 잘못하는 것이 표시상의 착오이다. 즉 표의자가 표시하고자 의욕한 것과 다른 표시를 하는 것이다. 예를 들면 매도인이 청약서에 75만원으로 기재할 것을 잘못하여 57만원으로 쓴 경우이다.

(2) 내용의 착오 : 표의자가 표시행위의 의미를 잘못 이해하는 것이 내용의 착오이다. 즉 표의자가 의사표시의 내용에 관하여 착오에 빠지는 것이다. 예를 들면 미국 달러와 홍콩 달러가 동일한 가치라고 오신하여 홍콩 100달러를 미국 100달러로 표시하는 경우이다.

(3) 동기의 착오 : 동기의 착오란 표시에 대응하는 내심의 의사는 존재하지만, 그 내심의 의사를 결정할 때의 동기 내지 내심의 의사를 결정하는 과정에 착오가 있는 경우를 말한다. 예컨대 금반지라고 믿고 도금한 구리반지를 매수하는 것을 들 수 있다. 이 문제는 따로 분리하여 다음 강의에서 자세히

설명하기로 한다.

### 3) 착오의 효과

(1) 원칙 : 법률행위의 내용의 중요 부분에 착오가 있는 때에는 그 의사표시는 취소할 수 있다. 따라서 법률행위의 중요하지 않은 부분에 착오가 있으면 취소하지 못한다.

법률행위의 중요한 부분에 관한 착오에 관한 것으로 볼 수 있는가의 여부는 표의자가 그러한 착오를 하지 않았더라면 그러한 의사표시를 하지 않았으리라고 생각될 뿐만 아니라(주관적 요건), 보통 일반인도 표의자의 지위에 섰더라면 그러한 의사표시를 하지 않았을 것이라고 생각될 정도(객관적 요건)로 중요한 착오인가 아닌가에 의하여 판단되어야 한다.

그리고 무엇이 중요한 부분의 착오인가는 추상적 · 일률적으로 결정할 것이 아니라 개개의 법률행위에 관하여 구체적으로 표의자 자신의 이익과 상대방의 이익 및 거래의 안전 등을 고려하여 판단되어야 한다. 대체적으로 살펴보면 법률행위의 성질에 관한 착오(예를 들면 임대차를 사용대차인 줄로 잘 못 알았거나, 연대채무를 보증채무로 잘 못 안 경우)는 보통 중요부분의 착오가 된다. 신용매매 · 대차 · 증여 · 위임 · 고용 등에서는 상대방이 누구인가 하는 것이 중요부분이 되므로 이 경우 사람의 동일성에 관한 착오는 중요부분의 착오가 된다. 그러나 현실매매에서는 중요부분의 착오라고 할 수 없다. 그리고 물건이 특정되어 있지 않은 경우에는 실제상 물건의 동일성에 관한 착오는 생각하기 어렵다. 그러나 특정물을 목적으로 하는 법률행위는 원칙적으로 물건의 개성을 중시하여 행하여 지는 것이므로 이러한 경우에는 물건의 동일성은 원칙적으로 중요한 사항이며 이에 관한 착오는 중요부분의 착오가 된다. 물건의 가치나 범위, 수량도 경우에 따라서는 중요한 사항이 되며 이에 관한 착오는 중요부분의 착오가 될 수 있다. 다만 판례는 매매 목적 부동산의 근소한 평수의 차이는 매매계약의 중요부분의 착오가 될 수 없다고 한다. 또한 매매목적물의시가에 관한 착오, 즉 매매 목적물의 시가를 알지 못하여 대금과 현실의 시가간에 착오가 있어도 이것은 중요부분의 착오가 아니라는 것이 판례의 입장이다.

※ 대판 1974. 4. 23, 74다54 : 토지의 현화 경계에 관한 착오는 매매계약의 중요한 부분에 관한 착오이다.

※ 대판 1967. 2. 7, 66다2518 : 손해배상청구액에 비하여 너무나 적은 금액을 위자료로 받고 손해배상청구권을 포기하는 취지의 각서를 냈다 하더라도 위 각서는 미리 인쇄되어 있는 용지에 원고들이 위 청구권을 포기하는 진의 없이 위 각서에 기명날인한 것에 지나지 않아 이는 착오에 의한 의사표시라 할 것이다.

※ 대판 1971. 4. 30, 71다399 : 피해자와가해자간에 앞으로 손해배상청구등 행위를 하지 않겠다는 내용의 합의서를 작성한 것이 피해자가 가해자측의 주장에 넘어가 장래에 들 치료비등을 잘 못 알고 한 것은 착오에 의한 의사표시로서 취소할 수 있다.

※ 대판 1985. 4. 23, 84다카890 : 토지매매에 있어서 시가에 관한 착오는 토지를 매수하려는 의사를 결정함에 있어 그 동기의 착오에 불과할 뿐 법률행위의 중요부분에 관한 착오라 할 수 없다.

(2) 예외 : 착오가 표의자의 중대한 과실로 인한 때에는 취소하지 못한다. 중대한 과실이란 표의자가 자신의 직업이나 행위의 종류 · 목적 등에 비추어 보통 베풀어야 할 주의를 현저하게 가지고 있지 않은 것을 말하며, 그 입증책임은 상대방에게 있다.

# 외상 술값은 1년이 지나면 갚지 않아도 되는가?

● **사례**

(1) 외상술값이 30만원이 넘는데 1년이 넘도록 매일 준다는 말 뿐이고 갚지 않을 경우, 법으로 받을 수 있는 방법은 없는가?
(2) 10년 전에 꼭 갚겠다고 철석같이 약속을 하고서 100만원을 빌려 간 후 까맣게 잊어버렸는지 아직까지 갚을 생각을 하지 않고 있는 경우, 이제는 법적으로 해서 받을 수 있는 방법은 없는가?

**소멸시효제도**

일정한 사실상태가 일정한 기간 동안 계속된 경우에 그러한 사실상태가 진실한 권리관계에 일치하는가의 여부를 묻지 않고 그 상태를 그대로 존중하여 권리관계로서 인정하려는 제도를 '시효' 라고 한다. 이러한 시효에는 일정한 기간 타인의 물건을 점유하는 자에게 그 물건에 관한 권리를 취득시키는 '취득시효' 와 일정한 기간 권리를 행사하지 않는 자에게 그 권리를 소멸시키는 '소멸시효' 라는 두 종류가 있다. 즉 소멸시효란 권리를 행사할 수 있음에도 불구하고 그 권리를 행사하지 않은 채 일정기간 계속되면 그 권리가 소멸되는 법적 효과가 발생하는 제도이다.

예컨대 학교 다닐 때 친구에게 5만원을 빌려준 사실을 잊어버리고 있다가 10년이 지난 후 동창회에서 그 친구를 만나 갚으라고 하였지만, 그 채권은 이미 소멸하였다고 하여 인정하지 않는 경우처럼 권리불행사의 사실상태가 일정한 기간 계속한 경우에 권리의 소멸을 인정하는 제도를 소멸시효라고 하는 것이다.

한편 생각하면 이러한 제도는 인간의 도덕률에 반한다고도 생각되는데 법이 이를 허용하는 이유는 무엇인가? 시효제도의 존재이유로서 대체로 다음과 같은 이유를 들고 있다. 제1이유는 사회질서의 유지를 강조하는 것이다. 영속한 사실상태는 존중되어야 한다는 것이다. 영속한 사실상태가 존재할 때에는 비록 진실한 권리관계와 부합하지 아니하여도 사회는 그 사실 상태를 정당한 것으로 신뢰하고 그것을 기초로 하여 여러가지의 법률관계가 형성되어 사회질서가 이루어지는 것이다. 그런데 만약 그 사실상태가 정당하지 못하다고 하여 이를 전복시킨다면 그 때까지의 신뢰관계 및 법률관계는 붕괴되고 나아가 사회질서가 문란하게 된다는 점을 지적한다. 제2이유는 과거사실의 증명이 곤란하다는 점이다. 즉 과거 사실의 증명곤란성으로 부터 소유자나 채무자를 구제하여야 한다는 것이다. 영속된 사실상태가 정당한 권리관계에 기초하는 것인가 어떤가에 대하여 다툼이 생긴 경우에 이미 오랜 세월이 경과함으로써 증거자료가 산일(散逸)되거나 멸실되는 일이 많기 때문에 확실한 증거에 의하여 판단하는 것이 매우 곤란해지는 점을 지적한다. 제3의 이유는 권리위에 잠자는 자는 보호할 가치가 없다는 이유이다. 권리행사에 대하여 태만한 자, 즉 권리위에 잠자는 자는 그 귀책성이 있으므로 법의 보호를 받을 가치가 없다는 것이다.

소멸시효는 권리를 행사할 수 있는 때로 부터 진행한다. 소멸시효의 목적이 되는 권리는 재산권 뿐이다. 신분권이나 인격권과 같은 비재산권은 소멸시효의 대상이 아니다. 다만 재산권 중에 소유권은 소멸시효의 대상이 되지 않는다.

일반채권의 소멸시효기간은 10년이다. 따라서 다음에 살펴볼 단기소멸시효에 걸리는 권리및 상법상 상행위로 생긴 채권(상법상 보통 채권의 소멸시효기간은 5년이다)을 제외한 모든 채권은 10년이 지나면 소멸시효가 완성한다. 채권 또는 소유권 이외의 재산권(지역권 등)은 20년간 행사하지 않으면 소멸시효가 완성한다.

**단기소멸시효제도**

앞에서 설명한 일반채권에 대한 10년의 소멸시효에 대한 예외로서 3년 및 1년의 소멸시효에 걸리는 채권이 있다. 이를 일반적으로 단기소멸시효라고 부른다. 이와 같은 단기소멸시효의 존재이유는 다음과 같이 설명한다. 단기시효의 대상이 되는 채권은 일상 빈번하게 발생할 뿐만 아니라 금액도 소액인 것이 보통이고 또한 영수증도 교부되지 않는 일이 많으며 교부되더라도 이를 오랫동안 보존한다는 것은 어렵고 이러한 채권은 단기간에 결제되는 것이 거래의 관행이며 또한 법률관계를 조속히 확정함으로써 분쟁을 일으키지 않기 위함이라고 설명한다.

### 1) 3년의 단기소멸시효

다음 각호의 채권은 3년간 행사하지 아니하면 소멸시효가 완성한다.

⑴ 이자 · 부양료 · 급료 · 사용료 기타 1년 이내의 기간으로 정한 금전 또는 물건의 지급을 목적으로 한 채권 : 여기서 '1년 이내의 기간으로 정한 채권' 이란 1년 이내의 정기로 지급되는 채권(정기급여채권)을 말하는 것으로서 변제기가 1년 이내의 채권이라는 의미는 아니다. 그리고 급부의 목적믈은 금전 또는 물건(불특정물)이라야 한다. 급료청구권 가운데 노역인과 연예인의 임금은 1년의 소멸시효에 걸리고 근로기준법상의 임금청구권은 3년의 소멸시효에 걸린다(근로기준법 제41조).

⑵ 의사 · 조산원 · 간호원 및 약사의 치료, 근무 및 조제에 관한 채권 : 이 적용을 받는 채권자는 의사 · 조산원 · 간호사 등의 의료인과 약사이다. 의사에는 치과의사와 수의사가 포함되는 것으로 해석한다. 무면허 의료인이나 무면허 약사의 채권은 여기에 해당되지 않는가? 무면허자의 채권을 제외하면 그 소멸시효기간은 10년으로 되어 결과적으로 무면허자를 면허자보다 더 보호하게 되는 부당한 결과가 되므로 이러한 자들의 채권도 여기에 포함된다고 해석한다. 의사의 치료에는 진료 및 수술이 포함됨은 물론이다. 약사의 조제란 판매 또는 투약의 목적으로 의약품을 조합하여 약제를 만드는 것을 말하므로 단순한 매약의 판매로 생긴 채권에는 본호가 적용되지 않는다고 볼 수 있으나, 본 조 제 6호의 상인이 판매한 상품의 대가에 해당할 것이므로 결국 3년의 시효에 걸리게 된다.

⑶ 도급받은 자, 기사 기타 공사의 설계 또는 감독에 종사하는 자의 공사에 관한 채권 : 도급이란 민법상의 계약 유형의 하나인 도급계약만을 뜻하는 것이 아니고 광범위하게 공사의 완성을 맡은 것으로 볼 수 있는 경우까지도 포함되는 것으로 해석한다(대판). 공사란 토목건축 등 공작이 가해지는 것을 말하며 부동산에 관한 것이 보통이겠지만 자동차 · 항공기 · 선박의 건조 · 수리와 같이 동산에 관한 공사도 있을 수 있다.

⑷ 변호사 · 변리사 · 공증인 · 계리사 및 사법서사에 대한 직무상 보관한

서류의 반환을 청구하는 채권 : 서류의 반환에 관한 것이므로 그 이외의 물건의 반환을 청구하는 채권은 여기에 해당되지 않는다.

(5) 변호사 · 변리사 · 공증인 · 계리사 및 사법서사의 직무에 관한 채권.

(6) 생산자 및 상인이 판매한 생산물 및 상품의 대가 : 생산자는 물건의 생산을 업으로 하는 자를 말하는데 여기에 해당되기 위하여는 영리의 목적으로 업무를 계속적 반복적으로 할 것을 요한다. 또한 생산물이란 유체물에 한하지 않고 널리 상품적 가치를 가지는 재화를 포함한다. 따라서 한국전력공사가 발전하여 생산한 전기도 여기서 말하는 생산물이 된다. 판매의 대가란 민법상의 매매로 인하여 생긴 채권만을 의미하는 것이 아니고 널리 경제적으로 매각이라고 볼 수 있는 것을 포함한다. 위에서 예로 든 전기공급 요금이나 도시가스공급 요금 등이 이에 해당한다.

(7) 수공업자 및 제조자의 업무의 관한 채권 : 수공업자란 자기의 일터에서 주문을 받아 그 주문자와 고용관계없이 타인을 위하여 일하는 자를 말하고, 제조자란 주문을 받아 물건에 가공하여 다른 물건을 제조하는 것을 업으로 하는 자를 말한다. 어느 경우이든 수공업적, 가내공업적 규모로 영업을 하는 자이어야 하고 근대적 기계설비를 갖추고 대규모로 영업하는 자는 본 조항 3호의「도급받은 자」에 해당할 것이다.

### 2) 1년의 단기소멸시효

다음 각 호의 채권은 1년간 행사하지 아니하면 소멸시효가 완성한다.

(1) 여관 · 음식점 · 대석(貸席) · 오락장의 숙박료 · 음식료 · 대석료 · 입장료 · 소비물의 대가 및 체당금의 채권 : 「여관」이란 숙박에 필요한 시설 및 설비를 갖추고 손님을 숙박시키는 영업, 즉 공중위생법상 소정의 숙박업을 말하는 것으로 볼 수 있다. 숙박업은 호텔업 · 콘도미니엄 · 여관업 및 여인숙업으로 세분된다. 「음식점」이란 음식물을 판매하는 대중음식점이나 유흥음식점을 말한다고 할 수 있다. 「대석」이란 잘 쓰지 않는 용어이나 제과점이나 다방 등을 말하는 것으로 보인다. 「오락장」이란 당구장이나 전자오락실 등과 같이 오락시설을 갖추고 오락을 즐길 수 있게 한 장소 내지 영업을 말한다.

(2) 의복 · 침구 · 장구(葬具) 기타 동산의 사용료의 채권 : 의복이나 침구 등

을 예로 들고 있는 점으로 비추어 일상생활에서 빈번히 발생하는 극히 단기의 동산 임대차로 인한 임료 채권만을 말하는 것으로 보인다.

(3) 노역인 · 연예인의 임금 및 그에 공급한 물건의 대금채권 : 「노역인」이란 사용자와 종속관계, 즉 고용관계에 있지 않고 주로 육체적 노력을 제고하는 자, 예컨대 목수 · 미장이 · 정원사등을 말한다. 「연예인」이란 대가를 받고 연예를 하는 것을 업으로 하는 자, 즉 배우나 코미디언 · 마술사 · 악사등을 말한다. 「그에 공급한 물건의 대금채권」이 무엇을 의미하는지 불분명한 점이 있지만 노역인이나 연예인이 노역 또는 연예와 관련하여 공급한 물건의 대가, 예컨대 목수가 공급한 못의 대가와 같은 것을 의미하는 것으로 해석된다.

(4) 학생 및 수업자의 교육, 의식 및 유숙(留宿)에 관한 교주(校主), 숙주(塾主), 교사의 채권 : 이는 널리 스승과 제자의 관계에서 스승이 제자에 대하여 갖는 채권을 말하는 것이다.

### 3) 판결에 의하여 확정된 채권

판결에 의하여 확정된 채권은 단기소멸시효에 해당한 것이라도 그 소멸시효는 10년이다.

# 등기부란 무엇인가?

● **사례**

(1) 땅문서(등기필증)를 잃어버린 경우에도 농토를 팔 수 있는가?

(2) 그 토지의 등기부 등본을 발급받아 보고 소유자 이름을 확인하고서 매매계약을 체결하여 대금을 치루고 이전등기를 했는데, 난데없이 자기가 그 땅의 진짜 소유자라고 하여 그 등기부의 명의는 서류를 위조한 것이라고 주장하면서, 등기를 말소하라는 소송을 걸어온 경우, 등기부등본까지 확인하고 샀는데 보호될 수 없는 것인가?

**[참조조문]** 민법 제186조, 부동산등기법 제49조

**부동산 등기제도**

**1) 부동산 등기란**

앞에서 설명하였듯이 토지와 건물을 부동산이라고 하며, 부동산 물건의 공시방법은 등기이다. 즉 부동산의 권리관계를 모든 사람에게 알려주기 위한 방법으로 국가에서 등기부라고 하는 공적인 장부를 만들어 놓고 등 기관으로 하여금 부동산에 관한 권리관계를 기재하도록 하는 것이 부동산 등기제도이다. 등기부는 등기소나 법원에서 누구나 열람하고 등본을 교부받을 수 있다.

**2) 부동산 등기부**

부동산 등기부에는 토지등기부와 건물등기부가 있으며 각각 1필의 토지 또는 1동의 건물에 대하여 1용지를 사용한다. 즉 부동산 1개마다 등기부 1개씩을 만들어 등기소에 보관하고 있다. 토지는 인위적으로 금을 그어서 나누고 지번을 매기는데 토지 1필지가 1개의 부동산이 되는 것이다. 건물도 토지에 붙어 있는 것이지만 별개의 부동산으로 취급되어 따로 등기부가 있다. 건물이 1개냐 2개냐 하는 것은 일반관념에 따라 결정되는데 요즈음 아파트 등 집합 건물이 많이 생겨서 외관상 1개의 건물이지만 각 세대마다 구분하여 독립한 소유권을 인정하고 있다.

과거의 구식 등기부는 한자를 사용하고 세로쓰기를 하여 읽기가 불편하였으나 새로이 편성된 등기부는 한글과 가로쓰기를 하므로 읽기가 훨씬 쉬워

졌다. 다만 신등기부는 등기부가 작성되기 이전의 권리관계는 기재하지 않고 있으므로 오래된 권리관계를 알아보려면 폐쇄된 등기부를 열람하여야 한다. 부동산에 관한 공부로서 등기부외에 토지대장과 가옥대장이 있다. 이는 각각 토지와 가옥의 상황을 명확히 표시하는 장부이고 과세의 기본이 되며 시 · 군에 비치한다.

### 3) 부동산 물권변동과 등기

등기가 요구되는 부동산 물권은 소유권과 지상권, 지역권, 전세권, 저당권 등이다. 따라서 이와 같은 부동산 물권변동은 원칙적으로 당사자들의 합의(부동산 소유권이전의 합의, 저당권 설정계약, 전세권 설정계약 등)와 그 등기(부동산 소유권이전등기, 저당권 설정등기, 전세권 설정등기 등)가 있을 때 일어난다. 예를 들면 매도인 갑과 매수인 을이 건물을 사고 팔기로 합의한 것 만으로서는 소유권이 매수인 을에게 이전하지 않으며, 소유권 이전등기가 매수인 을의 이름으로 행하여졌을 때 비로소 소유권이 을에게 이전하여 법적으로 주인이 되는 것이다. 비록 매수인 을이 그 건물로 이사하여 현재 살고 있다거나 집문서를 가지고 있다고 하더라도 등기부에 을의 이름으로 이전등기가 되어 있지 않는 한, 을은 소유권을 취득한 것이 아니다. 다만 상속이나 판결, 공용징수, 경매 기타 법률의 규정에 의한 부동산 물권의 취득은 등기없이도 효력이 발생하지만 등기하지 않고는 처분하지 못한다.

### 4) 등기부의 구조와 등기부 보는 법

(1) 등기부는 토지등기부와 건물등기부가 따로 있으므로 집을 사려면 양쪽을 다 보아야 한다.

등기부는 등기번호란, 표제부, 갑구, 을구의 4부분으로 되어 있다. 등기번호란에는 토지나 건물 대지의 지번이 기재되어 있다. 표제부에는 토지와 건물의 내용, 즉 소재지(예컨대 대구직할시 남구 봉덕동 1071)와 면적(예컨대 200㎡), 용도(예컨대 대지, 임야, 주택, 창고 등), 구조(예컨대 2층, 목조건물, 철근콘크리트조 슬래브지붕) 등이 변경된 순서대로 적혀있다.

(2) 갑구에는 소유권에 관한 사항이 접수된 일자순으로 적혀있다. 맨처음

기재된 사항이 소유권 보존등기(최초의 소유자)이고 그 이하 소유권 이전등기가 계속되어 간다. 각 등기사항 중 변경된 것이 있으면 (예컨대 소유자의 주소변경) 변경등기(부기등기)를 한다. 만약에 소유권 이전등기가 무효라고 하여 제3자가 소송을 걸어오면 법원에서 등기부에 예고등기를 해 두는 것이 보통이다. 소송 결과 무효가 확정되어 소유권 이전등기의 말소등기를 하면 이전등기를 하기 전의 상태로 돌아간다. 그 외에 압류등기 · 가처분등기 등이 있다.

(3) 특히 주의할 것은 가등기이다. 가등기는 부동산 물권변동을 일어나게 할 청구권을 가지는 자를 보호하기 위하여 일시적 예비적 보전수단으로서의 등기이다. 가등기는 순위보전적 효력이 있으므로 나중에 본등기를 하게 되면 가등기보다 늦게 된 등기는 원칙적으로 무효가 된다. 그 절차가 쉽고 효력이 강한 반면에 등록세는 싸기 때문에 많이 이용된다. 특히 근래에는 가등기담보의 형태로서 중요한 기능을 한다.

만약에 소유권이전등기가 무효라고 하여 제3자가 소송을 제기하면 법원에서는 직권으로 등기부에 예고등기를 하게 된다.예고등기와 관련하여 원고가 소송에서 패소 확정된 경우에는 제1심법원이 예고등기의 말소를 등기소에 촉탁한다. 그러나 법원의 실수로 예고등기가 말소되지 아니한 경우에는 당사자가 법원에 말소를 청구할 수 있지만,이는 법원의 직권발동을 촉구하는 의미 밖에 없다. 따라서 소송기록은 법원이 보존하여야 함에도 불구하고 사무처리상 이를 하지 않는 경우가 많고, 따라서 예고등기 말소와 관련하여 법원에서 선고된 재판기록은 당사자가 보존하여야 추후 예고등기 말소와 관련하여 고생을 하지 않게 된다.

(4) 을구는 소유권 이외의 권리, 즉 저당권 · 지상권 · 전세권과 같은 제한물권에 관한 사항을 기재한다. 특히 주의할 점은 근저당권 설정등기이다. 근저당권 설정등기에는 채권 최고액이란 것이 있어서 등기부에 기재된 최고액을 한도로 부동산의 가격에서 담보책임을 지게 되므로 실제 채무액이 얼마인가를 따로 파악하여야 한다.

(5) 등기부를 볼 때에 가장 중요한 것은 갑구와 을구에 기재된 가등기 · 소유권 이전등기 · 저당권 설정등기 등의 등기의 전후와 접수일자(접수번호)를 잘 살펴보아야 한다는 점이다. 등기된 권리의 우선순위가 같은 갑구나 을구

간에서는 접수번호에 의하여 결정되기 때문이다

### 5) 등기를 하는 절차

(1) 등기는 원칙적으로 등기권리자와 등기의무자가 반드시 공동으로 부동산을 관할하는 법원 등기과나 등기소에 서면으로 신청하여야 한다(공동신청주의). 보통은 법무사가 양쪽의 위임을 받아서 처리한다. 다만 판결에 의한 등기나 상속등기는 단독으로 신청할 수 있는 경우도 있다.

(2) 법원이나 등기소의 등기관은 등기신청이 있으면 순서대로 이를 접수하여 순서대로 등기부에 기재하여야 하고, 일단 접수된 신청서류 등에 형식적인 결함이 있으면 신청을 각하할 수 있으나 실질적 심사권(예컨대 매매계약이 무효인지의 여부 등)은 없다.

(3) 소유권보존등기를 신청할 때에는 주민등록등본 1통 · 신청서부본 3통 · 등록세 납부영수필 통지서 · 영수필 확인서 각 1통씩과 미등기 토지의 토지대장등본 또는 미등기 건물의 건축물 관리대장 등본과 동일한 대지상에 수개의 건물이 있거나 구분 건물인 경우에는 건물 도면 1통씩이 필요하다.

(4) 소유권 이전등기를 신청할 때에는 등기필증(구, 권리증), 인감증명서(등기의무자 예컨대, 매도인이라든가 저당권설정자, 전세권설정자 등), 등기원인을 증명하는 서면(예컨대, 매매계약서나 증여계약서 또는 전세권계약서, 저당권계약서 등), 등록세 납부영수필 통지서, 영수필 확인서 각1통씩과 신청서 부본 2통, 등기의무자(매도인이나 전세권설정자 또는 저당권설정자 등)와 등기권리자(매수인이나 전세권자 또는 저당권자 등)의 주민등록표등본, 토지대장(건물인 경우에는 건축물 관리대장 등)등본 등이 필요하다. 특히 계약(예컨대 매매나 증여, 교환 등)을 원인으로 하여 소유권 이전등기를 신청할 때에는 계약서에 부동산의 소재지를 관할하는 시장(구가 설치되어 있는 시에서는 구청장) · 군수의 검인을 받아 제출하여야 하며, 상속등기의 경우에는 호적등본(제적등본)을 받아 제출하여야 하고, 또한 부동산의 과세시가 표준액이 500만원 이상일 때에는 소정의 주택채권을 매입하여야 한다. 등기원인에 대하여 제3자의 허가 · 동의 또는 승낙을 받을 것이 요구되는 때에는 이를 증명하는 서면(예컨대 토지 등 거래계약 허가증이나 농지매매증명, 택지취득허가증)을 첨부하여야 한다.

※ 종전에 제출하였던 매도(교환)증서는 제출할 필요가 없다.

(5) 등기필증을 분실했을 경우, 종전에는 보증서를 첨부하였으나 지금은 등기의무자가 직접 등기소에 출석하거나 변호사 또는 법무사가 본인임을 확인하거나 등기신청할 때 또는 위임장에 공증인의 공증을 받아야 한다.

(6) 전세권이나 저당권 · 임차권 · 지상권 · 지역권 등의 설정등기를 신청하려면 소유권 이전등기시에 필요한 서류 중 검인계약서 대신에 원인관계를 증명하는 서류, 즉 전세권 설정계약서나 저당권 설정계약서 등이 필요하나, 신청서부본과 등기의무자, 즉 설정자의 주민등록표 등본은 불필요하다.

다만 등기부상 소유자의 성명이 잘못 기재되어 이를 변경등기하려면 틀린 사실 또는 변경된 사실을 증명하는 시 · 구 · 읍 · 면장의 서면(예컨대 주민등록표 등본)이나 이를 증명할 수 있는 서면(예컨대 동일인 보증서)과 신청서 부본 2통이 필요하다.

(7) 앞에서 설명하였듯이 등기는 등기권리자와 등기의무자가 공동으로 신청하는 것이 원칙이다. 그런데 통상 등기는 법무사나 변호사의 도움을 받아서 하는 것이 편리하다. 이때는 별도로 각 위임장을 작성하야야 함은 물론이다. 주의할 점은 행정서사는 등기절차를 대행할 수 없다.

## 부동산등기 특별조치법상의 유의할 점

### 1) 소유권 이전등기 신청의무

부동산 이전거래를 할 때에는 반드시 등기를 신청하여야 한다. 등기 신청을 언제하는냐는 원칙적으로 당사자의 자유이지만 다음과 같은 제한이 있다.

(1) 부동산의 소유권 이전을 내용으로 하는 계약을 체결한 자는 그 계약의 종류에 관계없이 반드시 등기신청을 할 수 있는 때로 부터 60일 이내에 소유권 이전등기를 신청하여야 한다. 따라서 매매와 같은 쌍무계약(당사자 쌍방이 서로 대가적인 채무를 부담하는 계약, 예컨대 매매)일 경우에는 상대방으로 부터 이전등기 관계서류를 넘겨받은 때와 같이 반대급부의 이행이 완료된 날, 증여와 같은 편무계약(당사자의 일방만이 채무를 부담하는 계약, 예컨대 증여)일 경우에는 그 계약의 효력이 발생한 날로부터 60일 이내에 각각 소유권 이전등기를 신청하여야 한다.

부동산등기특별조치법상의 소유권이전등기 신청의무는 양도, 증여 등과 같이 다른 소유자로부터의 소유권이전등기의 경우에 적용되는 것이고, 본인이 자기 소유의 건축물을 신축하는 경우에 있어서의 보존등기의 경우에는 적용되지 아니한다. 따라서 신축건물의 보존등기는 60일내에 하여야 하는 것은 아니고, 언제든지 등기신청을 하면 된다.

(2) 이와 같은 등기신청의무를 정당한 사유 없이 이행하지 아니하면 그 이후의 등기신청은 할 수 없는 것은 아니다. 다만 등기신청의무를 해태한 날 당시의 그 부동산에 대한 등록세액의 5배 이하의 범위내의 과태료 처분을 받게 된다.

**2) 거래내용과 부합하지 않는 등기신청행위에 대한 형사처벌**

(1) 등기원인 등을 허위로 기재하여서는 아니된다

부동산의 소유권을 넘겨주고, 넘겨받는 것을 목적으로 하는 계약을 체결한 사람이 그 원인을 허위로 기재하거나 소유권 이전등기외 다른 등기를 신청하여서는 아니되며, 이를 위반하면 3년 이하의 징역 또는 1억원 이하의 벌금형에 처하도록 하고 있다. 따라서 토지를 매매한 자가 증여를 받은 것으로 하여 등기를 신청하거나 저당권 설정등기를 신청하면 위와 같은 처벌을 받게 된다.

(2) 투기목적을 가지고 미등기 전매를 하면 형사처벌을 받게 된다

부동산의 소유권을 넘겨받을 것을 목적으로 하는 계약을 체결한 사람이 조세부과를 면하려 하거나, 다른 시점간의 가격변동에 따른 이득을 얻으려 하거나, 소유권 등 권리변동을 규제하는 법령의 제한을 회피할 목적으로 다음과 같은 기간내에 전매계약을 체결하면 3년 이하의 징역이나 1억원 이하의 벌금형을 받게 된다. 즉 전매계약을 체결하기 전에 이미 원계약에 따른 등기신청을 할 수 있었던 경우에 원계약에 따른 소유권 이전등기를 신청하지 아니하고 전매하거나, 전매계약을 체결한 후 원계약에 따른 등기신청을 할 수 있게 된 날로 부터 60일 이내에 소유권이전등기를 신청하지 아니한 때에는 위와 같은 형사처벌을 받게 된다.

(3) 명의신탁 등기의 무효

명의신탁이란 당사자의 신탁에 관한 채권계약에 의하여 신탁자가 실질적

으로 그의 소유에 속하는 부동산의 등기명의를 실체적인 거래관계가 없는 수탁자에게 매매 등의 형식으로 이전하여 두는 것을 말하며 그 결과 대내적 관계에서는 신탁자가 소유권을 보유하고 이를 관리 · 수익하며 공부상의 소유명의만을 수탁자에게 둔 것으로 대외적 관계에서는 부동산의 소유권이 수탁자에게 이전되는 것이다. 즉 부동산의 실제소유자와 등기명의자가 다르고, 이 부동산의 등기명의가 어떤 이유에서든지 실제 소유자로부터 위탁된 경우를 명의신탁이라고 한다.

부동산실권리자명의등기에 관한 법률(1995. 3. 30, 법률 제4944호)에서는 종전의 부동산등기특별조치법에 규정한 명의신탁등기의 금지조항이 대법원에서 단속규정으로 사법상 효력에는 영향을 미치지 않는다고 하였기 때문에 명의신탁을 사법상 효력이 없도록 하여 규정한 것이다. 동 법에서는 명의신탁약정이라 함은 부동산에 관한 소유권 기타 물권을 보유한 자 또는 사실상 취득하거나 취득하려고 하는 자(실권리자)가 타인과의 사이에서 대내적으로는 실권리자가 부동산에 관한 물권을 보유하거나 부유하기로 하고 그에 관한 등기(가등기를 포함)는 그 타인의 명의로 하기로 하는 약정(위임 · 위탁매매의 형식에 의하거나 추인에 의한 경우를 포함)을 말한다. 다만 채무의 변제를 담보하기 위하여 채권자가 부동산에 관한 물권을 이전받거나 가등기하는 경우, 부동산의 위치와 면적을 특정하여 2인 이상이 구분소유하기로 하는 약정을 하고 그 구분소유자의 공유로 등기하는 경우, 신탁법 또는 신탁업법에 의한 신탁재산인 사실을 등기한 경우에는 명의신탁으로 보지 않는다. 또한 종중이 보유한 부동산에 관한 물권을 종중(종중과 그 대표자를 같이 표시하여 등기한 경우를 포함)외의 자의 명의로 등기한 경우, 배우자 명의로 부동산에 관한 물권을 등기한 경우에는 조세포탈 · 강제집행의 면탈 또는 법령상 제한의 회피를 목적으로 하지 아니하는 경우에는 사법상 무효가 아니라고 하고 있다.

이러한 명의신탁약정의 효력에 대하여 법 제4조에서는 명의신탁양정은 무효로 하고, 명의신탁약정에 따라 행하여진 등기에 의한 부동산에 관한 물권변동은 무효로 한다고 하여 사법상으로 무효로 규정하고 있다. 다만 이러한 무효는 제3자에게 대항하지 못한다.

법 제3조는 실권리자명의등기의무를 부과하여 누구든지 부동산에 관한 물권을 명의신탁약정에 의하여 명의수탁자의 명의로 등기하여서는 아니되고(제1항), 채무의 변제를 담보하기 위하여 채권자가 부동산에 관한 물권을 이전받는 경우에는 채무자 · 채권금액 및 채무변제를 위한 담보라는 뜻이 기재된 서면을 등기신청서와 함께 등기관에게 제출하여야 한다(제2항)고 규정하고 있다. 그래서 제3조 제1항의 규정을 위반한 명의신탁자와 제3조 제2항의 규정을 위반한 채권자 및 동조동항의 규정에 의한 서면에 채무자를 허위로 기재하여 제출하게 한 실채무자에 대하여는 당해 부동산가액의 100분의 30에 해당하는 금액의 범위안에서 과징금을 부과하도록 하고 있다(제5조).

또한 제3조 제1항의 규정을 위반한 명의신탁자, 제3조 제2항의 규정을 위반한 채권자 및 동조동항의 규정에 의한 서면에 채무자를 허위로 기재하여 제출하게 한 실채무자에 해당하는 자 및 그를 교사하여 당해 규정을 위반하도록 한 자는 5년 이하의 징역 또는 2억원 이하의 벌금에 처하고, 제3조 제1항의 규정을 위반한 명의수탁자 및 그를 교사하여 당해 규정을 위반하도록 한 자는 3년 이하의 징역 또는 1억원 이하의 벌금에 처한다. 아울러 제3조의 규정을 위반하도록 방조한 자는 1년 이하의 징역 또는 3천만원 이하의 벌금에 처하도록 하여 명의 신탁을 하게 되면 형사적으로도 처벌받게 되었다.

(4) 검인계약서와 허가서

계약을 원인으로 소유권이전등기를 신청할 때에는 반드시 검인을 받은 계약서를 제출하여야 하며, 확정판결 등에 의하여 소유권이전등기를 하려고 하는 경우에도 그 판결서 등에 검인을 받아 제출하여야 한다. 또한 부동산을 취득하기 위하여 행정관청으로 부터 허가를 받아야 하거나 신고를 하는 경우에는 등기신청시에 반드시 그 허가나 신고를 증명하는 서면을 함께 제출하여야 등기할 수 있으며, 확정판결이나 그와 같은 효력이 있는 조서 등에 의하여 등기를 하려는 경우에도 마찬가지이다.

**참고판례** ※ 대판 1991. 12. 24, 90다12243 : (1) 국토이용관리법상의 토지거래 허가를 받지 아니한 토지매매계약은 물권적 효력은 물론 채권적 효력도 발생하지 아니하여 무효라고 보아야 할 것이다. 다만 허가를 받기 전의 거래계약이 처음부터 허가를 제한하거나 참탈하는 내용의 계약일 경우에는 확정적으로 무효로서 유효화될 여지는 없으나, 장차 허가를 받을 것을 전제로 한 거래계약(허가를 배제하거나 참탈하는 내용이 아닌 계약은 여기에 해당하는 것으로 본다)일 경우에는 허가를 받을 때 까지는 법률상 미완성의 법률행위로서 소유권 등 권리의 이전 또는 설정에 관한 거래의 효력이 전혀 발생하지 않음은 위의 확정적 무효의 경우와 다를 바 없지만, 일단 허가를 받으면 그 계약은 소급하여 유효한 계약이 되고, 이와 달리 불허가가 된 때에는 무효로 확정되므로 허가를 받기까지는 유동적 무효의 상태에 있다고 보는 것이 타당하다. 그러므로 허가받을 것을 전제로 한 거래계약은 허가 받기전의 상태에서는 거래 계약의 채권적 효력도 전혀 발생하지 않으므로 권리의 이전 또는 설정에 관한 어떠한 내용의 이행청구도 할 수 없으나, 일단 허가를 받으면 그 계약은 소급해서 유효화되므로 허가 후에 새로이 거래계약을 체결할 필요가 없는 것이다.

(2) 장차 허가를 받을 것을 전제로 계약을 체결한 당사자 사이에 있어서는 그 계약이 효력있는 것으로 완성될 수 있도록 서로 협력할 의무가 있음이 당연하므로, 규제지역내의 토지에 대하여 거래계약이 체결된 경우에 쌍방 당사자는 공동으로 관할 관청의 허가를 신청할 의무가 있고, 이러한 의무에 위배하여 허가 신청절차에 협력하지 않는 당사자에 대하여 상대방은 협력의무의 이행을 소송으로 구할 이익이 있다고 할 것이다. 그러나 허가받기 전의 상태에서는 아무런 효력이 없어 권리의 이전 또는 설정에 관한 어떠한 이행청구도 할 수 없다.

**사례의 해결** (1) 등기필증은 등기관이 등기를 완료하였을 때에는 등기원인을 증명하는 서면 또는 신청서의 부본에 신청서의 접수연월일, 접수번호, 순위번호와 등기필의 뜻을 기재하고, 등기소인을 찍어 등기권리자에게 교부한 서류를 말하고, 일반적으로 집문서 또는 땅문서 혹은 권리증 · 권리장이라고도 한다.

등기필증은 이와 같이 매우 주요한 권리관계 서류이므로 소중히 보관하여야 하고 분실하면 다시 발급해주지 않는다. 따라서 토지나 건물과 같은 부동산소유자가 등기필증을 분실하게 되면 권리를 이전하는데 불편하게 된다.

종래에는 성년자 2인이 본인임을 보증하는 서면, 즉 보증서(혹은 인우보증)를 가지고 등기필증에 갈음하였으나, 제도상의 폐해가 극심하여 이를 폐지한 후, 확인제도로 바뀌었다. 부동산등기법은 제49조에서 등기의무자, 즉 매도인 또는 그의 법정대리인이 등기를 신청하는 경우에 등기필증이 없으면 본인 혹은 대리인이 직접 등기소에 출석하면 등기신청이 가능하다고 하였다. 또한 변호사나 법무사와 같이 위임에 의한 대리인이 등기를 신청하는 경우에는 위임서 2통을 작성하여 신청서에 첨부하면 가능하다.

(2) 부동산을 팔려는 사람이 소유자인가를 확인하는 방법은 관할 등기소에 가서 등기부를 확인해보는 것이다. 그런데 등기부에 이름이 기재되어 있다고 하더라도 그 등기부에는 절대적 공신력이 없다. 따라서 누군가 서류를 위조하여 자기명의로 이전등기를 한 뒤, 남에게 팔아 넘긴 것이라면 매수인이 아무리 등기를 확인하고 그 명의자가 소유자임을 믿었다고 하더라도 소유권을 취득하지 못하는 경우가 발생할 수 있다.

**등기부의 전산화** 등기부가 전산화되기 전에는 등기부를 열람하기 위해서는 관할 등기소에 가서 등기부의 열람을 신청하여야 하였다. 이러한 불편함을 들기 위해서 대법원은 꾸준히 전산화작업을 해오고 있었으며, 현재에는 거의 모든 부동산등기가 전산화되어 있다. 이러한 작업에 따라 현재에는 관할 등기소에 가지 않더라도 어느 등기소에서도 부동산등기를 열람할 수 있다. 또한 일정한 수수료만 지불하면 인터넷을 통해서도 바로 등기부를 열람할 수 있다(http://www.iros.go.kr/icis/). 앞으로는 등기의 신청도 전산으로 할 수 있도록 할 예정이지만, 현재로서는 등기의 열람이나 등본의 발급만 가능하고, 신청은 불가능하다. 인터넷으로 등기부를 열람하는 경우에는 열람하고 싶은 부동산의 소재지를 정확하게 알아야 하고, 특히 아파트와 같은 집합건물인 경우에는 정확한 명칭(예를들어 제○○동 제○○○호)인가를 미리 인지하여야 한다.

**연구과제** 등기의 공신력과 거래안전보호

# 부동산거래에서 유의할 사항

**● 사례**

살아가면서 우리는 토지나 집을 사고 파는 이른바 부동산거래를 적어도 한번쯤은 하지 않을 수 없을 것이다. 특히 생활의 터전이 되는 주택에 대한 우리의 집념은 대단한 것이어서 누구든 자신의 집을 가지기 위하여 부단한 노력을 아끼지 않고 있다. 그런데 무주택자가 아껴서 근근히 모은 돈으로 드디어 집을 장만하려다가 사기를 당하는 등 엉뚱한 피해를 입는 경우도 적지 않다. 이러한 점을 감안하여 이하에서는 부동산 거래에서 피해를 예방하기 위한 최소한 유의하여야 할 사항을 정리해 보기로 한다.

**계약전 유의 사항**

1) 부동산을 사고자 하는 사람은 먼저 해당지번과 지적을 확인하고 등기부 등본과 토지대장 · 가옥대장 · 임야대장 · 도시계획 확인원 및 용도지역 확인원 등을 떼어 보고 현장을 반드시 확인하여야 한다. 즉 현장과 등기부 · 토지대장 · 가옥대장 등이 일치하는가의 여부를 사전에 알아보아야 하고 또한 매도하려는 자가 실지 소유자인가의 여부도 신중하게 알아보아야 한다. 부동산중개소에서 소개하는 경우에도 본인이 직접 위와 같은 조치를 취하여 알아 보는 것이 좋다.

최근 대법원 판례는 부동산 매수인에게 부동산거래상의 주의의무를 부담한다고 하면서 매도인이 권리자인지 여부를 확인 · 조사하여야 한다고 하였다.

2) 상대방이 보여 주는 등기부 등본만을 믿어서는 안된다. 최근에는 복사기술이 발달되어 정당한 원본이라도 이를 고쳐 다시 복사하는 사례가 많아 원본과 다른 복사본이 많이 나돌고 있기 때문에 등본이 있으면 반드시 관계공무원의 인증(원본과 같다는 확인)이 있는가의 여부를 확인하여야 할 것이다. 가장 바람직한 것은 본인이 직접 등기부를 열람하여 확인하거나 등본을 떼어보는 것이다.

특히 주의할 점은 등기부에 어떤 사람이 소유자로 등재되어 있다고 하더라도 이 등기부에는 공신력이 없다는 점이다. 예를 들면 A의 토지를 X가 서류를 위조하여 자기 명의로 이전등기를 한 후 B에게 팔아 넘겼다면(물론 이러한 사실은 A가 입증할 책임이 있다) B가 아무리 등기부를 확인하고 X의 소유로 믿었다고 하더라도 A가 X의 사기 행각을 입증하여 자신이 소유자임을 주장하고 나서면 B는 소유권을 취득하지 못하게 되는 것이다. 이렇게 되면 등기부 등본도 믿을 것이 못되고 만다. 이 때문에 등기부의 공신력을 제도화하기 위해서 등기 공무원에게 실질적인 심사권을 주어야 한다는 주장이 있으나 앞으로 해결되어야 할 과제이다. 결국 앞의 예에서 B는 X에게 손해배상을 청구하는 방법과 형사 고소하는 방법으로 구제될 수밖에 없는 것이다.

3) 상대방이 보여주는 등기필증(권리증)도 자세히 살펴보고 원본인가를 확인하여야 한다.

4) 짧은 시일 안에 권리자가 여러 명씩 바뀌는 등 권리변동 관계가 빈번하고 복잡한 물건은 일단 의심을 하고 사지 말아야 한다.

5) 근저당 등 여러가지 담보물권이나 예고등기, 가등기가 설정되어 있는 것은 사지 않는 것이 현명하다. 또 매수 직전에 비로소 보존등기가 되어 있거나, 기타 상속등기나 회복등기가 된 것은 일단 의심을 해야 한다.

6) 소송으로 확정판결을 받은 물건을 매수할 때는 패소판결을 받은 자를 찾아가 사실여부를 확인하는 것이 좋다.

7) 재산세 납세자가 소유자와 다른 경우에는 그 이유를 알아보아야 하며, 또 건축과 관련하여 도시계획 여부나 개발제한구역 여부 등도 반드시 확인하여야 한다.

8) 해당 지역이 고시지역으로서 건설교통부장관이 신고구역으로 지정한 토지거래신고 대상지역인지 여부를 사전에 확인할 필요가 있다.

**계약할 때의 유의사항**

1) 계약서는 구체적으로 명백히 쓰고 애매한 문구로 인하여 손해를 보는 일이 없도록 하고, 특히 부동산 중개업소에 인쇄되어 있는 계약서 용지를 사용하려면 이를 면밀히 읽어 보고 검토할 것이며 특약이 있으면 그 특약도 명백하게 기재하여야 한다.

2) 계약시에는 매도인측 대리인과 계약하지 말고 거래 당사자간에 직접 계약하는 것이 좋고, 부동산 중개업소의 소개로 계약하는 경우에도 매도인과 직접 계약하는 것이 좋으며 반드시 입회인을 두는 것이 좋다.

3) 부동산 중개업소의 말만 믿고 계약하지 말아야 한다. 매도인측 말만 믿고 이를 그대로 매수인에게 전하는 수도 있을 수 있고, 오로지 계약을 성사시키기 위해서 과장된 말을 할 수도 있기 때문이다. 이유없이 시가에 비하여 현저하게 싸거나 별 이해관계도 없는 자들이 사라고 권유하는 부동산은 계약하지 않는 것이 현명하다. 사두기만 하면 금방 돈을 번다고 하면서도 자기들은 사지 않고 남보고 사라고 권유하는 것 자체가 이상하기 때문이다.

4) 신문지상의 광고만을 믿고 경솔하게 계약해서는 안된다. 왜냐하면 광고에는 좋고 유리한 것만 게재하지 부동산 자체의 결함은 나타나지 않기 때문이다. 부동산의 결함을 알아보기 위해서는 토지대장, 임야대장, 가옥대장 등도 확인하여 등기부와 일치 여부를 알아볼 필요가 있다.

5) 토지거래규제 대상지역의 토지거래를 할 때에는 토지거래 계약 허가 등 절차를 밟아야 한다.

6) 일생일대의 중대한 생활터전을 마련하는 경우일수록 사전 확인을 치밀히 해야 하고, 변호사나 법무사, 기타 법을 잘아는 사람 혹은 법률상담실을 찾아가 상의해 본 후 계약하는 것이 바람직한 방법이다.

**대금 지급시 유의사항**

1) 중도금이나 잔대금을 지급할 때에는 반드시 영수증을 주고받는 등 대금 지급 내용을 명확히 하여야 한다.

2) 등기부는 중도금을 지급하거나, 잔금을 지급할 때 마다 그 직전에 확인하여야 한다. 중도금을 받고도 이중으로 매수하는 수가 있기 때문이다.

3) 잔금을 지급함과 동시에 매도인으로 부터 등기권리증, 인감증명서 등 권리이전 서류를 받아 이전등기 절차를 마치도록 한다.

4) 이전등기 절차를 마친 후 등기부 등본을 떼어서 이전등기가 된 것을 확인해야 한다.

5) 부동산 매매의 거래가 성립한 때에는 거래당사자 또는 중개업자가 실제 거래가격 등을 시장 · 군수 또는 구청장에게 신고하도록 하는 내용으로 '부동산중개업법' 이 개정(법률 제7638호, 2005. 7. 29. 공포, 2006. 1. 30. 시행), 이에 따라 부동산 거래시 거래당사자 또는 중개업자에게 실제 거래가격을 신고하도록 법률에서 의무를 부여함에 따라 신고하여야 할 사항을 구체적으로 정할 필요가 있음. 또한 거래당사자 또는 중개업자는 부동산 거래계약에 관하여 매수인 및 매도인, 계약일 및 잔금지급일, 거래대상 부동산의 지번 · 지목 · 면적, 실제 거래가격 등을 신고하도록 함. 이렇게 하면 실제 거래가격에 기초하여 과세를 할 수 있게 됨으로써 부동산 투기 및 탈세를 방지하고 부동산 거래질서 확립에 이바지할 것으로 기대된다고 함.

# 취득시효

● **사례**

사업에 실패하고 오갈 데 없어 빈털털이로 고향에 내려온 A에게 동네 유지인 X는 밭 3,000평을 그냥 주면서 열심히 살아보라고 하였다. A는 등기도 하지 못한 채 25년간 그 땅을 성실하게 경작하여 이제 어느 정도 살 수 있게 되었다. 그런데 X가 죽자 그 아들이 땅을 내놓으라고 한다. A는 그 밭에 대한 소유권을 주장할 수 있는가?

**[참조조문]** 민법 제245조.

**취득시효제도** 취득시효란 물건 또는 권리를 일정한 기간 점유 또는 준점유하는 자로 하여금 그 물건의 소유권 또는 권리를 취득하게 하는 제도이다. 취득시효에 의하여 점유자가 권리를 취득함으로서 진정한 권리자의 권리가 반사적으로 상실된다. 사실상태를 존중하는 점에서 취득시효는 소멸시효와 같다. 이와 같은 취득시효제도의 존재이유는 사실상태가 오랫동안 계속된 경우에 그 상태가 진실한 권리관계에 합치하지 않더라도 그 사실상태로 권리관계를 인정함으로써 법질서의 안정을 기하려는데 있다. 즉 점유자가 취득시효에 의하여 권리를 취득하게 되고 그 결과 진정한 권리자가 권리를 상실하는 것은 진정한 권리자가 권리위에 잠자기 때문이 아니라 법적 안정성을 위하여 진정한 권리자의 권리를 희생시켜 장기간의 점유상태에 상응하는 소유권을 부여하는 제도이다.

부동산 취득시효에는 점유취득시효(일반취득시효)와 등기부취득시효의 두 종류가 있다.

**점유취득시효** 이는 점유만으로 소유권을 취득하는 것으로서, 20년간 소유의 의사로 평온 · 공연하게 부동산을 점유하는 자는 등기함으로써 그 소유권을 취득한다.

**1) 요건**

(1) 소유의 의사로 부동산을 점유(자주점유)하여야 한다. 증여 · 매매 · 교환

등 소유권 취득의 원인이 되는 계약에 기초해서 점유가 개시되었거나 점유자가 그러한 계약이 있다고 믿었던 경우는 권원의 성질상 자주점유가 된다. 또한 소유의 의사는 점유를 개시할 때에 있으면 충분하다. 소유의 의사는 점유 취득의 원인이 된 점유권의 성질에 의하여 객관적으로 정해지지만, 점유권원이 분명하지 아니한 때에는 점유자가 소유의 의사로 점유한 것으로 추정한다.

(2) 부동산을 평온 · 공연하게 점유하여야 한다. '평온한 점유' 란 강박이나 폭행에 의한 점유가 아닌 경우로서 점유자가 그 점유의 취득 또는 보존에 법률상 허용되지 않는 강폭한 행위를 하지 아니한 경우를 말한다. 점유자가 단순히 항의를 받거나, 점유의 반환을 요청받거나, 경계문제로 언쟁이 있었다는 것 등은 점유의 평온성을 상실시키는 사유가 되지 못한다. 또한 점유가 폭행, 강박에 의하여 보유되었다는 하자는 한시적인 것이고 상대적인 것이다. 따라서 일단 강폭으로 취득한 점유라 할지라도 강폭이 끝난 때에는 평온한 점유로 되므로 이 때 부터 취득시효가 진행한다. 공연한 점유란 은밀한 점유가 아닌 점유로서, 점유자가 점유의 존재를 아는데 관하여 이해관계를 가진 자에 대하여 그 점유 사실을 은폐하지 않는 경우를 말한다.

(3) 이러한 점유가 20년간 계속하여야 한다.

#### 2) 효과

부동산의 점유취득시효는 먼저 20년간 타인의 부동산을 점유한 자가 시효취득을 주장할 수 있고, 이에 따라 현재의 소유자를 상대로 시효취득을 원인으로 하는 소유권이전등기를 청구하면 된다. 그리고 반드시 소유권이전등기를 하여야 취득시효로서 효력이 발생한다.

그런데 시효취득이 완성된 후, 즉 20년간 타인의 부동산을 점유한 자가 아직 시효취득자 앞으로 이전등기를 하지 않은 채로 점유를 상실하게 되면 이미 취득한 시효취득으로 인한 소유권이전등기청구권은 소멸하는가가 문제된다. 최근 대법원 전원합의체 판결은 점유자가 취득시효기간의 만료로 소유권이전등기청구권을 취득하면 그 후 점유를 상실하더라도 이를 시효이익의 포기로 볼 수 있는 경우가 아닌 한 이미 취득한 소유권이전등기청구권은 소멸되지 않는다고 하였다.

한편 취득시효기간 만료 또는 완성 전에 부동산의 소유명의자가 변경된 경우에는 그 후 취득시효기간이 완성된 시효취득자는 등기명의를 넘겨받은 시효완성당시의 소유명의자에게 취득시효를 주장할 수 있다.

또한 취득시효기간이 완성된 후 시효취득자가 이전등기를 하지 않고 있는 사이에 소유자가 제3자에게 부동산을 양도한 경우에는 시효취득자는 제3자에 대하여 취득시효를 주장할 수 없다.

그런데 이와 같은 경우 소유자가 자기의 부동산이 시효취득당한 사실을 알고서 제3자에게 소유권이전등기를 하여 줌으로써 시효취득을 주장하는 자에게 손해를 입혔다고 한다면 시효취득자는 소유자에 대하여 민법 제 750조에 의한 불법행위로 인한 손해배상을 청구할 수 있다.

취득시효기간의 기산점은 임의로 선택할 수 없다. 그러나 그 기간 동안 등기명의자가 동일하고 취득자의 변동이 없는 경우에는 임의로 산정일을 정할 수 있다.

마지막으로 취득시효 완성 후 소유자의 변동이 있어도 당초의 점유자가 계속 점유하고 있고, 소유자가 변동된 시점을 기산점으로 다시 시효취득기간이 완성되는 경우 취득시효의 완성을 주장할 수 있다.

부동산의 점유자가 위의 요건을 구비한 때에는 등기를 함으로써 그 소유권을 취득한다. 즉 취득시효의 요건을 구비하는 점유자에게는 일단 채권적 성질의 등기청구권이 발생하고, 그 등기청구권에 기해 등기함으로써 비로소 소유권을 취득하게 되는 것이다.

### 3) 무단점유

민법 제197조 제1항에 의하면 물건의 점유자는 소유의 의사로 점유한 것으로 추정되므로 점유자가 취득시효를 주장하는 경우에 있어서 스스로 소유의 의사를 입증할 책임은 없고, 오히려 그 점유자의 점유가 소유의 의사가 없는 점유임을 주장하여 점유자의 취득시효의 성립을 부정하는 자에게 그 입증책임이 있다.

그리고 점유자의 점유가 소유의 의사 있는 자주점유인지 아니면 소유의 의사 없는 타주점유인지의 여부는 점유자의 내심의 의사에 의하여 결정되는 것이 아니라 점유 취득의 원인이 된 권원의 성질이나 점유와 관계가 있는 모든 사정에 의하여 외형적 · 객관적으로 결정되어야 하는 것이기 때문에 점유자가 성질상 소유의 의사가 없는 것으로 보이는 권원에 바탕을 두고 점유를 취득한 사실이 증명되었거나, 점유자가 타인의 소유권을 배제하여 자기의 소유물처럼 배타적 지배를 행사하는 의사를 가지고 점유하는 것으로 볼 수 없는 객관적 사정, 즉 점유자가 진정한 소유자라면 통상 취하지 아니할 태도를 나타내거나 소유자라면 당연히 취했을 것으로 보이는 행동을 취하지 아니한 경우 등 외형적 · 객관적으로 보아 점유자가 타인의 소유권을 배척하고 점유할 의사를 갖고 있지 아니하였던 것이라고 볼 만한 사정이 증명된 경우에도 그 추정은 깨어진다.

점유자가 점유 개시 당시에 소유권 취득의 원인이 될 수 있는 법률행위 기타 법률요건이 없이 그와 같은 법률요건이 없다는 사실을 잘 알면서 타인 소유의 부동산을 무단점유한 것임이 입증된 경우, 특별한 사정이 없는 한 점유자는 타인의 소유권을 배척하고 점유할 의사를 갖고 있지 않다고 보아야 할 것이므로 이로써 소유의 의사가 있는 점유라는 추정은 깨어졌다고 할 것이다(대판 1997. 8. 21. 95다28625 · 전원합의체).

**등기부 취득시효**

이는 원인무효의 등기명의인이 10년간 점유함으로써 소유권을 취득하게 되는 것이다. 즉 부동산의 소유자 아니면서 소유자로 등기된 자가 10년간 소유의 의사로 평온 · 공연하게 선의이며, 과실없이 그 부동산을 점유한 때에는 소유권을 취득한다.

#### 1) 요건

(1) 부동산의 소유자가 아니면서 소유자로 등기되어 있어야 한다.

소유자로서 등기된 원인은 묻지 않으므로 원인무효의 등기라도 좋다. 상속의 경우에는 피상속인과 상속인의 등기를 합산하여 10년을 넘으면 족하다. 또한 소유자로 등기된 기간의 계산에 있어서 10년 동안 계속해서 취득시효를 주장한 자의 명의로 등기되어 있을 필요는 없으며, 앞 사람 이름으로 등기되었던 기간을 합하여 10년이 되면 충분하다.

(2) 소유의 의사로 평온 · 공연 · 선의 · 무과실로 점유하여야 한다.

정당한 절차에 의하지 아니한 채 부동산 소유자로 등기하고 이를 점유하는 자는 선의라고 할 수 없다. 점유자의 선의는 추정되지만 무과실에 대한 추정규정은 없으므로 점유자가 스스로 무과실을 입증하여야 한다.

**2) 효과**

점유자는 점유를 개시한 때에 소급하여 부동산의 소유권을 취득한다.

**사례의 해결** 부동산을 일정한 기간동안 점유하여 취득시효의 요건을 구비한 점유자에게는 채권적 성질의 등기청구권이 발생한다. 그 등기청구권에 의하여 등기를 하면 소유권을 취득하게 된다.

다만, 위 사례에서 A가 땅주인 X로부터 증여를 받았다고 주장할 경우에 땅주인이 이를 부인하고, 그에 대한 증언이나 서류가 없는 경우라고 하더라도 점유자가 스스로 매매 또는 증여와 같이 자주점유의 권원을 주장하였으나 이것이 인정되지 않는 경우에도, 원래 자주점유의 권원에 관한 입증책임이 점유자에게 있지 아니한 이상 그 주장의 점유권원이 인정되지 않는다는 사유만으로 자주점유의 추정이 번복된다거나 또는 점유권원의 성질상 타주점유라고 볼 수 없다(대판 2002. 2. 26. 99다72743). 따라서 A는 X의 아들인 상속인에게 소유권이전등기를 해달라고 청구할 수 있다.

**참조판례** 대법원 1983. 7. 12. 선고 82다708,709,82다카1792, 1793 전원합의체 판결

대법원 1997. 8. 21. 선고 95다28625 전원합의체 판결

대법원 2000. 3. 16. 선고 97다37661 전원합의체 판결

**연구과제** 타주점유와 자주점유

# 회사재직시 회사채무를 보증한 경우에 퇴직후에도 그 보증책임을 부담하는가?

**● 사례**

A주식회사의 이사로 재직하던 Y는 A주식회사가 X은행으로부터 당좌대월계약에 의한 대출금의 원리금 채무에 대하여 연대보증을 하였다. 그 후 Y는 이사직을 사임하였고, A회사는 대출금에 대한 채무이행을 하지 못하여, 결국 X은행은 Y에 대하여 그 이행을 청구하였다. Y는 A회사 재직시에 부담한 연대보증채무를 이행하여야 하는가?

**[참조조문]** 민법 제2조

**사정변경의 법리** 사정변경의 법리라고 하는 것은 계약의 체결 후에 계약성립의 기초가 된 사정이 당사자가 예견할 수 없었던 사태의 발생으로 인하여 변경되었기 때문에, 당초의 계약내용대로 구속력을 인정하는 것이 일방 당사자에게 극히 가혹한 결과가 되는 경우, 그 당사자에게 계약내용을 변경하거나 계약 자체를 해소할 수 있도록 하는 법이론을 말한다. 예를 들어 신문용지를 1톤당 5만원에 팔기로 계약을 하였으나, 경제사정의 급변으로 가격이 폭등하여 실제 이행기에는 1톤당 50만원이 된 경우에, 본래 계약내용대로 이행하게 된다면, 신문용지의 매도인은 현저하게 불리한 상황에 처하게 될 것이므로, 그에게 계약내용의 변경권 또는 계약의 해소권을 인정하는 것이 신의성실의 원칙에 부합하게 된다는 것이다. 그 외 사정변경의 법리가 적용될 수 있는 유형으로는 화폐가치의 급격한 하락으로 급부와 반대급부 사이에 균형이 깨진 경우, 급부목적물의 조달이 어려워져 급부실현이 곤란해지거나 막대한 비용이 드는 경우 또는 급부실현에 의하여 달성하려고 했던 계약목적이 무의미해진 경우 등을 들 수 있다. 물론 이러한 상황에 대비하여 우리 민법도 상린관계의 수도 등 시설의 변경권(제218조 2항), 지상권에 있어서 지료증감청구권(제286조), 증여자의 재산상태변경과 증여계약의 해제(제557조), 임차물의 일부멸실로 인한 임차인의 차임감액청구권(제627조), 임차권에 있어서 차임증감청구권(제628조), 고용에 있어서 부득이한 사유와 해지(제661조), 위임계약의 해지(제689조) 등 여러 가지의 규정을 두고 있다. 이러한 규정들에 대하여 대다수의 학자들은 계약은 그 내용대로 지켜야 한다는 구속력에 대한 예외로서, 당사자 일방에게 인정되어지는 계약관계의 변경권 내지는 해소권을 사정변경의 법리에 기하여 규정한 것이라고 한다. 그러나 우리 민법은 이와 같은 사정변경의 법리를 직접 인정하는 일반적인 규정을 두고 있지는 않다. 그리하여 문제는 앞서 본 개별적 규정에 의한 사정변경의 법리 외에 민법의 일반적인 원리로서 계약당사자 일방에게 계약관계의 변경권이나 해소권을 인정할 수 있을 것인가 하는 것이다.

**일반적인 사정변경법리의 인정여부**

우리나라 다수의 학자들은 위와 같은 사정변경의 법리를 일반적 원리로서 인정하려는 입장이지만, 그렇다고 하더라도 ① 계약 당시에 당사자가 예상하지 못하였고 예상할 수 없었던 현저한 사정의 변경이 있어야 하고, ② 사정변경을 주장하는 당사자의 귀책사유가 없어야 하며, ③ 사정의 변경이 계약성립 후 이행완료 전에 발생하고, ④ 계약내용대로 구속력을 인정할 경우 신의칙에 반하는 결과를 야기한다는 엄격한 요건을 전제로, 계약의 변경권 내지 해소권을 인정하고 있다. 그리고 그 근거는 현행 민법상 사정변경법리에 입각한 규정들이 적지 않으며, 민법의 대원칙이라 할 수 있는 제2조 1항의 신의칙으로부터 파생될 수 있는 것이라고 한다. 그러나 이에 대하여 사정변경법리를 민법의 일반원칙으로 인정하게 되면 계약의 구속력을 상당히 제한하게 되므로 이러한 법리를 부정하고, 만약 전혀 예기치 못한 사회적 · 경제적 격변으로 인하여 기존계약관계의 불균형이 극심하게 될 경우에는 특별법이나 행정입법의 제정에 의하여 해결하는 것이 바람직하다는 주장도 있다. 한편 대법원은 기본적으로 사정변경의 원칙은 현행법의 해석상 용인되지 않는다는 태도로 일관하면서, 이 법리의 채용을 거부하고 있다. 즉 화폐가치가 현저히 변동하더라도 그것만으로는 계약상의 채권액이 당연히 증액되지 않는다고 하며(대판 1955. 12. 8, 4288민상423), 소비대차에 있어서 화폐개혁이 되어 법률로 구화폐에 의한 일체의 거래를 신화폐의 1/100로 계산할 것이 명령된 경우에는 법규에 의하여 환산된 금액으로 변제를 함이 충분하다고 하며(대판

1959. 5. 28, 4287민상459), 화폐가치의 변동으로 목적물의 가격이 등귀되어 양당사자간에 균형이 상실된 경우에도 사정변경의 법리를 승인하지 않았다(대판 1963. 9. 12, 63다452).

**계속적 보증계약에 있어서의 사정변경법리**

사정변경법리를 부정하는 대법원의 일관된 입장에도 불구하고, 계속적 보증계약의 경우에는 이를 달리 해석하고 있다. 서두의 질문에서처럼 회사의 임원으로서 부득이하게 회사채무에 대하여 연대보증계약을 체결하고, 더욱이 회사의 채무액이나 변제기간이 확정되지 않은 불확정채무와 그러한 것이 확정되어 있는 확정채무에 대하여, 법원은 그 판단을 달리하고 있는 것이다. 즉 "회사에서 이사의 지위에 있었기 때문에 회사의 요구로 부득이 회사와 은행 사이의 계속적 거래로 인한 채무에 대하여 연대보증인이 된 자가 그 후 회사로부터 퇴사하여 이사의 지위를 떠난 것이라면, 위 연대보증계약 성립 당시의 사정에 현저한 변경이 생긴 경우에 해당하므로 사정변경을 이유로 연대보증계약을 해지할 수 있다"고 판시하고(대판 1992. 5. 26, 92다2332), 나아가 그러한 사정변경에 의한 연대보증계약의 해지는 "포괄근보증이나 한정근보증과 같이 채무액이 불확정적이고 계속적인 거래로 인한 채무에 대하여 보증한 경우에 한정하고, 회사의 이사로 재직하면서 보증 당시 그 채무가 특정되어 있는 확정채무에 대하여 보증을 한 후 이사직을 사임하였다 하더라도 사정변경을 이유로 보증계약을 해지할 수 없다"고 판시하고 있다(대판 1994. 12. 27, 94다46008). 따라서 이러한 법원의 태도에 비추어 보면, 질문에서처럼 채무액이나 변제기간이 확정되지 않은 불확정채무에 대하여는 사정변경법리에 의한 계약의 해지가 가능하다고 할 것이다.

**사정변경법리의 적용효과**

앞서 본 바와 같이 사정의 변경으로 인하여 급부불능이 되는 것은 아니기 때문에, 사정변경법리의 적용에 의하여 계약 자체가 무효 또는 해소되는 것은 아니다. 다만 사정변경의 법리를 적용할 경우에도 변화된 상황에 맞추어 계약관계를 조정하는 노력이 선행되어야 하고, 그러한 조정이 불가능한 경우에 계약을 소멸시키는 것이 가능하다. 즉 사정의 변경이 있으면, 당사자 사이에 특별한 약정이 없다고 하더라도 변경된 사정에 합당하도록 계약관계는 수정될 수 있는 것으로 해석한다. 물론 그러한 변경상황을 제대로 인식했더라면 합의했을 것이라는 당사자의 가정적 의사가 그 기준이 될 수 있을 것이다. 그러나 계약관계의 수정이 객관적으로 불가능하거나 일방당사자에게 기대불가능한 경우에는 계약의 해제권 또는 해지권을 인정할 수 있겠지만, 적어도 당사자가 그러한 사정변경의 발생을 알았더라면 어떠한 형태로든 계약을 체결하지 않았을 것이라는 현저한 사정변경이 있어야 한다. 그리고 계약관계의 수정만을 요구할 수 있는 경우에도 상대방이 계약조정의 교섭에 응하지 않음으로써 수정이 불가능하게 되면 계약의 해제권 또는 해지권이 발생한다고 할 것이다.

# 부당해고됨으로써 제공하지 못한 노무의 대가로 해고기간 동안의 임금을 청구할 수 있는가?

● **사례**

X는 1982년 7월 26일부터 Y방송국의 시청료징수원으로 근무해 오던 중, 1990년 6월 21일 Y는 X에 대한 허위의 비위사실에 근거하여 이를 해고하였다. 그러나 X는 이러한 Y의 처사에 항의하고 자신의 해고가 부당함을 주장하면서 법원에 해고무효확인소송을 제기하였고, 급기야 1996년 7월 3일 법원은 X에 대한 Y의 해고가 부당함을 들어 X승소판결을 선고하였다. 이러한 경우 X는 Y에 대하여 해고기간 동안의 임금을 청구할 수 있는가?(다만 X는 생계유지를 위하여 6년간의 해고기간 중 5년 7개월 동안 아파트 경비업무를 맡아 일정부분의 수입을 유지하였다)

[참조조문] 민법 제537조, 제538조, 근로기준법 제45조

**위험부담의 법리 (채무자위험부담주의)**

위험부담이라 함은 쌍무계약의 일방 채무가 채무자에게 책임없는 사유로 이행불능이 되어 소멸한 경우에, 그에 대응하는 타방 채무의 운명에 대한 문제로서, 상대방 채무의 존속여부에 대하여 발생하는 위험을 부담하는 것을 의미한다. 예를 들어 A와 B가 자동차 매매계약을 맺었는데, 그 이행전에 자동차가 번개로 인하여 소실된 경우, A가 그의 자동차 인도채무를 이행할 수 없게 된 때에 매수인인 B의 대금채무는 존속하느냐 아니면 소멸하느냐의 문제이다. 이러한 위험부담의 문제는 쌍방의 채무가 서로 의존적인 견련관계에 있는 쌍무계약에 있어서, 일방의 채무소멸이 상대방 채무의 소멸에 미치는 영향에 관한 것이다. 또한 이것은 채무자의 귀책사유없이 이행불능으로 된 경우에 그로 인한 바로 그 채무의 존속여부에 관하여 발생하는 위험인 급부위험의 부담과는 구별되어야 한다. 예를 들어 자동차매매에 있어서 자동차가 멸실된 경우 매도인인 채무자의 자동차인도의무에 대한 위험부담이 급부위험의 부담이며, 이러한 급부위험은 원칙적으로 채권자인 매수인이 부담한다는 것을 전제로 한다. 따라서 위험부담은 채무자의 채무가 멸실되어 이행불능이 된 경우, 원칙적으로 채무자의 급부위험은 면하고, 다만 그것과 견련관계에 있는 반대채무로서 매수인의 대금지급의무가 존속하는가 아니면 소멸하는가에 대한 대가

위험의 문제인 것이다. 이러한 법리에 대하여 우리 민법은 제537조에서 "쌍무계약의 당사자 일방의 채무가 당사자 쌍방의 책임없는 사유로 이행할 수 없게 된 때에는 채무자는 상대방의 이행을 청구하지 못한다"고 규정하여, 위험부담에 관하여 채무자위험부담주의의 원칙을 규정하고 있다.

**채권자위험 부담주의**

민법은 위 채무자위험부담주의의 예외로서 제538조 1항 전문에 "쌍무계약의 당사자 일방의 채무가 채권자의 책임있는 사유로 이행할 수 없게 된 때에는 채무자는 상대방의 이행을 청구할 수 있다"고 규정하고 있다. 다만 이 규정내용에서 「채권자의 책임있는 사유」를 채무자의 귀책사유와 마찬가지로 「고의 · 과실에 의한 의무의 위반」이라고 해석한다면, 채권자의 귀책사유로 이행불능이 되는 경우는 있을 수 없게 된다. 왜냐하면 채권자는 채무의 이행에 대하여 아무런 의무도 부담하지 않는 것이 원칙이기 때문이다. 여기서 학설은 채권자의 책임있는 사유를 이행불능을 발생시킨 사유가 채권자에게 귀속되는 지배영역 안에 존재하는 경우라고 하거나, 채권자의 어떤 작위 또는 부작위가 채무자의 이행을 방해하고, 그 작위나 부작위는 채권자가 이를 피할 수 있었다는 점에서 신의칙상 비난받을 수 있는 경우를 가리킨다고 하여, 채무자의 귀책사유와는 달리 그 개념을 넓게 인정하고 있다(영역설). 즉 이러한 입장에 따르면, 채무자의 급부와 채권자의 수령을 모두 곤란하게 하는 사정이 채권자의 지배영역에 속하는 경우에는 이를 채권자의 수령불능(채권자지체)이라고 하고, 반대로 그 사정이 채무자의 지배영역에 속하는 경우에는 이를 채무자의 급부불능이라고 하고 있다. 한편 채권자의 책임있는 사유로 인하여 채무의 이행이 불능하게 되는 경우는 주로 채무자가 노무를 공급할 의무를 부담하는 고용 · 도급 · 위임 · 임치 등과 같은 노무공급형계약에서 문제된다고 할 수 있다. 특히 고용계약에 있어서 판례는 채권자인 사용자의 부당한 해고로 인하여 노무자가 노무급부의무를 이행하지 못한 경우나 소송대리인선임계약에 있어서 소송의뢰인이 소송대리인과 협의없이 소송상화해를 함으로써 소송수행을 방해한 경우 등을 채권자의 귀책사유로 인하여 이행이 불능하게 된 경우로 보고 있다. 따라서 이와 같은 경우에 해고처분이 부당하여 무효가 되었다면, 근로자가 해고된 동안에도 여전히 근로계약관계가 유효하게 계속되고 있었음에도 불구하고, 근로자가 사용자의 귀책사유로 말미암아 근로급부를 제공하지 못한 것이므로, 근로자는 계속 근로하였을 경우에 받을 수 있는 임금 전부의 지급을 청구할 수 있게 되고(대판 1969. 3. 31, 69다135 ; 동 1981. 12. 22, 81다626 ; 동 대판 1992. 3. 31, 90다8763 ; 동 1993. 9. 24, 93다21736), 마찬가지로 소송대리인의 소송수행이 방해된 경우에 약정한 성공보수금을 지급할 의무가 있다고 할 것이다(대판 1974. 12. 24, 73다800).

한편 민법은 채무자위험부담주의의 또 한가지 예외로서 제538조 1항 후문에 '채권자의 수령지체 중에 당사자 쌍방의 책임없는 사유로 이행할 수 없게 된 때에도 같다' 고 규정하여, 채권자의 수령지체 중에 발생한 이행불능의 경우에도 쌍방당사자에게 귀책사유가 없는 경우에는 채무자는 상대방의 이행을 청구할 수 있는 것으로 하고 있다.

※ 대판 1992. 12. 8, 92다39860 : 해고처분이 무효인 경우에는 그 동안 근로계약관계가 유효하게 계속되고 있었는데도 불구하고, 근로자가 사용자의 귀책사유로 말미암아 근로를 제공하지 못한 것이므로, 근로자는 계속 근로하였을 경우에 받을 수 있는 임금 전부의 지급을 청구할 수 있다.

※ 대판 1974. 12. 24, 73다800 : 피고가 서울특별시를 상대로 한 손해배상청구소송을 처음부터 끝맺음할 때까지 원고에게 위임하였고, 승소시에는 원고에게 40%를 보수금으로 지급하기로 약정하였던 바, 제1 · 2심에서 각 일부의 승소판결을 받고 원고가 2심판결에 대해 상고하려고 할 때, 피고측에서 정당한 사유없이 상고심에서는 다른 변호사를 선임하겠다고 하면서 상고장을 빼앗고 피고가 맡긴 서류를 반환해 갔다면, 비록 원고가 상고심에서 피고의 소송대리를 한 바 없다 할 지라도 이는 피고의 귀책사유로 인한 이행불능이었으므로, 특별한 사정이 없는 한 피고는 약정한 위 보수금을 지급할 의무가 있다할 것이다.

**불가항력에 의한 위험부담**

앞서 본 영역설을 적용함에 있어서 문제가 되는 것은, 예를 들어 의사가 환자의 남편으로부터 왕진을 의뢰받고 현장에 도착하였으나 환자가 이미 사망한 경우와 같이, 급부불능의 장애가 채권자의 지배영역 내에서 발생하였지만 채무자의 귀책사유에 기하지 아니한, 이른바 불가항력으로 인한 경우에 그 위험의 부담이다. 물론 이러한 문제에 있어서 채권자지체를 채권자의 귀책사유를 요하는 채무불이행책임으로 파악하는 다수설에 의하면, 이 경우에 채권자지체책임은 성립하지 않으므로, 채무자위험부담주의의 원칙을 규정한 제537조가 적용되어, 채무자와 채권자의 채무는 동시에 소멸한다. 그러나 채권자지체책임을 무과실책임으로 보는 견해에 의하면, 이는 일종의 채권자지체가 되므로, 채권자인 환자의 남편은 채권자위험부담주의를 규정한 제538조 제1항 후문에 의하여 왕진료를 부담하여야 한다. 그리고 이러한 것은, 예컨대 원료의 부족이나 단전으로 인한 조업중단 또는 정부에 의한 생산중단명령과 같이, 이른바 경영장애의 경우에도 그 급부불능의 발생사유는 원칙적으로 채권자의 지배영역에 있다고 보여지지만, 채권자의 귀책사유를 채권자지체의 요건으로 하고 있는 다수설의 입장에서는 이러한 상황에 대하여 채권자지체가 성립한다고 볼 수 없기 때문에, 채무자인 근로자의 임금지급청구권을 인정할 근거가 없다는 이론상의 문제가 있다. 이러한 문제점에 대하여 채권자지체를 채권자의 귀책사유에 근거하지 않는 입장에서는 영역설의 문제점을 지적하고, 직접 민법규정에 의하여 문제를 해결하여야 한다는 견해를 보이고 있다. 즉 민법 제538조를 근거로 하여 채권자의 지배영역에 속하는 사유를 채권자의 귀책사유를 확대해석하거나(제538조 제1항 전단 적용), 경영장애시 사용자의 불수령으로 인하여 채권자지체가 먼저 발생하고 급부불능이 된다고 해석함으로써(제538조 제1항 후단 적용) 채무자의 반대급부청구권을 인정하고 있다.

**채무자의 이익상환청구권**

채권자에게 위험을 부담시켜서 반대급부청구권을 행사할 수 있게 한 경우에도, 예를 들어 근로자가 해고기간 중에 다른 직장에 종사하여 얻은 수입은 근로제공의 의무를 면함으로써 얻은 이익이라고 할 것이므로, 이러한 소위 중간이익은 사용자가 근로자에게 해고기간 중의 임금을 지급함에 있어서 공제할 수 있도록 하는 것이 공평하다. 우리 민법도 제538조 2항에서 '전항의 경우에 채무자는 자기의 채무를 면함으로써 이익을 얻은 때에는 이를 채권자에게 상환해야 한다' 고 규정하여, 위와 같은 중간이익의 공제에 대한 근거규정을 마련하고 있다. 이 경우에 「채무를 면함으로써 얻은 이익」이라 함은 구체적으로 채무를 면함으로써 지출하지 않아도 되는 운임 · 재료구입비 · 도구의 소모 등과 같은 비용을 의미하는 것인데, 특히 사용자의 귀책사유로 인하여 해고된 근로자가 해고기간 중에 다른 직장에 종사하여 얻은 이익인 이른바 중간수입이 여기에 해당한다. 판례 역시 이와 동일한 입장을 견지하여, "부당하게 해고된 근로자가 해고기간 중에 다른 직장에 종사하여 얻은 이익인 이른바 중간수입은 민법 제538조 2항에서 말하는 '채무를 면함으로써 얻은 이익' 에 해당하므로, 사용자는 해고기간 중의 임금을 지급함에 있어서 이를 공제할 수 있으나, 근로자의 최저생활을 보장하려는 취지에서 사용자의 귀책사유로 인하여 휴업하는 경우에는 휴업기간 중 당해 근로자에게 그 평균임금의 100분의 70이상의 수당을 지급하도록 규정하고 있는 근로기준법 제45조의 규정을 고려하여 근로자의 평균임금의 100분의 70상당의 휴업수당 한도에서는 이를 이익공제의 대상으로 삼을 수 없다"고 판시하였다(대판 1991. 6. 28, 90다카25277 ; 동 1991. 12. 13, 90다18999).

※ 대판 1991. 6. 28, 90다카25277 : 외국인인 원고가 학교법인인 피고와의 교수임용계약에 따른 교수의무를 이행할 수 없게 된 것이 오로지 피고의 귀책사유로 인한 것이어서 원고에 대한 휴직처분 및 면직처분이 무효이고 교수임용관계는 유효하게 존속한다고 하여 민법 제538조 제1항에 따라 그 임금지급의무가 있으며, 사용자의 귀책사유로 인하여 해고된 근로자가 해고기간 중에 다른 직장에 종사하여 얻은 이익(이른바 중간수입)은 민법 제538조 제2항에서 말하는 채무를 면함으로써 얻은 이익에 해당하므로, 사용자는 위 근로자에게 해고기간 중의 임금을 지급함에 있어 위의 이익의 금액을 임금액에서 공제할 수 있다. 근로기준법 제38조는 근로자의 최저생활을 보장하려는 취지에서 사용자의 귀책사유로 인하여 휴업하는 경우에는 사용자는 휴업기간 중 당해 근로자에게 그 평균임금의 100분의 70(1989. 3. 29. 법률 제4099호로 개정되기 전에는 100분의 60) 이상의 수당을 지급하여야 한다고 규정하고 있고, 여기서의 휴업이란 개개의 근로자가 근로계약에 따라 근로를 제공할 의사가

있음에도 불구하고 그 의사에 반하여 취업이 거부되거나 또는 불가능하게 된 경우도 포함된다고 할 것이므로, 위 공제에 있어서 근로자가 지급받을 수 있는 임금액 중 근로기준법 제38조 소정의 휴업수당의 한도에서는 이를 이익공제의 대상으로 삼을 수 없고, 그 휴업수당을 초과하는 금액에서 중간수입을 공제하여야 한다. 위 공제에 있어서 휴업수당을 초과하는 금액을 한도로 중간수입을 공제할 경우에도 중간수입이 발생한 기간이 임금지급의 대상으로 되는 기간과 시기적으로 대응하여야 하고 그것과는 시기적으로 다른 기간에 얻은 이익을 공제하여서는 안된다.

참조조문 근로기준법 제45조(휴업수당)

① 사용자의 귀책사유로 인하여 휴업하는 경우에는 사용자는 휴업기간중 당해 근로자에 대하여 평균임금의 100분의 70 이상의 수당을 지급하여야 한다. 다만, 평균임금의 100분의 70에 상당하는 금액이 통상임금을 초과하는 경우에는 통상임금을 휴업수당으로 지급할 수 있다.

② 제1항의 규정에 불구하고 부득이한  사유로 사업계속이 불가능하여 노동위원회의 승인을 얻은 경우에는 제1항의 기준에 미달하는 휴업수당을 지급할 수 있다.

**대상청구권** 대상청구권이라고 하는 것은 목적물이 수용됨으로써 채무자가 취득하는 수용보상금청구권이라든지, 제3자의 방화로 인하여 목적물이 멸실된 경우에 취득하는 제3자에 대한 손해배상청구권 또는 화재보험금 등과 같이, 이행불능으로 인하여 채무자가 그 목적물에 갈음하여 일정한 대상을 취득한 경우에, 채권자가 본래의 급부에 갈음하여 그 대상의 양도를 청구할 수 있는 권리를 의미한다. 이러한 대상청구권의 인정에 대하여 학설과 판례는 거의 일치하고 있다(대판 1992. 5. 12, 92다4581 · 4598). 이와 같은 대상청구권을 채권자에게 인정하는 것은 채무자에게 귀책사유가 없이 이행불능이 된 경우, 즉 채무자에게 채무불이행책임이 없는 경우에도, 채권자는 채무자에 대하여 손해배상을 청구할 수 없는 반면, 채무자가 대상이 되는 이익을 보유할 수 있도록 하는 것은 형평의 원칙에 어긋나기 때문이다. 그런데 쌍무계약에 있어서 채무자의 귀책사유없이 이행불능이 된 경우에는 위험부담의 법리에 의하여 채권자의 반대급부의무가 소멸한다는 규정(제537조)과 채권자에게 반대급부의무의 존재를 인정하고 그 이행과 동시에 대상청구권을 허용하는 것은 반대급부의무의 존속여부와 관련하여 어쩌면 모순적인 결과를 야기할 수도 있다. 그러나 대상청구권이 형평의 원칙에 의하여 인정되는 제도라고 본다면 위험부담이 문제된다고 하여 이를 특히 부인할 필요는 없을 것이다. 한편 이와 같은 대상청구권의 문제는 채권자의 귀책사유 또는 수령지체시의 이행불능이 존재하는 경우와 같이 채권자위험부담의 경우에도 동일하게 발생할 수 있다. 물론 이에 대하여는 기본적으로 대상청구권이 청구권자의 과실과 관계없이 가능하다는 것을 전제로 해야 한다. 즉 화재보험에 가입한 보험계약자가 자신의 과실로 목적물이 화재로 멸실된 경우에도 대상청구권이 발생한다는 것이다. 따라서 채권자의 귀책사유로 이행불능이 된 경우 위험부담에 관한 제538조 1항의 규정에 의하면, 채권자의 이행의무가 소멸되지 않는 것으로 규정하고 있는데, 이를 대상청구권과 관련시켜 보면, 채권자는 이행을 하고 대상청구권을 취득하게 되는 결과가 되어, 결국 아무런 손실이 없는 결과를 야기한다.

※ 대판 1992. 5. 12, 92다4581 · 4598 : 매도인에게 매매목적토지가 수용됨으로써 그 보상금을 수령하였음을 이유로 그 금원의 지급을 구하는 청구를 위 토지에 대한 소유권이전등기의무의 이행불능을 발생케 한 원인인 토지수용으로 인하여 위 토지의 대상인 보상금을 취득하였음을 이유로 그 보상금의 지급을 구하는 것으로서 이른바 대상청구권을 행사하는 취지라고 볼 수 있으며, 우리 민법에는 이행불능의 효과로서 채권자의 전보배상청구권과 계약해제권 외에 별도로 대상청구권을 규정하고 있지 않으나 해석상 대상청구권을 부정할 이유가 없다.

**위험이전의 시기**

위험부담, 즉 이행불능시에 반대급부의무의 존속 여부에 관한 문제는 채무자의 이행이 종료된 경우에는 발생하지 않는다. 예컨대 매매계약에 있어서 매도인이 목적물을 인도하고 소유권이전등기절차를 완료한 후에 목적물이 천재지변으로 인하여 멸실되었다 할지라도 매수인의 대금지급의무는 소멸하지 않음은 당연하다. 따라서 위험부담의 문제는 채무의 이행이 종료되기 이전 단계에서만 발생하는 것으로 이해하고 있다. 그런데 우리 민법은 목적물의 이행단계 중에서 일방 당사자가 어느 시기까지 그 위험을 부담해야 하는지에 대한 위험이전의 문제는 전혀 고려하지 않고 있기 때문에, 특별한 사정이 없는 한 채무의 이행이 완료되기 전단계에서 목적물이 멸실된 경우에, 채권자에게 귀책사유가 있거나 채권자지체가 성립하는 경우(제538조)가 아닌 한, 채무자가 위험을 부담한다고 해석하지 않을 수 없다(제537조). 그런데 이러한 일반론에 대하여 일부에서는 우리 민법의 해석상 채무의 이행이 완료되기 전이라 할지라도 채무자의 이행이 일정한 단계에 이른 경우에는 위험이 채권자에게 이전한다고 해석하는 견해도 있다. 즉 매매의 목적물이 동산인 경우에는 소유권의 이전 여부에 관계없이 목적물의 인도에 의하여 위험이 매수인에게 이전된다고 해석하고 있다. 그리고 이 경우에 인도의 방법으로서 현실인도 뿐만 아니라, 간이인도 · 점유개정 · 양도에 의한 인도의 경우도 매매계약의 내용에 따른 이행이라고 할 수 있는 한, 그 매수인에게 위험을 이전시키는 인도에 포함되는 것으로 해석하고 있다. 물론 화물상환증이나 창고증권의 교부는 운송물 또는 임치물의 인도와 동일한 효력이 있으므로(상법 133조 · 157조), 매수인에 대한 이들 증권의 교부에 의하여 그 위험이 이전된다고 해석하고 있다. 한편 부동산의 매매에 있어서는 동산의 경우와는 달리 소유권이전을 위하여 이전등기를 요하므로(186조), 그 위험의 이전시기에 있어서도 이전등기를 기준으로 하여 소유권이전등기시에 위험이 매수인에게 이전한다는 견해와 소유권이전등기를 원칙적인 기준으로 하되 이전등기 전이라 할 지라도 인도가 있으면 인도시에 위험이 매수인에게 이전한다는 견해가 대립하고 있다.

# 이중으로 부동산을 매각한 경우에 처음 부동산을 산 사람의 지위는?

**● 사례**

X는 A로부터 토지를 매수하여 점유 · 사용하여 왔으나, 토지에 대한 소유권이전등기를 하지는 않고 있었는데, 이러한 사정을 잘 알고 있는 Y가 A에게 접근하여 토지를 자신에게 다시 팔도록 권유하고 이를 매수하여 소유권이전등기를 경료하였다. 토지에 대한 이전등기가 Y에게 경료되었음을 안 X가 Y를 상대로 등기말소를 청구하는 것은 가능한가?

**[참조조문]** 민법 제103조, 제746조

**부동산의 이중매매**

우리 민법상 법률행위로 인한 부동산의 소유권변동은 등기가 있어야 그 효력이 생긴다고 규정하고 있기 때문에(제186조), 원칙적으로 소유자가 자신의 부동산을 일단 매수인에게(제1매수인) 매도하였더라도, 등기가 경료되기 전에는 이를 다시 제3자(제2매수인)에게 매도할 수 있고, 제2매수인은 자신의 명의로 등기함으로써, 선행하는 제1매수인의 존재와 관계없이 소유권을 취득할 수 있게 된다. 이와 같이 특정의 부동산에 관하여 매도인이 2인의 매수인과 별개의 채권계약을 체결하는행위를 이중매매라고 하는데, 이러한 행위는 우리 민법상 부동산의 소유권변동에 관한 형식주의에 비추어 불가능한 것은 아니다. 다만 이와 같은 민법의 원칙론에 입각하여, 매도인과 제1매수인의 선행 매매사실을 알고 있는 제2매수인이 동일한 부동산에 관하여 매도인과 이중으로 매매계약을 체결하는 것을 무한정으로 허용한다면, 이것은 선량한 시민의 정의관념에 반할 뿐만 아니라, 거래관계의 신의성실을 해치는 결과를 초래할 수도 있을 것이다. 그리하여 이와 같은 부동산의 이중매매 행위는 종래 민법 제103조의 위반으로 인한 무효성과 관련하여 많은 논의가 있어 왔다. 즉 이중매매에 관한 판례의 태도에 따르면, 우선 제2매수인이 매도인의 배임행위에 적극 가담한 경우, 제2의 매매행위는 민법 제103조의 선량한 풍속 기타 사회질서 위반으로서 무효이며, 이 때 제1매수인은 매도인을 대위하여 제2매수인에게 등기의 말소를 청구할 수 있는 것으로 파악한다. 그러나 한편 판례는 제2매수인의 적극가담에 의한 부동산의 이중매매 행위를 사회질서위반으로서 무효라고 할 경우, 이것은 민법 제746조의 불법원인급여에 해당되므로, 매도인의 부당이득반환청구가 배척될 뿐만 아니라, 그 반사적 효과로서 소유권은 제2매수인에게 귀속된다고 한다. 따라서 매도인은 불법원인의 급여자이므로 제2매수인에 대하여 부동산의 반환을 청구할 수 없고, 제1매수인 역시 대위할 매도인의 채권이 없기 때문에, 채권자대위권을 통하여 제1매수인을 보호하는 이론구성은 그 자체의 모순을 낳게 된다. 나아가 만일 제2매수인이 매도인에 대하여 소유권이전등기를 명하는 확정판결을 받고, 그에 근거하여 소유권이전등기를 경료한 경우에는 제2매수인에 대한 매도인의 등기말소청구가 위 확정판결의 기판력에 저촉되기 때문에, 제1매수인의 대위권 행사 역시 불가능하게 되는 문제점도 안고 있다.

※ 이중매매의 개념 : 일반적으로 이중매매(Doppelverkauf)라는 용어 외에 이중양도도 널리 사용되고 있다. 이중양도는 단일한 물건에 양립할 수 없는 두 개의 소유권이 유효하게 성립되어 있는 것인 반면에, 이중매매는 두 매수인의 지위가 채권적 단계에 그칠 뿐이라는 의미에서 서로 구별될 수 있을 것이다. 다만 물권변동에 관하여 의사주의를 취하는 입법례에서는 계약성립과 동시에 소유권이 이전되므로, 이중매매를 곧 이중양도라고 할 수 있지만, 형식주의를 취하는 입법례에서는 이중양도의 관계가 발생할 여지가 없기 때문에, 용어법상 이중매매가 타당하다고 보는 견해도 있다. 이에 반하여 부동산에 대한 이중계약이 비단 매매에 한정되는 것은 아니므로 이중매매도 역시 타당하다고 할 수는 없으며, 이중양도라는 용어를 이중으로 양도하는 행위 자체를 가리키는 것으로 이해한다면, 현행 민법하에서도 불가능한 용법은 아니라고 하는 견해도 있다. 생각건대 부동산의 이중적 양도행위는 물권변동의 일반이론에 비추어 타당하지 못하며, 이를 전체적으로 이중매매라고 부르는 것도 정확한 용어법은 아닐 것이다. 따라서 이러한 문제가 매매에 관하여 발생되는 경우에는 이중매매라 하고, 증여에 관한 경우에는 이중증여라고 하면 될 것이다.

**반사회적 이중매매의 무효성**

이중매매 행위가 정의의 관념에 반하여 사회적으로 허용될 수 없는 경우에, 민법 제103조 위반으로서 무효가 된다는 점에는 학설과 판례가 일치되어 있다. 즉 제2매수인이 매도인과 직접 계약을 체결하는 대신 매도인이 채무를 부담하는 것처럼 꾸미고, 가장채권(假裝債權)에 기한 채무명의를 작성하여, 그에 따른 강제경매절차에서 제2매수인이 경락받아 취득하는 경우나 부동산의 매수인은 현장을 직접 확인하거나 등기부, 지적도 등에 의하여 그 위치 및 현황을 점검하는 것이 상례이므로, 이를 통하여 선행 매매사실을 알면서 부동산을 이중으로 매수한 경우, 매수인의 적극 가담을 인정한 사례도 있다. 이러한 태도에 비추어 볼 때, 일반적으로 판례는 이중매매행위가 사회질서 위반의 법률행위에 해당하여 무효가 된다고 하려면, 제2매수인이 단순히 이중매매에 해당한다는 사실을 안 것만으로는 부족하고, 이중매매에 따르는 매도인의 배임행위를 스스로 조성하거나 이에 적극 가담하는 행위가 있어야 한다고 판시하는 경향이 있으며, 적어도 제2매수인이 그 매매사실을 알면서 매도를 요청하여 매매계약에 이르는 정도가 되어야 하는 것으로 판단하고 있다(대판 1978. 9. 12, 78다1150; 동 1981. 12. 22, 81다카197; 동 1994. 3. 11, 93다55289).

다만, 판례 중에는 제2매수인이 선행매매 사실을 알았다고 하더라도, 이를 모두 공서양속에 반하는 무효의 계약이라고 단정할 수는 없으며, 이중으로 매수한 부동산의 가격이 채권액에 비하여 심히 불균형적이어서 매도인의 급박한 곤궁상태를 이용하였다는 특별사정이 없는 한, 이러한 매매행위를 공서양속에 위반하는 무효의 행위라고 볼 수 없다고 한다.

물론 이와 같이 제2의 매매행위가 무효에 이르지 않은 경우에는 물권변동의 형식주의에 비추어, 제2매수인이 먼저 소유권이전등기를 경료함으로써 유효하게 부동산의 소유권을 취득할 수 있기 때문에, 제1매수인은 매도인에 대하여 이행불능으로 인한 손해배상청구권을 행사하거나 담보책임의 추궁 및 계약해제권을 행사할 수 있고, 제2매수인에 대하여는 채권자취소권의 행사여부와 채권침해로 인한 불법행위의 성립여부가 문제될 수 있을 뿐이다.

※ 대판 1994. 3. 11, 93다55289 : 이중매매가 반사회질서의 법률행위에 해당하여 무효가 된다고 하려면, 매수인이 단순히 이중매매에 해당한다는 사실을 안 것만으로는

부족하고, 이중매매에 따르는 매도인의 배임행위가 스스로 조성하거나 이에 적극 가담하는 행위가 있어야 한다.

**제1매수인의 보호** 제2매수인이 매도인의 배임행위에 적극적으로 가담하여 자신의 명의로 소유권이전등기를 경료한 경우, 제1매수인은 실질적 소유자라 할 수 있는 매도인을 대위하여, 제2매수인 명의의 등기에 대한 말소를 청구할 수 있다. 이것은 채권자대위권의 법률적 역할이 채권자가 자신의 채권을 보전하기 위하여 채무자의 권리를 행사하는 것이므로, 매도인이 제2매수인에 대하여 소유권이전등기말소청구권을 가진다는 것을 당연한 전제로 삼고 있는 것이다(대판 1968. 2. 27, 67다2285 ; 동 1980. 5. 27, 80다565 ; 동 1983. 4. 26, 83다카57). 그런데 반사회적 법률행위로서 무효인 이중매매행위는 불법의 원인으로 급여한 것이 되므로, 급여자인 매도인은 당해 부동산에 대한 부당이득반환청구권을 행사할 수 없게 된다(민법 제746조). 특히 불법원인으로 급여한 부동산에 대하여 판례는 급여자가 반환청구를 할 수 없게 되는 반사적 효과로서 소유권 역시 수익자인 제2매수인에게 귀속된다는 태도를 취하고, 따라서 매도인에게는 제2매수인의 소유권이전등기에 대한 말소청구권도 존재하지 않는 결과가 된다(대판1979. 11. 13, 79다483). 그러므로 제2매수인의 적극적 배임행위에 의한 이중매매행위는 사회질서위반으로서 무효일 뿐만 아니라, 불법원인급여에 해당하고, 그 소유권이 수익자인 제2매수인에게 귀속된다면, 매도인은 원칙적으로 제2매수인에 대하여 위 등기의 말소를 청구할 수 없게 되고, 따라서 제1매수인이 대위하고자 하는 매도인의 권리가 전혀 없기 때문에, 판례의 이론구성에는 납득할 수 없는 모순이 발생하는 것이다. 이에 대하여 학설은 ① 이중매매행위의 무효로 인하여 급여물의 궁극적인 소유권이 불법에 가담한 매도인이 아니라 제3자인 제1매수인에게 귀속되어야 할 때에는 예외적으로 제746조가 적용되지 않는다거나 민법 제746조에서 규정한 불법의 원인은 선량한 풍속위반만을 의미하므로 사회적 경제질서에 위반한 이중매매행위는 이에 포함되지 않는다고 하여 제746조의 적용을 배제하고, 제1매수인의 대위권행사를 인정하는 견해가 있다. ② 그리고 이중매매는 제1매수인이 매도인에 대하여 갖는 채권을 제2매수인이 위법하게 침해하였으므로, 제1매수인은 제2매수인에게 불법행위책임을 물을 수 있으며, 다만 그로 인한 손해배상의 내용은 이전된 부동산의 명의를 매도인에게 회복시키는 원상회복의무라고 하여, 제2매수인 명의의 이전등기에 대한 말소를 청구할 수 있다는 견해도 있다. ③ 또한 매도인과 제2매수인의 이중매매로 인한 결과, 매도인의 행위가 민법 제406조에서 요구하는 이른바 사해행위(詐害行爲)의 요건을 갖춘다면, 제1매수인은 매도인에 대한 채권자의 자격에서 그 행위를 취소하고 원상회복을 청구할 수 있다는 견해도 있다. 결국 어떠한 학설에 따르더라도 제1매수인의 원상회복을 인정하는 점에는 차이가 없다.

**확정판결의 기판력과 등기말소**

부동산의 이중매매에 있어서 제1매수인의 보호를 위한 실체법상의 이론구성에도 불구하고, 제2매수인의 명의로 되어있는 부동산이 제1매수인에게 귀속되도록 하기 위해서는 민사소송법과 관련하여 다시 살펴 보아야 할 문제가 있다. 즉 제2매수인이 매도인을 상대로 이중매매된 부동산에 대하여 소유권이전등기절차의 이행을 구하는 확정판결을 받아 소유권이전등기를 경료한 경우에는, 그 확정판결의 판력이 미치는 매도인의 권리를 제1매수인은 대위행사할 수 없기 때문이다. 특히 판례가 제1매수인은 제2매수인이 받은 소유권이전등기절차이행의 확정판결이 당연무효이거나 재심의 소에 의하여 취소되기 전에는 매도인의 소유권이전등기청구권을 보전하기 위하여, 제2매수인 명의의 소유권이전등기에 대한 말소청구를 대위할 수 없다고 하며, 제1매수인이 매도인을 대위하지 않고 이해관계인의 지위에서 바로 제2매수인 명의의 소유권이전등기에 대하여 말소를 청구하는 것 역시 배척된다고 판시하고 있다(대판 1996. 6. 25, 96다8666).

이러한 입장에 따르면 법률적으로 보호받아야 할 제1매수인은 당해 부동산을 취득할 수 없게 되며, 오히려 비난받아야 할 제2매수인은 확정판결의 기판력에 의하여 이를 부당하게 취득하는 불합리한 결과가 존재하게 되는 것이다. 이러한 문제점과 관련하여 제1매수인의 보호를 위해서는 반대견해가 있음에도 불구하고 다음과 같은 해석이 가능하리라고 생각한다.

즉, 대법원은 소유권을 표상하는 등기가 되어 있었거나 법률에 의하여 소유권을 취득한 자가 진정한 등기명의를 회복하기 위한 방법으로서, 그 등기의 말소를 구하는 외에 진정한 등기명의의 회복을 원인으로 하는 소유권이전등기절차의 이행을 직접 구하는 것도 가능하다고 판시하고 있다. 따라서 이와 같은 대법원판례의 태도에 비추어 본다면, 반사회적 부동산의 이중매매를 불법원인급여로 보지 않거나, 급여물의 소유권이 급여자에게 귀속된다고 해석하는 한, 제2매수인의 형식적 등기명의에도 불구하고 소유권은 매도인에게 존재하므로, 매도인은 소유권확인청구와 진정한 소유자명의의 회복을 위한 소유권이전등기청구의 원용이 가능할 것이다.

※ 대판 1996. 6. 25, 96다8666 : 부동산의 소유자에 대하여 소유권이전등기를 청구할 지위에 있기는 하지만 아직 그 소유권 이전등기를 경료하지 않은 상태에서, 제3자가 부동산의 소유자를 상대로 그 부동산에 관한 소유권이전등기절차 이행의 확정판결을 받아 소유권이전등기를 경료한 경우에는, 종전의 소유권이전등기청구권을 가지는 자는 그 확정판결이 당연무효이거나 재심의 소에 의하여 취소 되지 않는 한, 부동산의 소유자에 대한 소유권이전등기청구권을 보전하기 위하여 부동산의 소유자를 대위하여 제3자 명의의 소유권이전등기가 원인무효임을 내세워 그 등기의 말소를 구하는 것은 확정판결의 기판력에 저촉되고, 나아가 그 제3자 명의의 소유권이전등기 이후에 그 등기를 바탕으로 하여 경료된 또 다른 소유권이전등기의 말소를 구하는 것도 역시 위 확정판결의 기판력에 저촉된다.

※ 대판(전원합의체) 1990. 11. 27, 89다카12398 : 이미 자기 앞으로 소유권을 표상하는 등기가 되어 있었거나 법률에 의하여 소유권을 취득한 자가 진정한 등기명의를 회복하기 위한 방법으로는 현재의 등기명의인을 상대로 그 등기의 말소를 구하는 외에 진정한 등기명의의 회복을 원인으로 한 소유권이전등기절차의 행을 직접 구하는 것도 허용되어야 한다.

# 내연관계를 맺는 대가로 재산을 증여한 경우 이를 돌려받을 수 있는가?

**● 사례**

사건 당시 78세였던 A는 시장에서 대포집을 하고 있는 48세의 Y의 가게에 자주 들러 술을 한잔씩 마시다가 둘이 정이 들어 소위 내연관계를 맺은 후, 그 대가로 자신의 임야를 증여하고 소유권이전등기를 경료하였다. 그 후 A는 사망하고 그 재산을 상속한 아들 X는 자신이 상속한 것으로 생각하였던 위 임야가 Y의 명의로 되어 있는 것을 알고 그 반환을 청구하였는데, 이러한 청구는 정당한가?

**[참조조문]** 민법 제746조, 민법 제103조

**불법원인급여** 불법원인급여라고 하는 것은 도박이나 뇌물 또는 매춘과 같이 사회적으로 허용되지 않는 행위를 위하여 타인에게 금전을 빌려주거나 제공하는 경우에, 그러한 행위의 목적을 달성하지 못하였다고 하더라도, 이미 지급한 금전 또는 노무에 대하여 반환을 청구하지 못하는 법제도를 의미한다. 우리민법 제746조 역시 이에 대하여, "불법의 원인으로 인하여 재산을 급여하거나 노무를 제공한 때에는 그 이익의 반환을 청구하지 못한다. 그러나 그 불법원인이 수익자에게만 있는 때에는 그러하지 아니하다"라고 규정하고 있다. 즉 일정한 급여가 반사회적 법률행위로서 무효가 되면, 그 법률상의 원인이 없게 되므로 급여자가 상대방에 대하여 부당이득의 법리에 따라 그 수익의 반환을 청구할 수 있는 것이 원칙이지만, 만약 이를 허용하게 되면 스스로 법의 이상에 반하는 행위를 한 자가 법의 보호를 받는 결과가 되기 때문에, 그러한 급여자의 부당이득반환청구를 배척하는 것이 이른바 불법원인급여제도라고 할 수 있다. 그런데 이와 같은 불법원인급여제도는 사회적으로 타당하지 않는 행위의 당사자를 법의 보호로부터 제외시키고, 사법질서와 법적 평화를 유지하기 위한 제도로서 이해되고 있기 때문에, 불법원인급여가 문제되는 사안들은 대체적으로 반사회적 법률행위의 무효를 규정한 민법 제103조와 관련되어 있다. 그리하여 우리나라의 다수설과 판례는 제746조의 「불법」을 제103조의 「선량한 풍속 기타 사회질서 위반행위」로 이해하고, 이들 규정이 반사회적 법률행위의 방지라는 측면에서 표리일체의 관계에 있는 것으로 보아, 제746조는 단지 부당이득제도만을 제한함에 그치는 것이 아니라, 민법의 전반을 제한하는 일반규정으 취급한다. 그리고 특히 판례의 태도에 따르면, 제746조는 사회적 타당성이 없는 행위를 한 자가 그 형식여하를 불문하고 스스로 불법을 주장하여 원상회복을 청구할 수 없도록 하는 법이념의 표현이기 때문에, 급여자는 부당이득에 기한 반환청구권 뿐만 아니라, 소유권에 기한 반환청구권을 행사할 수 없고, 그 반사적 효과로서 급여물의 소유권이 수익자에게 귀속된다는 결론에 이르고 있는 것이다.

**불법원인 급여의 취지**

불법원인급여제도의 기본이념을 인정하는 것은 불법적인 급여의 반환청구를 배척함으로써 정의의 관념에 일치하는 측면이 있는 반면, 그 결과 수익자에게 반사적 이익을 주게 됨으로써 공평의 관념에 반하게 되는 이율배반적인 요소를 가지고 있다. 즉 이러한 법리를 인정함으로써 급여자의 반환청구를 배척하는 것은 종래 사회적 · 법적으로 용납될 수 없는 행위를 한 자의 인격에 대한 형벌 또는 제재의 관점에서 논의되었다. 그러나 개인의 재산관계와 신분관계를 규율하는 민법의 체계에 이러한 형벌개념을 포함시키는 것은 허용할 수 없다고 하는 부정적 평가를 받기에 이르렀다. 그리하여 급여자의 반환청구가 배척되는 것은 수익자의 부당이득으로 인한 반환의무가 급여자의 부가적인 책임에 의하여 보상되는 것이라거나 급여자의 비난받을 행위에 대한 법적 보호의 거절로서 설명되기도 하고, 그 반환청구를 배척하는 것이 신의칙에 부합한다고 하여 불법원인급여제도를 정당화하였다. 그리고 나아가 비난받을 행위를 한 자가 법원에 구제를 요구하는 것은 법원의 권위에 대한 도전 또는 모독이라고 하거나 법정책적 차원에서 사회질서에 반하는 행위를 방지하기 위하여 반환청구를 배척하는 법제도가 시인되기도 하였다. 그러나 불법원인급여제도에 의하여 반환청구권이 배척되는 사안들은 대체적으로 급여자와 수익자 쌍방에게 불법성이 있는 경우가 일반적이라고 할 수 있는데, 그러한 법제도에 의하여 반환청구권을 배척하게 되면, 급여자와 마찬가지로 불법의 원인을 가진 수익자의 불법성은 고려되지 않고, 그 결과 수익자는 불법원인의 급여를 그대로 보유하게 된다. 이것은 동일하게 불법의 원인을 가진 수익자에게 일방적인 이익을 줌으로써, 오히려 쌍방 당사자를 불공평하게 취급하는 불합리를 인정하는 것이 된다. 그리고 이러한 불합리는 처음부터 불법원인급여제도 자체에 내포되어 있는 것이기도 하지만, 이를 정당화시키려고 한 이론들에 의하여 더욱 심화되었고, 결국 사법체계에 있어서 불법원인급여제도를 하나의 이질물로 만들었다. 따라서 불법원인급여의 반환청구를 일률적으로 배척하는 것은 법질서가 추구하는 실질적 정의와 공평의 이념에 어긋날 뿐만 아니라 법감정에도 맞지 않기 때문에, 그 적용범위를 합리적으로 제한해야 한다는 입장도 있다.

**반사회적 법률행위**

일반적으로 불법원인급여제도에 관한 민법 제746조는 반사회적 법률행위의 무효를 규정하고 있는 제103조와 표리일체를 이루는 규정으로서, 제103조가 반사회적 목적을 위한 법률행위의 이행을 적극적인 의미에서 배척하는 규정이라면, 제746조는 그러한 목적을 위하여 이행한 후에, 법률행위의 무효를 이유로 한 반환청구를 소극적인 의미에서 배척하는 규정으로 파악된다. 그리고 비록 제746조가 우리 민법의 체계상으로는 부당이득을 구성하는 일부의 규정으로 되어 있다고 하더라도, 자신의 불법을 원용하여 법의 보호를 청구하는 것이 허용되지 않는다고 하는 이념은 사법의 모든 영역에 적용될 수 있는 것이라고 한다. 따라서 제746조에서 규정하는 불법의 원인이라고 하는 것은 바로 제103조에서 무효를 야기하는 선량한 풍속 기타 사회질서에 반하는 것으로 이해되고 있다. 물론 이들 규정이 반사회적 법률행위의 방지를 위한 목적과 도덕규범을 법규범화하는 기능을 가지고 있다는 공통점은 있다. 그러나 이러한 일반적인 견해에 대하여 민법 제746조는 사회적으로 비난받을 급여에 대한 모든 반환청구권을 광범위하게 배척하는 규정이 아니며, 불법을 원인으로 하는 부당이득반환청구권을 배척하는 규정인데 반하여, 민법 제103조는 계약자유의 원칙에 대한 제한을 나타낸 것일 뿐이기 때문에, 이들 규정의 적용범위가 정확하게 일치된다고 할 수는 없을 것이라는 견해가 있다. 더욱이 민법 제103조에 따라 반사회적 법률행위를 무효로 하면서, 제

746조에 의하여 이미 이행된 급여의 반환청구를 거부하는 것은 결국 그러한 법률행위를 유효로 취급하는 것과 다름없는 결과를 초래하게 되어 부당하다거나 일방의 급여만이 있는 경우에, 상대방에 대한 이행청구는 제103조에 의하여 무효로서 거부되고, 그가 이미 이행한 급여의 반환청구 역시 제746조에 의하여 거부된다고 하면, 당사자 사이에 이익의 불균형상태를 그대로 고정시키는 결과가 될 수 있다고 하여, 일반적인 학설과 판례의 입장에 반대하는 입장도 있다. 즉 제103조는 민법의 일반원칙을 규정한 것으로서 반사회적 법률행위를 무효로 인정하는 것이며, 제746조는 이러한 반사회적 법률행위의 무효에도 불구하고 그 효과로서 부당이득반환청구권만을 배척하는 부당이득법리의 예외를 규정한 것일 뿐이라는 것이다.

**불법원인급여와 물권적 청구권**

불법원인급여제도의 취지나 민법 제103조의 반사회적 법률행위의 무효규정과 관련하여, 급여자는 불법원인급여로서 제공된 물건에 대한 부당이득반환청구권은 배척되지만, 법률행위의 원인무효에 근거하여 소유권에 기한 반환을 청구하는 것은 가능한가의 문제는 학설과 판례의 이론적 대립을 야기하였다. 즉 종래 학설과 판례는 불법원인으로 인한 급여물의 소유권은 여전히 급여자에게 귀속되는 것이므로, 급여자는 소유권에 기한 반환청구권을 행사할 수 있다고 해석하였다. 특히 판례는 도박채무에 갈음하여 토지에 대한 매도증서를 작성하고 소유권을 상대방에게 넘겨준 사안에서 도박채무자의 소유권에 기한 반환청구를 인정하였으며(대판 1960. 9. 15, 4293다57), 도박채무를 피담보채권으로 하여 부동산을 양도담보로 제공하고 소유권이전등기가 경료된 사안에 있어서 급여자의 소유권에 기한 반환청구를 인용하였다(대판 1977. 6. 28, 77다728). 그러나 최근에는 원인행위의 무효에 관계없이 불법원인으로 인한 급여의 소유권이 수익자에게 귀속되고, 따라서 급여자의 소유권에 기한 반환청구권을 부정하는 견해가 다수의 위치를 점하고 있다. 물론 그 근거에 대하여는 부당이득반환청구권이나 소유권에 기한 반환청구권은 모두 원상회복을 목적으로 한다는 점에서 본질적 차이가 없으며, 불법의 원인으로 급여한 자를 보호할 필요가 없다는 것은 소유권에 기한 반환청구권도 마찬가지라고 하거나, 부당이득반환청구권과 소유권에 기한 반환청구권은 따로 발생하는 것이 아니라, 규범적으로 통합된 단일의 청구권으로 파악하면서, 결국은 제746조의 이상에 비추어 반환청구가 배척되어야 할 것이라고 한다. 그 외에도 급여자의 불법성이 수익자보다 큰 경우에는 소유권에 기한 반환청구권을 배척하고, 반대로 수익자의 불법성이 큰 경우에는 이를 인정하는 견해도 있고, 계약의 일방 급여만이 선이행된 경우에는 일방 당사자가 자신의 급여는 이행하지 않으면서 상대방의 급여를 보유하고, 제746조를 원용하여 상대방의 반환청구를 배척하는 것은 부당이득제도의 기본이념인 공평에 반하는 결과를 가져오기 때문에, 선이행자에게는 소유권에 기한 반환청구권을 인정해야 한다는 견해도 있다. 그리고 나아가 불법원인의 급여에 대한 쌍방 당사자의 소유권귀속을 포기하고, 국가 또는 공공단체가 몰수하는 것이 불법원인급여제도의 이상에 근접할 수 있다는 극단적인 견해도 주장되고 있다.

**반사적소유권 취득론**

민법상 이른바 반사적 소유권취득론이라고 하는 것은 1979년 대법원 전원합의체 판결을 통하여, 불법원인의 급여자는 그 원인행위가 법률상 무효라는 이유로 부당이득을 원인으로 한 반환청구를 할 수 없음은 물론, 급여물의 소유권이 자신에게 있다고 하여 소유권에 기인한 반환청구도 할 수 없는 것이므로, 그 반사적 효과로서 급여한 물건의 소유권이 수익자에게 귀속한다는 판례이론을 말한다. 이러한 대법원의 태도는 민법 제746조를 법률행위의 무효를 규정하고 있는 제103조와 표리일체의 규정으로 파악하고, 제746조가 단지 부당이득제도만을 제한함에 그치는 것이 아니라, 민법의 전반을 규율할 수 있는 일반규정으로 이해한 데서 비롯된 것이다. 결과적으로 현재의 다수 견해와 마찬가지의 입장인 것이다. 다음의 사안에 대한 판례를 통하여 우리 대법원의 입장을 알 수 있다. 원고 X는 피고 Y의 부친인 소외 A와 내연관계를 맺고, 그 대가로 임야를 증여받아 소유권이전등기를 경료하고 있었다. 그런데, 소외 B(소외 A의 사위)가 X에게 내연관계에 있는 A와 유리한 약정을 체결해 주겠다고 기망하여, X로부터 인감증명서와 인감을 교부받은 후, 사실은

X와 Y사이에 본건 임야에 대한 매매계약이 체결된 것처럼 서류를 작성하여, 피고 Y명의로 가등기절차를 경료하였다. 그 후 소외 A는 사망하였으며, 이러한 사실을 알게 된 원고 X가 피고 Y에 대하여, 매매계약에 의한 소유권이전등기보전의 가등기말소청구를 하였다. 이에 대하여 법원은 "민법 제746조는 비록 채권편 부당이득의 장에 규정되어 있지만, 제103조와 함께 사법의 기저를 이루는 하나의 큰 이상의 표현으로서, 사회적 타당성이 없는 행위의 복구가 부당이득의 반환청구라는 형식으로 주장되는 일이 많기 때문이고, 그 근본에 있어서는 단지 부당이득제도만을 제한하는 이론으로 그치는 것이 아니라, 보다 큰 사법의 기본이념으로 군림하여 결국 사회적 타당성이 없는 행위를 한 사람은 스스로 불법한 행위를 주장하여 복구를 그 형식 여하에 불구하고 소구할 수 없다는 이상을 표현하고 있는 것이다. 따라서 급여를 한 사람은 그 원인행위가 법률상 무효라 하여, 상대방에게 부당이득을 원인으로 한 반환청구를 할 수 없음은 물론, 급여한 물건의 소유권은 여전히 자기에게 있다고 하여 소유권에 기한 반환청구도 할 수 없는 것이고, 그리하여 그 반사적 효과로서 급여한 물건의 소유권은 급여를 받은 상대방에게 귀속하게 되는 것이다"라고 판시하였다(대판(전원합의체) 1979. 11. 13, 79다483). 이 판례는 종래 불법의 원인으로 인한 급여는 민법 제103조에 의하여 무효이므로, 불법원인에 의한 급여물의 소유권은 급여자에게 귀속되고, 민법 제746조는 부당이득반환청구권에 한하여 적용될 뿐이기 때문에, 불법원인의 급여자는 부당이득에 기한 반환청구권이 배척될 뿐이며, 자신의 소유권에 기한 반환청구권은 인정되어야 한다는 이전의 판례를 변경한 것이다. 그리고 법이론적인 측면에서 수익자의 소유권귀속을 인정하는 학설의 문제, 즉 원인행위가 불법으로 인하여 무효임에도 불구하고, 급여물의 소유권이 수익자에게 귀속되는 구체적이고 실질적인 근거를 제시하지 못한 점에 비하여, 이 판례는 급여자가 반환청구권을 행사하지 못하는 반사적 효과로서 수익자에게 소유권이 귀속된다고 판시함으로써, 그 근거를 반사적 효과에서 구하고 있다. 이러한 점에서 법원이 이른바 「반사적 소유권취득론」을 제시하여 수익자의 소유권귀속을 인정한 것은 특별한 근거없이 판례와 동일한 결론에 도달하였던 이전의 학설에 비하여 진일보한 면이 있는 것은 사실이다. 그리하여 이러한 법

원의 태도는 학자들에 의하여 상당한 지지를 받았으며, 그 이후의 판결에서도 동일하게 유지되고 있다(대판 1989. 9. 29, 89다카5994 ; 동 1988. 9. 20, 86도628). 그러나 이러한 판례에 대하여는 앞서 불법원인급여제도의 취지에서 본 바와 같이, 이 제도가 안고 있는 당사자의 불형평을 고려하는 측면이나 쌍방당사자의 불법성을 획일적으로 처리할 수는 없을 뿐만 아니라 수익자측에서 불법행위를 유발하는 등 오히려 수익자에게 1차적인 책임이 있는 경우도 많은 점에서 급여자의 소유권에 기한 반환청구를 인정하는 것이 바람직하며, 나아가 아무런 법적 근거없이 단지 민법 제746조에 의하여 부당이득반환청구권이 배척되는 반사적 효과에 의하여 소유권을 수익자에게 귀속시키는 판례의 이론은 허용될 수 없다고 비판하는 견해도 상당하다. 어떻든 결과적으로 현재의 다수설이나 판례의 입장에 의하면 소유권은 이미 Y에게 귀속되었으므로, X는 민법 제746조에 의하여 부당이득반환청구권 및 소유권에 기한 반환청구권도 행사할 수 없게 되었다.

# 17세 고등학생의 폭행과 그 손해배상책임은?

● **사례**

만 17세 정도의 고등학생인 Y가 친구의 오토바이를 빌려 운전하던 중, 횡단보도상에서 행인 X을 치어 전치 11개월의 치료를 요하는 중상을 입힌 경우, 피해자 X는 누구를 상대로 손해배상을 청구해야 하는가?

**[참조 조문]** 민법 제753조, 제755조

**문제점** 우리 민법은 미성년자를 행위무능력자의 하나로 취급하면서, 성년자와 달리 이들을 보호하기 위한 특별규정을 두고 있다(민법 제5조 이하). 그리고 특히 책임능력 없는 미성년자가 타인에게 손해를 가한 경우에는 그에게 손해배상책임을 부담시키지 않으며, 그 감독의무자에게 배상책임을 부담시키고 있다(민법 제753조, 제755조). 그런데 민법이 미성년자에 관한 일반적인 보호는 그 책임능력의 유무와 관계없이 인정하고 있으면서, 불법행위에 관하여는 책임능력 없는 경우에는 그 감독의무자의 책임을 인정하는 반면, 책임능력 있는 미성년자의 경우에 아무런 규정을 두지 않은 것은 불법행위로 인한 피해자의 보호에 있어서 대단히 큰 결함으로 지적될 수 있다. 손해배상법의 기본취지가 손해의 공평한 분담과 피해자의 적절한 구제에 있고, 우리나라의 현실상 책임능력 있는 미성년자이건 책임능력 없는 미성년자이건 이들은 자신의 불법행위로 인한 손해에 대하여 독자적으로 배상할 자력이 없는 경우가 대부분이기 때문에, 미성년자의 불법행위에 대한 감독의무자의 손해배상책임을 오로지 책임능력없는 미성년자에 한정해서는 안될 것이다.

**미성년자의 책임능력** 우리 민법 제755조는 감독의무자의 배상책임을 인정하기 위한 전제로서 미성년자의 책임무능력을 요구하고 있다. 책임능력은 일정한 행위의 결과 상대방에게 위법한 손해를 가한다는 사실을 행위자 스스로 알았어야 함에도 불구하고, 이를 알지 못하여 가해를 회피하지 못한 데 대한 책임을 묻는 것이므로, 이러한 것을 인식할 수 있는 능력을 전제로 하지 않으면 안된다. 그리하여 민법은 미성년자로서 그 행위에 대한 책임을 변식할 지능이 없는 자와 성년·미성년을 불문하고 심신상실에 이른 자를 책임무능력자로 규정하여 불법행위책임에서 제외하고 있는 것이다(민법 제753, 754조). 그러나 이러한 책임능력은 행위자 개인에 따라서 또는 행위의 종류나 태양에 따라서 달라질 수 있는 것이기 때문에, 이론적으로는 언제부터 책임능력이 존재하게 된다고 하거나 어떠한 경우에 책임능력이 없게 된다고 하는 획일적인 기준을 설정하기란 그리 쉬운 일이 아니다. 즉 책임능력의 유무에 대한 궁극적인 판단은 행위자의 개별적인 사정과 행위당시의 상황을 구체적으로 검토하여 법관이 결정할 규범적인 가치판단의 문제이지만, 행위자 개인에게 있어서 변식력이라고 하는 것은 각자의 연령이나 지능·소질·환경 등과 같이 그에게 특유한 사정과 당해 행위와의 관계를 기초로 판단하여야 할 문제인 것이다. 또한 책임능력을 판단하기 위하여 그 기준이 될 수 있는 구체적인 사실도 과학적인 조사와 입증을 통해 밝혀져야 할 것인데, 심신상실의 경우에는 책임능력의 유무가 의사 등에 의한 정신감정으로 어느 정도 개연성 있는 판단이 가능하기 때문에 상당히 자세한 과학적 조사가 시행되며 판결에도 큰 영향을 미치고 있는 반면, 미성년자의 경우에는 연령기준에 의하여 그 정신발육정도를 평가하고 관념적으로 판정할 뿐 과학적인 방법에 의한 만족스러운 규명은 하지 못하고 있는 실정이다. 이론적으로는 미성년자가 보통·정상의 발육을 하고 심신장애자나 저능아라고 하는 특별한 사정이 없다면, 초등학교 졸업연령에 해당하는 12세 쯤이면 인정될 수 있는 것으로 해석하고 있다. 그리고 판례도 책임능력의 판단기준을 정함에 있어서 미성년자의 연령이나 학력에 의한 획일적이고 일반적인 기준이 아니라, 각자의 지능이나 발육정도·가사사정·생활환경·친권자의 사회적 지위 및 신분 또는 평소 행동 등에 따라 개별적·구체적으로 결정하여야 한다는 취지의 판시를 하고 있지만, 그 중에서도 판결에 있어서의 특별한 사정, 말하자면 심신장애자나 저능아가 아닌 한, 연령에 의하여 책임능력을 판정할 수 있다고 하여 연령이 일반적이고 보충적인 기준이 될 수 있음을 시사하고 있다. 그리하여 구체적인 판례를 살펴 보면 당해 18세 미성년자나 17세 5개월된 미성년자가 타인에게 부상을 입히어 손해를 가한 경우 또는 16세 11개월, 14세 3개월된 미성년자, 심지어 13세 3개월된 미성년자의 불법행위에 대하여, 자기의 행위에 대한 책임을 변식할 지능이 충분히 발달되었다고 판시하면서, 그 책임능력을 인정하고 감독의무자의 배상책임을 부정하였다. 반면 12세 미만의 경우에는 물론이고, 13세 5개월된 미성년자나 14세 2개월된 미성년자의 불법행위에 대하여 불법행위의 책임변식력을 부정하고 감독의무자의 배상책임을 인정하였다.

**감독자책임의 근거와 입증책임**

현행 민법상 책임능력 없는 미성년자의 불법행위에 대하여는 그 감독자에게 책임을 부담시키는 반면, 미성년자에게 책임능력이 있는 경우에 관해서는 아무런 언급이 없다. 그리하여 종래의 학설과 판례는 미성년자에게 책임능력이 있는 경우에 대하여는 감독의무자의 책임을 인정하지 않는 입장에서부터 민법 제750조의 일반불법행위책임으로 발전하여 왔으며, 특히 판례는 1984년에 제755조를 책임능력 있는 미성년자에까지 확대적용하는 시도를 한 적이 있었지만, 이것은 이어진 후속판결에 의하여 폐기되고, 현재는 다수설의 입장과 마찬가지로 제750조의 일반불법행위책임을 추급하는 것으로 일관되어 있다. 그런데 이러한 다수설이나 판례의 입장과 같이 책임능력 있는 미성년자의 불법행위에 대하여 일반불법행위책임을 인정하게 되면, 감독자가 책임을 부담하게 되는 근거로서의 과실은 가해행위 자체에 대한 과실이 아닌데도 불법행위책임을 인정하게 되는 문제가 있을 뿐만 아니라, 미성년자의 과실 및 손해발생 사이의 인과관계는 피해자측에서 입증하여야 하는데, 사실상 이것은 곤란하므로, 결국 감독자의 책임을 추급하는 것이 그 만큼 어렵게 되어 피해자의 보호가 곤란하게 된다. 물론 이러한 문제점을 보완하기 위하여 종래 친권자를 미성년의 자녀에 대한 신원보증인으로서의 책임을 인정한다든가, 책임능력 없는 미성년자에 관한 민법 제755조를 유추적용 내지 확대적용함으로써 과실이나 인과관계의 입증을 감독의무자에게 전환시키는 시도가 있었다. 그러나 이러한 태도 역시 이론적 흠결로 인하여 인정되기 어려운 점이 존재하는 것도 사실이다.

한편 판례의 입장을 구체적으로 살펴보면, 처음에는 가해미성년자에게 책임능력이 인정되는 이상, 감독의무자의 배상책임을 인정하지 않는 입장이었다(대판 1959. 2. 19, 4290민상674 ; 동 1969. 2. 25, 68다1822 ; 동 1971. 4. 6, 71다187). 그러나 이후 1975년 판례는 "미성년자의 불법행위에 대하여 사고를 미연에 방지할 주의의무를 다하지 못한 감독의무자는 자기고유의 입장에서 불법행위로 인한 손해배상책임을 면할 수 없다"고 판시하여, 감독의무자에 대한 병존적 책임을 인정하였다(대판 1975.1.14, 74다1795). 그런데 1984년에 이르러 16세 11개월부터 18세 4개월까지의 미성년자 5인의 불법행위에 대하여, 원심은 이들 미성년자에게 책임능력이 있음을 확인한 다음, 감독자의 의무해태가 현저히 입증되는 2인의 피고에게 민법 제750조에 의한 일반불법행위책임을 인정하였으나, 대법원은 이러한 원심을 파기하고, "행위자에게 책임능력이 있는 경우라고 하더라도, 자신의 재산을 가지고 있지 않은 때가 많아, 소송상의 어려움과 그 실효를 기대하기 어렵다는 점에서, 피해자 보호를 위하여 불법행위자에게 그 행위 당시에 책임능력이 있었느냐의 여부에 불구하고, 감독책임자는 그 배상책임을 지는 것이며, 감독의무자의 책임은 피감독자의 책임을 보충하는 것이 아니라, 감독의무자의 책임과 피감독자의 책임은 병존한다. 따라서 이 감독의무자의 책임은 그 불법행위 자체에 관한 과실이 아니라, 피감독자에 대한 일반적 감독 및 교육을 게을리한 과실로서, 실질적으로는 위험책임과 같은 성질을 가지고 있어 이 과실은 추정된다"고 판시하였다(대판 1984. 7. 10, 84다카474). 이 판결은 원심이 의지한 종전의 1975년 판례에 비하여, 감독의무자의 책임을 민법 제750조에 기한 일반불법행위책임이 아니라, 오히려 위험책임과 동일시함으로써 감독의무자의 과실을 추정하고, 그 입증책임을 피고에게로 전환시키는 등 실질적인 무과실책임을 인정한 것이며, 민법 제755조를 책임능력이 있는 미성년자의 불법행위에까지 확대적용하려는 태도로 보인다. 그러나 이러한 판례에도 불구하고 그 이후의 판례들은 책임능력 있는 미성년자의 불법행위에 대하여 감독의무자의 일반불법행위책임(민법 제750조)을 인정하는 경향에 있었다(대판 1989. 5. 9, 88다카2745 ; 동 1991. 4. 9, 90다18500 ; 동 1992. 5. 22, 91다37690 ; 동 1993. 8. 27, 93다22357). 그리고 결국 1994년의 전원합의체판결을 통하여, 민법 제750조에 근거한 감독의무자의 일반불법행위책임을 확인하면서, 종전의 1984년 판례가 감독의무자의 과실을 추정하였던 부분을 변경하고, 감독의무위반사실 및 손해배상과의 상당인과 관계의 존재는 이를 주장하는 피해자가 입증해야 하는 것으로 판시하기에 이르러 현재까지 유지되고 있다(대판 1994. 2. 8,93다13605 ; 동 1998. 6. 9, 97다49404 ; 동 1997. 3. 28, 96다15374).

※ 대판(전원합의체) 1994. 2. 8, 93다13605

[사실관계] 만 17세 정도의 고등학생이 친구 소유의 오토바이를 운전하던 중, 횡단보도 상에서 행인을 치어 전치 11개월의 치료를 요하는 중상을 입힌데 대하여, 피고 Y들(소외 B의 부모)을 상대로, 민법 제755조에 근거한 미성년자의 법정감독의무자책임과 친권자의 감독의무위반을 이유로 한 민법 제750조의 일반불법행위책임을 소구하면서, 소외 A의 재산상 손해와 정신적 손해 및 그 남편과 아들의 정신적 손해를 포함하여 4천만원의 손해에 대한 연대배상을 청구하였다.

[원심판단] 원심(서울고등법원 1993. 1. 26. 선고, 92나52063 판결)은 이 사건 교통사고 당시 소외 A는 자신의 행위에 대한 책임을 변식할 지능이 있었으므로, 민법 제755조 제1항에 의한 손해배상책임이 없을 뿐만 아니라, 소외 A는 이 사건 교통사고가 발생되기 8개월여 전에 오토바이를 운전할 수 있는 원동기장치자전거 운전면허를 취득하였는바, 피고 Y들의 소외 A에 대한 감독의무위반과 본 건 교통사고 사이에 상당한 인과관계를 인정할 수 없으므로, 민법 제750조에 의한 일반불법행위책임도 없다고 하여, 원고들의 청구를 모두 기각하였다. 이에 원고들은 대법원에 상고하였고, 대법원 역시 원심의 판시내용을 인용하면서 원고들의 청구를 기각하였다.

[판결요지] 민법 제750조에 대한 특별규정으로서 민법 제755조 제1항에 의하여 책임능력 없는 미성년자를 감독할 법정의 의무있는 자가 지는 손해배상책임은 그 미성년자에게 책임이 없음을 전제로 하여 이를 보충하는 책임이고, 그 경우에 감독의무자 자신이 감독의무를 해태하지 아니하였음을 입증하지 아니하는 한 책임을 면할 수 없는 것이나, 반면에 미성년자가 책임능력이 있어 그 스스로 불법행위책임을 지는 경우에는 그 손해가 당해 미성년자의 감독의 무자의 의무위반과 상당인과관계가 있으면 감독의무자는 일반불법행위자로서 손해배상책임이 있다 할 것이므로, 이 경우에 그러한 감독의무위반사실 및 손해발생과의 상당인과 관계의 존재는 이를 주장하는 자가 입증하여야 할 것이다. 당원 1984. 7. 10.선고, 84다카474판결의 해석은 위와 같은 견해와 저촉되는 것이므로 이를 변경하기로 한다.

**감독의무자** 민법 제755조에 의해서 책임을 부담하게 되는 자는 「감독할 법정의무있는 자」와 「감독의무자에 갈음하여 무능력자를 감독하는 자」이다. 전자를 법정감독의무자라 하고, 후자를 대리감독의무자라 하는데, 민법은 양자의 책임을 동등하게 취급하고 있다. 그러나 해석상 이들은 감독의무의 내용이나 정도에 있어서 다소의 차이가 있다. 즉 법정감독의무자로서 민법에 규정되어 있는 것은 친권자(제909조 · 제913조), 친권대행자(제910조 · 제948조) 및 후견인(제928조 · 제945조)을 들 수 있다. 대개 법정의 감독의무자라도 피감독자와 가족적 공동생활을 영위하고 있을 때에만 책임을 부담하며, 친권자 외에 따로 양육자가 있는 때(제837조)에는 그 양육자가 감독의무자이고 친권자 등은 이러한 한도에서 책임을 면한다. 다만 이 경우에도 미성년자를 방치한다든가 부적당한 자에게 위탁하는 등 감독의무자에게 과실이 인정되는 경우에는 책임을 면할 수 없다고 해석해야 할 것이다. 그리고 특별법에 규정되어 있는 법정감독의무자로서는 공설의 보호시설에 있는 미성년의 고아에 대하여는 그 장이, 사설의 보호시설에 있는 미성년인 고아나 각종의 아동보호시설에 입소중인 고아에 대하여는 그 시설 소재지의 시장 또는 도지사가 지정하여 후견직무를 행하는 자가 감독의무를 부담한다(보호시설에 있는 고아의 후견직무에 관한 법률 제2조, 아동복지법 제10조, 제18조). 또 법원의 허가를 얻어 친권자 또는 후견인의 직무를 행하는 소년원장도 마찬가지라고 할 것이다(소년원법 제23조). 한편 대리감독의무자는 법률상 당연히 감독의무를 부담하는 것은 아니지만, 법정감독의무자와의 계약 또는 기타의 원인으로 이에 갈음하여 무능력자를 감독하여야 할 자이다. 계약에 의하여 미성년자를 위탁받은 탁아소 · 보육원 · 유아원 등의 직원이나 법률에 의한 국민학교 교원 · 정신병원 의사 및 소년원의 직원 등이 여기에 해당한다. 대리감독의무자가 책임을 부담할 경우에도 그의 사용자는 민법 제756조에 의하여 책임을 진다. 대리감독의무자가 국공립학교의 교원인 때에는 교육 자체가 공행정작용으로 해석되기 때문에 국가배상법 제2조가 적용된다. 다만 고아를 인취하여 사실상 보호하고 있는 자와 같이 법정감독의무자도 아니고, 그와 계약 기타의 어떠한 관계도 없는 단순한 사실상의 감독의무자도 일종의 대리감독의무자라 할 수 있는가의 문제가 있다. 본래 민법 제755조 제2항은 법률상 또는 계약상의 감독의무자를 예정한 것이지만, 감독을 하게 되는 원인은 법률이나 계약 · 관습 등 이를 묻지 않기 때문에, 사회적으로 대리감독의무자와 동일시 할 수 있는 감독의무를 부담하는 자는 동 조항의 적용을 받을 수 있을 것이다. 하급심판결 중에는 법률상 모자관계에 있지 않더라도 정신분열상태에 있는 고아를 키워온 자에 대하여, 사실상의 보호감독의무자로서 제3자에 대한 손해배상책임을 인정한 경우가 있다(서울고판 1995. 3. 14, 94다35000). 그리고 법정감독의무자와 대리감독의무자의 공동책임에 대하여는 특별규정이 없지만, 해석상 이들 책임이 서로 배척하는 관계에 있지는 않기 때문에 법정감독의무자가 대리감독자에게 감독을 위탁한 것에 대하여 자기의 무과실을 입증하지 못하는 한 책임을 부담한다(대판 1962. 5. 17, 62다44 ; 동 1969. 1. 28, 68다1804). 따라서 이들은 공동하여 친권을 행사하는 부모(민법 제909조)와 같이, 수인의 법정감독의무자나 수인의 대리감독자 및 법정감독의무자와 대리감독자 모두에게 민법 제755조의 책임이 인정되는 경우 그들의 책임은 이른바 부진정연대책임이며, 피해자는 손해액 전부의 배상을 받을 때까지 어느 쪽에 대하여도 전부배상을 요구할 수 있다. 다만 이 경우에 그들 내부의 구상관계는 사전계약에 의하거나 귀책사유가 누구에게 있느냐에 따라 결정될 것이지만, 미성년자가 책임무능력자라면 감독의무자가 손해의 배상을 위해 당해 미성년자에 대하여 구상할 수는 없다.

# 학력과 직업을 속이고 약혼했다면 파혼사유가 되는가?

● **사례**

A남과 B녀는 서로 알지 못하던 관계에서 중매를 통하여 약혼을 하였다. 그런데 A남은 중매당시 방송통신고등학교를 졸업하고 X시 산하 문화회관의 기능직 8등급 공무원으로 재직중이면서 Y고등학교를 졸업하고 X시의 7급 공무원으로 있다고 거짓말을 하였다. 약혼을 한 후 상대방이 학력과 직장을 속였다는 사실을 알게 된 B녀는 파혼을 선언하고 A남에게 위자료를 청구하였다. B녀의 청구는 인정될 것인가?

**[참조 조문]** 민법 제804조.

**약혼의 의의**

약혼이란 장차 결혼을 하고자 하는 남녀 두 당사자가 혼인을 예약하면서 맺는 계약을 말한다. 따라서 실질적인 혼인생활을 하면서 다만 혼인신고를 하지 않고 있는 이른바 사실혼과는 전혀 다른 것이다. 또한 혼인할 남녀 양가의 주혼자들이 혼인할 당사자들을 위해서 혼인시킬 것을 약속하는 이른바 「정혼(定婚)」도 약혼과 구별되는 것이다. 즉 법률적으로 약혼이란 「혼인의 예약」을 줄인 말이다.

**약혼은 어떻게 하여야 성립하는가?**

1) 약혼은 장차 혼인하려는 남녀 두 당사자가 결혼하기로 약속하는 합의만으로 성립한다. 따라서 종래 우리나라에서 볼 수 있었던 이른바 정혼은 무효이다. 즉 만 20세 이상의 성년 남녀라면 누구의 허락도 받을 필요없이 자유롭게 자기들 끼리 약혼을 할 수 있는 것이다.

2) 다만 법률상 약혼을 할 수 있는 나이에는 제한이 있다. 남자는 만 18세, 여자는 만 16세에 달하여야 약혼을 할 수 있는 것이다. 이를 위반하여 남자 만 18세 여자 만 16세가 되지 않은 어린 나이에 결혼 을 했을 때는 당사자 또는 그 부모가 취소를 청구할 수 있다.

3) 약혼 적령기에 도달한 남녀일지라도 20세 미만의 미성년자일 경우에는

당사자끼리의 약속만으로는 약혼이 성립되지 못하고, 부모의 동의를 얻어야만 유효한 약혼이 된다. 만약에 약혼하려고 하는 미성년자에게 부모 양쪽이 모두 없는 경우에는 할아버지 · 할머니 또는 삼촌 가운데서 제일 웃어른을 후견인으로 삼아 그 사람의 동의를 받으면 된다. 부모의 동의를 받지 않고 미성년자 끼리 맺은 약혼은 취소할 수 있다.

4) 약혼을 하면서 선량한 풍속 기타 사회질서에 반(反)하는 조건이나 기한을 붙여서는 안된다. 이를 테면 약혼 후 얼마간 동거를 해보고 임신이 되면 결혼을 한다든가 하는 따위의 조건을 붙이는 것은 허용되지 않는다.

5) 배우자가 있는 자의 약혼이나, 이 쪽 저쪽과 2중으로 약혼을 하는 것은 원칙적으로 무효이다. 또한 결혼할 수 없는 근친관계에 있는 자 끼리의 약혼도 무효가 된다. 이를 테면 부부간의 불화가 심하여 오랫동안 사실상의 이혼 상태에 있는 경우에 이혼절차를 밟은 후에 부부가 되자는 약혼은 유효하다고 할 것이지만, 이제부터 처를 내쫓고 결혼하겠다는 것은 사회질서에 반하여 무효라고 할 것이다. 즉 지금의 부인과는 장차 이혼을 하겠으니 약혼을 하자는 유부남의 말을 믿고 약혼을 하였다면 그 약혼은 사회질서에 위반한 것이 되어 무효이므로 나중에 남자가 결혼약속을 이행하지 않더라도 아무런 항의를 제기할 수 없게 되고 마는 것이다.

※ 대판 1955. 10. 13, 4288민상245 : 법률상 처가 있는 남자가 다른 여자와 혼인식을 거행하고 장래 혼인신고하기로 하여 혼인예약을 맺는다는 것은 우리나라의 일부일처제도에 비추어 공서양속에 위반되는 무효의 계약이다.

※ 대판 1965. 7. 6, 65므12 : 상대방이 내연의 처가 있고 그 사이에 4남매의 자녀를 둔 남자이어서 정식으로 혼인하기 어려운 사정임을 알고 있었다면 그 남자의 꾀임에 빠져 동거생활중 그 사이에 아들을 분만하였다고 하여도 진실한 혼인예약이 성립될 수 없다.

6) 그 밖에 약혼의 체결 형식은 사실상 필요가 없다. 반드시 약혼식을 거행

하여야 하는 것도 아니고, 서류상으로 절차를 밟지 않아도 하며, 약혼예물을 주고받지 않아도 좋다. 다만 진실한 결혼 약속의 의사로서 서로 구두약속을 하면 그것으로써 충분하다고 하겠다. 그러나 만일의 경우 사기약혼 등 약혼에 대한 분쟁이 벌어졌을 때에는 역시 확실한 증거자료가 있는 것이 분쟁해결을 위하여 유익하다고 할 것이므로 일정한 의식 기타 관행상 약혼이라고 인정될 수 있는 외형적인 사실이 상당한 의미를 가진다고 할 것이다.

**약혼의 효과**

**1) 성실교제의 의무**

약혼한 당사자는 몸가짐을 단정히 하여 서로 성실하게 교제하고 가까운 시기에 부부공동체를 성립시킬 의무를 진다.

**2) 가까운 시기에 혼인을 성취시킬 의무**

약혼자끼리는 서로 가까운 장래에 결혼하여 부부공동체를 성립시킬 의무를 진다. 그렇지만 어느 한 쪽이 정당한 이유없이 결혼을 장기간 지연시킨다면 그것은 파혼사유에 해당되며, 상대방은 손해배상을 청구할 수 있을 뿐 강제결혼을 시킬 수는 없다. 혼인할 의사가 없는 사람을 강제로 결혼시켜 보았댔자 혼인의 목적을 달성할 수 없기 때문이다.

**3) 약혼권 침해와 손해배상**

장차 약혼자와 결혼할 것으로 예약이 이루어져 있는 약혼상의 권리도 물론 하나의 권리로서 제3자가 이 권리를 침해하였을 때에는 약혼권 침해로 인한 손해배상청구가 가능하다.

예를 들면 A남과 B녀는 약혼을 한 사이인데 C남이 그러한 사실을 알면서 B녀와 사통하였다면, A남은 C남과 B녀를 상대로 약혼권 침해라는 공동불법행위를 이유로 들어 손해배상을 청구할 수 있다.

**4) 약혼과 친족관계**

약혼을 했다고 하더라도 친족법상 약혼자 및 그 가족간에는 아무런 친족

관계도 생기지 않는다. 엄격히 말하면 약혼기간 중에는 아직도 법률상 남남에 불과하다는 말이다.

#### 5) 약혼과 성행위

약혼중에는 성행위를 요구할 권리가 없으며, 잠자리를 같이 해 주어야 할 의무도 없다. 만일 약혼 중에 아이를 낳게 되었다면 그 아이는「혼인외의 출생자(사생아)」가 되는 것이다. 다만 후에 그들이 혼인을 하게 되면「준정(準正)」이라는 제도에 의하여 혼인외의 출생자가 혼인중의 출생자로 된다.

### 파혼사유

파혼이란 약혼을 해제하는 것을 말한다. 약혼은 언제라도 파혼할 수 있다. 다만 정당한 이유없이 부당하게 파혼을 하는 쪽에서는 파혼을 당한 상대방에게 손해배상의 책임을 지게 되지만, 손해배상을 해주기만 한다면 사실상 파혼은 자유인 것이다. 즉 약혼은 강제이행을 청구할 수 없는 성질의 것이므로 정당한 시유가 있는 한 언제나 파혼할 수 있다.

#### 1) 파혼사유(약혼해제의 요건)

민법에 열거되어 있는 약혼해제의 정당한 사유는 다음과 같다.

(1) 약혼 후 자격 정지 이상의 형을 선고받은 때: 형의 종류에는 사형 · 징역 · 금고 · 자격상실 · 벌금구류 · 과료 · 몰수 등이 있는데, 자격정지 이상의 형이란 사형 · 징역 · 금고 · 자격상실 · 자격정지를 말하는 것이다.

(2) 약혼 후 금치산 또는 한정치산의 선고를 받은 때

(3) 성병, 불치의 정신병 기타 불치의 악질이 있는 때: 만일 약혼자로 부터 성병을 감염받았다면 파혼과 동시에 상해죄로서 형사고발할 수도 있다.

(4) 약혼후 타인과 약혼 또는 혼인을 한 때: 혼인에는 사실혼도 포함된다.

(5) 약혼 후 타인과 간음한 때

(6) 약혼 후 1년 이상 그 생사가 불명한 때: 1990년의 가족법개정으로 2년에서 1년으로 단축되었다.

(7) 정당한 이유없이 혼인을 거절하거나 그 시기를 지연하는 때: 파혼당하

지 않고 혼인을 지연시킬 수 있는 정당한 이유란 학업을 다 마친 후에 결혼하겠다는 경우, 건강이 악화되어 당분간 요양이 필요한 경우, 급격한 경제상태의 악화로 즉시 결혼하는 것이 곤란한 경우 등이다.

(8) 기타 중대한 사유가 있는 때: 파혼할 수 있는 중대한 사유란 예컨대 사기에 의한 약혼, 강박에 의한 약혼, 상대방의 불성실, 약혼자 또는 그 부모에 의한 모욕이나 냉대, 결혼에 대한 부모의 동의 거부, 약혼자가 불구자가 된 경우, 가족을 부양할 능력이 없을 정도로 재산상태가 악화된 경우, 재산상태의 착오, 행복한 결혼의 가능성이 아주 없어졌을 경우, 기타 혼인 조건이 못 이루어질 것이 확정된 경우 등을 들 수 있을 것이다.

그러나, 어떠한 사유가 구체적인 경우에 있어서 실제로 파혼을 시킬 만큼 중대한 사유인가 아닌가의 결정은 약혼 당사자의 사회적인 위치를 고려하여 그들의 약혼을 계속시키는 것과 결혼을 성립시키는 것이 조리에 맞을 것인가의 여부에 따라 결정하여야 할 것이다.

※ 대판 1960. 8. 18, 4292민상995 : 임신불능은 혼인예약의 해제사유가 아니다.

### 2) 파혼 방법

파혼은 상대방에게 약혼을 해제한다는 의사를 표시함으로써 이루어진다. 이러저러한 이유 때문에 당신과의 약혼을 해제한다고 상대방에게 알리면 되고 다른 아무 절차도 필요없다. 다만 생사불명인 때와 같이 파혼할 의사를 상대방에게 알릴 수 없는 경우에는 이 쪽 약혼자가 파혼사유 있음을 안 때로부터 약혼은 이미 해제된 것으로 본다.

## 파혼후의 효과

### 1) 손해배상의 청구

약혼은 혼인예약이다. 신분상의 계약인 약혼에 있어서도 최초의 약속에 위반하여 약혼을 깨뜨린 경우에는 과실있는 당사자가 상대방에게 파혼으로 인한 손해배상을 지급하여야만 한다. 이 때 양측이 원만하게 합의하여 손해배상금을 주고 받으면 별 문제가 없으나, 그렇지 못하여 소송으로 손해 배상금을 청구할 경우에는 먼저 가정법원에 조정을 신청하여야 하고, 조정에 실패하면 비로소 재판으로 넘어가게 된다.

법원에서 상대방 약혼자에게 과실이 있느냐 없느냐를 판단함에 있어서는 약혼으로 인하여 쌍방간에 생긴 생활관계, 파혼하게 된 양측의 행위 모습, 기타 약혼 성립 당시의 사정까지 고려하여야 될 것이다. 약혼 당사자 쌍방에게 모두 파혼에 대한 과실이 있는 때에는 법원이 과실상계 규정을 준용하여 제반 사정을 참작하여 손해배상금을 깎거나 아예 면제하게 된다.

**2) 손해배상의 범위**

파혼하게 됨으로서 받을 수 있는 손해배상의 범위는 「재산상 손해」 및 「정신상 손해」에 관한 것이다.

(1) 「재산상 손해」란 첫째, 약혼 및 결혼 준비에 쓴 혼사비용 일체(예를 들면, 약혼비용 · 중매인 사례금 · 교통비 · 전화비 · 식사대 등 교제비. 혼수감 장만에 소비한 금전 등)와 둘째, 약혼 및 결혼준비 때문에 포기한 이익(예를 들면 결혼하기 위하여 다니던 직장을 사직한 경우의 봉급 및 보너스 등), 셋째, 파혼으로 충격을 받아 입원을 하였다면 그 병원비 등이 된다.

(2) 「정신상 손해」란 파혼을 당함으로 말미암아 받게된 정신적 고통에 대한 위자료를 말한다.

(3) 그런데 문제는 「육체상 손해」도 배상받을 수 있는가 하는 점이다. 약혼을 하였다고 해서 동침할 의무가 생기는 것은 아니므로 약혼 중의 성행위는 특별한 사유가 없는 한 각자의 위험부담으로 돌아가고 만다. 약혼녀와 육체관계까지 맺은 후 정당한 이유없이 파혼한 남자에게 처녀성 상실의 대가를 포함하여 위자료를 청구한 사건에서(1965년) 서울가정법원은 "본건 순수한 약혼 당사자 사이의 성행위는 각자의 의사에 의하여 각자의 위험부담하에 스스로 일정한 한계선을 넘어서 함부로 저지른 결과에 불과하니, 그 누구라도 자신의 행동에 의한 자신의 위험결과를 상대방에게 귀속시킬 수 없고, 따라서 순수한 약혼 부당파기에 관한 위자료 가운데 위와 같은 정조상실의 대가까지는 포함시킬 수 없다"고 판시한 바 있다.

(4) 부당하게 파혼한 약혼 당사자뿐만 아니라 약혼을 부당하게 파혼한 약

혼자의 부모가 그 약혼을 부당하게 파혼하는데 가담한 경우에는 그들도 포함하여 손해배상책임 지게 되며, 또한 부당하게 파혼당한 약혼자 자신뿐만 아니라 그 때문에 당연히 정신적 고통을 받게 된 그 부모들도 손해배상을 청구 할 수 있다.

(5) 일반적으로 파혼으로 인한 손해배상금의 액수는 당사자 간에 합의하여 결정되었을 때가 비교적 낮은 액수이고, 가정법원의 조정이나 심판에 의하여 결정되었을 때가 높은 액수인 것으로 나타나고 있다. 그러나 손해배상금을 순순히 받아내기 위해서는 가급적 조정에 이르기 까지 합의로 결정하는 것이 좋을 것이다.

### 3) 약혼예물의 반환

약혼할 때에 흔히 교환하는 약혼예물이란 혼인의 성립을 예정하고 선물한 증여이며, 혼인이 성립하지 않으면 주지 않았을 증여이다. 즉 법률적으로 볼 때에는 「혼인의 불성립을 해제조건으로 한 증여」라고 할 수 있다. 따라서 혼인이 성립하지 않는 것으로 확정되었을 때에는 약혼자는 서로 교환한 예물의 반환을 부당이득의 법리(법률상 원인없이 타인의 재산 또는 노무로 인하여 이득을 얻고 이로 인하여 타인에게 손해를 가한 자는 그 이익을 반환하여야 한다. 민법 제741조)에 따라서 청구할 수 있는 것이다.

(1) 쌍방의 합의하에 결혼하지 않기로 한 경우: 양측이 서로 부당이득의 법리에 따라 약혼했을 때 교환했던 예물을 반환하여야 한다. 즉 자기가 받은 물건은 돌려주고 자기가 선물했던 예물은 찾아오면 된다.

(2) 일방에게만 파혼의 책임이 있는 경우: 파혼에 대하여 책임이 있는 자는 자기가 받은 예물은 상대방에게 돌려주어야 하되, 자기가 상대방에게 주었던 예물은 돌려 달라고 요구할 수 없다.

※ 대판 1976. 12. 28, 76므41 : 약혼예물의 수수는 혼인불성립을 해제조건으로 하는 증여와 유사한 성질이기는 하나 약혼의 해제에 관하여 과실이 있는 유책자로서는 그가 제공한 약혼 예물은 이를 적극적으로 반환을 청구할 권리가 없다.

**사례의 해결** 일반적으로 중매할 때에는 어느 정도의 과장은 있기 마련이라고 할 수 있지만, 판례에 의하면 약혼하는 자의 학력과 경력 및 직업과 같은 혼인의사를 결정하는데 중대한 영향을 미치는 사항은 진실되게 알려 주어야 할 신의성실의 원칙에 기한 의무가 있다고 할 수 있다. 따라서 학력과 직업의 직급 등을 속인 A 남의 행위는 정당화될 수 없으므로, 결국 B녀의 파혼은 정당한 것으로 인정되며 A 남은 B 녀에게 위자료를 지급해 주어야 할 것이다.

[참고 판례] 대판1995. 12. 8, 94므1676, 1683 :

(1) 약혼은 혼인할 것을 목적으로 하는 혼인의 예약이므로 당사자 일방은 자신의 학력, 경력 및 직업과 같은 혼인의사를 결정하는데 있어 중대한 영향을 미치는 사항에 관하여 이를 상대방에게 사실대로 고지할 신의성실의 원칙상의 의무가 있다.

(2) 종전에 서로 알지 못하던 갑과 을이 중매를 통하여 불과 10일간의 교제를 거쳐 약혼을 하게 되는 경우에는 서로 상대방의 인품이나 능력에 대하여 충분히 알 수 없기 때문에 학력이나 경력, 직업 등이 상대방에 대한 평가의 중요한 자료가 된다고 할 것인데 갑이 학력과 직장에서의 직종 · 직급 등을 속인 것이 약혼 후에 밝혀진 경우에는 갑의 말을 신뢰하고 이에 기초하여 혼인의 의사를 결정하였던 을의 입장에서 보면 갑의 이러한 신의성실의 원칙에 위반한 행위로 인하여 갑에 대한 믿음이 깨어져 갑과의 사이에 애정과 신뢰에 바탕을 둔 인격적 결합을 기대할 수 없어 갑과의 약혼을 유지하여 혼인을 하는 것이 사회생활 관계상 합리적이라고 할 수 없으므로 민법 제804조 제8호 소정의 '기타 중대한 사유가 있는 때'에 해당하여 갑에 대한 약혼해제는 적법하다.

(3) 위의 (2)항의 경우 약혼관계가 해소됨으로 인하여 을이 상당한 정신적 고통을 받았을 것임은 경험칙상 명백하므로 갑은 을에게 위자료를 지급할 의무가 있다.

(4) (2)항의 경우 을로서도 갑의 학력이나 직급 등을 시간을 갖고 정확히 확인하여 보지 아니한 채 경솔히 약혼을 한 잘못은 있다고 할 것이지만, 이를 가리켜 을에게 중대한 과실이 있다고 할 수 없고 약혼의 해제에 대한 귀책사유가 갑에게 있는 이상 이러한 을의 잘못은 갑의 을에 대한 위자료 액수를 산정함에 있어 참작할 사정에 불과하다.

# 혼인의 재산적 효과

## ● 사례

부부간의 재산관계는 어떻게 처리되는 것일까? 시집올 때 가지고 온 재산은 남편 소유로 되는 것인가? 남편이 벌어들인 재산은 남편 혼자만의 것인가? 아니면 내조의 공을 고려하여 부부 공동 소유로 볼 것인가? 또한 아내가 남편 모르게 진 빚도 남편이 갚아 주어야 되는가? 남편과 상의없이 아내가 일방적으로 세탁기를 외상으로 들여놓았다면 그 대금은 남편이 지불하여야 하는가 등등 결혼에 의하여 부부 사이에 생기는 재산관계를 어떻게 규율할 것인가?

**계약재산제**

1) 이제 막 결혼 하려고 하는 남 · 녀가 장차 그들이 부부로서 함께 사는 동안에 두 사람의 재산관계는 이렇게 저렇게 하자 하는 것을 미리 약정하여 두는 것을 「부부재산계약」이라고 한다. 이처럼 당사자들의 자유로운 부부재산계약에 따라서 그들 부부간의 재산관계가 자율적으로 규율되도록 하는 것이 계약재산제이다. 그러나 실제로는 혼인 전에 부부가 계약으로 재산문제를 처리하는 경우란 그렇게 많지는 않을 것이다.

2) 이 부부재산계약은 반드시 혼인신고를 하기 전에 부부가 아닌 상태에서 체결하는 혼전 계약이어야지, 혼인신고를 마친 뒤에 부부로서 맺는 계약이어서는 안된다. 민법에는 「부부가 혼인 성립 전에 자기들의 재산에 관하여 어떤 약정을 한 때에는 혼인 중 이를 변경하지 못한다」고 규정하여 혼전 부부재산계약의 사후변경을 금지하였다. 그러나 다음과 같은 경우에는 혼전 부부재산계약을 혼인 중에 변경할 수 있도록 하였다. ① 혼전 부부재산계약에 의하여 부부의 일방이 다른 일방의 재산을 관리하는 경우에 부적당한 관리로 인하여 그 재산을 위태롭게 한 때에는 원소유자는 그 재산을 자기가 관리할 것을 법원에 청구할 수 있는데 이 때 법원이 조정을 거쳐 재산관리권을 원래의 소유자에게 판결한 경우, ② 혼전에 부부재산계약을 체결하면서 그 계약내용 가운데에 결혼 후에도 필요하다면 재산관리자를 바꾸거나 또는 공유재산을 분할할 수 있다고 미리 약정을 해놓은 경우, ③ 그 밖에도 정당한 사유가 있는

때에는 가정법원의 허가를 얻어 부부재산계약을 변경할 수 있다.

3) 부부재산계약의 내용에 관하여는 얼마든지 자유롭게 당사자의 의사에 따라 약정할 수 있다. 다만 혼인의 본질적 요소나 남녀평등의 이념 내지 사회질서에 반하는 내용이어서는 안 될 것이다. 예를 들면 처의 재산은 무조건 남편 소유로 기속되도록 계약하는 것이라든가, 부부사이의 부양의무를 면제하기로 하는 계약, 처가 재산거래를 할 때에는 남편의 동의를 받아야만 한다는 계약 등은 있을 수 없는 것이다.

4) 부부재산계약을 체결하는 방식은 특별한 규제가 없다. 따라서 반드시 서면으로 하여야 하는 것은 아니고, 단순한 구술에 의한 계약도 유효하다. 그러나 이러한 혼인 전 부부계약을 혼인신고 때까지 등기해 두지 않으면 나중에 그런 계약이 있었다는 것을 제3자 또는 부부의 승계인(즉, 상속인 등)에게 대항하지 못한다.

**법정재산제** 부부가 결혼하기 전에 자기들끼리 부부재산계약을 체결해 놓지 않았다면 결혼 후 그들 부부의 재산관계는 그들의 의사에 관계없이 법률의 규정에 따라서 획일적으로 규율할 수밖에 없다. 바로 이러한 제도가 법정재산제이다. 앞에서도 지적했듯이 현실적으로 결혼하는 남녀 사이에 장차 재산문제를 놓고 각박하게 계약을 체결하자고 하기도 어려운 일이고 더욱이 그 계약내용을 등기하자고 말하기란 더욱 힘든 일이기 때문에 우리나라에서는 계약제산제는 거의 이용되지 않고 대부분 법정재산제에 의하여 부부재산관계가 규율되고 있는 실정이다. 그 내용은 부부별산제, 부부 생활비용 부담문제, 부부의 일상가사 대리권과 연대책임에 관한 것이다.

**부부별산제** 1) 부부 각자의 재산은 결혼하더라도 여전히 각자 별개의 재산으로 한다는 것이 부부별산제이다. 즉 결혼 전부터 자기의 소유였던 재산은 결혼 후에도 여전히 자기의 것이라는 말이다. 예를 들면 결혼 전에 벌어서 저축해 둔 예금, 결혼 전 부모로부터 상속받은 재산, 결혼할 때 가지고 온 패물이나 의복, 결혼할 때 부모가 사준 자동차나 아파트 등은 끝까지 자기 개인의 특유재산이 되는 것이다.

2) 결혼생활을 하는 도중에 자기의 명의로 취득한 재산도 역시 자기만의 소유로 된다. 이를 테면 맞벌이 부부인 경우에 각자가 벌어들이는 소득은 각자의 것이며, 자기 개인재산으로 부동산투기나 주식투자를 하여 벌어들인 수익도 자기 것이다. 또한 결혼 후에 부모가 사준 자동차도 자기만의 것이 되며, 출가한 후 부모가 사망하여 상속받은 유산도 역시 특유재산으로서 자기만의 개인소유가 된다.

3) 부부의 누구에게 속한 것인지 분명하지 아니한 재산은 부부의 공유재산으로 추정한다. 부부의 공동생활에 필요한 가재도구 등을 들 수 있다. 공유로 추정되는 재산에 대해서는 부부가 균등하게 지분권을 갖게 되며, 혼인이 해소된 경우에는 그 지분에 대한 소유권을 주장할 수 있고, 부부의 채권자도 공유지분에 대하여 권리를 주장할 수 있다.

4) 그런데 명의는 부부 중 한사람 앞으로 되어 있지만 실질적으로는 부부의 공유에 속한다고 보아야 할 재산들이 있다.

통상 남편의 단독명의로 되어 있는 가옥이나 대지 · 아파트 등도 사실은 부부가 함께 근검절약하고 협력하여 취득한 경우가 많을 것이며 부부 공동생활의 기금이 되는 것이라면, 아내 명의의 예금이나 남편 명의의 주식 등도 부부공유라고 하여야 할 것이다. 재산을 마련하기 위한 공동의 노력과 출재에는 주부의 가사노동도 포함된다. 가사노동에는 가정생활을 위한 단순노동 · 가정관리 · 육아 · 자녀교육 등이 모두 포함된다. 가사노동을 어떻게 평가할 것인가는 논의가 있다.

※ 대판 1992. 8. 14, 92다16171 : 부부의 일방이 혼인 중에 자기명의로 취득한 재산은 그

명의자의 특유재산으로 추정되나, 실질적으로 다른 일방 또는 쌍방이 그 재산의 대가를 부담하여 취득한 것이 증명된 때에는 특유재산의 추정은 번복되어, 그 다른 일방의 소유이거나 쌍방의 공유라고 보아야 한다.

※ 대판 1986. 9. 9, 85다카1337 : 부부의 일방이 혼인 중 그의 명의로 취득한 재산은 그의 특유재산으로 추정되는 것으로서 그 부동산을 취득함에 있어 상대방의 협력이 있었다거나 혼인생활에 있어 내조의 공이 있었다는 것만으로는 위 추정을 번복할 수 있는 이유가 되지 못하고 그 부동산을 부부 각자가 대금의 일부씩을 분담하여 매수하였다거나 부부가 연대채무를 부담하여 매수하였다는 등의 실질적 사유가 주장 입증되는 경우에 한하여 위 추정을 번복하고 그 부동산을 부부의 공유로 추정할 수 있다(이 판례는 혼인 중 재산에 관한 가사노동 기여분의 경제적 평가를 전혀 하지 않았다는 비판을 받고 있다).

5) 부부별산제 하에서는 부부의 채무도 역시 별도 책임을 지게 된다. 즉 부부 공동생활의 유지를 위한 채무를 제외하고는 남편 개인의 채무는 남편 개인의 재산으로 책임져야 하며 아내가 갚아주어야 할 하등의 의무가 없는 것이다.

**부부 생활비용의 부담**

부부 공동생활에 필요한 비용의 부담은 당사자 사이에 특별한 약정이 없으면 부부가 공동으로 부담한다. 공동생활에 필요한 비용이란 의식주 비용 · 출산비 · 의료비 · 장례비 · 교제비 · 문화비 등을 포함할 뿐만 아니라 미성숙 자녀의 양육비 · 교육비까지를 모두 포함하는 것이다. 부부의 공동부담은 반드시 같은 액의 부담을 의미하는 것은 아니다. 구체적으로 어떻게 각자 부담할 것인가에 대해서는 부부가 협의하여 정하게 되지만, 협의가 되지 않을 때에는 가정법원의 조정 · 심판에 의하여 결정된다.

**부부의 일상 가사대리권과 연대책임**

부부는 서로 일상가사업무에 대해 대리권이 있으며, 일상가사로 인하여 지게 된 채무는 부부가 연대하여 책임이 있다.

### 1) 부부의 일상가사대리권

(1) 부부는 서로 일상가사에 관하여 대리권이 있다. 이러한 내용을 민법에 규정하고 있으므로 배우자에게 서로 일일이, 그때그때마다 대리권을 준다는 의사표시를 하지 않아도 되며, 부부와 일상가사에 속하는 거래를 하는 상대방은 일일이 대리권을 확인할 필요가 없는 것이다.

(2) 일상가사대리권은 혼인신고를 한 부부에게만 주어지는 것이 아니라, 사실혼의 부부에게도 인정된다.

(3) 일상가사란 날마다 늘 행하여지는 가정사무, 즉 부부의 공동생활을 유지하기 위하여 필요한 통상의 사무를 말한다. 일상가사의 내용과 범위 및 그 정도는 그 부부의 사회적 위치라든가 직업 · 재산 · 수입 등 현실적 생활상태를 고려해서 각 가정에 대하여 개별적 · 구체적으로 결정하여야 한다.

(4) 일반적으로 학설과 판례가 인정하는 일상가사의 내용을 보면 다음과 같다. 즉 부부공동생활에 통상 필요로 하는 쌀 · 소금 · 부식류 등 식료품의 구입 · 주방기구 · 생활용품 · 가재도구 등 일용품의 구입(고가품은 제외) · 의복류 · 침구류 등의 구입 · 전세나 사글세 등 가옥의 임차 · 집세 · 방세를 지급하는 일, 또는 받는 일 · 전기 · 수도 · 전화요금을 지급하는 일 · 세금을 납부하는 일 등등 가족의 의식주에 관한 사무와 그 밖에 약값 · 병원비 등 가족의 보건에 관한 지출 · 자녀의 양육비 · 수업료 등 교육비의 지출 · 자녀의 결혼 준비를 위한 혼수감의 구입 등등의 사무는 일상가사에 속하는 전형적인 것이라고 하겠다. 또한 비교적 부유한 가정에서는 집안일을 돌보는 사람의 고용 · 가정교사의 채용도 일상가사에 속한다고 할 수 있다.

(5) 위에서 열거한 범위를 넘는 행위는 일상가사로 보기 어려울 것이다. 구체적인 예를 들어보면 부부일방의 순수한 직업상의 직무를 다른 일방이 대신 처리하는 행위, 남편의 부재중에 남편 명의로 어음에 배서를 하는 행위, 남편의 출장 중에 아내가 남편의 인감을 사용하여 타인의 빚보증을 서주는 행위, 부부일방의 명의로 되어 있는 재산을 다른 일방이 처분하는 행위, 부

부일방의 명의로 되어 있는 재산을 다른 일방이 담보로 제공하는 행위, 주택을 임대하는 행위, 일상의 생활범위를 초과하는 거액의 금전차용 등등은 일상가사에 해당되지 않는다. 또는 융단이나 고급오디오시스템 · 승용차 등의 구입은 일반가정의 경우에는 일상적인 가사라고 볼 수 없다. 치과치료를 받는 것은 일상가사이지만 고액의 금니를 해 넣는 일은 그 부부의 재산상태에 따라서 일상가사일 수도 있고 아닐 수도 있을 것이다.

요컨대 부부 중 한쪽이 다른 배우자 소유의 재산처분 또는 담보권설정행위가 유효하기 위해서는, 다시 말하면 다른 배우자가 책임을 지기 위해서는, 처분의 목적이 부부공동생활의 유지를 위해 필요하였다는 충분한 사정이 존재하여야 한다.

※ 대판 1966. 7. 19, 66다863 : 처가 당연히 남편을 대리할 수 있는 일상가사의 범위는 일용품의 구입 등 가정생활상 항시 행하여지는 행위에 한하는 것이고, 아내가 남편 소유의 부동산을 매각하는 것과 같은 재산상 중요한 법률행위는 도저히 일상가사에 속한 행위라고 할 수 없다.

※ 대판 1970. 10. 30, 70다1812 : 남편이 교통사고 정신이상 증세가 생겨서 10개월 이상 병원에 입원하여 면회조차 금지되어 있는 상황 하에서 남편의 입원비는 물론 가족들의 생활비, 자녀 교육비 등을 마련하기 위하여 아내가 남편 소유의 가옥과 대지를 권원없이 제3자에게 매도하였다고 하여도, 그 아내에게 가사대리권이 있었고 또 남편 재산을 적정 가격으로 매도하여 그로써 위 비용에 충당하였다면, 위 가옥과 대지를 구입한 제3자가 그러한 사유를 알았건 몰랐건 간에 객관적으로 보아서 그 아내에게 남편의 대리권이 있다고 믿을 만한 정당한 사유가 된다.

※ 대판 1956. 6. 21, 4389민상168 : 남편이 장기간 출타하여 부재중이라고 하여도 일상의 가사가 아닌 사항에 관하여는 그 처에게 남편을 대리할 권한이 있다고 할 수 없다. 따라서 남편의 채권자가 남편 부재중에 그 처로부터 남편 소유의 부동산을 빚 대신에 이전받는 것은 부당하다고 아니할 수 없다.

※ 대판 1975. 3. 11, 74다92 : 처가 남편의 인감을 가지고 있다하여 그녀에게 남편의 대리권이 있다고 믿는 것은 잘못이다.

### 2) 일상가사의 연대책임

일상가사로 인하여 생긴 채무는 그 채무를 남편이 졌든 아내가 졌든 간에 부부가 연대하여 책임을 지게 된다. 즉 거래에 관여하지 않은 배우자도 갚을 책임이 있는 것이다. 따라서 일상가사로 인하여 생긴 채무가 아니라면 물론 다른 배우자는 책임이 없다. 또한 일상가사의 채무라도 부부 중 한 사람이 거래의 상대방에게 자기 배우자의 채무에 대하여 자기는 책임을 못진다고 명시적으로 의사표시를 한 경우에는 책임을 지지 않는다. 책임을 못진다는 표시는 신문에 광고를 내는 식으로 불특정 다수인에게 하는 일반적인 통지로는 안되고, 자기 배우자와 일상가사의 거래는 하는 하나하나의 상대방에게 일일이 사전통지를 해 두어야 한다. 그런 제한을 알지 못하고 거래한 제3자는 제한을 가한 배우자에게 그 채무에 대한 연대책임을 요구할 수 있다.

이혼을 하더라도 면제되는 것은 아니다. 그러나 이혼한 뒤부터는 혼인공동체가 해소되었으므로 일상가사 대리권 자체나 연대책임 문제가 발생할 여지가 없게 된다.

# 사실혼 배우자는 어떤 권리와 의무가 있는가?

● 사례

결혼식을 올리고 홀시어머니를 모시고 생활하고 있는데, 남편은 신혼 이래 다른 여자들과 놀아나면서 결혼 한지 1년 6개월이 넘도록 혼인신고를 하지 않고 있으며, 근래에 와서는 같이 살고 있는 홀시어머니마저 공연히 생트집을 잡아 욕설, 모욕을 해대는 등 남편과의 불화가 심화되자 친정으로 건너와서 별거하고 있는 아내가 남편과 시어머니를 상대로 위자료를 청구할 수 있는가? 남편이 혼인신고를 회피하고 있다면 아내가 단독으로 혼인신고를 할 수 있는 방법은 없는가?

**사실혼이란 무엇인가?**

1) 사실혼이란 혼인의사를 가지고 동거하여 실질적으로는 부부로서의 혼인생활을 하고 있음에도 불구하고 법률이 정한 형식, 즉 혼인신고를 하지 않았기 때문에 법률상 혼인으로 인정되지 않는 사실상의 부부관계를 말한다.

2) 이 사실혼 관계는 혼인의 의사가 있고 또한 현실적으로 부부공동생활의 실체가 존재한다는 점에서, 장래에 부부가 되겠다고 하는 합의가 있을 뿐 현실적으로 부부로서의 생활관계를 수반하지 않는 약혼과 다를 뿐만 아니라, 본처가 있는 남자가 혼인의 의사없이 일정한 경제적 원조 하에 제3자의 여자와 성적관계만을 지속하는 이른바 「축첩관계」와 다르고, 부부공동생활의 실체는 없이 두 남녀가 단지 은밀하게 간헐적으로 정을 통하고 있는 것에 지나지 않는 「사통관계」와도 구별된다.

※ 대판 1986. 3. 11, 85므89 : 청구인과 피청구인 사이에 있었던 간헐적 정교관계만으로는 그들 사이에 자식이 태어났다고 하더라도 서로 혼인의사의 합치가 있었거나 혼인생활의 실체가 존재한다고 보여지지 아니하여 사실상 혼인관계가 성립되었다고 볼 수 없고 혼인예약도 있었다고도 볼 수 없다.

3) 근래에는 사실혼 관계의 본질을 혼인에 준한 일종의 특별한 관계, 즉

「준혼인관계」로서 이해하여야 한다는 법률구성이 이루어져 선량한 풍속 기타 사회질서에 반하지 않는 한 이러한 사실혼 관계를 구제 · 보호하여 주고 있다.

**사실혼으로 인정되기 위한 요건**

**1) 주관적인 요건**

사실혼으로 인정되기 위해서는 「사실상의 혼인의사」가 있어야 한다. 즉 사회적 · 실질적으로 부부가 되겠다는 합의가 있어야 한다는 것이다. 결혼식을 올린 사실이나 상당한 기간 동거를 계속한 사실, 증인들의 확실한 증언 등은 사실상의 혼인의사가 있었다는 인정을 쉽게 받아들일 수 있는 증거가 될 것이다.

**2) 객관적인 요건**

두 남녀 사이에 사회관념상 부부공동생활이라고 인정받을 만한 사회적 사실이 존재하여야 한다. 즉 의식주를 함께하며, 동거 · 부양 · 협조 · 정조의무가 수반하는 동서(同棲)의 사실이 있어야 한다.

**사실상 혼인관계 존재확인청구**

사실혼이 성립되었다고 볼 수 있는 경우에 당사자 일방이 혼인신고에 협력하지 않을 때에는 「사실상 혼인관계 존재확인의 청구」를 위하여 가정법원에 조정을 신청할 수 있다. 조정이 성립되면 조정을 신청한 자가 1개월 이내로 혼인신고를 함으로서 사실혼이 법률혼으로 전환되게 된다. 만약 조정이 성립되지 않으면 조서등본의 송달을 받은 날로부터 2주일 이내 또는 조서송달 전에 심판을 청구할 수 있다. 사실혼관계의 존재가 확인되어 재판이 확정되면 재판을 청구한 자가 재판의 확정일로부터 1개월 이내에 재판서등본과 확정증명서를 첨부하여 혼인신고를 하면 그 때부터 사실혼 관계는 법률혼 관계로 전환하게 된다.

그런데 「사실상 혼인관계 존재확인의 심판」을 청구하여 승소판결을 받게 된다 하더라도 남편이 고등법원 · 대법원에 계속해서 상소를 하게 되면 재판이 장기화될 우려가 있으며, 특히 그 사이에 남편이 다른 여자와 혼인신고를 해버리면 소송에 이기고도 또다시 재판을 걸어야 하는 어려움에 빠지게 된다. 남편이 그 사이에 다른 여자와 혼인신고를 하지 못하도록 막기 위해서는 「사실상 혼인관계 존재확인의 심판」을 청구함과 동시에 남편의 호적부에 대하여 「혼인금지 가처분신청」을 해둘 수밖에 없을 것이다.

※ 대판 1973. 1. 16, 72므25 : 재판이 아직 2심에 계속 중일 때 장차 그 재판에서 청구인(혼인신고를 청구한 아내)이 승소하게 될 것을 알아차리고 피청구인(남편되는 자)이 자기와 청구인 사이의 혼인신고를 방해할 목적으로 미리 자기와 제3자(다른 여자)와의 혼인신고를 하였다고 하더라도 그것을 당연 무효라고 할 수는 없다.

## 사실혼의 효과

### 1) 신분적 효과

사실혼 부부도 정식 법률혼 부부와 마찬가지로 동거 · 부양 · 협조의 의무가 있고 정조의 의무도 있다. 따라서 혼인신고 없이 동거하고 있는 사실혼의 아내와 불법으로 정교를 맺은 제3자에 대하여 사실혼의 남편은 불법행위로 인한 손해배상을 청구할 수 있다.

또한 사실혼의 남편을 살해한 자는 사실혼의 아내와 그 자녀의 물질적 · 정신적 손해를 배상할 책임이 있으며, 사실혼의 남편이 제3자의 불법행위로 인하여 상해를 입은 경우에도 사실혼의 아내는 자기가 받은 정신적 고통에 대한 위자료를 청구할 수 있다.

### 2) 재산적 효과

혼인의 재산적 효과 중에서 일상가사대리권과 일상가사로 인한 채무에 대한 연대책임 및 부부간의 특유재산을 인정하여야 할 것은 법률상의 부부와 다를 바 없다.

즉, 일상가사에 관하여 금전거래를 할 경우 사실혼 부부에게도 서로 대리권이 있고, 그 대리권 행사로 빚을 졌을 때는 부부가 연대책임을 져서 갚아야 한다. 또한 동거생활 중 부부가 협력하여 취득한 재산은 부부의 공유로 보아야 한다.

### 3) 사실혼의 효과와 법률혼의 효과와의 차이점

사실혼 부부는 정식으로 혼인신고를 마친 법률혼 부부와는 다르므로 여러 가지 점에서 중대한 차이가 있다. 혼인의 효과 중에서 신고를 전제로 하는 것은 사실혼에는 인정될 수 없는 것이다.

즉, ① 사실혼 관계에 있는 자가 혼인하더라도 중혼이 되지 않으며, 호적의 변동이 일어나지 않는다. 따라서 친족관계도 발생하지 않는다. ② 미성년자가 사실혼 관계를 맺었다고 해서 성년에 달한 것으로 볼 수 없다. ③ 부부는 서로 후견인이 될 권리와 의무가 없다. ④ 사실혼 부부 사이에서 출생한 자녀는「혼인외의 자」가 되어서 아버지가 인지하지 않는 한 아버지의 호적에 올라가지 못하며, 어머니의 성과 본을 따르고 어머니의 호적에 입적하여야만 할 것이다. ⑤ 남편이 아무리 많은 재산을 남기고 사망했다고 하더라도 사실혼 아내에게는 재산상속권이 없다. ⑥ 사실혼 부부에게는 그 일방이 간통을 하더라도 형사상 고소할 권한이 주어져 있지 않다.

### 4) 사실혼 부부를 법률혼 부부와 동일 취급하는 특별법규

사실혼 부부를 법률혼 부부와 동일하게 취급하는 특별법규들이 있다. 즉 근로기준법시행령에서는 사실상 혼인관계에 있는 자를 배우자에 포함시키고 있으며(제44조), 그 밖에 공무원연금법 제3조 1항 2호, 군인연금법 제3조 1항 4호, 군인연금법시행령 제3조 1항, 사립학교교직원연금법 제2조 1항 2호, 선원법 제90조, 선원법시행령 제29조 제1호 등에서도 각각 사실상 혼인관계에 있는 자를 배우자에 포함시키고 있다.

## 사실혼의 해소

### 1) 사망에 의한 사실혼의 해소

사실혼 부부 중 한 사람이 사망하면 그 때부터 사실상의 부부관계가 존재하지 않게 되므로 자연히 사실혼도 해소되는 것이다.

### 2) 사실상 합의에 의한 사실혼의 해소

사실혼 부부관계의 청산에는 아무런 별도의 법적 절차가 필요없이 당사자들의 자유의사에 달려있다. 즉 사실혼 부부가 앞으로 같이 살지 않기로 사실혼 해소의 합의를 하고 이에 따라 사실혼 공동체를 해체하면 그 때부터 사실상 부부관계는 끝나는 것이다.

### 3) 일방적인 파기에 의한 사실혼의 해소

# 刑法

# 형법

성낙현 · 김혜정

# 문서(文書)에 관한 죄

● **사례 1(문서위조죄)**

갑은 직장을 며칠 쉬고 여행을 떠나고자 하는데 그러기 위해서는 의사의 진단서가 필요했다. 그래서 그는 자신이 잘 아는 개인병원의 간호사 을에게 사례를 약속하고 의사 몰래 허위의 진단서를 작성해 달라고 부탁했다. 을은 이 부탁을 거절하지 못하고 의사 명의(名義)의 허위진단서를 작성해 주었다. 갑과 을의 형사책임은?

**[참조조문]** 형법 제233조, 제231조

**문서의 의의**

형법적 의미의 문서란 일반적으로 문자 또는 다른 발음적 부호를 사용하여 사람의 관념(觀念)이나 의사(意思)를 표시한 물체를 일컫는다. 이러한 문서의 성질을 갖기 위해서 영속적 기능(永續的 機能), 증명적 기능(證明的 機能), 보장적 기능(保障的 機能)을 갖추어야 한다.

① 영속적 기능이란 사람의 관념이나 의사가 유체물(有體物)에 불가분 결합되어 그 상태가 계속 유지될 것을 말한다. 따라서 눈이나 모래 위에 쓴 글씨나 칠판에 분필로 쓴 글씨는 문서가 아니며 눈으로 직접 읽을 수 없는 컴퓨터 디스켓이나 자기(磁氣)스트라이프 혹은 녹음 테이프에 들어 있는 정보도 문서가 아니다.

② 증명적 기능이란 문서 내용이 법률관계나 사회생활의 중요한 사항을 증명할 목적을 지닌 것이라야 한다는 것이다. 계약서 · 신청서 · 청구서 · 증명서 뿐만 아니라 이력서 · 추천서 · 안내문 · 영수증 · 회의록 등이 이 증명적 기능을 가졌다고 할 수 있으나 소설이나 수필 · 논문 등은 그 내용상 사실관계의 증명이나 권리의무의 사항을 증명할 목적과는 거리가 멀기 때문에 문서에서 제외된다.

③ 문서는 그 문서에 담긴 관념 또는 의사표시의 주체자, 즉 명의인이 누구인지를 밝히는 기능을 해야 하는데 이를 문서의 보장적 기능이라고 한다. 단 작성자와 의사표시의 주체자는 반드시 일치할 필요는 없다.

**문서의 종류**

**1) 공문서(公文書)**

공문서란 공무소 또는 공무원이 그의 직무에 관하여 작성한 문서로서, 예컨대 합동법률사무소의 명의로 작성된 공증문서도 공문서에 속한다. 그러나 공무원이 작성한 문서라도 직무와 관련없는 사직원(辭職願) 등은 사문서(私文書)에 속한다.

**2) 사문서(私文書)**

이는 사인(私人)의 명의로 작성된 문서를 말하며 형법은 그 중에서 권리의무 또는 사실증명에 관한 문서(형법 제231조)만을 보호객체로 한다. 명의인은 자연인 · 법인 · 법인격 없는 단체 · 내국인 · 외국인을 불문한다.

**3) 진정문서(眞正文書), 부진정문서(不眞正文書), 허위문서(虛僞文書)**

진정문서는 명의인과 작성자가 동일인인 문서이며 문서의 명의인과 작성자가 일치하지 않는 문서를 부진정문서라 한다.

이 경우 작성자가 명의인의 위임이나 승낙을 얻어 작성했다면 부진정문서라고 하더라도 형법적 문제의 대상이 되지 않으며 단지 작성자가 아무런 작성권한 없이 남의 명의를 모용하여 작성했을 때 비로소 형법적 문제의 대상이 된다. 그리고 작성명의는 진실하나 작성된 문서의 내용이 진실에 부합하지 않는 문서를 허위문서라 한다.

**문서위조죄의 기본구성요건**

**1) 사문서위조 · 변조죄(형법 제231조)**

사문서위조란 작성권한이 없는 자가 행사할 목적으로 타인의 명의를 도용하여 위에서 설명한 형법적 의미의 사문서를 작성하는 것을 말하며 위조의 방법에는 제한이 없다. 단 작성된 문서는 일반적으로 진정한 문서로서 오인될 수 있을 정도의 문서로서의 외관과 형식을 갖추어야 한다. 이에 비해 변조란 이미 진정하게 작성된 타인명의의 문서를 그 동일성을 해하지 않는 한에서 내용을 변경하는 것을 말한다.

#### 2) 허위진단서 등 작성죄(형법 제233조)

의사 · 한의사 · 치과의사 또는 조산원이 허위의 진단서(진단의 결과에 대한 판단을 표시하여 사람의 건강상태를 증명하기 위한 문서), 검안서(사람의 사체 또는 생체에 대한 검안의 결과를 기재한 문서) 또는 생사에 관한 증명서(출생이나 사망의 사실 또는 사망원인을 증명하는 진단서)를 작성함으로써 성립되는 범죄행위이다. 앞에서 열거한 신분을 가진 자만이 본죄의 주체가 될 수 있는 진정신분범이다.

#### 3) 위조 등 사문서 행사죄(형법 제234조)

위조 · 변조 또는 자격모용(資格冒用)에 의해 작성된 사문서나 의사 등에 의해 작성된 허위진단서 등을 행사함으로써 이루어지는 범죄행위로서 행사의 상대방은 문서가 위조 또는 변조된 사실을 모르는 이상 누구라도 상관이 없다.

#### 4) 사문서부정행사죄(형법 제236조)

문서의 사용권한이 없는 자가 문서명의자로 행세하여 이를 사용하거나 사용권한이 있더라도 본래 정해진 사용목적 이외의 다른 용도로 사용하는 행위를 말한다.

이상의 기본구성요건 외에 가중적 구성요건으로 공문서위조 · 변조죄(형법 제225조), 자격모용에 의한 사문서작성죄(형법 제232조), 자격모용에 의한 공문서작성죄(형법 제226조), 공정증서원본 등 부실기재죄(형법 제228조) 등이 있다.

**사례의 해결** 사례에서의 행위객체가 허위진단서이므로 우선 검토의 대상이 될 수 있는 법조문으로 형법 제233조, 허위진단서 등 작성죄의 조문을 들 수 있다. 본 조문은 위에서 설명한 바와 같이 특정한 신분을 가진 자가 자신의 명의로 진실에 반하는 내용의 문서를 작성하는 경우를 처벌하는 것을 내용으로 한다. 이런 행위는 권한 없는 자가 타인 명의의 문서를 작성하는 유형위조(有形僞造)와 구별하여 무형위조(無形僞造)라 하는데 사문서의 무형위조는 처벌하지 않음이 원칙이나 의사 · 한의사 · 치과의사 · 조산원 등이 직업상 작성하는 진단서 등은 다른 사문서에 비해서 공공의 신용의 정도와 의미가 한층 더 높다고 인정되기 때문에 이러한 경우의 무형위조는 예외적으로 처벌된다. 그러나 본죄의 주체는 위에 열거된 신분을 가진 자에 한정된다. 사례에서의 행위자인 을은 본조문이 요구하는 신분에 해당되지 않는 간호사이므로 본죄의 주체가 될 수 없다. 그러므로 본조의 적용가능성은 이미 배제되었다.

다음으로 형법 제231조, 사문서 위조 · 변조죄의 적용 가능성이 있다. 본조에 의해서는 행사할 목적으로 권리의무 또는 사실증명에 관한 타인의 문서 또는 도서(圖書)를 위조 또는 변조하는 행위가 처벌된다. 여기서 권리의무에 관한 문서란 사법상(私法上) 혹은 공법상(公法上)의 권리의무의 발생 · 존속 · 변경 · 소멸의 효과가 생기게 하는 의사표시를 내용으로 하는 문서를 말하며 사실증명에 관한 문서는 법률상 의미 있는 사항 또는 거래상 중요한 사실을 증명하는 문서라 할 수 있다. 그렇다면 허위진단서는 이 중 사실증명에 관한 문서에 속한다 하겠다. 그리고 위조란 이미 언급한 바와 같이 작성권한 없이 타인명의의 문서를 작성하는 것이므로 간호사인 을이 의사명의의 진단서를 작성하는 행위가 이에 해당한다. 이로써 을은 형법 제231조에서 요구하는 객관적 구성요건을 충족시켰다. 주관적 구성요건으로 문서위조의 고의와 행사(行使)할 목적이 있었어야 한다. 을이 문서위조에 대한 고의, 즉 인식과 의도를 가졌다는 데는 의문의 여지가 없다. 그러나 행사할 목적이 있었는가는 문제시 된다. 행사할 목적이란 위조 또는 변조된 문서를 진정문서로서 효력을 발생시킬 목적을 말하지만 반드시 그 본래의 용법에 대한 진정문서로서 사용할 목적이 없더라도 진정한 문서로서의 효용을 가지도록 할 목적이 있으면 족하다. 따라서 을은 허위진단서를 자신의 용도에 따라 행사할 목적이 아니라 갑으로 하여금 진정문서로서 행사케 할 목적으로 작성했다 하더라도 문서에 대한 행사의 목적은 인정된다. 이로써 주관적 구성요건도 충족되었으므로 을은 본조에 의해 처벌된다.

이에 비해 갑은 을로 하여금 사문서 위조라는 범행을 결의케 하고 실행에 옮기게 하였으므로 교사(教唆)에 의한 사문서 위조죄(형법 제231조, 제31조 제1항)에 의해 처벌되며 만일 갑이 이 허위진단서를 실제로 회사에 제출하였다면 형법 제234조의 위조 · 변조 등 사문서 행사죄에 의해 처벌된다. 이 경우

두 가지 죄는 경합범의 관계에 놓인다.

※ 참조판례 : 대법원 1990. 3. 27. 선고 89도2083 판결 ; 대법원 1988. 1. 12. 선고 87도2256 판결 ; 대법원 1967. 1. 24. 선고 66도1586 판결

**● 사례 2(유가증권위조죄)**

개인사업을 하는 갑이 당좌수표를 작성하던 중 금액을 십만원이라고 기입해야 할 것을 백만원이라고 오기(誤記)하여 찢어서 휴지통에 버렸다. 나중에 휴지통을 비우던 경리사원인 을이 이 찢어진 수표를 발견하고 이를 조합하여 원형을 되살린 후 해당 은행에 가서 현금 지급을 청하자 은행에서는 수표에 발행인 갑의 도장이 안 찍혔다는 이유로 이를 거부하였다. 을의 처벌 가능성은?

**[참조조문]** 형법 제214조 이하, 부정수표단속법 제5조

**유가증권 위조죄의 의의와 보호법익**

유가증권위조죄는 행사할 목적으로 공채증서 기타 유가증권을 위조 또는 변조함으로써 성립되는 범죄이다. 그런데 유가증권은 권리의무에 관한 문서의 일종으로서 문서의 성질을 지님과 동시에 경제거래에 있어서 통화(通貨)와 유사한 기능을 담당한다는 이중성으로 인하여 형법은 문서죄, 통화에 관한 죄와는 구별하여 독립된 구성요건으로 한다.

본죄의 보호법익은 유가증권의 진정에 대한 공공의 신용과 거래의 안전이다.

**객체**

본죄의 객체는 대한민국 또는 외국의 공채증서 기타 유가증권이다. 공채증서는 국가 또는 지방자치단체가 발행하는 국채 · 지방채의 증권으로서 유가증권의 한 예시에 지나지 않는다. 유가증권이란 재산권이 화체(化體)되어 표시된 증권으로서 그 권리의 행사와 처분을 위해서 그 점유를 필요로 하는 증권이다. 그러므로 재산권이 화체되었다고 할 수 없는 물품구입증 · 영수증

과 같은 증거증권이나 권리행사를 함에 증서의 점유를 반드시 요하지 않는 면책증권(免責證券)은 유가증권이 아니다.

유가증권에는 법률상 일정한 형식이 정해진 수표·어음 등과 같은 법률상의 유가증권과 이러한 형식이 없는 승차권·상품권·입장권과 같은 사실상의 유가증권이 있다. 유가증권은 사법상 유효할 것을 요하지 않는다. 유가증권으로서의 효과에 지장을 줄 정도의 흠결이 있더라도 일반인이 보기에 진정한 것으로 오신하기에 충분한 형식과 외관을 갖추면 본죄의 객체라 할 수 있다.

유가증권의 발행자는 사인(私人)이건 국가·공공단체이건 불문하며 명의인의 존재를 요하지 않으므로 허무인(虛無人)도 가능하다. 또한 통화와 같은 유통성을 가질 필요도 없으므로 유통성이 없는 철도승차권 등도 유가증권에 해당한다.

행위

#### 1) 위조(僞造)

유가증권의 위조란 작성권한이 없는 자가 타인의 명의로 유가증권을 작성하는 것을 말한다. 대리인이 대리권의 범위를 초과하여 증권을 작성하는 것이 이에 해당된다. 위조의 방법에는 제한이 없고 외형상 일반인으로 하여금 진정하게 작성된 유가증권으로 오신케 할 수 있을 정도면 족하다. 약속어음의 액면란에 보충권의 범위를 초월한 금액을 기입한 경우(대법원 1972. 6. 13. 선고 72도897 판결)나 타인이 위조한 액면과 지급기일이 백지로 된 약속어음을 구입하여 액면란에 금액을 기입하여 위조어음을 완성하는 행위(대법원 1982. 6. 22. 선고 82도677 판결)도 위조에 해당한다. 위조는 간접정범의 방법으로도 가능하다.

#### 2) 변조(變造)

변조란 이미 진정하게 작성된 타인명의의 유가증권을 권한 없이 그 유가증권의 동일성을 해하지 않는 범위내에서 내용에 변경을 가하는 것을 말한다. 따라서 자기 명의의 유가증권에 대해서는 변조가 있을 수 없다. 또한 내용의 변경이 유가증권의 동일성을 해하는 정도에 이르면 변조가 아닌 위조가 된다. 어음의 발행일자 · 수취일자 · 액면 등을 변경하는 것은 변조에 해당하나 백지어음에 권한 없이 어음요건을 기입하는 경우는 변조가 아니라 위조에 해당한다.

**사례의 해결**

찢어서 폐기한 수표를 조합하여 원형을 되살리는 행위는 변조보다는 위조에 가깝다. 위조란 작성권한 없는 자가 타인명의의 유가증권을 작성하는 것을 말하므로 백지인 당좌수표 용지에 내용을 기입하여 작성하는 행위나 작성권자가 폐기한 수표를 조합하는 행위나 결과에서는 차이가 없으므로 이러한 행위는 유가증권 위조에 해당한다고 보는 데 무리가 없다. 여기서 문제는 그 조합된 수표가 일반인으로 하여금 진정하게 작성된 유가증권으로 오신케 할 정도의 외관을 갖추었는가에 있다. 즉 을이 조합한 수표는 발행인인 갑의 날인이 없다는 점이다. 대법원은 대표이사의 날인이 없는 주권(株券)이라도 다른 모든 요건을 구비하였다면 앞에서 말한 외관을 갖추었으므로 유가증권에 해당한다고 판시한 반면 다른 판례는 발행인의 날인이 없는 가계수표는 위의 외관과 형식을 갖춘 수표라 할 수 없다는 결론을 내렸다. 생각컨대 특히 당좌수표를 주로 다루는 사람이 아닌 일반인으로서도 당좌수표에서 발행인의 날인이 없을 경우 수표의 진정성 혹은 효력에 대해서 의심을 품지 않을 수 없을 것이다. 그것은 당좌수표에서 발행자의 날인이 수표의 신용을 보장해 주는 중요한 요소이기 때문이다. 따라서 파지면을 조합해서 작성된 수표 자체가 유가증권위조죄에서 말하는 유가증권에 해당하지 않으므로 을의 행위는 유가증권위조죄(형법 제214조 이하)나 부정수표단속법 제5조에 의해 처벌되지 않는다.

※ 참조판례 : 대법원 1985. 9. 10. 선고 85도1501 판결 ; 대법원 1974. 12. 24. 선고 74도294 판결

# 도박(賭博)과 복표(福票)에 관한 죄

**● 사례**

갑, 을, 병은 같은 직장에서 근무하는 동료로서 퇴근시간이 지나서 저녁식사비를 갹출하기 위해 각자 약 20,000원 정도의 밑천을 가지고 한판당 약 3,000원 정도, 판돈 약 40,000원 정도의 고스톱을 하였다. 이들의 행위는 도박죄에 해당하는가? 그런데 같은 동료인 정은 사기도박단의 꼬임에 빠져 지난 2개월 동안 8회에 걸쳐 포커를 쳐서 약 16,000,000원을 잃었다. 정은 처벌되어야 하는가?

**[참조조문]** 형법 제246조

**도박과 복표에 관한 죄의 본질**

형법은 도박하거나 도박을 개장(開場)하거나 복표를 발매·중개·취득하는 행위를 처벌하고 있다.

도박은 마약과 같은 중독성이 있어 여기에 한번 빠진 사람은 이를 극복하지 못하고 자신과 가족의 경제를 파탄에 이르게 할 뿐 만 아니라 폭행·협박·살인 등의 부차적 범죄까지도 유발하게 되어 이로 인한 사회적 폐해가 크므로 형법적 통제가 필요하다. 도박에 관한 죄에는 기본구성요건인 단순도박죄 외에 상습도박죄·도박개장죄가 있고 복표에 관한 죄는 복표발매죄·복표발매중개죄·복표취득죄 등으로 구성된다. 도박의 보호법익은 개인의 재산권이라고 보는 외국의 학설도 있으나 우리나라에서는 대체로 국민일반의 건전한 근로관념과 경제에 관한 도덕법칙이라고 할 수 있는 사회적 법익을 그 보호법익으로 본다.

**도박죄의 구성요건**

도박의 행위주체에는 제한이 없으며 행위는 재물로써 도박하는 것이다. 즉 일정한 재물을 걸고 우연에 의해 재물의 정당하지 않은 득실을 결정하여 승자에게 제공할 것을 약속하는 것이다.

재물에는 금전 뿐 아니라 유가증권과 같은 동산 또는 부동산도 포함된다. 가치의 높고 낮음도 불문한다.

도박의 방법도 묻지 않으나 다만 승패는 주로 우연에 의하여 결정되는 것이어야 한다. 경험이나 기술에 따라 당사자 중의 일방이 어느 정도 높은 승리의 확률을 갖는 것은 가능하나 당사자가 결과를 확실히 예견하거나 영향을 미칠 수 있는 사정이라면 우연성은 부정된다. 따라서 당사자 중 일방이 기망에 의해 결과를 충분히 조작할 수 있는 사기도박과 같은 편면적 도박(片面的 賭博)의 경우 피기망자에게도 도박죄를 적용할 것인가에 대해서는 견해가 갈라진다. 즉 사기도박자에게는 사기죄가, 상대방에게는 도박죄가 성립한다는 긍정설에 비해 판례와 통설은 사기도박에는 도박에서 요구되는 우연성이 결여되었다는 이유를 들어 사기도박자에게는 사기죄가, 그 상대방에게는 범죄를 인정하지 않는다는 부정설을 취한다.

도박과 일시적인 오락은 구분된다. 재물을 걸고하는 오락에 있어서 거는 재물이 단지 오락의 재미를 더한다는 의미만을 지닐 뿐 당사자간의 재물의 득실여하에는 본질적 의미가 없는 경우라면 이는 도박이 아닌 일시적 오락에 해당한다고 해야 한다. 그러나 일시적 오락의 정도에 대한 판단은 내기오락의 시간과 장소, 당사자의 사회적 지위 및 재산정도, 내기에 건 재물의 근소성 · 오락으로 얻은 재물의 용도 그 밖에 내기오락에 이르게 된 경위와 동기 등 모든 상황을 참작하여 결정되어야 한다.

통설과 판례는 이러한 재물을 건 일시적 오락도 도박의 구성요건에는 해당하나 위법성이 결여된다고 보는데 비해 소수설은 구성요건 해당성 자체를 부정한다.

**사례의 해결**

갑 · 을 · 병이 저녁식사비를 흥미롭게 마련하기 위해서 한 화투놀이는 위에서 제시한 모든 조건에 따라 고려해 볼 때 일시적 오락이라고 볼 수 있다. 다만 오락에 건 재물이 금전일 때에는 그 액수의 많고 적음에 관계없이 도박이 된다는 견해가 있기도 하나 이런 경우라도 승패결정의 흥미를 더하기 위한 목적이나 당사자간의 공동의 합법적 지출목적을 위해 금전을 걸고 내기를 했다면 일시적 오락이라고 보는 것이 타당하다.

정의 행위는 도박의 횟수와 건 돈의 가액으로 볼 때 상습도박의 구성요건에 해당할 수 있지만 사기도박에는 도박에 필요한 우연성이 결여되어 있으므로 피해자인 정에게는 도박죄의 성립이 부정되어야 한다.

※ 참조판례 : 대법원 1990. 12. 11. 선고 90도2250 판결 ; 대법원 1990. 2. 9. 선고 89도1992 판결 ; 대법원 1985. 11. 12. 선고 85도2096 판결 ; 대법원 1984. 4. 24. 선고 84도324 판결

# 재산에 관한 죄

> **● 사례 1(절도의객체)**
>
> 절도(절도의 객체) : 갑은 과다한 전기 사용료를 절약하기 위해 자기 집의 전기 계량기를 몰래 뜯어고쳐 실제 사용량의 절반 정도에 해당하는 전기 사용료만을 물어 오다가 한전의 검사원에게 적발되었다. 한전측은 갑에 대하여 절도죄에 의한 처벌을 요구할 수 있는가?
>
> **[참조조문]** 형법 제329조

**절도의 의의** | 절도죄는 타인이 점유하는 타인의 재물을 절취함으로써 성립하는 범죄이다. 사기죄 · 공갈죄 · 강도죄가 재물 뿐 아니라 재산상의 이익도 행위객체로 하는데 비해 절도죄는 단지 재물만을 행위객체로 한다는 점에서 구별되고 폭행 · 협박을 수단으로 재물을 강취하는 강도에 비해 절도는 그러한 수단없이 절취한다는 점에서 다르다. 그리고 타인이 점유하는 타인의 재물을 객체로 한다는 점에서 자기가 점유하는 타인의 재물을 영득함으로써 성립되는 횡령과 타인이 점유하는 자신의 재물을 객체로 하는 권리행사방해죄와 구별된다. 또한 재물 점유자의 의사에 반하여 재물을 탈취하는 행위가 절도로서 점유자의 하자있는 의사에 기인하여 재물 또는 재산상의 이익을 교부받는 사기죄 · 공갈죄와 구별된다.

**보호법익** | 절도죄는 궁극적으로 개인의 소유권을 보호함을 목적으로 한다. 소유권이란 자신 소유의 물건을 남의 간섭없이 자기 마음대로 사용 · 수익(收益; 예를 들어 물건을 사용료를 받고 대여하거나 세를 놓는 일), 처분할 수 있는 실제적인 권리를 말한다.

여기서 소유권을 절도죄의 보호법익이라고 한다. 이 밖에 점유가 보호법익이 된다는 설, 점유권과 소유권이 동시에 보호법익이 된다는 설이 주장될 수 있으나 점유권을 절도의 보호법익으로 인정하면 남의 물건을 파손하는 행위에도 점유권의 침해가 있으므로 재물손괴죄와 절도죄를 동시에 적용해야 한다는 부당성이 있으므로 소유권만을 절도죄의 보호법익으로 보는 것이 타당하다.

**행위객체** 보호법익과는 별도로 절도행위의 행위객체 혹은 행위 대상물이 될 수 있는 것은 유체물(有體物) 및 관리할 수 있는 동력으로 한정된다. 유체물이란 일정한 형태를 가진 물체를 말하므로 권리 등은 이에 해당되지 않고 따라서 절도행위의 대상물이 될 수 없다. 바닷물 · 공기 · 전파 등은 부분적으로 '유체물' 이라고 볼 수도 있으나 무주물(無主物; 임자가 없으므로 '타인' 의 물건이라고 볼 수 없는 물건)이거나 관리가 불가능하므로 절도행위의 객체가 되지 못한다. 바닷물 · 공기 등도 누군가 병이나 그릇에 담아 그 범위가 한정되어 관리가 가능해지면 타인의 재물로서의 성격을 띠게 되어 절도행위의 대상물이 되는 것은 당연하다. 법조문에 나오는 재물이라는 단어의 어감에서 절도행위의 객체가 되기 위해서는 객관적인 경제적 가치가 있어야 하는 것으로 생각되기 쉬우나 그런 가치없는 낡은 영수증 · 사진 · 편지 등도 여기서의 대상물이 될 수 있다. 왜냐하면 해당 법조문이 보호하고자 하는 보호법익은 물건 자체가 아니라 그 물건의 소유권이며 어떠한 물건에라도 소유권은 설정될 수 있고 보호 받아야 하기 때문이다.

**행위** 절도는 타인이 점유하고 있는 물건을 불법적으로 영득(領得)할 의도를 가지고 점유자의 의사에 반하여 그 점유를 침해하고 자기, 또는 제3자를 위한 새로운 점유를 성립 시키는 것을 말한다. 이 때에 행위자가 남의 물건을 절취하기 위해 접근하거나 훔칠 물건을 물색하는 순간에 실행의 착수(着手)가 있다고 보며 기수(旣遂)시기에 대해서는 ① 물건에 손을 대는 순간이라는 접촉설, ② 타인의 점유를 배제하고 자기 또는 제3자의 점유로 옮긴 때라는 취득설, ③ 물건을 장소적으로 이전한 순간이라는 이전설, ④ 물건을 타인이 쉽게 찾지 못하도록 숨겨둔 때라는 은닉설 등이 주장되나 이론적으로 가장 합리적이라 할 수 있는 취득설이 통설이다.

**사례의 해결** 본 사례에서는 전기가 절도의 행위객체가 될 수 있을 것인가가 주된 논점이 된다. 인공열기 · 인공냉기 · 증기 · 압축공기 · 관리할 수 있는 수력 등과 같이 전기도 인간이 일정한 행위와 노력을 통해 얻어지는 에너지이므로 무주물이 아니며 얼마든지 관리가 가능하므로 절도의 행위객체가 되며 이 객체에 대한 소유권은 한전에 귀속된다. 즉 한전은 이 전력을 반대급부로서 적정한 댓가를 지불하는 사람에게만 공급해 줄 권리를 갖고 있다. 그러므로 정당한 댓가를 지불하지 않거나 불충분하게 지불하면서 전기를 사용하는 행위는 타인의 재물에 대한 절도행위에 해당한다.

※ 참조판례 : 대법원 1998. 6. 23. 선고 98도700 판결

● **사례 2(절도에서의 영득의사(令得意思))**

회사원 갑은 비 오는 날 퇴근길에 술집에 들러 맥주를 2~3잔 마시고 나오다가 자기의 우산인 줄 알고 남의 우산을 갖고 집으로 왔다. 그런데 자세히 보니 그것이 자기의 우산보다 더 좋은 것이어서 이를 흡족하게 생각하고 주인에게 돌려 줄 생각 없이 사용했다. 갑의 행위는 절도에 해당되나?

**[참조조문]** 형법 제329조, 제360조

**특수주관적 구성요건 요소로서의 불법영득의사** 절도죄가 성립하기 위해 절취행의라는 객관적 구성요건 뿐 아니라 주관적 구성요건으로서 고의(故意)가 있어야 한다. 여기서 고의는 재물이 타인의 것이라는 인식과 절취행위를 한다는 인식 및 의도를 말한다. 이러한 고의 외에 절취하는 물건을 추후에 마치 자기의 소유물인 것처럼 처분하겠다고 하는 불법영득(不法領得)의 의사가 있어야 한다.

**불법영득의사의 요부(要否)**

절도에서 불법영득의사가 필요한지에 대해서 ① 현행형법에서는 독일의 형법과는 달리 불법영득의 의사를 요한다는 명문상 규정이 없고, ② 절도죄의 보호법익은 단지 점유권이므로 행위자가 점유침탈의 의도 외에 특별히 불법영득의 의사까지는 가질 필요가 없으며, ③ 절도죄에 있어서 불법영득의사를 요구한다면 불법영득의사가 없는 사용절도는 절도죄로 처벌될 수 없는데 이것은 피해자보호에 불충실하며, ④ 타인의 물건을 단순히 파괴 혹은 은닉의 의도로 절취하는 경우에도 불법영득의 의사가 없다는 이유로 절도죄의 처벌가능성을 배제한다는 것은 타당하지 못하다는 이유로 불법영득의사의 불요성(不要性)이 주장될 수 있다.

그러나 그 반대의 입장에서 ① 절도의 보호법익은 점유권이 아니라 소유권이며 그런 이상 소유권 침해를 위해서는 주관적 불법요소로 불법영득의 의사가 필요하며, ② 불법영득의 의사가 있고 없음에 따라 재산죄를 영득죄와 손괴죄로 구분할 수 있으며, ③ 손괴죄가 영득죄보다 결과반가치(結果反價値)가 더 큰 데 비해 형량이 가벼운 이유는 영득죄의 경우 불법영득의 의사로 인해 비난가능성이 높아졌다는 데 있다고 이해해야 하므로 영득죄인 절도죄에는 불법영득의 의사가 필요하다고 주장하며 통설과 판례도 이를 따르고 있다.

**불법영득의사의 구성**

불법영득의사는 타인의 물건에 대한 권리자의 권리를 지속적으로 배제하는 소극적 요소와 그 물건을 마치 자기의 소유물인 것처럼 다루고자 하는 적극적 요소로 이루어진다. 여기서 소극적 요소는 절도와 불가벌적인 사용절도를 구별하는 기준이 된다. 타인의 물건을 단지 일시적으로 사용하고 돌려주는 사용절도에는 권리자에 대한 지속적 권리배제가 결여되어 절도를 구성하지 않는다. 적극적 요소는 타인의 재물에 대해 범인이 실제적으로 소유권자적 권한을 행사하여 그 물건을 자신의 재산에 영입 시키는 것을 말하며 이것은 절도와 손괴를 구별하는 기준이 된다. 섭취 · 소모 · 매각 · 증여 뿐 아니라 돌려 줄 생각 없이 자신의 소유물로서 사용하는 행위가 여기에 속한다. 남의 물건을 단지 손괴할 생각이나 갖다 버릴 생각으로 절취하는 행위에는 적극적 요소가 없으므로 절도가 아니다.

**불법영득의 객체** 무엇이 영득의사의 객체가 되는가에 대해서 대체로 물체설(物體說) · 가치설(價値說) · 합일설(合一說) 등 세 가지 이론이 대두된다. 물건 그 자체를 영득의 객체로 보는 것이 물체설로서 가장 자연스런 이론이라 하겠는데 예금통장을 절취하여 예금을 불법하게 인출한 후 예금통장은 원래 권리자에게 돌려주는 사건이 발생하자 영득객체는 물건 자체가 아니라 물건이 지니는 가치라고 하는 가치설이 주장되었다. 그 후에 가치설의 단점이 드러나게 되자 물체설과 가치설을 통합하는 합일설이 통설의 지위를 점하게 되었다. 합일설은 우선 때로는 물건 자체를 그리고 때로는 물건의 가치를 영득객체로 이해한다는 점에서 명확성의 원칙에 어긋나 죄형법정주의에 반한다는 비판을 받는다.

가치설 역시 명문상 물건의 가치가 아닌 재물이 행위객체로 표시된 이상 명확성의 원칙에 위배되며, 가치설을 주장하는 사람들이 흔히 생각하는 것처럼 예금통장을 오용하고 난 후에 그 가치가 영득되었다고 할 수 없고 다만 범인이 예금통장을 이용해서 현금을 절도 혹은 사기의 방법으로 획득했다고 보는 것이 옳으므로 가치설은 그 의미를 상실하게 된다. 예금통장 그 자체는 오용되고 난 후라도 예금통장으로서의 가치에는 조금도 변함이 없는 것이다. 그러므로 결국은 물건이 가지는 기능에 입각한 수정된 물체설로 복귀하는 현상을 보인다.

**영득의 위법성** 영득행위는 위법성을 띠어야 한다.

예를 들어 소유자가 자기의 물건을 친구에게 빌려 주었으나 반한을 요구함에도 불구하고 이에 응하지 않자 그 친구 집에 간 기회에 자기 물건을 몰래 가지고 나오는 경우라든가 물건 구입 시 대금을 다 지불하고 소유권이 이전된 상품을 판매자가 양도하지 않을 때 자력으로 해당 상품을 탈취하는 경우 혹은 채권자가 채무를 이행하지 않는 채무자의 책상서랍에서 돈을 꺼내 자기 채권의 변제에 충당하는 행위에는 영득의 불법성은 결여되었으므로 절도죄에 해당하지 않는다고 해야 한다.

**사례의 해결** 어떤 행위자를 절도범으로 처벌하기 위해서는 그 사람이 남의 물건을 절취할 당시 불법영득(不法領得)의 의사를 가졌어야 한다. 다시 말해 해당 물건이 남의 물건이라는 사실을 인식한 상태에서 그 물건의 권리자(소유자 혹은 그로부터 그 물건에 대한 특정한 권리를 부여 받은 자)를 배제하고 자신이 마치 그 물건의 소유자인 것처럼 자기 마음대로 이용, 수익, 처분하겠다는 생각이 있어야 하는 것이다. 그러나 위에서 갑은 우산을 가져 올 당시 그 우산이 남의 것이라는 인식도 없었고 남의 물건에 대해 자신의 소유권을 행사하겠다는 의사도 없었으므로 불법영득의사는 없었던 것이 분명하므로 이 행위는 절도죄에 해당되지 않는다. 다만 갑이 나중에 우산이 자기 것이 아니라는 사실을 깨달은 후에는 이것을 권리자에게 돌려 줘야하는 의무가 생기게 되는데 이 의무를 이행하지 않고 오히려 바꿔치기가 된 사실을 흡족히 여기며 사용한 행위는 형법 제360조의 점유이탈물 횡령죄에 해당 된다

### ● 사례 3(사용절도)

**스포츠팬인 갑은 이웃집에 사는 친구에게 스키를 빌리러 갔으나 마침 친구는 없고 거실에 스키가 놓여 있길래 잠시만 타고 돌려 줄 생각으로 들고 나와 3~4시간 정도 사용한 후 제자리에 갖다 놓았다. 갑의 행위는 처벌이 가능한가? 또 갑이 스키를 겨울이 다 지난 봄에 돌려주었다면 처벌가능성은 어떠한가?**

**[참조조문]** 형법 제329조

**영득의 법적성질 전항의 이론 참조**

**제1문에 대하여**

절도죄가 성립되기 위해서는 행위자가 남의 물건을 불법적으로 영득하겠다는 의사가 필요하다. 이 불법영득에는 앞서 말한 바와 같이 두 가지 요소가 들어 있다. 첫째로 물건에 대한 권리로부터 권리자를 배제한다는 소극적 요소와 둘째로 권리자 아닌 행위자가 권리자처럼 그 물건을 마음대로 사용, 처분함으로써 실제적으로 그 물건을 영구히 자기 재산에 영입시킨다는 적

극적 요소가 그것이다. 이 두 가지 요소가 모두 갖추어져야만 영득이 이루어지게 된다. 갑은 비록 주인의 허락 없이 남의 스키를 가져다가 사용했으나 처음부터 금방 돌려 줄 생각이었고 결과적으로도 그렇게 되었으므로 첫 번째의 소극적 요소는 일시적인 것으로 그쳤고 두 번째의 적극적 요소는 발생하지 않았다. 그러므로 갑의 행위에는 영득의 의사와 영득의 행위가 없었으므로 절도죄가 성립되지 않는다. 이러한 것은 사용절도라 하여 처벌되지 아니한다.

판례에 의하면, 피해자의 승낙 없이 혼인신고서를 작성하기 위하여 피해자의 도장을 몰래 꺼내어 사용한 후 곧바로 제자리에 갖다 놓은 경우(대법원 2000. 3. 28. 선고 2000도493 판결) 등에서는 사용절도로서 불법영득의사가 없다.

**제2문에 대하여**

단, 두 번째의 물음에서와 같이 갑이 처음부터 물건을 되돌려 줄 생각을 했다고 하더라도 사용기간이 '일시적'이라고 할 수 없을 정도로 특별히 길거나 그로 인해 그 물건의 권리자가 그 물건에 대한 권리로부터 배제 당했다고 느껴질 수 있는 사유가 있을 때, 혹은 그 물건의 지나친 사용으로 그것이 원래 가지고 있던 기능이나 경제적 가치가 크게 감소되었을 때에는 사용절도의 경지를 지나 절도에 해당된다. 위의 물음에서처럼 스키를 겨우내 사용하다가 봄이 되어서야 돌려주었다면 스키가 오랜 사용으로 인하여 원래 갖고 있던 경제적 가치를 상실하게 되었을 것이며, 스키의 소유자는 스키를 도난당한 줄 알고 새로운 스키를 구입했어야 할 수도 있으며 새 스키를 구입하지 않았더라도 스키를 사용할 수 있는 권리자로서의 권한을 오랜 기간 박탈당한 것이다. 이러한 세 가지 결과는 절도행위에 있어서의 영득이 일반적으로 가져다주는 전형적인 효과이다.

그러므로 남의 농기구를 말없이 빌려 쓰고 농번기가 지나서 돌려주는 행위나 공항에서 입국하는 세계적인 스타를 촬영하려는 사진기자의 사진기를 몰래 빼돌려 자기의 용도에 사용하고 스타가 사라진 뒤 되돌려 주는 행위, 남의 자동차를 훔쳐 타고 드라이브를 즐기다가 하루나 이틀 후 아무 데나 방치해 두는 행위, 서점에서 읽고 싶은 책을 몰래 집에 가져와 읽은 흔적을 남기면서 읽은 후 되돌려 주는 행위 등은 물건 그 자체가 후에 원래의 권리자에게 되돌아갔다고 하더라도 영득의 결과가 있으므로 스키를 봄에 돌려주는 경우와 마찬가지로 사용절도가 아닌 절도죄에 해당된다.

### ● 사례 4(사기죄)

사기죄: 가정주부인 갑이 오전에 한가로이 쉬고 있을 때 모 가전제품회사 판매부장이라는 을이 방문하여 요번에 새로이 시판된다고 하는 진공청소기를 소개하며 국내 최초로 연구개발된 첨단방식의 청소기로서 성능이 국내의 모든 제품을 능가하며, 특히 판매부장인 자신의 권한으로 시판가격이 50만원인 청소기를 특별히 40만원에 판매한다고 했다. 이 말을 모두 믿고 그 기회를 잃고 싶지 않은 갑은 그 상품을 현금을 지불하고 구입했다. 그 다음날 갑은 백화점에서 점원으로부터 똑같은 상품이 이미 수개월 전부터 40만원에 팔리고 있으며 그 청소기가 채택한 방식은 이미 타사에서 연구개발된 것이며 성능도 국내 최고라고는 말할 수 없다는 설명을 듣고 자신이 사기를 당했다고 생각했다. 과연 을은 사기죄에 의해 처벌되어야 하나?

**[참조조문]** 형법 제347조 제1항

**사기의 의의** 사기란 행위자가 상대방에게 기망행위(欺罔行爲)를 통해(예; 허위를 진실이라고 주장하거나 진실인 사실을 밝히지 않고 숨기는 행위) 착오를 일으키고 이 착오로 인해 자기, 또는 제3자의 재물이나 재산상의 이익을 처분케 함으로써 행위자가 그 이익을 취하거나 혹은 다른 사람에게 그 이익이 돌아가도록 해 주는 범죄를 말한다. 사기의 구성요건은 기망행위 · 착오야기 · 피기망자의 재산처분행위 · 피해자의 재산상의 손실 · 행위자 혹은 제3자의 재산상의 이익취득의 5단계로 구성된다. 그러나 재산상의 손실로서 사기는 기수(旣遂)에 이르고 범인을 처벌하기 위해 범인 측의 재산상의 이익이 있을 때까지 기다릴 필요는 없다.

**행위객체 및 보호법익**

행위객체는 타인의 재물과 재산상의 이익이다. 행위객체를 동산(動産)에 한정짓는 절도와 달리 사기에서는 재물에 부동산이 포함되는가 하는 문제가 생겨날 수 있는데 결국은 재산상의 이익에는 속한다는데 의문의 여지가 없으므로 논란의 가치는 없다. 본죄의 보호법익은 역시 절도와 달리 소유권이 아닌 재산, 다시 말해 전체로서의 재산이다.

**구성요건**

**1) 기망**

기망이란 허위의 사실을 표현하거나 혹은 진실을 은닉, 왜곡함으로써 상대방에게 착오를 일으키게 하는 행위이다. 기망의 대상으로 현재 혹은 과거의 객관적 정보인 '사실'과 행위자의 주관적 의견진술인 '가치판단'의 두 가지가 거론된다. 예를 들어 '이 그림이 진품이다' 아니면 '모조품이다', 혹은 '내가 현재 지불 능력이 있다'라고 하는 것은 사실에 대한 진술이며 '이 그림이 뛰어난 작품이다' 혹은 '별로 값어치 없는 실패작이다'라고 한다든지 혹은 '내가 한 달 후면 지불할 능력이 될 것이다' 하는 것은 가치판단에 해당한다. 가치판단은 이것이 사실과 혼합되었거나 전문가적인 견해를 곁들여 상대방에게 신뢰하게 한 경우 등 예외적인 경우를 제외하고는 기망의 대상이 될 수 없다. 기망의 수단과 방법에는 제한이 없고 말로써 명시적으로 혹은 행동으로 묵시적으로 행할 수 있다. 저울눈금을 속인다든가 슬로트머신을 업자 자신에게 유리하게 조작해 놓는 행위를 예로 들 수 있다.

**2) 착오**

착오는 인식과 현실의 불일치를 말한다. 즉 그림이 진품이라는 인식을 하고 있으나 사실은 모조품인 경우에 착오가 있는 것이다. 이러한 착오를 일으키기 위해서는 피기망자의 지력(知力)에의 개입이 있어야 한다. 창고 관리인 몰래 그 안의 물건을 훔쳐냈을 때 관리인은 창고의 상태가 정상이라고 현실과 다른 인식을 할 수 있으나 이때는 행위자의 피기망자에 대한 지력에의 개입이 없었으므로 착오가 아니라 단순한 사실에 대한 무지일 뿐이다.

### 3) 재산처분

착오와 재산손실을 연결 시켜주는 요소로서 재산처분행위는 처분자가 적극적으로 처분하는 행위(물건을 직접 양도하거나 법적인 계약을 맺는 행위)와 타인으로 하여금 취득해 가도록 하는 소극적 행위(거스름돈을 적게 받은 고객이 확인하지 않고 차액을 요구하지 않는 경우)가 있다. 재산처분은 자의성에 의해야 한다. 이 자의성은 사기를 절도나 강도와 구별하는 요소가 된다. 형사를 사칭하는 자가 금품을 압수한다는 말에 반항할 수 없어서 내주었을 때에는 자의성이 없으므로 이 경우는 사기가 아닌 절도이다. 그리고 재산처분은 직접적인 재산침해 효과를 가져와야 한다. 형사를 사칭하여 문을 열게 하여 남의 집에 들어가 기회를 봐서 물건을 절취하는 행위에는 여기서의 직접성이 없으므로 (책략)절도에 해당할 뿐 사기는 아니다.

피기망자와 재산처분자는 항상 동일인이어야 하지만 그로 인한 재산피해자는 다른 사람이어도 좋다. 즉 갑이 을을 기망하여 을로 하여금 자신이 관리하는 병의 재산을 처분하는 경우가 이에 속한다. 그러나 이런 상황에서 재산처분자와 재산피해자 사이에는 대리인, 법정대리인, 사업상의 위임관계 등 특별한 관계 혹은 적어도 사실상 처분할 수 있는 지위관계가 형성되어 있어야 한다. 즉 역 앞에서 갑이 을로 하여금 병의 가방을 지칭하며 자신의 가방이니 자기 자동차까지 옮겨 달라고 하자 이에 응했을 때 을은 병의 재산을 갑에게 처분했으나 을과 병 사이에 아무런 관계가 형성되어 있지 않으므로 이런 경우도 사기에 해당되지 않는다.

### 4) 재산상의 손실

재산처분행위로 인해 재산상의 피해가 있어야 한다. 재산의 정의를 내리는 데 많은 논란은 있으나 대체로 법질서의 보호를 받는 한도 내에서의 개인의 모든 재화 및 경제적 가치를 지니는 지위의 총체라고 정의 내리는 데 대부분의 학자가 동의한다. 이에 따르면 경제적 가치있는 지위라 할지라도 법적 보호대상이 못되는 살인 등 범죄청부업자의 청구권이나 매춘부의 매음에 대한 청구권 등은 재산이 될 수 없다.

다음으로 재산상의 손실이 있었는가의 여부는 객관적 · 경제적 재산개념에 의해 처분행위 전후의 전체적 재산의 가치 비교에 의해 결정된다. 즉 처분행위 후에 전체적 가치가 감소되었을 때 재산상의 손실이 있다고 해야 한다.

**사례의 해결** 살펴본 바와 같이 사기죄 성립을 위해서 우선 행위자의 상대방에 대한 기망행위가 있어야 한다. 기망행위의 수단과 방법에는 제한이 없고 일반적으로 착오를 일으키게 할 수 있는 행위이면 된다. 위 사안에서 을은 본 제품이 국내 최초의 연구개발품이며 가장 우수한 성능을 가지고 있다고 허위를 진실인 것처럼 주장을 하여 갑을 착오에 빠지게 했다. 여기서 기망의 내용과 범위가 문제가 된다. 즉 모든 거짓된 주장이 사기죄를 성립 시키는 것은 아니다. 요즘 우리나라와 같은 자본주의적 시장경제체제에서는 상품판매에 있어서 어느 정도의 과장이나 허구가 따를 수 있으며 상거래에 있어서 상인의 어느 정도의 허위는 상술적 재치로 인정될 수밖에 없다(대법원 1986. 4. 8. 선고 86도236 판결). 그러나 그 범위를 넘어서는 허위는 기망이 될 수 있음은 당연하다. 즉 의학적 효능이 전혀 없는 합성물을 특정 질병에 특효라고 속여 파는 행위를 예로 들 수 있다. 그러므로 을의 위의 발언 내용은 기망의 범위에 속하지 않는다고 인정할 수 있다.

다만 문제가 될 수 있는 을의 주장은 원래 40만원짜리 상품을 50만원인데 10만원을 깎아 주겠다고 한 부분이다. 만일 을이 사실대로 이야기했더라면 갑은 그 청소기 구입을 보류했을지도 모르며 아니면 더 급한 에어컨을 샀을지 모르기 때문이다. 그런데 사기죄가 되기 위해서는 착오에 의한 재산 처분을 통해 그 처분된 재산만큼의 손실이라는 결과가 처분자에게 나타나야 하는 것이다. 이 사안에서는 갑이 40만원의 현금을 처분하고 40만원에 해당되는 반대급부를 이행 받았으므로 결국 갑의 전체 재산의 크기에는 변동이 없다. 결과적으로 사기행위는 성립되지 않는다. 만일 원래 그 청소기가 30만원인데 40만원이라고 속여 팔았다면 결국 그 차액인 10만원이라는 재산상의 손실이 있게 되므로 이런 경우는 사기에 해당된다.

※ 참조판례 : 대법원 2005. 3. 11. 선고 2002도5112 판결 ; 대법원 2002. 2. 5. 선고 2001도5789 판결 ; 대법원 1986.4.8. 선고 86도236 판결

# 강간과 추행의 죄

● **사례 1**(강간죄)

부부사이인 갑남과 을녀는 사이가 좋지 않아 1년 전부터 별거하며 각자 이혼할 생각을 갖고 있었다. 그러던 어느날 이혼에 대해 논의하기 위해 갑의 집에 찾아온 을에게 갑이 성행위를 하려고 하자 을은 이를 완강히 거부하였다. 그러자 화가 난 갑은 을의 양손을 뒤로 묶어 반항을 못하게 한 후 간음하였다. 갑의 행위는 강간죄로 처벌될 수 있는가?

**[참조조문]** 형법 제297조

**의의 및 보호법익**

폭행 또는 협박으로 부녀를 강간함으로써 성립하는 범죄이며 부녀의 성적 자기결정(性的 自己決定)의 자유가 보호법익이다.

**구성요건**

**1) 주체와 객체**

본죄의 주체는 남자인 것이 보통이지만 본죄가 자수범(自手犯)이 아니므로 여자도 간접정범이나 공동정범의 형태로 본죄의 구성요건을 충족 시킬 수 있다. 반면 객체는 여자에 한한다. 여자인 이상 기혼, 미혼, 연령에 상관이 없으며 음행의 상습이 있거나 이미 범인과 성적 관계를 가졌었는지의 여부도 불문한다. 단, 행위자의 처도 본죄의 객체가 될 수 있는가 하는 문제에 대해서는 의견의 대립이 가능하다. 즉 혼인계약의 내용에 강요된 성관계는 포함될 수 없다는 이유로 이 문제를 긍정해야 한다는 이론에 대해 부부관계의 특수성에 비추어 폭행, 협박, 강요죄의 객체는 될 수 있을지 몰라도 강간의 객체는 되지 않는다는 반대설이 있다. 현재 판례와 통설은 반대설을 따르고 있다. 그러나 2004년 8월에 법원이 아내를 성폭행하면서 원치 않는 성행위를 강요한 남편에 대해 성추행을 인정해 처음으로 유죄를 선고한 판결이 나왔다. 참고로 만일 여자가 남자를 강간하는 경우가 있더라도 그 때는 강간죄가 아닌 강제추행죄 성립의 가능성만이 있을 뿐이다.

#### 2) 행위

행위는 폭행 또는 협박으로 간음하는 것이며 폭행 또는 협박은 상대방에게 반항을 불가능하게 하는 정도 뿐 아니라 반항을 현저히 곤란하게 할 정도로도 충분하다. 그리고 여기에서 간음이란 혼외의 성교행위를 말한다.

#### 3) 착수시기와 기수시기

본죄는 폭행 · 협박과 간음행위의 결합범으로서 간음의 목적을 가지고 상대의 반항을 억압할 정도의 폭행 · 협박을 시작할 때를 착수시기로 보며 삽입시를 기수로 보는 것이 통설이다.

#### 4) 위법성조각사유

상대방의 동의 혹은 승낙으로써 위법성이 조각(阻却) 된다는 견해가 있으나 이는 본죄의 보호법익이 부녀의 성적 자기결정의 자유라는 점을 감안하면 타당하지 않은 견해이다. 즉 상대방의 승낙 하에서의 간음은 위 보호법익을 침해하지 않는다고 해야 하므로 이 경우는 구성요건에도 해당하지 않는 것이다.

**사례의 해결** 행위자의 처는 강간의 행위객체로 되지 않는다는 통설을 따르면 갑의 행위는 을의 팔을 묶은 행위가 폭행에 해당하는지는 별문제로 하고 강간죄로 처벌되지 않는다. 현재 별거 중이라든가 이혼을 논의 중이라든가 하는 사실은 결과에 영향을 주지 않는다. 다만 현재 실질적인 부부관계가 성립되어 있다는 사실만이 중요하다.

※ 참조판례 : 대법원 1970. 3. 10. 선고, 70도29 판결

**● 사례 2(혼인빙자간음죄(婚姻憑藉姦淫罪))**

일정한 직업이 없는 갑은 룸싸롱에서 일하며 그 업주와 내연의 관계에 있는 22세의 을양과 결혼할 것을 거짓으로 약속하고 동거생활에 들어갔다. 그러던 중 우연한 기회에 사 두었던 복권이 당첨되어 일시에 거액의 현금을 손에 쥐게 된 갑은 돌연 을양을 두고 더 나은 여자를 찾아 떠났다. 갑은 처벌을 받아야 하는가?

**[참조조문]** 형법 제304조

**의의 |** 형법 제304조 혼인빙자 등에 의한 간음죄 조항의 존재가치에 대해서는 많은 부정적 견해가 있다. 그 이유는 형법은 혼전의 성행위를 처벌하지 않는 이상 혼인빙자 등 속임을 수단으로 한 혼전 성행위를 처벌하는 논거(論據)가 뚜렷하지 않다는 것이다. 왜냐하면 행위자가 혼인을 빙자하든 다른 위계(僞計)나 기망(欺罔)을 수단으로 하여 성관계를 갖고자 하든, 이미 피해자가 성인으로서 정상적인 판단능력과 자기의 자유로운 의사에 따른 결정능력이 있고 따라서 그러한 능력에 바탕을 둔 성관계에 대한 결정과 행동을 했다면 이에 대해서는 본인 스스로가 모든 책임을 지는 것이 옳다고 생각되기 때문이다. 그러나 이런 조문이 형법개정을 통해서 폐지되지 않고 존재하는 한 본조의 적용가능성에 대해서 검토해 보아야 한다.

**구성요건 |** 혼인빙자간음죄는 혼인을 빙자하거나 기타 위계로써 음행의 상습 없는 부녀를 기망하여 간음함으로써 성립하는 범죄이다. 따라서 본조에 의해 보호받는 행위객체는 음행의 상습 없는 부녀로 한정된다. 음행의 상습이 있다는 말은 특정되지 않은 다수의 상대와 성생활을 하는 습벽이 있음을 뜻한다. 즉 직업적으로 성을 파는 경우가 여기에 해당되며 그 외에도 미혼이나 기혼에 관계없이 상대를 가리지 않고 무분별한 성생활을 하는 부녀도 이에 속한다.

**사례의 해결 |** 여기서 을양이 룸싸롱에서 일하는 행위로는 음행의 상습이 있다고 보기 어

렵고 특정인과 내연의 관계에 있다고 하더라도 역시 음행의 상습이 있다고 할 수는 없다. 그러므로 을양은 본조에 의해 보호 받을 수 있는 조건을 갖추었다. 그리고 본조는 처음부터 결혼할 마음이 없이 결혼을 빙자하거나 다른 방법의 위계로써 간음하는 행위를 처벌하는 것으로서 갑의 행위가 여기에 해당된다. 만약 갑이 처음에는 진실로 결혼할 마음이 있었는데 나중에 결혼 못할 이유가 생겼다면 본조에 해당되지 않는다. 단 결혼 못할 이유가 생겼음을 알고서도 간음을 계속하였다면 그 순간부터는 혼인빙자 간음죄가 성립한다.

본죄는 제306조에 의해 고소가 있어야만 논할 수 있는 친고죄이다(형사소송법 제230조 참조).

### ● 사례 3(강제추행죄)

갑녀는 만원버스에서 법대생인 을남의 엉덩이 부분을 손으로 쓰다듬었다. 불쾌하게 생각한 을남은 그러지 말라고 항의했으나 갑녀가 그러한 행위를 반복하자 을은 그러한 행위는 형법 제298조의 강제추행행위에 해당하므로 고소하겠다고 말했다. 을의 말은 타당한가?

**[참조조문]** 형법 제298조

**주체와 객체** 강제추행죄의 행위주체는 남자 뿐 아니라 여자도 될 수 있고 보호객체 역시 여자이건 남자이건 불문하며 연령도 관계없다. 행위도 남녀간에는 물론이고 동성간에도 이루어 질 수 있다.

**행위** 형법 제298조는 폭행 또는 협박으로 사람에 대하여 추행하는 사람을 강제추행죄로 처벌한다. 본조에 있어서 폭행 또는 협박으로 사람에 대하여 추행한다 함은 먼저 상대방에 대하여 폭행 또는 협박을 가하여 그 항거를 곤란하게 한 뒤에 추행행위를 하는 경우만을 말하는 것이 아니고, 폭행행위 자체가 추행행위라고 인정되는 경우도 포함되는 것이고 폭행은 반드시 상대방의 의사를 억압할 정도에 이를 것을 요하지 않고 다만 상대방의 의사에 반하는 유형력의 행사가 있는 이상 그 힘의 대소강약은 상관이 없다.

**추행의 정도에 따른 사례의 해결** 지금까지 검토한 바에 의하면 갑녀의 처벌가능성은 유지되고 있다고 하겠다. 그러나 가장 중요한 것은 어떠한 행위가 본조에서 말하는 추행에 해당하는가이다. 일반적 의견에 의하면 추행이란 행위자의 주관적 동기나 목적에 관계없이 객관적으로 일반인에게 성적 수치심과 혐오감을 일으키게 하는 일체의 행위이다. 당사자의 감정상태, 행위환경 등에 따라 입맞추는 행위나 상대방을 나체가 되게 하는 행위, 취침 중인 부녀를 포옹하는 행위 등의 정도가 본죄에 해당한다. 반면 여자의 무릎이나 손, 엉덩이 그 밖에 옷 위로 가슴을 만지는 행위는 해당되지 않는다고 본다. 이러한 일반적 의견에 따르면 갑녀의 행위는 본조에서 요구하는 추행의 정도에 이르지 못하여 구성요건을 충족시키지 않으며 따라서 강제추행죄에 의해서 처벌되지 않는다.

※ 참조판례 : 대법원 2002. 4. 26. 선고 2001도2417 판결

### ● 사례 4(성희롱)

매력적인 신입사원인 갑은 일의 특성상 여직원들이 절대적으로 많은 여성용품 마케팅부서에 발령을 받았다. 그 부서는 입담 걸쭉하고 행동이 번잡한 기혼의 여직원들 때문에 3개월 이상 근무한 남자 사원이 없는 곳으로 알려진 부서이다. 회식을 하는 자리에서 갑이 잠시 화장실에 간 사이에 여직원 을이 자신에 대해 짓궂은 농담과 성적 발언을 하는 것을 듣고 남자로서 수치심을 느꼈다. 을이 갑을 성희롱했다고 할 수 있을까?

**[참조조문]** 형법 제298조, 남녀차별금지및구제에관한법률 제7조

**의의** 남녀고용평등법과 그 시행령에 성희롱 개념을 정하여두고, 사업주에게 성희롱 예방조치 의무로서 정기적인 교육 실시 의무와 성희롱을 한 사람에 대

한 징계조치의무를 부과하며, 사업주가 이 의무를 위반하였을 때에 과태료를 부과할 수 있는 규정을 두고 있다. 남녀고용평등법시행규칙 제1조의 2에서 예시하고 있는 '직장 내 성희롱 판단을 위한 기준' 으로 일체의 성적 굴욕감을 주는 행위로 육체적 접촉 · 언어적 행위 · 시각적 행위 등이 모두 포함될 수 있도록 하고 있다.

**구성요건** 성희롱 여부의 판단은 상대방의 주관이 많이 작용될 수 있는 영역이다.

따라서 그 판단에 있어서는 '사회의 건전한 상식과 관행' 에 비추어보아서 용인될 수 있는 정도의 것인지(대법원 1998. 2. 10. 선고 95다39533 판결), 그리고 그 상대방이 주관적으로 성적 수치심을 느꼈는지 등의 여부에 따라 결정한다. 이러한 성희롱은 그 주체가 강제추행죄에서와 마찬가지로 남성뿐만 아니라 여성인 경우에도 성립할 수 있고, 동성 간에도 성립될 수 있다.

**사례의 해결** 사례에서 을의 행동이 불법행위로써 성희롱에 해당되기 위해서는 갑이 직접 성적 굴욕감을 느끼고 그러한 성적 표현에 대한 거부 반응을 하였음에도 지속되는 등의 상황이 요구된다. 그러나 동 사례에서처럼 갑이 몰래 엿들으면서 성적인 굴욕감이나 수치심을 느낀 것만으로 성희롱에 의한 불법 피해를 주장하기는 어려울 것으로 본다. 즉 당사자가 그 자리에 없었다면 성희롱으로 볼 수 없다.

# 신체, 생명에 관한 죄

● **사례 1(안락사(安樂死))**

의사인 갑은 자신이 돌보는 환자 을이 의학상 치료가 불가능한 암에 의해 극심한 고통에 시달리며 자기를 빨리 죽게 해 달라고 간청하자 어차피 회복이 불가능하고 곧 죽음에 이르게 될 것이라면 하루라도 빨리 죽음을 앞당겨 고통을 덜어 주는 것이 인도적이라 생각했다. 그래서 갑은 정을 모르는 을에게 진통제와 독약을 탄 음료수를 마시게 하여 즉시 숨지게 하였다. 갑은 처벌 받아야 하나?

**[참조조문]** 형법 제250조, 제252조

**안락사의 의의**

안락사란 죽음에 임박한 중환자를 심한 고통으로부터 해방시키기 위해 인위적으로 죽음을 앞당겨 평온히 죽게하는 것을 의미한다. 이것은 객관적으로 형법 제250조, 혹은 제252조의 구성요건에 해당되나 특별한 경우 위법성이 조각되는가의 여부가 문제시 된다.

**안락사의 유형**

**1) 적극적 안락사**

고통을 면하게 하기 위해 적극적으로 생명을 단축시키는 행위로서 위 사례의 경우처럼 약물이나 주사 등을 통해 작위의 살인구성요건을 실현하는 것을 말한다.

**2) 간접적 안락사**

고통을 면하게 하기 위해 생명을 단축시키는 부작용이 있는 마취제를 투여하는 행위가 이에 속한다.

**3) 소극적 안락사**

생명을 연장시키는 행위를 하지 않거나 중단함으로써 죽음을 앞당기는 것으로서 치료행위를 중지하거나 인공심폐기 등의 작동을 멎게 하는 행위를 말하는 것으로  존엄사라고도 할 수 있으며 진정한 의미의 안락사이다.

**안락사의 정당한 사유** 간접적 안락사인 경우는 법적으로 큰 문제가 없다. 불치의 환자에게 고통을 덜어주기 위해 마취제 혹은 진통제 등을 공급해 주는 행위는 구성요건에 해당하지 않는다는 데 의견이 모아진다. 적극적 안락사에서 문제가 될 수 있는데 이 적극적 안락사는 두 가지 형태로 실행될 수 있다. 즉 작위와 부작위에 의한 실행이다. 독일에서는 작위에 의한 적극적 안락사는 살인의 구성요건을 충족시키며 정당화되지 않으며 부작위에 의할 시에는 환자의 치료에 대한 거부행위가 없었을 때에 한해서 처벌가능성을 가진다는 의견이 있는 반면에 우리나라와 일본에서는 일본 나고야고등법원이 제시한 6가지 조건(① 환자가 불치의 병으로 인해 사망에 임박하였을 것 ② 환자의 육체적 고통이 극심할 것 ③ 환자의 고통을 제거하거나 완화하기 위한 목적에서 행할 것 ④ 환자에게 의식이 있을 때에는 그의 진지한 촉탁 또는 승낙이 있을 것 ⑤ 원칙적으로 의사에 의해서 시행될 것 ⑥ 그 방법이 윤리적으로 정당하다고 인정될 것)하에서는 작위에 의한 적극적 안락사도 업무로 인한 행위 혹은 사회상규에 위배되지 않는 정당행위(형법 제20조)로서 위법성이 조각된다고 보는 견해가 있다.

**사례의 해결** 위에서 언급한 견해를 따르는 입장에서는 갑의 행위는 안락사를 정당화하는 모든 조건을 갖추었으므로 비록 살인의 구성요건은 충족하더라도 위법성이 조각되어 처벌은 면한다고 해야 할 것이다. 갑이 행위 당시에 당해 음료수에 독약이 들어 있다는 사실을 숨겼다고 하더라도 이미 을이 명료한 의식하에서 촉탁살인의 의사표시를 뚜렷이 행한 후이므로 결과에는 아무런 영향을 주지 않는다.

반면에 생명이라는 법익이 최고의 법익으로서 일회적(一回的)이고 대체(代替)불가능하며 타법익과 비교할 수 없는 법익이라는 점을 들어 적극적 안락사는 여하한 경우에도 허용되어서는 안 된다는 반대 입장도 무시되어서는 안 된다. 사실 안락사가 일정한 조건하에 정당화된다면 안락사가 악용되어 인간생명이라는 존엄한 법익이 부당하게 침해될 우려가 없지 않은 것이다. 그러나 소수설에 의해서 사례를 해결한다고 하더라도 갑은 행위 당시에 안락사가 정당화된다는 인식을 가졌다고 한다면 정당화 사유에 대한 착오로써 이에 대한 여러 학설이 있으나 대체로 고의 혹은 책임을 조각하여 불가벌로 된다.

**● 사례 2(사형제도 존폐의 문제)**

불우한 가정환경에서 어렵게 성장한 갑은 사회에 대한 불만을 가지고 나쁜 친구들과 어울리며 그들과 함께 폭행, 상해, 사기, 강간, 살인 등의 못된 짓을 일삼았다. 그러던 중 자신을 검거하려는 경찰관들과 격투를 벌이던 끝에 그 중 1명을 칼로 찔러 현장에서 숨지게 했다. 그리고 체포되어 대법원으로부터 사형선고를 받았다. 갑은 물론 자신에게도 잘못은 있지만 사회의 모든 여건이 현재의 자신을 형성했다고 생각하며 사형이라는 제도 역시 자기에게 적용되어서는 안 될 잘못된 사회의 산물이라고 생각한다. 그의 생각은 과연 타당한가?

**[참조조문]** 형법 제250조 제1항, 제41조

**형벌의 의미와 근거**

형법은 사회의 평화와 질서를 유지하고 정의를 구현하기 위한 최후수단이다. 형법은 이러한 목적을 달성하기 위해 일정한 법익침해행위를 금지할 뿐 아니라 이러한 행위가 발생되었을 때에 공적인 제재수단으로서의 형벌을 부과한다. 이렇게 부과되는 형벌은 당해 행위에 대한 법적 · 윤리적 · 사회적 반가치성을 띤다는 규범적 평가행위이며 이 행위의 주체자에 대한 비난의 성질을 갖는다. 이러한 의미에서 형벌은 필수불가결하게 해악적 성격을 띠게 되는 것이고 범죄자에게 이익만을 가져다주는 처분은 형벌이라 할 수 없다.

어떠한 형벌의 종류를 막론하고 형벌은 해악적이며 수형자(受刑者)의 고통을 수반한다. 형벌은 범죄자에 대한 국가의 고의에 의한 법익침해적 행위이다. 법익을 침해했다는 대가로 주어지는 또 다른 법익침해행위는 그 정당화적 근거를 찾지 못한다면 범죄자는 형벌을 용인할 이유가 없어지는 것이다. 이러한 정당화적 근거로서 우선 속죄사상(贖罪思想)을 들 수 있다. 범인은 자신의 반사회적 행위를 통해 사회 혹은 개인에게 어떠한 고통을 주었다는 사실을 인식하여야 하고 그것을 용서받기 위해 그에 상응하는 고통을 감내함으로써 책임을 상쇄(相殺)하고 침해된 범사회의 질서와 화해하고 더 나아가서는 자기인격을 회복할 수 있다. 즉 속죄의 과정 혹은 결과를 위해 형벌적 고통은 불가결하다는 것이다. 형벌의 정당화를 위한 또 하나의 근거는 공동책임사상에서 찾을 수 있다. 사회를 구성하는 인간은 사회공동체 내에서 고립하여 존재하는 개체가 아니라 다른 모든 구성원 혹은 전체 사회와의 연대성의 범위 안에서 존재하는 것이므로 모든 구성원은 상호간에 책임을 부담하여야 한다. 자신의 권리를 주장하고 자신의 법익이 침해되지 않기를 바랄 수 있기 위해서는 자신도 남의 권리나 법익을 침해해서는 안 된다는 책임을 인식해야만 하는 것이다. 그러므로 범죄행위를 저지른 자는 이러한 공동책임의 범위에서 해악적 형벌을 감수해야만 하는 것이다. 국가는 공권력에 의해 범죄자에게 형벌을 부과하여 책임을 물음으로써 공동체의 질서를 유지할 수 있다.

**현행법상 사형이 인정되는 규정**

### 1) 형법

제87조(內亂), 제88조(內亂目的의 殺人), 제92조(외환유치), 제93조(여적), 제94조(모병이적), 제95조(시설제공이적), 제96조(시설파괴이적), 제98조(간첩), 제119조(폭발물사용), 제164조(현주건조물 등에의 방화), 제250조(살인, 존속살해), 제338조(강도살인), 제340조(해상강도) 등.

### 2) 특별법

폭력행위등처벌에관한법률 제4조(단체조직), 특정범죄가중처벌등에관한법률 제5조의 2(약취유인), 제5조의 3(도주차량운전자), 제5조의 4(상습강도), 제5조의 5(강도상해, 강도강간의 재범), 제5조의 6(특수강도강간 등 소위 가정파괴범), 제6조(관세법 위반), 제10조(통화위조), 제11조(마약법 위반) 등.

그 밖에 국가보안법, 보건범죄단속에관한특별조치법, 군형법 등도 사형을 규정한다.

사형제도의 사상적 배경

### 1) 사형존치론

인류 최고의 성문법 중의 하나인 바빌론의 함무라비(B.C. 1729~1686)법전은 눈에는 눈으로, 뼈에는 뼈로, 이에는 이로 보복한다는 동해보복(同害報復: Lex Talionis)의 사상을 담고 있다. 이 법전은 왕명불복종 · 간통 · 강도 · 노예은닉 · 위증 · 무고죄의 경우 대체적으로 사형을 인정하며 사형은 주된 형벌의 한 종류로 인식한다.

함무라비 법전이 정치적 · 경제적 이익보호를 근본 목적으로 삼는 데 비해 인간존중사상을 기본원리로 하는 모세율법은 책임개별화의 원칙을 인정하며 죄와 형벌의 균형성을 고려하고 있다. 또한 형벌은 단순한 응보(應報) 혹은 죄인에 대한 적대시에만 목적이 있는 것이 아니라 일반예방의 목적과 악의 제거목적도 가지는 것으로 본다는 점에서 함무라비 법전과 구별된다. 그럼에도 모세율법은 모살(謀殺) · 부모에의 불효 · 간통 · 동성애 · 근친상간 · 수간(獸姦) · 중대사실에 관한 위증 · 거짓예언 · 이신숭배 · 독성죄(瀆聖罪) 등의 경우 사형을 인정한다.

고대 로마시대에도 재판절차와 사형집행절차에 많은 제한과 조건을 두어 사형의 불필요한 확대는 제지하고 있었으나 모반 · 살인 · 위증 · 방화 등의 죄는 사형으로 다스렸다. 사형의 필요성을 인정하는 사상은 중세에도 이어졌다. 이 시대를 대표하는 신학자 토마스 아퀴나스마저도 살인 그 자체는 악한 일이나 야수보다 유해한 범죄인을 살해하여 제거하는 행위는 선한 행위로서 그 정당성을 인정하고자 했고 마르틴 루터도 범죄인을 살해하는 행위는 신에 대한 봉사로 이해했다. 사회계약론에 입각한 루소는 시민 각자는 자기가 살인행위의 피해자가 되지 않기 위해서는 자기가 살인행위자가 되었을 때 사형에 처해져도 좋다는 계약에 동의함을 전제로 하여 살인자는 그 행위로 스스로 이러한 사회계약을 파괴하여 사회구성원임을 부정하였으므로 사회는 그를 추방하거나 사형에 처할 수 있다고 하였다. 칸트도 형벌이란 타인의 법익을 침해하지 않겠다는 약속을 어긴 책임있는 행위에 대한 국가의 반응으로서 응보의 목적 이외에는 다른 어떠한 목적도 가지지 않는다고 보았다. 즉 형벌이란 범죄행위에 대한 정언적 명령(定言的 命令; kategorischer Imperativ)이며, 형벌은 죄의 경중에 따라 엄격히 정성적(定性的)으로 비례하여야 하는 것이므로 살인에는 사형 · 강간에는 거세형을 과하여야만 형벌에 의한 정의를 세울 수 있다고 보았다. 칸트는 내일 국가가 해체되는 경우라도 감옥의 사형수는 모두 처형되어야 한다고 한다. 그래야만 국민 각자는 자신의 행위에 대한 평가를 받고 사형이 집행되지 않음으로써 남게될 피의 책임이 국민에게 전가되지 않는다는 것이다.

몽테스키외가 사형은 사물의 본질상(Natur der Sache) 당연한 것이라고 보았듯이 헤겔도 형벌은 그 자체로 정당하며 범죄행위 안에 설정된 권리로 인정한다. 헤겔은 범죄란 현존하는 법규범에 대한 침해이며 법규범에 대한 부정으로 보고 이러한 부정을 형벌로써 재차 부정함으로써 침해된 법규범이 회복된다고 설명한다. 사형존치론을 주장하는 사람 중의 한 사람으로서 밀도 극악한 범죄인이 자신의 행위를 통해서 인간으로서의 가치가 없다고 입증한 경우 그의 목숨을 박탈하는 것이 오히려 그를 인류애를 가지고 대하는 처사라고 한다. 밀의 견해에 의하면 타인에게 고통을 가한 자에 대해서 인신존중의 의미로 고통을 가하고 타인의 자유를 구속하는 자에 대해서 자유존중의 의미로 자유를 박탈하며 타인의 재산에 침해를 가하는 경우나 생명에 침해를 가하는 경우도 이에 상응한 취급을 하는 것은 법적 정의를 달성하기 위한 너무나 당연한 귀결이다.

### 2) 사형폐지론

1764년 벡카리아(Beccaria)는 그의 저서 '범죄와 형벌(Dei delitti e delle pene)' 에서 사형은 야만적이며 위하효과(威哧效果)가 없다고 비판하면서 사회계약이론을 근거로 하여 사형폐지론을 주장하였다. 그는 사회의 구성원 각자가 사회계약을 통해서 제공할 수 있는 것은 자기 자유의 최소부분에 한정되는 것으로서 인간이 향유할 수 있는 법익 중 최고의 법익인 생명은 이러한 의미에서 제공할 수 있는 법익의 범위에서 벗어난다고 인식한다. 그의 견해에 따르면 인간의 생명은 그 주체자 스스로도 처분할 수 없는 법익이므로 생명의 처분권을 국가나 사회에 양도하는 것 자체가 용납되지 아니하므로 사형도 인정될 수 없는 제도이다. 이에 뒤를 이어 많은 계몽사상가들은 인간의 생명은 인간존엄성과 기본권의 근본이 된다는 관점에 입각하여 사형폐지의 필요성과 당위성에 대해 이론적 근거를 마련하기 시작하였고 특히 실증적 의미에서 사형의 범죄억제효과 혹은 위하효과에 대한 연구에 몰두하였다.

**사형존폐에 관한 논의**

**사형폐지론의 논거를 정리하면 다음과 같다.**

1) 인간의 존엄성과 기본권의 근본인 생명을 박탈하는 사형은 헌법정신에 반하며 야만적이고 잔혹하다.
2) 사형은 위하의 기능을 갖지 못한다.
3) 사형은 응보사상에 입각한 범죄에 대한 분노의 표시일 뿐 범죄인의 개선과 피해자 구제에 도움이 되지 않는다.
4) 국가는 인간생명에 대한 처분권이나 처분에 관한 심판권을 갖지 못한다.
5) 사형은 오판한 경우 회복이 불가능하다.
6) 범죄인의 발생은 사회에도 책임이 있다.

위의 논거에 대하여 다음과 같은 반론이 가능하다.

1) 인간의 생명이 존귀하고 최고의 법익이며 대체불가능한 법익이라는 데는 이론(異論)의 여지가 없다. 그러나 인간은 사회와 독립된 개체로서 생각되어질 수 없고 인간의 존엄성이라는 것은 타인 혹은 사회와의 관련성에서만 나타나는 것이다. 이러한 사회와의 관련성에서 인간은 각자가 인성을 바탕으로 하여 사회해악적인 행위를 해서는 안된다는 것을 인식할 수 있고 이러한 인식의 내용에 상응하게 행동할 때 비로소 인간은 그 사회에서 존엄성을 가진 인간으로서 평가되는 것이지 모든 인간이 의사능력에 비례하는 행위와는 상관없이 무조건 존재론적으로 존엄하므로 이 존엄성은 언제라도 절대적으로 존중되어야 한다고는 볼 수 없다. 국민 각자가 남의 법익을 침해한 만큼 나의 법익도 그 책임상쇄나 속죄의 댓가로 침해되어야 한다는 사실을 인식함으로써 사회의 정의는 실현된다. 합법적 행동에로의 의사능력과 의지자유를 갖춘 자가 자기 스스로 반인륜적인 행위를 함으로써 인간의 존엄성을 자의로 포기하는 경우에도 국가 혹은 사회가 인격을 존중해야만 할 것인가

에 대해서는 의문의 여지가 남는다.

형벌은 또한 근본적으로 해악적인 것이어야 한다. 그렇다면 사형만이 잔혹하고 야만적인 형벌이 아니라 자유형(특히 종신형)과 명예형도 잔혹할 수 있다. 때로는 종신형이 사형에 비해 훨씬 고통이 심하고 비인간적이라는 견해도 주장될 수 있다.

2) 인간은 누구나 생명에 대한 애착이 있으므로 사형이라는 제도는 인간에게 잠재적으로 극악한 범행으로부터 격리시켜주는 기능을 할 수 있다.

3) 형벌의 기능에서 응보의 기능을 완전히 배제할 수는 없다. 예컨대 자수범인 경우 처벌하는 일이 일반예방이나 특별예방의 목적달성과 아무런 관련이 없더라도 처벌해야만 하는 것은 형벌이 과거 행위에 대한 응보의 기능이 있기 때문이다. 즉 형벌은 금지된 사회해악적 행위에 대한 국가의 무조건적 반응이라는 요소를 갖고 있는 것이다. 반드시 범행에 대한 분노의 표시라고만 볼 수는 없다.

형벌은 구성요건만 충족이 되었다고 주어지는 것이 아니라 위법하며 책임있는 행위일 것이 요구된다. 결국 책임의 범위에 따라 형벌이 주어지는 것으로서 개선 혹은 교화가 가능할 정도의 책임이라면 사형은 배제되어야만 한다. 이러한 가능성이 전혀 없는 경우에 한하여 사형은 주어질 수 있는 것이다.

4) 사형의 역사는 앞서 살펴 본 바와 같이 인류사회의 역사와 더불어 오랜 전통을 지니고 있다. 이는 반인륜적 행위에 대한 인간 본연의 감정에서 자연발생된 반응으로서 오랜 세월을 사회와 공존해 온 제도이며 국민은 이 점에서 국가의 인간생명에 관한 처분권을 인정해온 결과가 된다. 따라서 국가의 인간생명에 관한 처분권은 이미 존재하는 것으로서 이 존재를 정당화하는 논거가 필요한 것이 아니라 반대로 이러한 제도를 폐지하고자 하는 입장에서 폐지를 위한 논거를 제시할 의무가 생긴다.

5) 오판의 문제는 비단 사형에만 국한되는 것은 아니다. 자유형이나 체형

인 경우도 집행되고 난 이후에는 이미 수형자의 특정한 법익이 침해되었다면 회복이 불가능한 것이다. 금전에 의한 배상은 별개의 문제이다.

6) 범죄발생의 사회적 요인에 대해서도 부인은 할 수 없으나 동일한 사회적 조건에 처한 사람이 동일한 범죄를 저지르는 것이 아니라면 범행에 대해서는 행위자 개인의 책임이 무엇보다도 비난가능성의 중요한 근거가 된다고 보아야 한다.

**사례의 해결** 사형은 범죄자의 생명을 인위적으로 박탈한다는 점에서 그 자체가 해악적이며 부정적 행위임에는 반론의 여지가 없다. 그러나 범죄 피해자의 법익이나 규범의 존재목적 혹은 형벌의 기능 등을 도외시한 채 사형 자체의 부정적인 면만을 직시하여 인간의 존엄성과 가치를 무시하는 제도로 단정지어서는 안된다. 어떤 행위라도 절대선 혹은 절대악이라 할 수 없기 때문이다. 따라서 사형이란 경우에 따라서는 범죄자의 책임과 일치하는 범위내에서는 인정할 필요성이 있다. 다만 이는 단순한 형법학적 가치관에 의해서만 결정될 사항이 아니라 정치, 문화, 사회, 형사정책적 관점에서 종합적 평가가 이루어져야 하며 무엇보다도 사회의 법의식 수준이 중요한 결정요인이 될 수 있다. 우리의 사회적 현실을 감안하면 우선 사형이 순수한 목적 이외의 다른 목적으로 오용될 수 있는 소지를 없애며 사형선고와 집행에 엄격한 제한을 두는 방안을 논의하는 것이 합리적이며 사형을 폐지해도 좋을 사회적 여건을 조성하는 것이 사형폐지의 전제가 되어야 할 것으로 보인다.

※ 참조판례 : 대법원 1985. 6. 11. 선고 85도926 판결 ; 대법원 1983. 3. 8. 선고 82도3248 판결

**● 사례 3(신체상해(身體傷害))**

고등학교 교사인 갑은 교내 화장실에서 흡연하다가 적발된 학생 을을 혼내줄 생각으로 빈 교실로 데려가 엎드리게 한 후 각목으로 둔부를 강하게 내려쳤다. 을이 고통에 비명을 지르며 몸을 뒤틀자 갑은 엄살을 부린다며 온몸을 가리지 않고 난타하여 을의 신체 여러 군데에 피멍이 들고 부분적으로 출혈까지 있게 하였다. 갑은 어떠한 형사책임이 있는가?

**[참조조문]** 형법 제20조, 제257조 제1항

**상해(傷害)의 의의** 상해죄는 타인의 신체에 상해를 가하는 범죄로서 보호법익은 신체의 생리적 기능 혹은 신체의 완전성이며 이것은 침해범이다.

**구성요건** 본죄의 객체는 자기 이외의 살아있는 자연인이며 자기 몸에 대한 자상(自傷)행위는 일부 특별법에 의한 예외를 제외하고는 죄가 되지 않음이 원칙이다. 본죄는 상해행위로써 성립되는데 상해의 의미에 대해서 다음 세 가지 의견이 대립된다.

**1) 신체완전성설**

상해를 신체의 완전성에 대한 침해로 보는 견해로서 상처를 입히는 행위는 물론이고 상처 없이 신체 외관에 변화를 가져다주는 일체의 행위도 상해라고 한다. 그러므로 모발이나 수염, 손톱의 절단도 상해가 되며 술이나 약물로써 사람을 일시적으로 인사불성에 빠뜨리거나 구토하게 하거나 질병을 감염시키는 경우도 상해가 된다.

**2) 생리적 기능 훼손설**

독일법과는 달리 상해와 폭행을 구분하는 우리 실정법에 입각한 학설로서 건강상태의 불량한 변경이나 신체에 상처를 입히는 등 생리적 기능에 장애를 가져오는 행위가 상해라고 한다. 쉽게 말해 치료를 요하는 상태로 만드는 것이 상해이므로 모발이나 수염의 절단, 일시적 인사불성 등은 상해에서 제외된다.

### 3) 절충설

이것은 생리적 기능 훼손설에서 출발하는 학설로서 이 학설을 신체완전성설에 의해 보충하는 이론이라 하겠다. 즉 이에 따르면 생리적 기능을 훼손하는 행위 뿐 아니라 신체외관에 중대한 변화를 가져오는 행위, 예컨대 남자의 수염이나 여자의 모발을 절단하는 행위 등도 상해로 보는 것이다.

학설과 판례는 대체로 생리적 기능 훼손설과 절충설을 취하는 입장에 있다.

## 상해의 위법성조각사유(違法性阻却事由)

### 1) 피해자의 승낙

피해자가 자기 몸에 상해를 가해도 좋다고 승낙했을 때에도 신체가 다른 법익과는 달리 생명의 기초를 이루는 대체불가능한 법익이므로 공서양속(公序良俗)이나 사회상규에 위배되지 않는 범위 내에서 위법성을 조각(阻却)한다. 축구나 권투 등 운동경기에서 상대방에게 어느 정도 상처를 입혀도 처벌되지 않는 것은 서로 간에 상해에 대한 묵시적 승낙이 있기 때문이다.

### 2) 치료행위

의사의 치료행위에는 대부분 상해의 요소가 들어 있다. 이러한 치료행위가 위법성을 조각하는지에 대해서는 첫째, 치료가 성공한 경우는 위법성이 조각되며 실패의 경우 위법성이 조각되지 않는다는 의견이 있었으나 이것은 옳지 않고 둘째, 다수설과 판례는 업무로 인한 행위인 정당행위로서 위법성조각을 인정한다. 그 밖에 의사의 치료행위는 건강상태를 불량하게 변경시키는 행위가 아니라 낫게 해주는 행위이며 의사에게 상해의 고의, 즉 주관적 구성요건이 결여되어 있으므로 구성요건해당성이 없다는 주장도 설득력이 있다.

### 3) 징계행위

징계행위란 법령에 의해 허용된 징계권의 행사로서 정당성이 인정되는 경우를 말한다. 법령상 인정된 징계행위로 교육법 제76조에 의한 학교장의 학생에 대한 징계행위와 소년원법 제13조에 의한 소년원장 또는 소년감별소장의 수용중인 소년에 대한 징계권 및 민법 제915조에 의한 친권자의 자녀에 대한 징계행위를 들 수 있다. 여기서 부모의 자녀에 대한 징계권에 체벌이 포함되는가에 대해서 통설은 긍정하고 있으나 외국의 일부 의견에 의하면 부모의 체벌권이 자녀학대의 도구로 사용될 위험성을 감안하여 이것을 부정하고자 하나 이러한 견해는 형법의 보충성의 원칙에 위배되므로 받아들여지기 어렵다. 정신병적으로 가혹하고 잔인하게 자녀에게 체벌을 가하는 극단적인 경우는 물론 정당성을 띤 징계행위로 볼 수 없다. 그리고 학교의 장이나 소년원장 등의 징계행위에는 구체적으로 정학 · 퇴학 또는 훈계 · 근신으로 규정되어 있어 체벌은 포함되지 않는다고 보는 것이 원칙이다.

그 밖의 위법성조각사유로 정당방위 또는 긴급피난에 의한 상해, 그리고 경찰의 직무집행에 불가결한 상해행위 등 공권력에 의한 정당행위를 들 수 있다.

**사례의 해결 |** 갑의 행위는 상해죄에 해당할 수 있다. 학생을 각목으로 난타하여 피멍이 들고 출혈까지 있게 한 행위는 신체의 완전성을 침해했을 뿐 아니라 건강상에 불량한 변화를 가져와 치료를 요하는 상태에 이르렀으므로 생리적 기능을 훼손한 행위라는데 이론(異論)의 여지가 없다. 그러므로 위에서 든 세 가지 학설 중 어느 것을 택하더라도 갑의 행위는 상해에 해당한다고 하겠다.

그러나 갑의 행위는 예외적으로 위법성이 조각되어 처벌을 면할 수 있을지도 모른다. 교사의 학생에 대한 체벌행위는 교사의 징계권에 의해 정당행위로 인정될 수 있는가를 검토해 볼 필요가 있다. 교육법 제76조에 의하면 학교장은 학생에 대한 징계권을 갖지만 앞에서 살펴본 바와 마찬가지로 이 징계권에 대한 교육법시행령의 설명은 정학 또는 퇴학의 권한으로 한정 지을 뿐 체벌은 포함하지 않는다. 그러므로 일반 교사에게도 체벌의 권한은 없는 것으로 해석해야 한다.

교사의 효과적인 교육수행을 위해 손을 들게 해 벌을 세운다든지 무릎 꿇고 앉힌다든지 하는 경미한 체벌행위는 객관적으로 징계의 목적달성상 요구되고 주관적으로도 이에 봉사할 목적으로 행할 때에는 사회상규에 어긋나지 않는 행위 혹은 업무로 인한 행위로 정당화될 수 있겠으나 사례에서 보는 바와 같은 갑의 행위는 그 정도를 훨씬 지나쳐 정당화될 수 없다. 그러므로 갑은 상해죄로 처벌된다.

참조판례 : 대법원 2004. 6. 10. 선고 2001도5380 판결 ; 대법원 1991. 5. 14. 선고 91도513 판결

**● 사례 4(업무상과실치상죄(業務上過失致傷罪))**

갑은 보통 때와 같이 자동차를 운전하여 귀가하던 중 교차로에 이르렀다. 시속 약 50km로 달리고 있었는데 마침 자동차 신호등이 녹색으로 바뀌고 횡단보도에는 보행자가 없어서 속도를 그대로 유지하여 횡단보도를 지나치려는 순간 시간이 급한 을이 갑자기 자전거를 타고 횡단보도를 건너기 위해서 뛰어 들었다. 너무 순식간이고 예상하지 못했던 일이라 뒤늦게 급브레이크는 밟았지만 충돌을 피할 수는 없었다. 자동차에 부딪힌 을은 자전거와 함께 약 10m 전방으로 튕겨져 늑골이 부러지는 등 크게 다쳤다. 갑은 업무상과실치상죄로 처벌되어야 하나?

**[참조조문]** 형법 제268조

**의의 및 가중처벌의 이유**

업무상과실치사상죄란 업무에 해당하는 행위를 하던 중 주의의무(注意義務)를 태만히 하여 고의 없이 남에게 상해를 입히는 행위로서 보통의 상해죄보다 무겁게 처벌된다. 업무자라는 신분에 의해 책임이 가중되는 형태이다. 과실이란 일반적으로 말해 주의의무(注意義務)를 게을리 하여 범죄사실을 인식 못했거나 인식은 했으나 결과발생에 대한 고의 없이 결과를 발생시킨 경우를 일컫는다.

가중처벌의 이유는 업무자는 일반인보다 자신의 업무에 대해 뛰어난 지식과 이해력을 가지고 그에 따라 위험성에 대한 인식도 남다름에도 불구하고 과실을 범했다는 사실에 책임이 가중되기 때문이라는 의견과 업무자에게는 처음부터 다른 사람보다 무거운 주의의무가 과하여지기 때문이라는 이론 등

여러 가지가 있으나 업무자는 법익을 침해하기 쉬운 위험한 일을 계속 반복하는 사람이기 때문에 법익침해의 가능성이 높으므로 더 각별히 주의할 것을 요구하는 형사정책적 의미도 크다고 하겠다.

업무상과실치사상죄의 주체는 일정한 업무에 종사하는 자이다.

**업무의 의의**

업무란 사회생활의 지위에 기하여 계속 반복하여 행하는 사무로서 공무(公務)이건 사무(私務)이건 영리적 사무이건 비영리적 사무이건 또는 보수를 받든 안 받든 상관이 없으며 특히 직업적 사무일 필요는 없다.

그러나 업무는 ① 사회성을 띠어야 한다. 직업 · 직무에 관한 활동이나 영업적인 활동은 사회성을 가진 활동이라 할 수 있다. 그 밖에 사회생활상 필요에 의해 계속 · 반복하는 사무도 업무에 속한다. 여기에는 출퇴근을 위해 자동차를 운전하거나 취미로 운전하는 행위도 해당되나 식사 · 수면 · 청소 등 모든 사람에게 공통되는 생물학적 · 자연적 생활활동은 제외 된다. 단 그러한 활동이라도 직업적인 사무일 경우는 업무에 속한다. 예를 들면 숙식업을 하는 자의 취사 · 세탁 · 청소 등이다.

② 계속 · 반복성을 띠어야 한다. 단 1회의 운전행위는 업무에 해당되지 않는다. 그러나 1회의 행위라도 계속 · 반복의 의사가 있을 때는 다르다. 의사가 앞으로 계속해서 환자를 치료할 의도를 가지고 처음 환자를 잘못 치료해 병세를 악화시켰을 때는 업무로 인한 행위로 가중처벌 받게 된다.

③ 사무의 성질상 어느 정도의 위험성을 띤 사무여야 한다. 직업상 자전거를 타는 행위(대법원 1972. 5. 9. 선고 72도701 판결은 다른 견해)나 운동선수가 조깅하다가 다른 사람과 부딪치는 행위 등은 위험성이 없거나 미약하므로 업무라고 보기 어렵다.

**신뢰(信賴)의 원칙**

1) 의의

업무자의 주의의무위반을 예외적으로 부정하는 원칙으로서 신뢰의 원칙이 있다. 이 원칙에 의하면 사회생활상 불가결한 위험한 업무에 종사하는 사람은 자신이 스스로 제반 법규 및 안전규칙에 따라 행동하는 한 이 업무에 관계하는 타인도 자기와 같이 규범적으로 행동하리라는 신뢰를 가져도 좋으며 따라서 타인의 반규범적 행위로 인해 자기가 어떠한 법익을 침해하는 결과를 가져왔을지라도 특별한 예외적 사정이 없는 한 거기에 책임을 지지 않는다는 것이다. 예컨대 적정속도로 차선을 지키며 주행하는 운전자는 옆의 차가 예고 없이 불시에 차선을 변경하여 끼어든다든가 맞은편에서 오는 차가 갑자기 중앙선을 침범하여 들어오리라는 예견까지 하면서 그에 따른 주의까지 할 필요는 없는 것이고 만약 그러한 타인의 행동으로 인하여 사고가 발생했더라도 규칙을 준수했던 사람은 사고에 대해 아무런 책임이 없다.

이것은 1930년대 교통사고분야의 독일판례에서 발생하여 스위스 · 오스트리아 · 일본 그리고 우리나라 판례에 영향을 주며 이론적으로 정립되고 있는 원칙인데 교통사고란 대부분 과실에 의한 것이고 피해자에게 과실이 있었더라도 가해자가 좀 더 주의를 기울였더라면 사고를 피할 수 있었으리라는 가설은 항상 가능하므로 가해자가 사고 당시 아무리 주의했더라도 이미 사고가 발생한 이상 책임을 면할 수 없다는 부당함을 시정하기 위한 필요성에서 대두되었다.

### 2) 신뢰의 원칙의 적용제한

신뢰의 원칙은 어디까지나 예외적인 원칙이므로 무한정하게 적용되는 것은 아니고 특히 다음과 같은 특수한 사정이 있을 때는 적용되지 않는다. ① 스스로가 도로교통규칙 등을 어기면서 행동했을 때, ② 상대방의 정당한 행동을 기대하기 어려울 때, 예컨대 앞에서 달리는 자동차의 주행상태가 극히 비정상적이어서 초보운전이거나 취중운전 혹은 졸면운전이라는 사실이 명백함에도 불구하고 이에 대한 조치를 취하지 않고 안전거리 없이 달리다 추돌하는 경우, ③ 교통규칙위반이 특히 빈번한 지역, 즉 지역적 특성상 의식적 혹은 무의식적으로 교통규칙이 자주 위반되는 곳에서는 다른 장소에서보다 더 각별한 주의를 할 의무가 있다.

**사례의 해결** 과실이라고 할 수 있기 위해서는 정상의 주의의무를 게을리 한 사실이 있어야 한다. 갑이 좀 더 천천히 달렸더라면 충분한 거리를 두고 을을 발견했을 것이고 속도가 느린 만큼 브레이크를 밟은 후 자동차가 미끄러지는 거리도 짧아 질 것이므로 주의를 기울여 조심스럽게 운전했더라면 위와 같은 결과는 발생하지 않았으리라는 예상은 충분히 가능하다. 그러나 이런 식의 사고방식에 의하면 거의 모든 위험사고는 아무리 주의를 기울였다고 해도 과실죄로 처벌받지 않을 수 없게 된다. 그래서 여기서는 "신뢰의 원칙"이 적용되어야 한다. 자기 스스로가 교통법규를 준수하고 규정된 의무를 다 하는 상태에서는 다른 사람도 자기와 마찬가지로 모든 규칙을 준수하고 주의의무를 다 한다고 신뢰를 할 수 있고 이런 신뢰가 있었던 사람에게는 사고발생에 대해 책임을 묻지 않아야 하는 것이다.

갑은 사고 당시 적정속도로 주행하고 있었고 자동차의 신호등은 녹색이고 따라서 보행자의 신호등이 적색인 상태에서 무모하게 누군가가 자전거를 타고 뛰어 들리라는 예상은 불가능했고 그러한 예상은 할 필요조차 없었던 상황이었다. 갑은 주의의무를 게을리 한 사실이 없으므로 신뢰의 원칙을 적용하여 아무런 형사책임을 물을 수 없다.

※ 참조판례 : 대법원 1984. 5. 29. 선고 84도483 판결 ; 대법원 1983. 4. 26. 선고 83도629 판결 ; 대법원 1982. 9. 28. 선고 82도1853 판결

商法·經濟法
證券去來法

# 상법
# 경제법
# 증권거래법

김성탁 · 전우현

# 점원으로부터 구입한 물건값이 잘못되었다고 하는데

● **사례**

(1) 가게 주인이 자리를 지키고 있지 않은 상태에서 점원이라고 하는 자로부터 정상가격보다 훨씬 싼 가격에 물건을 구입한 경우 주인은 원래의 정상가격을 손님에게 청구할 수 있는가?

(2) 은행 창구에서 예금업무를 담당하는 은행원과 거래한 경우 생길 수 있는 법률문제는?

(3) 또 백화점의 외판사원(사실은 권한이 없는)으로부터 물건구입을 위한 매매계약을 체결하고 대금을 지급한 경우 백화점은 매매계약을 이행하여야 할 책임이 있는가?

**사례의 해결** 가게 또는 매장에 직접 가서 점원 또는 판매원이라고 하는 사람으로부터 물건을 샀는데, 나중에 주인이 그 점원 또는 판매원은 그 같은 권한이 없는 사람이라고 한다면 손님 입장에서는 매우 난감할 뿐만 아니라 또 황당할 것이다. 만일 이 같은 불미스러운 일을 미연에 막기 위하여 손님으로 하여금 점원이 그 같은 판매권한이 있는지 없는지를 일일이 조사하도록 하고, 그 같은 노력을 게을리 한 때에는 법적으로 아무런 보호를 받지 못한다고 한다면 이는 영업주인 주인 입장에서 볼 때에도 반드시 좋은 것만은 아니다. 손님이 점원과의 거래를 꺼릴 것이고, 주인하고만 거래를 하려고 할 터이니 주인은 꼼짝없이 점포를 지키고 있어야만 한다. 휴가를 가거나 잠시 볼일을 볼 냥이면 가게문을 닫을 수밖에 없다.

그래서 상법 제16조에서는 점포에서 물건을 판매하는 사용인(점원)은 그 판매에 관한 일체의 권한이 있는 것으로 의제(설사 그 같은 권한이 없는 경우에도 권한이 있는 것으로 보고 법적 취급한다는 뜻)케 함으로써 이 같은 문제를 해결하고 있다. 즉 물건판매점포의 사용인에 대해서는 영업주의 수권 여부에 관계없이 점포에서의 물건판매에 관한 일체의 대리권이 있는 것으로 의제하고 있다.

법에서는 물건판매점포의 사용인으로 표현하고 있다. 여기서 점포는 물건을 진열해 놓거나 상품소개서를 비치하여 불특정 다수의 방문고객에게 물건을 판매하는 장소를 말한다. 여기서 사용인은 영업주로터 일정범위의 대리권을 수여받은 자에 한하지 않고, 널리 점포에서 일하면서 물건을 팔 권한이 있다고 보여지는 자 모두를 포함한다. 위 규정은 물건대여점포 · 은행의 창구, 승차권의 매표점포 등의 사용인과 같이 점포와 사용인이 결부되어 대리권이 있는 것 같은 강한 외관을 보여주는 업소의 사용인에 대해서도 준용된다.

그러나 사용인에게 물건을 판매할 권한이 없음을 손님이 알면서(법에서는 이를 악의라 한다) 그로부터 물건을 구입한 경우에는 그 판매는 무권대리가 되어 영업주는 책임을 지지 않는다(상법 제16조 제2항). 또 외판원 · 배달사원 등과 같이 점포를 벗어나서 영업에 종사하는 사용인에 대해서는 상법의 위 조문이 적용되지 아니 한다. 위 조항은 사용인이 점포라는 장소에서 일하고 있을 때 대외적으로 표시되는 강한 외관에 대한 상대방의 신뢰를 보호하는 데 그 취지가 있기 때문이다.

# 상호 선정은 엿장수 마음대로인가?

● **사례**

A는 경주에서 수십년 동안 황남빵집이라는 상호의 제과점을 경영해 오면서 손님들로부터 호평을 받고 있었다. 그런데 B가 원조 황남빵집이라는 상호로 경주에서 제과점을 열고 그 상호를 등기하여 영업을 한 이후 A는 매출액이 감소함으로써 손해를 입었다. A는 어떠한 구제수단을 강구할 수 있는가?

**사례의 해결** | 우리 인간은 모두 이름(성명)을 가지고 있고, 이름에 의하여 나의 동일성(identity)을 대외적으로 표시한다. 영업적 활동을 전문으로 하는 상인은 영업상의 명칭인 상호를 가진다. 이 때 상호는 영업의 대외적 신용의 표적이 되고, 더욱이 사회적 지명도가 있는 상호라면 상호 그 자체가 엄청난 돈이 된다.

우리가 우리의 이름을 마음대로 선정하여 사용할 수 있는 것처럼, 상인도 자신의 상호를 선정하는 데 있어서 제약이 없음이 원칙이다. 이를 상호자유의 원칙이라 한다. 따라서 예를 들어 개성지역과는 전혀 무관한 사람이 서울에서 개성상회라는 상호를 쓸 수 있고, 박사학위가 없는 사람도 김박사냉면집이라는 상호를 쓸 수 있고, 음식점을 하면서 자연식품연구소라는 매우 거창한(?) 상호를 사용하더라도 법적으로 아무런 문제가 없다.

그러나 상호선정에 아무런 제한이 없는 것은 아니다. 예를 들어 회사가 아니면 '회사' 라는 문구를 상호에 쓸 수 없고, 회사인 경우 회사의 종류를 상호에 밝혀야 한다(예: ○○주식회사, ××유한회사, △△합명회사, ☆☆합자회사). 또 은행 · 증권 · 보험회사가 아니면서 이와 유사한 문구를 상호에 넣을 수 없다. 또 부정한 목적으로 타인의 영업으로 오인할 가능성이 있는 상호를 사용해서는 안 된다. 예를 들어 조달청과는 전혀 무관하다면 '조달청 직영 가전판매센타' 라는 상호를 쓸 수 없다.

상호를 적법하게 선정하여 사용하는 자는 상호권을 가지고, 법에 의하여 보호를 받는다. 상호권은 자신이 선정한 상호를 다른 사람으로부터 방해를 받지 않고 사용할 수 있는 권리(이를 상호사용권이라 함)와 다른 사람이 부정한 목적으로 자신이 사용하고 있는 상호로 오인가능성이 있는 상호를 사용하는 경우에는 그 사용의 중단을 청구할 권리(이를 상호전용권이라 함)를 그 내용으로 한다. 만일 그로 인하여 손해가 생겼다면 손해배상을 청구할 수 있다. 동일 또는 유사한 상호인가의 판단은 상거래에 임하는 일반인의 기준에서 전체적인 관찰의 결과 오인가능성이 있는가의 여부에 의한다.

상호에는 등기제도가 있는데, 위에서 설명한 상호권의 내용은 등기된 상호와 등기되지 않은 상호 간에 차이가 없다. 즉 등기되지 않은 상태에서도 그와 같은 상호권을 가진다. 다만 상호를 등기하면 자신의 상호권을 보호받는 데 있어서 유리한 입장에 서게 된다. 즉 타인이 이미 등기한 상호에 대해서는 동일한 서울특별시 · 광역시 · 시 · 군에서 동종영업의 상호로 등기하지 못한다(상법 제22조). 만일 타인이 등기한 상호와 동일 또는 유사한 상호를 동일한 서울특별시 · 광역시 · 시 · 군에서 동종영업으로 상호를 사용하는 때에는 부정한 목적으로 사용하는 것으로 추정한다(상법 제23조 제4항). 따라서 상호를 등기한 자는 동종영업을 하는 타인이 동일한 서울특별시 등에서 동일 또는 유사 상호를 사용하는 경우에는 그의 부정한 목적을 입증할 필요 없이 상호의 폐지와 손해배상을 청구할 수 있게 된다(소송에서 입증책임을 누가 부담하느냐 하는 것은 소송의 승패와 관련된다).

# 이름은 함부로 빌려주는 것이 아니다.

● **사례**

A는 ○○백화점의 일부를 임대하여 ○○백화점 가전판매부라는 상호로 영업을 하고 있었다. A의 영업을 ○○백화점이 직접 경영하는 것으로 믿고 거래한 손님의 ○○백화점에 대한 법적 지위는?

**사례의 해결**

만약 '김복동' 이라는 사람이 '김지미' 라는 이름을 상호로 하여 사용한다면 이를 모르는 사람은 영업주가 '김지미' 인 것으로 잘못 알게 될 것이다. "김지미"의 허락이 없거나 모르는 상태에서 '김복동' 이가 무단으로 "김지미"라는 이름이나 상호를 사용한 경우라면 단지 자신의 이름 등이 도용당했다는 것도 억울한데, 이에 한 걸음 더 나아가 그에 따른 책임을 지도록 하는 것은 부당하다. 그러나 이와는 반대로 '김지미' 가 '김복동' 으로 하여금 영업을 하는데 자신의 이름 등의 사용을 허락하였다면 이때는 사정이 달라진다.

타인의 영업에 명의를 대여하면 그 영업에 관하여 명의를 대여한 자가 영업주체라는 외관을 형성하게 된다. 상거래의 안전과 신속을 확보하기 위하여 이 같은 외관을 믿고 거래한 자에 대해서는 설령 그 외관과 실제가 다른 경우에도 보호받는다는 외관법리 또는 금반언(禁反言)의 법리가 발달되어 있다. 따라서 상법 제24조에서는 타인으로 하여금 자신의 성명이나 상호를 사용하여 영업을 하도록 허락한 자는 그 타인과 함께 연대하여 영업거래에 따른 책임을 진다고 규정하고 있다. 이를 명의대여자의 책임이라고 한다.

명의대여자에 대하여 책임을 묻기 위해서는 다음과 같은 요건을 구비하여야 한다.

첫째, 자기의 성명 또는 상호를 타인이 사용하도록 허락하였어야 한다. 명의대여에 따른 대가의 지급 여부와 적법 여부를 불문한다. 대가를 받지 않고 허락한 경우라고 해서 본 조의 책임을 면할 수 없다. 명의대여행위가 법률상 금지되어 있음에도 이를 위반하여 명의를 대여한 경우(예: 불법면허대여)에는 행정상의 제재(예: 면허취소, 영업정지, 벌금 등)와는 별도로 명의대여자로서 책임을 진다. 명의사용의 허락은 명시적으로는 물론이고 묵시적으로도 할 수 있다. 그러나 단순히 알고도 가만히 있었다고 하여 이를 묵시적 허락에 해당한다고 단정할 수는 없다.

둘째, 명의차용자가 명의대여자의 성명 등을 이용하여 영업거래를 하여야 한다.

셋째, 명의차용자와 거래한 제3자가 거래를 함에 있어서 명의대여자를 영업주로 오인하였어야 한다.

위와 같은 요건을 구비한 경우 명의대여자('김지미')는 명의차용자('김복동')와 거래한 제3자에 대하여 연대하여 영업상의 채무를 면제할 책임을 진다. 그러나 명의대여자는 명의차용자에 대한 관계에서 타인의 채무를 변제한 것이므로 명의차용자에게 구상권을 행사할 수 있다.

# 여객운송업자의 책임

## ● 사례

(1) 성춘향은 군에 입대하기 위하여 떠나는 애인 이도령을 배웅하기 위하여 기차역에 가서는 못내 아쉬운 마음에서 조금이라고 이도령과 같이 있기 위하여 입장권을 구입하여 열차 안까지 들어갔다. 열차가 떠나는 것을 알고는 급히 열차에서 뛰어 내리다가 발목이 부러졌다. 이 때 성춘향은 철도청에 대하여 어떤 법적 책임을 물을 수 있는가?

(2) 김수장과 그 일행이 충주호수에서 유람선을 타고 가던 중 유람선이 침몰하여 그 중 몇 명이 익사하였다. 몇 명은 구조되었으나 가지고 있던 물품을 잃어버리게 되었다. 유람선 운행업자에 대하여 어떤 법적 책임을 물을 수 있는가?

(3) 김돌쇠는 서울에서 광주로 가는 열차를 타고 가는 중이었다. 그런데 다른 승객이 선반 위에 올려놓은 짐이 떨어져 김돌쇠의 이마를 강타함으로써 김돌쇠는 머리에 심한 부상을 입게 되었다. 김돌쇠는 누구를 상대로 어떠한 책임을 물을 수 있는가?

**사례의 해결** 우리는 자동차 · 택시 · 열차 · 항공기 · 선박 등 다양한 운송수단이 제공하는 편리함 속에서 살고 있다. 승객은 운송업자에게 자신을 목적지까지 안전하게 데려다 줄 것을 요구하고 그 대가로 운송업자에게 운임을 지불할 것을 약속한다. 이 같은 쌍방간의 계약을 운송계약이라 한다.

운송계약에 의하여 운송업자는 승객을 목적지까지 안전하게 이동시켜 줄 의무를 부담한다. 만일 운송업자가 자기 또는 그 사용인(예: 운전사)의 주의 소홀로 인하여 승객과 승객의 물건에 손해를 야기하였다면 그에 대한 배상 책임을 진다.

그런데 그 같은 책임을 운송업자에게 묻기 위해서는 그 전제로 승객과 운송업자 사이에 운송계약이 있어야 한다. 위 사례에서처럼 열차의 입장권을 소지한 자는 운송계약상의 여객이 아니다. 따라서 배웅을 위해 차내에까지 올라갔다가 기차가 발차한 후 뛰어내리다 사망 또는 부상당한 경우에도 운송업자에게 책임을 물을 수 없다. 일단 유효한 운송계약에 따라 여행을 하던 여객이 원래의 운송계약에서 정한 승차구간을 지나 사고를 당한 경우(승월구간에서 사고가 발생한 경우)에는 어떻게 되는가? 그것이 불가피한 사정에 의한 것이고 승객이 계약의 연장을 위하여 통상적으로 요구되는 노력을 기울인 것으로 볼 수 없는 때에는 운송업자에게 책임을 물을 수 없다.

여객운송인이 책임을 면하려면 자기 또는 자기의 사용인이 운송에 관한 주의를 게을리 하지 않았다는 것을 증명하여야 한다(상법 제148조 1항). 여객운송인의 주의의무는 차량 등의 운행에만 국한하지 않고, 차량 내 설비의 안전 점검, 기타 승무원의 관리범위에 속하는 사항에 이르기까지 폭넓은 주의의무가 인정된다. 위 사례에서처럼 승객이 열차의 선반에 짐을 불안정하게 올려놓았기 때문에 그 짐보따리가 떨어져 다른 승객이 다쳤다고 하더라도 그 같은 사실만으로는 국가 또는 그 사용인이 운송에 관하여 주의의무를 게을리 하지 않았다고 단정할 수 없다는 것이 판례의 입장이다(대법원 1971. 6. 21 선고, 71다846 판결).

여객운송인의 잘못으로 여객이 손해를 입은 경우 여객운송인은 그로 인한 인적 · 물적 손해를 배상하여야 한다. 여객의 생명 또는 신체에 대하여 생긴 손해에 대해서는 적극적 손해(예: 치료비, 장례비 등)는 물론이고 소극적 손해(일실이익)도 배상하여야 한다. 또 사망 또는 상해를 입은 여객은 위자료도 청구할 수 있다. 여객의 가족들은 자신이 입은 정신적 손해에 대해서는 민법의 불법행위책임에 의하여 위자료를 청구할 수 있다(민법 제751조 제1항). 인적 손해를 산정함에 있어서는 피해자와 그 가족의 정상을 참작하여야 한다(상법 제148조 제2항).

여객의 수하물에 대한 손해에 대해서는 그것이 탁송수하물인 경우에는 여객운송인은 그 수하물 운송에 대하여 운임을 받지 아니한 경우에도 물건운송인으로서 책임을 진다(상법 제149조 제1항). 그러나 휴대수하물인 경우에는 여객이 운송인 또는 그 사용인에 과실이 있음을 입증하는 데 성공하여야 운송인에게 책임을 물을 수 있다(상법 제150조).

# 공중접객업자의 책임

● **사례**

A는 B가 경영하는 장미여관에 투숙하면서 이 여관 정면 건너편(노폭 6m)에 있는 주차장에 자동차를 주차시켜 놓았는데 그 다음 날 자신의 자동차가 도난당한 사실을 알게 되었다. A는 투숙할 때 주차사실을 여관 종업원에게 말하지 않았다. 주차장에는 '장미여관주차장'이라는 간판은 있었으나 출입문도 없고 관리인도 없었다. A는 여관 주인에게 자동차 도난에 따른 책임을 물을 수 있는가?

**사례의 해결**

위는 공중접객업자의 책임에 관한 문제이다. 공중접객업자란 공중이 이용하기에 적합한 시설에 의한 거래를 영업으로 하는 자를 말한다(상법 제151조). 예를 들면 다방 · 음식점 · 예식장 · 극장 · 기원 · 여관, 요즈음 유행하는 PC방 등이 이에 해당한다.

공중접객업의 경우에는 다수의 손님이 출입을 하여 시설을 이용하기 때문에 그 휴대품을 분실 또는 도난당할 가능성이 많고, 손님이 시설을 이용하는 경우에는 자신이 직접 소지품을 관리할 수 없다는 특성이 있다. 그래서 상법 제152조는 공중접객업자가 손님으로부터 임치받은 물건에 대해서는 그 멸실 · 훼손에 대하여 불가항력으로 인한 것임을 증명하지 아니하면 그 손해를 배상할 책임을 면하지 못한다고 규정하고 있다(이를 레셉툼책임 또는 수령책임이라 함). 즉 임치(수령 또는 보관)를 받았는가의 여부에 따라 공중접객업자의 책임의 내용이 달라진다.

참고로 이 사건을 다룬 대법원 판례를 살펴보자. "상법 제152조 제1항의 규정에 의한 임치가 성립하려면 공중접객업자와 객 사이에 공중접객업자가 자기의 지배영역내에서 목적물보관의 채무를 부담하기로 하는 명시적 묵시적 합의가 있음을 필요로 하는 바, 여관부설주차장에서 시정장치가 된 출입문이 설치되어 있거나 출입을 통제하는 관리인이 배치되어 있거나 기타 여관측에서 그 주차장에 출입과 주차사실을 통제하거나 확인할 수 있는 조치가 되어 있다면, 그러한 주차장에 여관투숙객이 주차한 차량에 관하여는 명시적인 위탁의 의사표시가 없어도 여관업자가 투숙객 사이에 임치의 합의가 있는 것으로 볼 수 있으나, 위와 같은 주차장출입과 주차사실을 통제하거나 확인하는 시설이나 조치가 되어 있지 않은 채 단지 주차의 장소만을 제공하는 데에 불과하여 그 주차장출입과 주차사실을 여관측에서 통제하거나 확인하지 않고 있는 상황이라면, 부설주차관리자로서의 주의의무위반여부는 별론으로 하고 그러한 주차장에 주차한 것만으로 여관업자와 투숙객 사이에 임치의 합의가 있는 것으로 볼 수 없고 투숙객이 여관측에 주차사실을 고지하거나 차량열쇠를 맡겨 차량의 보관을 위탁한 경우에만 임치의 성립을 인정할 수 있을 것이다. 그런데 원심확정사실에 의하면 이 사건 주차장에 시정장치가 된 출입문을 설치하거나 주차된 차량을 경비하는 종업원이 배치되어 있지 않음을 알 수 있고, 또 주차장의 출입구가 위 여관의 계산대에서 마주 볼 수 있는 위치에 있기는 하나 이곳에서 주차장출입차량을 일일이 통제하거나 확인할 수 있는 정도는 아닌 사실이 엿보이므로 위 원심확정사실만으로는 주차사실을 전혀 고지하지 아니한 투숙객과 여관 사이에 주차차량에 관한 임치의 합의가 있었던 것으로 보기 어렵다"고 하여(대법원 1992. 2. 11, 91다21800), 자동차도난에 대하여 여관의 책임을 인정하지 않았다.

그러나 위 판결에 대해서는 주차장 출입구가 여관의 계산대에서 마주 볼 수 있는 위치에 있는 점 및 여관이 손님에 대한 서비스업이라는 점을 중시한다면, 오히려 투숙객에게 방을 배정하고 방열쇠를 건네줄 때에 적극적으로 주차하였는지의 여부를 문의하였어야 하고, 이를 게을리한 경우에는 묵시적인 임치계약의 성립을 인정하여 책임을 인정함이 타당하다는 견해가 있다(김성태, '공중접객업자의 책임', 법률신문, 1991. 12. 21).

# 나도 회사 사장이 되고 싶은데, 주식회사를 설립하는 방법은?

● **사례**

주식회사를 설립해서 사업을 하려고 하는 데 어떻게 하면 되는가?

**사례의 해결** 회사에는 주식회사 · 유한회사 · 합명회사 · 합자회사의 4종이 있다. 이 중 어떤 회사인가에 따라 회사에 출자한 사람(이를 '사원'이라 함)이 회사의 대외적 채무에 대하여 지는 책임의 범위와 내용이 달라진다. 우리 주위에서 볼 수 있는 거의 대부분의 회사는 주식회사의 형태를 취하고 있다. 주식회사를 설립하는 방법은 생각보다 어렵지 않다. 흔히 법무사의 도움을 받아 설립하고 있지만, 자신의 힘으로 직접 설립할 수도 있다.

우선 주식회사를 설립하려면 최저 3인 이상의 발기인이 모여야 한다. 발기인은 회사설립에 주도적 역할을 하는 자로서, 정관을 작성하고 기명날인(또는 서명)한 사람이다. 주식회사의 최저자본금은 5,000만원이다. 정관에는 목적 · 상호 · 회사가 발행할 주식의 총수 · 1주의 금액 · 회사가 설립시에 발행하는 주식의 총수 · 본점의 소재지 · 회사가 공고하는 방법 · 발기인의 성명 · 주민등록번호 및 주소를 반드시 기재하여야 한다(이를 절대적 기재사항이라 함. 이를 누락하면 회사 설립 자체가 무효가 되므로 주의를 요함). 정관에 기재할 사항에 대해서는 상장회사협의회가 작성한 모델정관이 있기 때문에 이를 참조하면 된다.

회사의 실체를 형성하는 방법에 따라 발기설립과 모집설립으로 구분된다. 발기설립은 설립시의 발행주식 전부를 발기인이 인수하는 방법이고, 모집설립은 발기인이 각자 적어도 1주 이상을 인수하고 그 나머지는 모집을 통하여 인수시키는 방법이다. 인수한 주식에 대한 출자의 이행은 그 전액을 지정된 금융기관에 납입하여야 한다. 그런데 납입을 가장하는 경우가 흔히 있다(이를 가장납입이라 함). 이는 회사의 자본충실을 해할 뿐만 아니라, 형사처벌(납입가장죄)의 대상이 된다. 실무상 사업자등록을 함으로써 회사설립절차가 종료되는 것으로 인식하고 있으나, 사업자등록 여부와는 무관하게 회사는 설립등기를 함으로써 법인격을 취득하여 회사로 성립하게 된다.

# 주식거래를 하는 방법은? 주주가 되었을 때 누리게 되는 법적 지위는?

● **사례**

주식에 투자하고 싶은 데 어떠한 방법으로 하면 되는가? 주식을 보유하면 법적으로 어떠한 지위에 있게 되는가?

**사례의 해결** 이제 주식은 부동산 등과 같이 재테크의 한 수단으로 우리와는 결코 먼 거리에 있는 것은 아니다. 대부분의 대학에서 증권투자의 이해를 위한 기초강좌를 개설하고 있다. 여러분도 조금의 여유 돈이 있다면 지금 당장에도 증권회사 객장에 달려가 구좌를 열 수 있다. 그러나 아직까지도 우리나라에서는 증권투자를 놀음판 정도로만 인식하는 경우가 적지 않은데, 이는 증권시장의 발전이라는 국민경제적 관점에서도 바람직하지 않을 뿐만 아니라, 무엇보다도 증권투자에 임하는 여러분의 정신건강에 좋지 않다.

증권투자를 하려면 증권시장의 구조와 증권투자의 속성을 알아야 하고, 이에 관한 최소한의 법적 지식이 필요하다. 우리나라에서의 증권거래는 그것이 상장법인의 주식이나 협회 등록된 주식인 경우에는(여러분이 신문지상에서 보는 주식은 이에 해당한다) 반드시 증권거래소에 모든 거래가 집중되도록 되어 있다. 그렇다고 여러분이 직접 증권거래소를 찾아가 매매거래를 요청할 수는 없다. 증권거래소에서의 유가증권거래는 증권회사만이 할 수 있기 때문이다. 그러므로 여러분은 일단 가까운 증권회사에 가서 증권구좌를 개설하여야 한다. 이 때 여러분과 증권회사는 법적으로 증권위탁매매계약을 체결한 것이 된다.

그 이후 사고(또는 팔고) 싶은 주식이 있으면 증권회사의 객장에 직접 찾아가서 주문을 해도 되지만, 집이나 사무실에서 전화로도 주문할 수 있다. 요즈음에는 증권거래의 전자화로 인터넷으로도 주식거래를 할 수 있다. 각 증권회사는 사이버주식거래의 활성화를 위하여 인터넷방식에 의하여 주식거래를 할 경우 경쟁적으로 매매수수료를 인하하고 있다. 인터넷에 의하여 주식거래를 하는 경우에도 그 기본적인 메커니즘은 위 방식과 다를 것이 없다.

만약 여러분이 어느 회사의 주식을 샀다면 여러분은 그 순간부터 그 회사의 주주(shareholder)가 된다. 주주라는 지위는 주식을 인수 또는 매수함으로써 가지게 된다. 주주는 자신의 출자에 비례하여 회사에 대하여 지분적인 소유권을 갖는 자이다. 주주는 회사에 대하여 여러 가지 권리를 갖는다. 우선 주주총회에 참석하여 의결권을 행사함으로써 회사의 의사결정에 참여할 수 있고, 회사가 신주를 배정하는 경우에 여러분이 원한다면 이를 인수할 수 있고(싫다면 인수하지 않아도 된다), 회사가 결산하여 이익이 생긴 경우에는 그 이익을 배당으로 받게 된다(이익이 없으면 배당도 없다).

주주라는 법적 지위는 그 회사의 주인으로서의 지위에 있기 때문에 회사와 운명을 같이 한다. 만약 시장이 회사에 대한 전망을 밝게 본다면 이것이 주가에 반영되어 여러분이 갖고 있는 주식의 시장가격이 상승하여 여러분은 시세차익을 남길 수 있을 것이다. 그러나 이와는 반대로 증권시장 전체에 대하여 또는 여러분이 갖고 있는 회사에 대한 전망이 좋지 않다면 여러분은 오히려 투자손실을 볼 수도 있다. 또 여러분이 주주인 동안에 그 회사가 부도 등으로 문을 닫게 되었다면, 여러분이 갖고 있는 주식은 휴지조각으로 바뀔 수도 있다. 이 점에서 주식에 대한 투자는 소위 '위험자본(risk capital)'에 대한 투자가 된다. 주식투자에 있어서는 자기판단, 자기책임의 원칙이 적용된다.

주주는 출자한 이후에는 회사의 채무에 대하여 더 이상 책임을 지지 않는다. 이를 주주 유한책임의 원칙이라 한다. 극단적으로 회사가 망하게 되는 경우에도 주주는 자신의 주식이 휴지조각으로 바뀌게 되고, 그 점에서 재산상의 손해를 볼지언정, 그 밖에 주주의 다른 재산으로 회사의 채무를 변제할 책임은 없다.

# 주식과 사채의 차이점과 공통점은?

**● 사례**

**증권투자의 대상으로 주식과 사채(회사채)가 있다는데, 이들 사이에는 어떠한 차이점과 공통점이 있는가?**

**사례의 해결** 증권투자의 대상에는 크게 주식과 회사채(줄여서 흔히 사채 또는 채권이이라 부른다)가 있다. 여러분의 법적 지위는 주식을 산 경우와 채권을 산 경우가 완전히 다르다. 주식은 주식회사의 자기자본을 구성하므로, 주주는 주주총회에서의 의결권 행사를 통하여 회사 경영에 참여할 수 있고, 경영에 참여한 이상 그 경영성과에 대하여 책임을 져야 한다. 따라서 경영성과가 좋고 나쁨에 따라 회사로부터 받는 주주의 배당도 달라진다. 주식은 한번 발행되면 회사가 해산하거나 당해 주식을 소각한 경우가 아닌 한 영구적으로 존속하는 영구자본이다. 따라서 주식을 가진 자가 투하한 자금을 현금화시키려면 그 주식을 담보로 하여 일시 돈을 빌리거나 아니면 그 주식을 파는 방법 밖에는 없다. 주식을 팔게 되면 이제는 더 이상 주주가 아니다. 우리 상법상 주식의 최저액면가는 100원이다.

한편 채권은 회사입장에서 보면 타인자본(즉 빚)이다. 회사채를 보유하고 있는 자는 주식과는 달리 그 회사의 주인이 아니라 손님(정확하게는 돈을 빌려준 채권자)일 뿐이므로 의결권 행사를 통한 회사 경영에의 참여가 원천적으로 불가능하다. 경영에 참여하지 않은 이상 경영결과에 대하여 책임질 일도 없다. 따라서 주식의 경우에는 경영성과에 연동되어 가변적인 이익배당을 받음에 반하여, 채권의 경우에는 경영성과와는 무관하게 확정된 소정의 이자를 받게 된다('이익'과 '이자'는 다르다). 채권도 중도에 양도할 수 있으나, 주식과는 달리 만기라는 것이 있어서 만기에 채권금액을 상환 받게 된다. 우리 상법상 채권의 최저액면가는 1만원이다.

또 주식과 채권의 혼성적 성격을 가진 증권이 있다. 예를 들면, 전환권 행사에 의하여 주식으로 전환할 수 있는 전환사채(convertible bond: CB), 신주인수권이 부여된 신주인수권부사채(bond with warrant: BW), 주식은 주식인데 의결권이 없는 주식 등이 이에 속한다.

결론적으로 말하여, 안정적인 투자를 원한다면 채권에 투자하여야 하고, 다소 위험을 무릅쓰더라도 높은 수익을 원한다면(손해를 보아도 무방하다면) 주식에 투자하면 된다.

## 우선주는 정말 모든 면에서 우선하는 주식인가?

**● 사례**

○○회사 주식의 보통주는 시가가 주당 15,000원인데, 우선주는 6,000원 밖에 되질 않는다. 우선주라 해서 더 비쌀 줄 알았는데 뭔가 잘못된 것이 아닌가? 또 ☆☆회사의 주식에는 보통주 이외에 그냥 '우선주'라고 한 것과 '우선주B'라 표시된 것이 있다. 어떤 점에서 다른가?

**사례의 해결** 주식은 그 주식이 담고 있는 권리의 내용에 따라 보통주와 우선주로 구분할 수 있다. 보통주는 기본형이 되는 주식이고, 우선주는 이익배당 등에 있어서 우선적인 대접(우선적 순위, 소위 '영순위')을 받는 주식이다. 이 점만 놓고 보면 우선주가 보통주보다 단연 우세하다. 따라서 그 시장가격도 보통주보다 비싸야 마땅할 것이다. 그러나 현실은 그렇지 않은 것이 일반적이다.

왜냐하면 우선주에 대하여 이익배당에 관한 한은 우선적인 대접을 부여하지만, 그 대신 주주총회에서 의결권을 행사할 수 없도록 하는 것이 보통이기 때문이다. 현재 우리 주위에서 보는 우선주는 예외 없이 이에 속한다. 우선주에도 두 가지 종류가 있다. 소위 '구형우선주'라는 것이 있다. 이는 주주총회에서의 의결권이 없는 대신 이익배당면에서 우선적인 배려를 받게 되는데, 그 배당률은 보통주에 대한 배당률을 기준으로 하여 그것보다 1% 더 많은 배당을 받는 우선주이다. 이익배당면에서는 보통주보다 1%(금액으로는 주당 보통 50원) 더 받지만 의결권이 없기 때문에 몇몇 예외적인 경우를 빼면 보통주의 시가보다 낮은 가격으로 시가가 형성되는 것이 보통이다.

또, 소위 '신형우선주'라는 것이 있다. 이는 의결권이 없고 그 대신 이익배당에서 우선적인 배당을 받는다는 점에서는 구형우선주와 같으나, 이익배당률을 보통주 기준으로 이에 1%를 추가하는 식으로 해서는 안 되고, 정관에 최저배당률을 정해 놓아야 한다. 예를 들어 회사의 정관에 최저배당률을 7%로 해 두었다면 배당할 이익이 있는 한 그 이상을 배당하여야 한다.

또, 실무계에서는 최저배당률을 정해주는 것 외에 일정한 기간이 지나면 보통주로 자동 전환될 수 있는 전환조항을 부가하기도 한다. 따라서 우선주보다 보통주의 시장가격이 높게 책정된 회사라면, 신형우선주의 시장가격이 구형우선주의 그것보다 높게 책정될 가능성이 있다. 시중에서는 이들 양자를 식별하기 위하여 구형우선주를 그냥 '우선주'라 표기하고, 신형우선주를 '우선주B(또는 N, 또는 U)'라고 구분하여 표기하고 있다.

또 우선주라 하더라도 항상 정관 소정의 최저배당률 이상으로 배당하여야 하는 것은 아니다. 만약 회사에 결산하여 배당할 이익이 없다면, "이익 없으면 배당도 없다"는 원칙에 따라 정관에서 정한 배당률을 다 주지 못할 수도 있다. 그러나 이와 같은 경우에는 그 우선주를 가진 주주는 다음 주주총회 때부터 정관 소정의 우선적인 배당을 하는 주주총회 종결시까지 의결권이 부활한다. 이 같은 상황이 주가에 반영되기도 한다.

# 주식의 액면가 · 발행가 · 시가는 각각 어떻게 다른가?

**● 사례**

액면가 5,000원짜리 주식을 액면가 이상인 10,000원(또는 액면가보다 낮은 3,000원)에 발행할 수 있는가? 주식의 시가는 액면가 또는 발행가와 어떤 차이가 있는가?

**사례의 해결** 주식의 가격에는 여러 가지가 있다. 우선 [액면가]라는 것이 있다. 액면가는 주권의 권면에 쓰여진 금액이다. 우리 상법은 미국이나 일본과는 달리 무액면주식을 인정하지 않고 오로지 액면주식만을 인정하고 있기 때문에 어떠한 주식이고 예외 없이 액면가라는 것이 있다. 상법에 의하면 주식의 액면가는 100원 이상 균일하여야 한다. 권면액이 100원 이상인 한 회사는 임의로 액면가를 정할 수 있으므로 회사에 따라 액면가가 다를 수 있다. 회사에 따라서는 액면가가 100원인 경우도 있을 수 있고, 예를 들어 1,000원인 경우, 2,500원인 경우, 5,000원인 경우 등 다양하다. 여러분들이 주식시세판을 보고 주식을 사고 팔 때 그 주식의 시가가 적정한지의 여부를 판단할 때 이 점을 유의하여야 한다. 액면가가 반드시 같지 않기 때문이다. 그러나 동일한 회사의 주식이라면 그 액면가는 균일하여야, 즉 같아야 하기 때문에 동일한 회사에서 일부 주식의 액면가는 100원으로 하면서 다른 주식의 액면가를 1,000원으로 하는 것은 허용되지 않는다. 주식회사에서 자본=액면가×발행주식총수의 관계가 있으므로 주식의 액면가는 자본 최저 구성단위로서의 의미를 가진다.

발행가는 회사가 주식을 새로이 발행하거나 구주를 매출할 때에 얼마를 받고 모집 또는 매출할 것인가 하는 것이다. 발행가는 액면가를 기준으로 그와 동일한 수준으로 정할 수도 있고(예: 액면가 5,000원짜리 주식을 5,000원에 발행하는 경우), 그 이상 또는 그 이하로도 정할 수 있다. 발행가를 액면가에 밑도는 수준으로 하는 것은 원칙적으로 금지된다. 만약 액면미달발행을 허용하면 액면가에 의하여 나타나는 것보다 회사에 유입되는 실제의 재산이 적게 되므로 회사의 자본충실을 해치게 되기 때문이다. 그러나 액면가 이상으로 발행가를 정하는 경우 이와 같은 문제는 없고, 회사 입장에서는 자본잉여금이 그만큼 늘어나기 때문에 회사의 재산적 기초가 더욱 튼튼하게 된다.

주식의 시가(시장가격, 흔히 이를 줄여서 주가라고도 부른다)는 그 때 그 때의 시장상황에 따라 변화한다. 주가는 결국 그 주식에 대한 시장가치를 반영하는 것인데, 그 주식의 현재와 미래의 자산가치 · 수익가치 · 수급상황, 또 증권시장 전반의 상황 및 증권시장에 영향을 주는 주변적 상황의 변화 등에 따라 달라진다. 그러나 액면가는 고정된 수치이므로 이를 변경하는 절차(구체적으로 정관변경절차)를 별도로 밟지 않는 한 불변이다.

# 주식이 전전유통되었을 때 과연 누가 주주?

**● 사례**

X회사의 주주 A는 1999년 12월 10일 자신의 주식 전부를 B에게 팔았다. B는 다시 2000년 1월 15일에 그 주식 전부를 C에게 팔았다. X회사는 2000년 3월 15일에 주주총회를 열기로 하고 1999년 12월 31일 17:00을 기준일로 하여 그 날 주주명부에 주주로 이름이 올려져 있는 자가 주주로서 주주총회에 참석하여 의결권을 행사한다고 하면서 2000년 1월 1일부터 주주총회가 끝날 때까지 주주명부를 폐쇄하였다. 이 때 A, B, C는 각각 X회사에 대하여 어떠한 지위에 있게 되는가?

**사례의 해결** 주식의 양도(매매)는 그것이 특히 상장주식인 경우라면 수시로 빈번하게 일어난다. 이 때문에 특정한 시점에 주주로서 권리를 행사할 수 있는 자는 누구인가 하는 것이 흔히 문제된다. 이 문제를 해결하기 위한 기술적 제도가 주주명부제도와 주주명부 폐쇄 및 기준일 제도이다.

주주명부는 주주와 주권에 관한 상황을 기재한 회사의 장부이다. 마치 여러분이 부동산을 사면 소유자로 부등산등기부에 기재하는 것과 마찬가지이다. 주주가 회사에 대하여 자신이 주주임을 대항하려면 주주명부에 자신이 이름이 주주로 기재되어 있어야 한다(상법 제337조 제1항). 이것을 주주명부의 대항력이라 하는데, 주주명부의 가장 중요한 효력이다. 적법한 원인과 방법에 의하여 주식을 양수한 자라 하더라도 주주명부에 자신의 이름을 올려놓기 전에는 적어도 회사에 대한 관계에서는 주주 행세를 할 수 없다.

주주명부의 폐쇄란 일정기간(우리 법에서는 최장 3개월을 넘을 수 없도록 하고 있다) 주주명부의 기재변경(이를 명의개서라고 한다. 예를 들어 주주명부상의 종래의 주주A의 이름을 새로운 양수인인 B의 이름으로 바꾸어서 쓰는 것)을 금지하고 그 기간의 초일에 주주명부에 주주로 기재되어 있는 자를 주주로 취급하는 방식이다. 기준일제도는 명의개서를 금지함이 없이 특정일의 주주명부에 주주로 기재되어 있으면 그 이후 곧바로 주식을 양도하더라도 바로 그 자를 주주로 확정하는 방법이다.

위 사안에서는 1999년 12월 31일 17:00에 주주명부에 주주로 기재되어 있는 자가 주주로서 주주총회에 참석하여 의결권을 행사할 수 있다. 만약 B가 주식을 양수하고도 명의개서절차를 밟지 않았다면 A가 여전히 주주로서 그 권리를 행사하게 된다. 그런데 그 주식이 상장주식인 경우에는 실질주주명부제도에 의하여 양수인이 명의개서절차를 밟지 않더라도 기준일에 주식을 매수한 자가 자동적으로 주주로 확정되게 되므로 명의개서절차를 밟지 않았다고 해서 걱정할 필요는 없다. 그러나 비상장주식인 경우에는 실질주주명부에 해당하는 제도가 없으므로 주주로서 권리를 행사하려면 번거럽더라도 기준일 이전에 명의개서절차를 마쳐두어야 한다. 만일 명의개서절차를 밟지 않은 경우에는(이를 '실기주'라 한다) 주주명부상의 주주가 주주권을 행사하게 된다

# 주주총회에 참석하여 의결권을 행사하려면

**● 사례**

X회사의 주식을 보유하고 있는 김갑돌은 주주총회 소집통지서를 받았다. 주주총회에 꼭 참석하여야 하는가? 만약 참석하지 않으면 그 주식의 의결권은 사장(死藏)되고 마는가? 김갑돌은 자기 대신 아내를 주주총회에 출석토록 하려고 하는데 문제가 없는가?

**사례의 해결** 주주총회에 참석하여 어떤 안건에 대하여 찬성 또는 반대의 의사결정에 참여할 수 있는 것은 주주의 고유한 권리이다. 따라서 회사는 주주권 행사에 대하여 상법에서 규정하고 있는 것 이외에는 어떠한 제한도 가할 수 없다. 회사에 따라서는 주주만이 의결권을 행사하도록 하고 의결권을 대리행사하려면 그 대리인은 최소한 그 회사의 주식을 가지고 있는 주주이어야 한다는 제한을 정관에 규정해 두는 경우가 있다. 그러나 이러한 정관은 주주의 의결권 행사를 방해하는 것이기 때문에 무효이다. 따라서 설사 그러한 정관이 있는 경우에도 주주는 그에 상관없이 주주가 아닌 자(예: 처나 친구 등)로 하여금 의결권을 대리행사하도록 할 수 있다. 만일 회사가 그러한 정관을 이유로 의결권의 대리행사를 거절함으로써 주주총회에 참석하지 못한 경우에는 주주총회의 결의에 하자가 있는 것이므로 이를 다투는 소송을 제기할 수도 있다.

그런데 주주의 의결권행사는 주주의 권리일 뿐이지 의무는 아니다. 주주의 개인 사정 때문에 또는 주주총회에 참석하더라도 회사가 미리 정한 각본대로 일사천리로 회의를 진행할 것이니 굳이 참석하더라도 들러리 역할 밖에는 하지 않을 것을 예상하여 주주총회에 불참할 수도 있다. 주주가 의결권을 행사하지 않을 경우 그 의결권은 어떻게 될까? 이는 그 주식이 상장주식이냐 그렇지 않은 주식인가에 따라 달라진다. 만약 그 주식이 비상장법인의 것이라면 의결권을 행사하지 않은 주식의 의결권은 사장되고 만다. 그러나 만약 상장주식이라면 주주가 직접 주주총회에 참석하여 의결권을 행사하지 않으면 어떤 안건에 대한 찬반비율을 집계한 후, 증권예탁원에 예탁된 주식으로 의결권을 행사하지 않은 주식 부분을 이미 집계된 찬반 비율대로 나누어 이에 보태어 주는 방식으로 의결권을 행사하는 것이 보통이다. 이를 흔히 그림자투표(shadow voting)라고 한다. 결국 이렇게 되면 총회의 결의에 불참주주의 의사도, 그렇다고 증권예탁원의 의사도 반영될 여지가 없다.

또, 증권거래법에 의하면 주주총회 소집통지서에 주주의 의결권 행사에 대하여 증권예탁원에 주주총회 5일 전에 통보하도록 하고 있다. 그러나 주주가 이에 대하여 아무런 통보도 하지 않은 채 주주총회장에 불쑥 나타나 의결권을 행사하더라도 법적으로는 아무런 문제가 없다. 그러니 증권예탁원에 미리 통보하지 않았다고 하더라도 주주총회에 출석하여 의결권을 행사할 수 있다.

정치에 대한 국민의 무관심이 문제가 되듯이, 주주의 주주총회에 대한 무관심은 어떤 특정 주주의 경영독주를 방치하는 결과를 낳게 된다. 현재 이 같은 문제점을 해소하기 위하여 여러 가지 제도적 해법이 모색되고 있다. 그러나 제도의 도입만이 능사가 아니다. 우리들은 현재 주주민주주의의 실현과 그를 통한 회사(주주)이익의 극대화를 위하여 주주들의 회사 경영에 대한 관심이 절실히 요구되는 시대에 살고 있다.

# 약속어음이란 어떤 것인가?

● 사례

A가 B로부터 100만원을 빌리면서 단순히 차용증서를 작성해 준 경우와 어음을 작성해 준 경우에 각각 어떤 차이가 있는가?

**사례의 해결** 약속어음은 발행인 자신이 주채무자로서 일정금액을 어음상의 권리자인 수취인 또는 피배서인에게 지급할 것을 무조건적으로 약속하는 증권이다. 즉 지급을 약속하는 증권이다. 약속어음의 발행인은 환어음과는 달리 지급인이 별도로 없고 발행인이 지급인을 겸하여 주채무자가 된다. 약속어음은 발행 당시부터 주채무자가 확정되어 있다. 발행인이 지급을 거절하면 어음은 부도가 되어 소지인(피배서인)은 수취인(배서인)에 대하여 소구권을 행사할 수 있다. 약속어음의 수취인은 어음상의 권리자로 지정된 자이다. 수취인은 만기에 자신의 권리를 행사하거나 배서에 의하여 자신과 교체하여 어음상의 권리를 행사할 자를 어음에 기재할 수 있다.

위의 사안에서와 같이 돈을 빌려줄 때에 채권자 입장에서 보면 차용증을 받아 둔 경우보다는 어음을 받아 둔 경우가 훨씬 유리하다. 채권자가 어음을 타인에게 양도하는 경우에 채무자의 동의나 통지가 필요 없을 뿐만 아니라, 양수인으로서도 항변이 절단되고 선의취득 등에 의하여 강한 보호를 받게 되어 안전 · 신속하게 권리를 양도할 수 있다. 권리를 양도하지 않는 경우에도 어음은 원인관계의 유효 여부에 영향을 받지 않는 무인증권(無因證券)이기 때문에 원인관계의 유효 · 무효와는 상관없이 어음의 제시만으로 지급을 청구할 수 있다. 약속어음은 유가증권으로서 차용증 등과 같은 증거증권 이상의 효력이 부여되어 있다.

※ 유가증권이란

유가증권이란 재산적 가치가 있는 사권(私權)을 표창한 증권으로 그 권리의 발생 · 이전 · 행사의 전부 또는 그 일부에 증권을 필요로 하는 것이다. 유가증권제도는 무형의 권리를 유형의 증권에 담음으로써 그 유통을 보다 원활하게 하기 위하여 탄생한 제도적 산물이다. 유가증권에는 어음 · 수표 · 주권 · 사채권 · 신주인수권증서 · 신주인수권증권 · 상품권 · 양도성 예금증서 · 화물상환증 · 창고증권 · 선하증권 등이 있다.

# 환어음 · 수표란 어떤 것인가?

● 사례

환어음 · 수표는 각각 어떤 특징을 가지고 있고, 이를 발행한 자와 수취한 사람은 각각 어떤 법적 지위에 있는가?

**사례의 해결**

1) 환어음은 발행인이 지급인에게 어음상의 정당한 권리자(수취인 또는 피배서인)에게 어음금액을 지급할 것을 위탁하는 증권이다. 발행인이 직접 금전을 지급하지 않고 제3자에게 의뢰함으로써, 발행인 · 수취인 · 지급인 등 3자의 관계가 생긴다. 환어음에서 발행인은 어음을 최초로 작성하여 수취인에게 교부한 자이다. 이 때 발행의 의미는 일정한 금액의 지급을 부탁하는 것이기 때문에 발행인은 환어음상의 주채무를 부담하는 것이 아니다. 이 점에서 약속어음의 발행인과 다르고 수표의 발행인과 유사하다. 발행인은 지급인이 지급을 거절한 경우(부도가 난 경우)에 대신하여 지급하는 소구의무자에 불과하다. 수취인은 어음상의 권리자로 지정된 자이다. 수취인은 만기에 자신의 권리를 행사하거나 배서에 의하여 자신과 교체하여 어음상의 권리를 행사할 자를 어음에 기재할 수 있다. 지급인은 환어음상 지급을 할 자로 지정된 자를 말한다. 지급인은 보통 발행인과 사전 약정에 의하여 지급인의 지위에 서는 것이 보통이나 이러한 약정 없이 발행인의 일방적인 지정에 의하여 지급인이 되는 경우도 있다. 어느 경우이든 지급인은 환어음상 지급인으로 지정되었다는 사실만으로는 어음상 어떠한 의무도 부담하지 아니한다. 다만 지급인이 어음을 인수를 한 경우에는 주채무자로서 의무를 부담한다. 지급인이 인수를 거절한 경우에는 그 어음은 부도가 된 것이므로 수취인(소지인)은 만기 전에라도 발행인이나 배서인 등 소구의무자에게 상환을 요구할 수 있다. 환어음은 주로 국제적인 거래에서만 이용되고, 국내거래에서는 대부분 약속어음이 이용되고 있다.

2) 수표는 발행인이 지급인(은행)으로 하여금 일정 금액을 정당한 소지인(수

취인, 피배서인 또는 무기명식 수표의 소지인)에 지급할 것을 무조건적으로 위탁하는 증권이다. 수표의 기본 당사자는 발행인, 지급인(은행), 수취인이다. 지급위탁증권인 점은 환어음과 같으나, 수표의 경우 지급인은 반드시 은행이어야 하고, 인수제도가 존재하지 않는 것이 환어음과는 다른 점이다. 또 환어음은 주로 신용의 수단으로 이용되는 데 비하여, 수표는 단순히 지급의 수단으로 이용된다는 점에서도 차이가 있다. 수표는 지급증권으로서의 특성을 유지하기 위해 지급인을 신용 있는 금융기관으로 한정하고, 만기가 따로 없는 일람출급(一覽出給)으로 하고, 지급제시기간도 10일로 매우 짧고, 무기명식 발행이 허용된다는 점에서 차이가 있다.

# 보험계약자는 자신의 숨기고 싶은 부분도 드러내야 한다.

### ● 사례

A녀는 X보험회사에 생명보험을 가입하였다. 그 보험계약은 자신이 사망한 경우에는 자신의 남편인 B남이 5천만원의 보험금을 지급 받고, 만약 자신이 교통사고 등 재해로 사망한 경우에는 위 금액의 2배인 1억원의 보험금을 B남이 지급받는 내용이었다. A녀는 생명보험에 가입하면서 자신의 직업에 관하여 사실은 유흥업소에 접대부로 근무하고 있음에도 주부라고 허위로 기재하여 보험계약을 체결하였다. 그 후 A녀는 밤늦게 근무를 마치고 귀가 길에 교통사고를 당하였다. 이 때 B남은 보험금을 지급받을 수 있을까?

**사례의 해결 |** 보험계약자 또는 피보험자는 보험계약을 체결할 때에 중요한 사항을 보험회사에 알려주어야 한다. 이를 고지의무라 한다. 만약 보험계약자나 피보험자가 고의 또는 중대한 과실로 그 중요한 사항을 고지하지 않거나 고지하더라도 부실하게 고지한 때에는 고지의무를 위반한 것으로 된다.

고지의무의 대상이 되는 것은 중요한 사항에 한정한다. 무엇이 이에 해당하는가 하는 것은 일률적으로는 말할 수 없다. 일반적으로 말하자면 사고발생의 위험률을 측정하여 보험의 인수문제와 보험료의 수준을 결정하는 데 영향을 미치는 사항이면 중요한 사항이라 할 수 있다. 그런데 전문적 지식이 없는 보험계약자가 중요한 사항을 스스로 판단하여 빠짐없이 고지한다고 하는 것을 기대하기 어려우므로 보험회사가 질문표라는 양식에 의하여 질문한 사항은 중요한 사항으로 추정한다.

고지의무의 위반이 있는 때에는 보험사고의 발생 전후를 불문하고 보험자는 보험계약을 해지할 수 있다. 해지의 효력은 장래에 대하여 발생하므로 보험자는 이미 수령한 보험료를 반환할 필요가 없을 뿐만 아니라 오히려 미수의 보험료가 있으면 청구할 수 있다. 그러나 보험회사가 그 중요한 사실을 알았거나 몰랐다고 하더라도 중대한 과실로 알지 못한 때에는 해지권이 인정되지 않는다. 또 보험자의 해지권은 해지의 원인을 안 때로부터 1월 또는 계약을 체결한 날로부터 3년이 경과하면 소멸한다.

위 사안에서 A녀는 생명보험계약을 체결하면서 X보험회사가 작성하여 제시한 질문표에 자신의 직업을 유흥업소 접대부임에도 주부라고 허위 기재하였는데, A녀의 직업이 이 보험계약의 중요한 내용인가 아닌가 하는 것이 문제된다. A가 접대부로 근무하면서 심야에 교통사고를 당한 것이라면 A녀의 직업과 보험사고발생의 가능성(확률)과는 관련이 있다고 보여지므로 보험계약에 있어서 중요한 사항이라고 볼 여지가 있다. A녀의 고지의무 위반에 대하여 X보험회사가 한달 내에 보험계약을 해지하였다면 B남은 보험금을 지급받을 수 없게 된다.

# 보험사기와 보험자의 면책사유

● **사례**

실직자인 A남은 살길이 막막하였다. 고민 끝에 자신의 사망시 가족들이 보험금을 받을 수 있도록 생명보험에 가입하고는 우발적인 사고를 가장한 교통사고로 사망하였다. 유족은 보험회사에 보험금을 청구할 수 있는가?

**사례의 해결** 보험은 동일한 사고에 직면하고 있는 다수의 사람이 보험단체를 결성하여 사고발생의 확률에 의거 보험료를 산출하여 이를 적립해두었다가 보험단체의 일원에게 보험사고가 발생한 경우 보험금을 지급하는 제도이다. 보험사고가 발생하면 자신이 납입한 보험료보다 더 많은 보험금을 받게 되기 때문에 보험금을 노린 의도적인 보험사고가 유발될 가능성이 있다.

보험사고가 보험계약자 또는 피보험자의 고의 또는 중대한 과실로 인하여 생긴 때에도 보험회사는 보험금을 지급할 책임이 없다(상법 659조 1항). 보험계약자 등과 특별한 관계에 있는 대표자와 같은 제3자나 법정대리인의 고의나 중과실이 있는 경우에도 마찬가지이다. 고의나 중대한 과실이 있는 경우에도 보험자가 보험금의 지급책임을 지도록 한다면 이는 보험자에게 지나치게 가혹할 뿐만 아니라, 보험금의 취득을 목적으로 인위적으로 보험사고를 야기함으로써 보험정책적인 관점에서도 바람직하지 못하다. 즉 보험제도의 도덕적 해이(moral hazard)를 막기 위하여 스스로 사고를 유발한 자에 대해서는 보험에 의한 보호를 줄 수 없다.

상법에서는 위에서 보는 바와 같이 고의 또는 중대한 과실을 보험자의 면책사유로 규정하고 있지만, 보험계약의 당사자간에 이와 다른 반대의 특약이 가능한가? 피보험자나 보험수익자의 고의에 의한 사고가 발생한 경우에 보험자가 보험금을 지급한다는 특약은 허용될 수 없으므로, 그 같은 특약은 무효이다. 그러나 중대한 과실이 있는 경우에도 보험자가 보험금지급책임을 진다는 특약은 원칙적으로 유효하다. 그러나 그 같은 특약이 신의성실의 원칙이나 공익에 반하는 경우에는 허용될 수 없다. 상법 제732조의 2에서는 사망을 보험사고로 한 보험계약에서는 사고가 보험계약자 또는 피보험자 · 보험수익자의 중대한 과실로 생긴 경우에도 보험금액의 지급책임을 인정하고 있다. 사망보험의 경우에는 유족 등의 보험수익자를 보호할 필요가 특히 크기 때문이다.

위 사안에서 보험계약자의 사망은 보험계약자의 고의에 의한 것이므로 유족은 보험회사에 보험금을 청구할 수 없다. 그러나 그 사망이 보험계약자의 중대한 과실로 인한 경우에는 보험금의 지급을 청구할 수 있다.

## 장사꾼이 손님을 끌어 모으는데도 지켜야 할 정도가 있다.

**● 사례**

○○투자신탁은 실적배당상품인 ○○미래주식을 판매함에 있어서, 본사 영업기획팀을 중심으로 한 대책회의에서 ○○미래주식시리즈에 관하여 고객들에게 14~15%의 확정수익률을 제시하기로 결정하였다. 이에 따라 사내전산망의 '알리는 말씀' 난을 통해 동 상품이 설정되는 시기에 '확정수익률 14%(내지 15%)', '예상수익률 15% 이상', '공사채형 대체펀드' 등의 내용을 각 영업점에 보내 그 내용을 고객상담 등 영업활동에 이용하도록 하였다. 영업점 직원들은 이를 전산출력하여 고객상담시 개별적으로 교부하거나 전산출력물의 제시 또는 그 내용을 설명한 사실이 있다. 또 동 회사 지점들은 동 상품을 판매하면서 연 12~15%의 확정수익률을 보장한다는 내용으로 자금을 유치하고 지점장 명의의 확인서를 고객에게 교부하였다. 이 같은 ○○투자신탁의 영업행위는 적법한가?

**사례의 해결** 영업을 하는 사업자 입장에서는 한 명이라도 고객을 더 확보하려는 것은 지극히 당연하고, 법에 의하여 이 같은 노력을 막아서도 안 된다. 그러나 사업자가 정상적인 방법을 취하지 않고, 부당하거나 과다한 이익을 고객에 제공함으로써 경쟁사업자의 고객을 자기와 거래하도록 하는 행위는 '부당한' 고객유인행위가 된다. 우리 독점규제 및 공정거래에 관한 법률은 이 같은 행위를 불공정거래행위의 한 유형으로 보아 금지하고 있다(동법 제23조 제1항 제3호).

위 사건에 대한 공정거래위원회의 심결내용을 살펴보자. "… 이러한 ○○투자신탁의 행위는 일정 수익률을 보장하는 것이 증권투자신탁업에 의하여 제도적으로 불가능하다는 사실을 잘 알고 있으면서도, 수익률을 보장한다고 고객에게 설명하거나 그러한 내용의 각서 등을 교부 또는 제시하는 등의 부당한 방법을 통하여 마치 투자수익의 결과가 일정 수익률에 미치지 못한 경우 투신사가 그 차액을 보상하여 주는 등의 방법으로 투자손실의 위험을 제거하고 높은 수익을 올릴 수 있는 것처럼 고객을 믿게 함으로써, 주식형 상품에 필연적으로 따르는 투자손실위험을 회피하고 안정적으로 자금을 운용하고자 하는 고객에게 동 상품이 투자손실의 위험이 전혀 없으면서 고수익을 얻을 수 있다는 등 실제보다 자신의 상품이 현저히 우량 또는 유리한 것으로 오인시키고, 이러한 고객의 오인을 이용하여 ○○투자신탁의 수익률보장행위가 없었으면 투자에 따르는 위험성을 피하여 확정이자가 제공되는 은행 등 경쟁사업자에게 자금을 예치하였을 가능성이 있는 고객을 자신의 주식투자신탁상품을 매입하도록 유인한 것이라 할 것이다. 따라서 본건 행위는 자기가 공급하는 주식투자신탁상품에 관하여 실제보다 현저히 우량 또는 유리한 것으로 고객을 오인시켜 경쟁사업자의 고객을 자기와 거래하도록 부당하게 유인하는 행위로 인정된다."

# 사업자끼리의 단체회식은 위법행위의 증거로 사용될 수 있다.

**● 사례**

6개 출판사는 공동사업약정에 따라 서울특별시 마포구 소재 ○○호텔에서 대표자회의를 여러 차례 걸쳐 개최하고 조합의 설립에 관한 사항과 영어교재의 공동생산에 따른 규격 및 체제의 통일, 가격 등을 논의하여 결정하였으며, 이 결정사항에 따라 영어자습서를 제작하고 가격도 권당 5,000원으로 동일하게 결정하여 시행한 사실이 있다. 그에 의하여 설립된 조합은 저자인세를 지급하고 이익금을 4차례에 걸쳐 6개 출판사에게 배당함으로써 약정을 이행한 사실이 있다. 이 같은 행위는 법적으로 문제가 없는가?

**사례의 해결** 사람들에게는 혼자 해결하기 어려운 일을 서로 힘을 합쳐서 해결하려고 하는 습성이 있다. 이 같은 행위는 서로 상부상조하는 범위라면 법이 이에 관여할 바는 아니다. 그러나 그같은 행위가 상호간의 경쟁을 제한하기 위한 것이라면 바람직하지 못하므로 법이 이에 대하여 묵과할 수 없다. 그래서 우리 공정거래법은 사업자가 다른 사업자와 공동으로 부당하게 경쟁을 제한하는 경우에는 부당한 공동행위로 보아 금지하고 있다. 이같은 행위를 흔히 담합 또는 카르텔(cartel)이라고도 한다.

부당한 공동행위로 되기 위해서는 다음과 같은 요건을 갖추어야 한다.

첫째, 행위의 공동성이 인정되어야 한다. 공동성을 인정하기 위해서는 의사의 연락이 있었다는 것을 입증하여야 한다. 이때의 의사연락은 명시적인 경우는 물론이고, 묵시적인 의사연락도 포함된다.

둘째, 그로 인하여 부당하게 경쟁을 제한하여야 한다. 아무리 사업자간 행동일치를 보이더라도 경쟁을 제한하지 않는다면 위법하지 않다. 예를 들어 동대문시장의 의류를 판매하는 사업자들이 모여 친목을 도모하기 위해 야유회를 가기로 결정하거나 자유의사에 따라 고객에 대한 서비스를 개선하기로 결의하는 것은 공동행위이기는 하지만 경쟁제한성과는 무관하므로 이같은 행위까지 공정거래법에서 금지하는 것은 아니다.

위 사안에 대한 공정거래위원회의 심결내용을 살펴보자. "6개 출판사가 상호 협의하여 영어교재의 가격을 동일하게 결정하고 이를 시행하는 행위는 공동으로 가격을 결정 · 유지하는 행위이며, 조합이 영어교재의 판매에 따른 포장 및 운송과 판매가격을 별도의 계약서에 의하여 일괄처리하는 행위는 공동으로 상품의 수송 또는 판매를 제한하는 행위이며, 영어교재의 규격 및 체제를 통일하는 행위는 상품의 생산 또는 판매시에 그 상품의 규격을 공동으로 제한하는 행위로 인정된다. 또한 6개 출판사는 고등학교 영어교재 생산 · 판매시장에서 상호경쟁관계에 있으며, 제5차 교육과정(1990~1997)에서 사용되는 고등학교 영어교과서는 6개 출판사가 제작한 8종만이 교육부장관으로부터 각각 검정을 득하였고 따라서 저작권법 제21조의 규정에 의거 교과서의 저자와 계약을 체결한 6개 출판사가 자기가 제작한 영어교과서의 영어교재에 대한 출판권을 가지고 있으므로 제5차 교육과정 중에는 6개 출판사가 고등학교 영어교재 생산、판매시장의 전부를 점유하고 있다는 점 등을 고려할 때 이들 6개 출판사의 행위는 고등학교 영어교재의 생산 · 판매시장에서의 경쟁을 실질적으로 제한하는 행위임이 인정된다."

# 사업자가 일방적으로 작성한 약관이 구속력을 가지려면

● **사례**

○○시설관리공단의 점포임대차계약서에는 다음과 같은 조항이 있다.

"갑(○○시설관리공단 : 임대인)은 임대료를 제반 물가상승 및 상가관리 운영상 이를 인상조정하며 을(임차인)은 이의를 제기하지 못한다."

위 조항은 구속력이 있는가?

**사례의 해결** 계약의 내용은 양 당사자의 자율적인 협상과정을 거쳐서 그 내용이 정해진다. 그런데 사업자가 그 내용을 일방적으로 정하고 상대방은 그 내용을 그대로 수용하여 계약을 체결하는 식으로 계약을 체결하는 경우가 흔히 있다. 이것이 약관에 의한 계약이다. 약관에 의하여 계약을 체결하는 경우 그 내용은 아무래도 그 약관을 만든 사업자에게 유리하게(고객에게는 불리하게) 되어 있을 공산이 크다. 그래서 약관규제에 관한 법률에서는 약관에 의한 계약에 대하여 계약의 공정성을 기하기 위하여 특별한 규제를 가하고 있다.

우선 약관이 구속력을 가지려면 사업자는 약관을 고객에게 명시하고 중요한 내용은 고객에게 설명하여야 한다. 이러한 명시 · 설명절차를 거치지 않은 약관은 계약에 편입되지 못하고, 따라서 계약으로서의 구속력을 갖지 못한다. 또 약관의 내용이 불명확할 때에는 고객에게 유리하게(사업자에게 불리하게) 해석한다. 또 그 내용이 신의성실의 원칙에 반하여 공정성을 잃은 약관은 무효가 된다. 약관의 내용이 고객에게 부당하게 불리한 경우, 일반적으로 예상하기 어려운 의외(돌출)조항인 경우, 계약의 목적을 달성하기 곤란할 정도로 고객의 권리를 제한하는 경우에는 공정성을 잃은 것(즉, 무효인 것)으로 추정한다. 약관규제법은 약관이 무효로 되는 경우를 구체적으로 규정하고 있다.

약관의 효력에 대해서는 법원에서 구체적 사건을 해결하는 전제로 약관의 유효 여부를 판단하는 경우도 있지만(이를 구체적 효력통제라 한다), 구체적 사건과는 무관하게 공정거래위원회에서 약관의 유효 여부를 판단하는 경우도 있다(이를 추상적 효력통제라 한다).

위 사안을 다룬 공정거래위원회의 심결내용을 살펴보자. "임대차계약에 있어서 임대료는 임대목적물의 경제적 가치를 쌍방이 서로 평가하여 적정하다고 인정되는 선에서 합의하게 되는 데 계약기간중이라도 '제반 물가상승 및 상가관리 운영상' 약정한 차임이 상당하지 아니한 때에는 계약당사자가 장래에 대한 차임의 증감을 청구하여 서로 조정할 수 있음이 원칙임에도 불구하고, 임대인에게만 임대료 인상조정권을 부여하고 임차인은 그에 따른 이의를 제기치 못하도록 규정한 동 약관조항은 상당한 이유 없이 급부내용을 사업자가 일방적으로 변경할 수 있도록 권한을 부여하는 조항임과 동시에 법률의 규정에 의한 고객의 항변권 · 상계권 등의 권리를 상당한 이유 없이 배제하는 조항으로 약관규제법 제10조 제1호, 제11조 제1호에 해당된다."

# 소비자가 피해보상을 받는 방법

● **사례**

(1) A는 수입한 휴대폰을 ○○통신에서 900,000원에 구입하여 사용하던 중 송수신이 되지 않는 하자가 발생하였다. 구입처인 ○○통신에 수리를 요구하였으나 수리책임은 수입업자에 있다며 수리를 거절하였다. 현재 수입업체는 부도로 도산하여 수리가 불가능하다. 이에 대한 배상을 받는 방법은?

(2) A는 ○○자동차회사의 대리점으로부터 자동차를 구입하였는데, 자동차 브레이크가 제대로 작동하지 않았다. 정비센터에서 수리를 했으나, 결과는 마찬가지였다. A는 ○○자동차회사에 대하여 다른 자동차로 바꾸어 줄 것을 요구할 수 있는가?

**사례의 해결** "소비자는 왕이다"라는 말이 있다. 과거에 비하면 소비자의 권리가 많이 신장된 것도 사실이지만, 아직도 소비자의 피해구제가 말처럼 그리 쉬운 일은 아니다. 소비자는 사업자에 비하여 상대적으로 약자라고 보아 소비자를 보호하기 위한 법으로 소비자보호법, 약관규제법, 방문판매법, 할부거래법 등이 만들어져 있다. 이들 법은 국가가 소비자에 대한 후견자적 입장에서 당사자자치라는 사법의 기본원칙을 일부 수정하고 있다.

우리 헌법은 "모든 국민은 인간으로서 존엄과 가치를 최대한 보장받으며 인간다운 생활을 누릴 권리가 있다"고 선언하고(헌법 제34조), "국가는 건전한 소비행위를 계도하고 상품의 품질향상을 촉구하기 위한 소비자보호운동을 보장한다"고 규정하고 있다(헌법 제124조). 소비자보호법에서는 소비자의 권리로 ① 안전할 권리, ② 알 권리, ③ 선택할 권리, ④ 의견을 반영시킬 권리, ⑤ 피해보상을 받을 권리, ⑥ 소비자교육을 받을 권리, ⑦ 단체조직 및 활동의 권리 등 7대 권리를 선언하고 있다.

소비자의 권리가 입법 · 행정 · 사법작용 등에 의하여 침해된 경우에는 청원권의 행사 · 행정소송의 제기 · 국가배상 · 국가구조의 청구 · 헌법소원의 제기 등으로 구제를 구할 수 있음은 물론이고, 사업자 등에 의하여 침해된 경우에는 그 피해의 구제를 한국소비자보호원 등에 구할 수 있다.

소비자와 사업자간의 분쟁의 원활한 해결을 위하여 소비자보호법의 위임에 의하여 품목별로 소비자피해보상기준이 마련되어 있다. 품목별 소비자피해보상기준은 분쟁당사자간에 보상방법에 대한 별도의 의사표시가 없고 피해를 본 소비자가 품목별 소비자피해보상기준에 따른 피해보상만을 청구한 경우에 한하여 피해보상의 기준이 된다(소비자보호법 제12조 제3항).

소비자피해보상규정상 소비자피해에 대한 보상책임은 물품의 제조업자 · 수입업자 · 판매업자 및 용역을 제공하는 자가 지도록 되어 있고, 수입업체가 부도로 도산하였다면 당연히 판매업자에게 보상책임이 있다.

**※ 품목별 소비자피해보상기준에 의한 피해구제(예시)**

– 전자제품

구입 후 10일 이내에 정상적인 사용상태에서 발생한 성능 기능상의 하자로 중요한 수리를 요할 때는 제품교환 또는 구입가환급, 구입 후 1개월 이내에 정상적인 사용상태에서 발생한 성능 기능상의 하자로 중요한 수리를 요할 때에는 제품교환

– 자동차

품질보증기간 이내의 경우로, ① 재질이나 제조상의 결함으로 고장발생시에는 무상수리(부품교환 또는 기능장치교환), ② 차량인도일로부터 1개월 이내에 주행 및 안전도 등과 관련한 중대한 결함(조향장치, 제동장치, 원동기(엔진) 및 동력전달장치에 발생한 하자)이 2회 이상 발생하였을 경우에는 제품교환 또는 구입가환급

– 부동산중개업

① 부동산 중개수수료의 과다 징수시 차액환급, ② 부동산 중개대상물의 확인 설명을 소홀히 하여 재산상의 피해를 발생하게 한 경우에는 손해액 배상

# 신용카드가 분실되어 부정사용된 경우

● **사례**

A는 B은행으로부터 신용카드를 발급 받아 사용 중에 이를 분실하였으나 분실한 사실을 모르고 있다가 월말에 은행으로부터 신용카드사용 내역서를 받아보고 분실 사실을 발견하였다. A는 즉시 B은행에 연락하여 분실 신고를 하였다. 이 때 B은행으로부터 A의 신용카드로 누군가가 200만원 상당의 컴퓨터를 구입하였고 현금서비스 50만원이 이루어 졌다는 사실을 알게 되었다. A는 자신이 사용하지 않은 250만원을 B은행에 지급하여야 하는가?

**사례의 해결** 신용카드란 신용카드회원이 이를 가지고 신용카드가맹점에서 물품을 구입하거나 용역을 제공받을 수 있는 증표이다. 신용카드를 이용하게 되면 현금을 가지고 다닐 필요가 없어서 현금분실의 위험이 감소하기는 하나 신용카드 역시 지급수단이므로, 신용카드가 분실 또는 도난이 된 경우 신용카드회원(이용자)이 아닌 제3자가 이를 사용함으로써 신용카드회원에게 손해를 입힐 수 있게 된다.

신용카드회원 A가 신용카드를 분실 · 도난을 당한 경우 신용카드업자 B는 여신전문금융업법 제16조에 의하여 신용카드회원으로부터 신용카드의 분실 · 도난 등의 통지를 받은 때부터 당해 신용카드회원에 대하여 신용카드의 사용으로 인한 책임을 지도록 하고 있다. 이를 기초로 하여 신용카드회사는 신용카드거래약관에 의하여 신용카드 분실 · 도난신고 절차를 이행한 회원이 분실 · 도난으로 인한 부정사용대금을 보상 신청하는 경우 분실 · 도난신고 접수 시점으로부터 25일전 이후에 발생한 제3자의 부정사용금액에 대하여는 카드사로부터 보상을 받을 수 있도록 하고 있다. 즉 신용카드회사가 부정사용에 대한 책임을 부담한다. 다만 현금서비스와 비밀번호를 이용하는 거래의 경우에는 신고시점 이후에 발생한 부정사용대금에 대하여 신용카드회사가 책임을 부담하게 된다.

그러나 신용카드회원은 위의 신용카드업자의 손해보상책임에도 불구하고 일정한 경우에 분실 · 도난 신고 시점 이전에 발생한 부정사용에 따른 책임을 부담한다. 신용카드회원의 고의 또는 중대한 과실로 인한 부정사용의 경우, 신용카드를 타인에게 양도 · 대여 · 보관 · 이용위임 · 담보제공 등을 하여 발생한 부정사용의 경우, 비밀번호 누설에 의한 부정사용의 경우, 카드에 서명하지 않은 상태에서 카드를 분실 · 도난 당하여 생긴 부정사용의 경우가 이에 해당하게 된다. 이를 신용카드업자의 면책사유라 한다. 또한 신용카드 거래약관은 현금자동지급기를 이용하여 현금서비스를 받은 경우 비밀번호 누설에 따른 모든 책임을 신용카드회원에 귀속시키고 있다.

위 사안에서는 A의 신용카드를 A가 아닌 다른 누군가(제3자)가 부정사용함으로써 부정사용금액 250만원에 대하여 신용카드회원인 A와 신용카드업자인 B와의 관계에서 누가 그 책임을 부담할 것인가를 알아보아야 하는 것이다. 신용카드의 분실 · 도난으로 인한 책임부담에 있어서 현금서비스의 경우와 일반 물품구입의 경우가 다르므로 A의 경우에도 이를 분리하여 생각하여야 한다. 현금서비스와 비밀번호를 이용하는 거래의 경우 신용카드의 분실 · 도난 시점 이후에 발생한 부정사용대금을 신용카드업자가 보상하도록 되어 있으므로 현금서비스 50만원의 경우에는 분실 · 도난 신고 이전에 발생한 것이므로 B은행의 보상책임이 없어서 A는 그 손실을 감수하여야 한다. 다음으로 컴퓨터 구입에 의한 부정사용금액 200만원의 경우에는 부정사용이 언제 있었는지를 알아야 한다. 만약 부정사용이 A의 신용카드 분실 · 도난신고 시점 26일 이전에 이루어졌다면 A는 그 부정사용에 대하여 책임을 부담하여야 한다. 만약 부정사용(컴퓨터구입)이 분실 · 도난신고 시점 25일전 이후에 발생하였다면 A가 분실사고신고를 약관에 정한대로 하였는지, 카드의 뒷면에 서명이 되어 있었는지, 신용카드의 부정사용에 A의 고의 또는 중대한 과실이 있었는지 등의 신용카드업자의 면책사유에 해당하는 지를 판단하여 이러한 면책사유에 해당하지 않으면 A는 B은행에 대하여 부정사용금액 200만원에 대하여 보상받을 수 있다. 즉 B은행이 부정사용에 대한 책임을 부담한다.

# 누군가 나의 예금을 인출한 경우

● **사례**

A는 B은행과 계속적으로 예금거래를 하여 오던 중에 C가 A의 예금통장과 도장을 절취하여 B은행에 가서 예금청구서에 예금주인 A의 이름과 계좌번호, 그리고 평소 A가 종종 비밀번호로 이용하는 숫자를 비밀번호로 쓰고 절취한 도장을 찍어서 A의 예금 1,500만원을 인출하였다. A는 B은행에 대하여 자신의 예금 1,500만원을 돌려달라고 주장할 수 있는가?

**사례의 해결 |** 은행과의 예금계약이란 은행에 대하여 금전의 보관을 위탁하여 은행이 예입금의 소유권을 취득하고 위탁자(예금자)에 대하여 이를 반환할 것을 약정하는 계약이다. 금융실명거래 및 비밀보장에 관한 법률에 따라 금융기관은 거래자의 실지명의(실명)에 의하여 금융거래를 하여야 한다. 따라서 원칙적으로 예금주는 원칙적으로 실명확인을 거친 명의자이다.

예금주와 은행간의 예금계약에 있어서 예금주(정당한 예금채권자)의 예금채권은 변제에 의하여 소멸하게 된다. 그러나 위 사례와 같이 은행이 정당한 권리자가 아닌 자에게 예금을 인출하여 준 경우에 그 변제의 효력이 문제가 된다.

은행예금의 변제에 있어서 예금통장과 그에 찍힌 인영과 같은 인장을 소지하고 신고된 비밀번호를 기재한 지급청구서를 제출한 사람에게 은행이 예금을 지급하여 주었다면 그 지급받은 자가 예금주가 아니라도 은행이 선의이며 무과실이면 예금채권 지급의 효력이 있게 된다. 그러나 예금청구서에 찍은 인장이 예금통장에 찍힌 인영과 같지 아니한데도 은행이 예금을 지급한 경우의 책임이 문제된다. 은행수신거래약관에 의하면 거래처는 은행과 거래를 시작할 때 인감 또는 서명, 비밀번호, 성명 등 거래에 필요한 사항을 신고하도록 하고 있으며, 은행은 예금지급청구서, 증권 또는 신고서 등에 찍힌 인영(또는 서명)을 신고한 인감(또는 서명감)과 육안으로 주의깊게 비교 · 대조하여 틀림없다고 여기고, 예금지급청구서 등에 적힌 비밀번호가 신고한 것과 같아서 예금을 지급하였거나 기타 거래처가 요구하는 업무를 처리하였을 때에는 인감이나 서명의 위조 · 변조 또는 도용이나 그 밖의 다른 사고로 인하여 거래처에 손해가 생겨도 그 책임을 지지 않는다. 다만, 은행이 거래처의 인감이나 서명의 위조 · 변조 또는 도용 사실을 알았거나 알 수 있었을 때는 그러하지 아니하다. 이 면책특약에 대하여 판례는 그러한 면책특약이 있다고 하더라도 지급하는 은행으로서 통상의 주의를 다하여야 하고 그러한 특약이 통상의 주의를 다하지 못한 경우에까지 면책을 인정하고 있지는 않다.

위 사례에서 C는 A의 예금통장과 도장 그리고 신고된 비밀번호를 이용하여 예금청구를 하였으므로 비록 C가 예금주가 아니더라도 B가 상당한 주의를 한 경우라면 B은행은 예금채권 지급의 효력을 주장할 수 있다. 그러나 만약에 C가 가져온 A의 도장이 예금통장에 찍힌 인영과 비슷할 뿐 같지 않은 경우 B은행직원이 이를 간과하고 예금을 지급하였다면 은행이 예금청구자에게 예금수령의 권한이 있는지 없는지를 판별하는 방편의 하나로 예금청구서에 찍은 인영과 은행에 신고하여 예금통장에 찍힌 인감을 대조확인할 때에는 인감대조에 숙련된 은행원으로 하여금 그 직무수행상 필요로 하는 충분한 주의를 다하여 인감을 대조하였는지를 판단하여, 그러한 주의의무를 다하지 못하여 예금수령의 권한이 없는 자(C)에게 예금을 지급하였다면 B은행으로서는 그 예금지급에 대하여 면책을 주장할 수 없게 된다.

勞動法

# 노동법

박홍규

# 근로자

## ● 사례

A방송회사에는 B관현악단이 있고, 회사는 악단원 각자와 다음과 같은 출연계약을 체결했다. 첫째 출연계약자는 월 130시간까지 출연할 것을 약속하고 회사는 이에 대해 정액의 보수를 지급한다. 출연계약자는 회사의 출연계약을 거부하지 않는 한, 회사 이외의 자와 달리 출연계약을 체결하여도 무방하다. 둘째 회사는 출연계약자를 출연시키는 경우, 72시간 전에 출연을 의뢰한다. 그 후의 의뢰에는 구속력이 없다. 셋째 출연 시에는 회사가 지시하는 업무를 담당하는 연출자의 지휘에 따라야 한다. 넷째 출연시간(준비 및 연습시간 포함)은 오전 9시부터 오후 11시까지로 하고, 1일 최저 2시간, 최고 9시간(휴게 2시간 포함)으로 한다. 위 시간외에는 구속이 없다. 출연자는 C노동조합을 결성했으나, 그 직후에 악단원 D가 출연 중에 무대장치의 불비로 인해 부상을 당했다. C노동조합은 회사에 대하여 악단원 D의 부상에 대한 산재보험의 절차를 취해줄 것, 그리고 앞으로는 근로기준법을 적용할 것을 요구사항으로 하는 단체교섭을 신청했다. 이에 대해 A회사는 출연계약은 고용계약이 아니고, 악단원은 근로자가 아니므로 산재보험 및 근로기준법의 적용은 있을 수 없고, 단체교섭도 응할 수 없다고 답했다. A회사는 단체교섭에 응하지 않아도 되는가?

**관련법령 |** 근로기준법 제14조 【근로자의 정의】이 법에서 '근로자'라 함은 직업의 종류를 불문하고 사업 또는 사업장에 임금을 목적으로 근로를 제공하는 자를 말한다. 노동조합 및 노동관계조정법 제2조 【정의】이 법에서 사용하는 용어의 정의는 다음과 같다.

1. '근로자'라 함은 직업의 종류를 불문하고 임금 · 급료 기타 이에 준하는 수입에 의하여 생활하는 자를 말한다.

**사례의 해결 |** 위 사례는 악단원 D가 근로자인가 아닌가에 따라 문제의 해결이 달라진다. 출연 중인 공연에서의 무대장치 불비에 의한 부상이므로 D가 근로자라면 당연히 그 부상은 업무상재해로서 산업재해보상보험법에 의한 보상의 대상이 된다. 또한 C노동조합의 요구내용, A회사의 단체교섭거부의 이유도 악단원 D의 근로자성, 즉 A와 D 사이 계약의 법적 성격에 따라 결정된다. 따라서 먼저 D는 근로기준법상의 근로자인가, 그리고 A와 D 사이의 출연계약이

실질적인 근로계약인가를 판단해야 한다. 다음으로 설령 A와 D 사이에 근로계약관계가 존재하지 않아도 D가 노동조합 및 노동관계조정법상의 근로자인가, 즉 C노동조합은 노동조합 및 노동관계조정법이 규정하는 노동조합인가를 판단해야 한다.

위의 두 경우 중 어느 한 경우에 해당되면 A회사의 단체교섭거부는 정당한 이유가 없는 것으로써 부당노동행위를 구성하게 된다.

#### 1) 근로기준법상의 근로자인가에 대하여

위 사례에서 월 130시간 내에서 A회사가 연주회 72시간 전까지 D에게 출연의뢰를 하면 D는 출연을 거부할 수 없다. 관현악단의 성격상 C노동조합에 대해 연주를 의뢰한 경우, 연주회의 회장확보, 선전, 일정 수 이상의 청중확보 등의 필요성을 고려하면, 2~3일 전에 계약하여 연주회를 개최하는 것은 불가능하다. 따라서 출연의 의뢰가 없으면, 악단원이 제3자와 자유롭게 계약할 수 있다고 해도 실제로는 완전히 임시적인, 또는 언제라도 시간이 비는 경우에는 좋다라고 하는 조건이 붙는 개인적인 아르바이트 정도를 할 수 있는 것에 불과하다. 요컨대 사실상 B관현악단의 단원들은 '정액의 보수금' 에 의해 생활하여야 하고, 따라서 A회사의 사정에 따라 출연시간이 변동될 수는 있으나, 악단원 D 등은 A회사의 '의뢰' 라고 하는 일방적 지정에 복종하지 않을 수 없다. 또한 D 등은 A회사의 방송사업의 수행상, 불가결한 요원으로 사업조직에 일상적으로 포함되어 있으며, 출연시에는 A회사가 지시하는 연출자의 지휘에 복종하여야 한다. 따라서 D는 A회사에 대해 인적 종속성의 관계에 있는 것으로 인정되며, 근로기준법상의 근로자로 인정된다.

#### 2) 노동조합 및 노동관계조정법상의 근로자인가에 대하여

출연계약이 근로계약에 해당되지 않는다고 하여도 D 등은 기본적으로 A회사와의 교섭에 의해 정해지는 '정액의 보수' 에 의해 생활하는 자들이므로, D 등은 노동조합 및 노동관계조정법상의 근로자이며 그들이 조직한 C조합도 노동조합으로 인정된다. 따라서 A회사는 C노동조합과의 단체교섭에 응하여야 한다.

# 채용내정

**● 사례**

A와 B는 대학을 졸업하기전 해 11월에 C회사로부터 채용내정의 통지를 받았다. 당시에 회사측은 초임이 월 60만원이라고 하였다. 그런데 A는 입사일 1개월 전에 채용내정을 취소한다는 통지를 받았다. A는 C사에 대하여 어떤 청구를 할 수 있는가? 한편 B는 입사일부터 C회사에 출근했으나 최초의 월급일에 지급 받은 임금이 50만원에 불과했다. B는 C회사에 대하여 차액 10만원을 청구할 수 있는가?

**관련법령**

근로기준법 제24조【근로조건의 명시】 사용자는 근로계약 체결시에 근로자에 대하여 임금, 근로시간, 기타의 근로조건을 명시하여야 한다. 이 경우 임금의 구성항목, 계산방법 및 지불방법에 관한 사항에 대하여는 대통령령으로 정하는 방법에 따라 명시하여야 한다.

근로기준법 제26조【근로조건의 위반】 ① 제24조의 규정에 의하여 명시된 근로조건이 사실과 다를 경우에는 근로자는 근로조건 위반을 이유로 손해의 배상을 청구할 수 있으며 또는 즉시 근로계약을 해제할 수 있다.

근로기준법 제30조【해고 등의 제한】 ① 사용자는 근로자에 대하여 정당한 이유 없이 해고·휴직·정직·전직·감봉 기타 징벌을 하지 못한다.

**사례의 해결**

채용내정이란 사용자가 근로자와 근로계약을 체결할 것을 그 근로자에게 통지하는 것으로서 근로관계를 성립시키는 과정이다. 이러한 채용내정의 경우 내정통지로부터 입사일까지의 기간이 너무 길거나 또는 후일 내정이 취소될 경우 그 내정자는 다른 기업에 취업할 수 있는 기회를 놓치게 되어 이에 따른 불이익이 적지 않은 것이 현실이다. 따라서 이를 어떻게 보호해야 할 것인가라는 문제가 발생한다.

이러한 채용내정자를 보호하기 위해서는

첫째, 채용내정의 법적 성질을 먼저 살펴보아야 한다. 이에 대해서는 여러 가지 견해가 있으나 근로계약의 성립이 있었다고 보는 것이 타당할 것이다.

둘째, 내정의 어떤 단계에서 근로계약이 성립되는가를 판단해야 한다. 근로계약은 낙성계약이므로 계약체결의 신청과 그것에 대한 승낙에 의해 성립한다. 채용내정은 보통 구인-응모-내정통지-서약서 제출·입사라는 순서로 이루어진다. 이에 대해서는 민법에 의해 내정통지의 발송시기를 계약의 성립시점으로 본다. 즉 구인이 신청의 유인이고 근로자의 응모가 신청이며 내정통지의 발송을 신청에 대한 승낙의 의사표시로 본다.

이와 같은 채용내정의 이론구성에 따라 위의 사례를 살펴보면 다음과 같다.

첫째, A가 받은 내정취소의 통지는 내정에 의해 성립된 근로계약의 해지, 즉 해고에 해당되므로 근로기준법 제30조 ①항에 따라 정당한 이유가 있어야 해고가 가능하다. 따라서 A는 C회사를 상대로 해고무효확인청구의 소를 제기할 수 있다.

둘째, 근로기준법 제24조는 근로계약의 체결시에 근로조건을 명시할 의무를 사용자에게 지우고 있으므로 채용내정의 경우에도 그것을 명시하여야 한다. 또한 근로기준법 제26조 ①항은 명시된 근로조건이 사실과 다를 경우에 근로자는 그 손해의 배상을 청구할 수 있다고 규정하고 있으므로 B는 동조에 따라 차액 10만원을 청구할 수 있다.

## 견습과 본채용거부

● **사례**

A는 대학 졸업 후 B회사에 채용되었으나 정기채용자에 대한 3개월의 견습기간 종료 직전에 B회사로부터 본채용을 거부한다는 뜻의 통지를 받았다. 그 본채용거부의 이유는 견습기간 중 무단결근을 반복했고, 대학재학 중에 국가보안법 반대 운동에 적극적으로 참가했다는 것이었다. 한편 B회사에서는 과거에 대학을 졸업한 신규채용자를 견습기간 종료 후 본채용을 하지 않았던 사례가 없었고, 본채용시에 별단의 계약서를 작성하지도 않았다. B회사의 본채용거부는 정당한가?

**사례의 해결** 위 사례에서는 첫째, 견습이란 무엇인가가 문제된다.

둘째, A는 견습기간 중의 자로서 B회사의 본채용거부가 유효한가는 견습기간을 어떻게 이해하는가에 따라 달라진다. 즉 견습기간 중의 근로계약관계의 법적 성질을 어떻게 보느냐에 따라 달라진다.

셋째, 본채용의 거부는 위 법적 성질을 전제로 하여 본채용의 성질이 달라진다.

넷째, 위 본채용의 거부사유가 정당한가가 문제된다. 특히 재학 중의 사유는 신원조사에 의해 알게된 것이므로 그것을 고려할 수 있는가가 문제되며, 그것이 균등대우원칙에 위반하여 무효가 되는가가 문제된다.

다섯째, 본채용거부가 무효가 된 경우의 법률관계가 문제된다.

사례를 검토하면 첫째, 견습기간이란 본채용 전에 사용자가 근로자의 직업적 능력을 실제로 시험하여 그 직업적 적격성을 판단하기 위한 기간이다.

둘째, 문제에 대해서는 일반적으로 정규채용의 경우 별단의 계약을 체결하지 않고 당연히 정사원이 되므로 별개의 계약이 성립한다고 생각하지 않고, 통상의 근로계약이 성립되어 있는 것으로 본다. 또한 사용자는 근로자가 적격성을 갖지 않는다고 판단하여도 채용하는 경우가 있으므로, 해제조건이 아니라 해약권이 유보된 형태로 근로계약이 성립되었다고 이해한다. 즉 견습기간 중의 근로계약의 법적 성질은 해약권유보부의 근로계약으로 본다.

셋째, 어떤 경우에 본채용의 거부가 허용되는가는 유보된 해약권의 행사가 어떤 경우에 허용되는가의 문제이다. 견습기간은 근로자의 업무적격성과 직업능력 등을 알기 위한 것이므로 근로계약을 체결함에 있어서 알 수 없었던 그러한 사항에 한하여 해약권의 행사가 허용된다. 여기서 특히 문제가 되는 것은 신원조사에 의한 판명사실이나, 그러한 사실은 당연히 계약 전에 알 수 있는 사항이고, 신원조사는 견습기간이 정해진 취지와는 본래 무관한 것이므로 견습기간 중의 근로자의 지위를 불안정하게 하는 것이므로 그것을 이유로 본채용을 거부할 수는 없다.

위 사례에 있어서도 재학 중의 정치활동은 업무적격성과 아무런 관련이 없고 계약 전의 조사로 충분히 알 수 있는 사항이므로 정당한 유보해약권의 행사라고 할 수 없으므로 그것을 이유로 본채용을 거부할 수는 없다. 따라서 그것을 이유로 한 본채용거부는 무효가 되고, 견습기간이 사용자의 귀책사유에 의해 중단되게 된다.

반면 무단결근의 반복은 계약 이전에는 알 수 없었던 업무적격성에 관한 사항이고, 그것이 부적격으로 인정되면 정당한 유보권 행사가 되고, 따라서 그것을 이유로 하여 본채용을 거부할 수 있다. 그러나 A는 견습기간을 마쳤으므로 본 채용에 대한 이익을 무시할 수 없다. 그리고 견습기간이 중단된 것은 B회사의 사정에 의한 것이므로 견습기간의 경과에 의해 당연히 본채용이 되어야 한다.

# 전근

● **사례**

A회사는 국내에 다수의 지점과 영업소를 가진 기업으로서, B는 A회사의 C지점에서 행한 사원모집에 응모하여 채용된 후 C지점의 영업부에서 8년간 근무했는데 원격지에 있는 A회사의 D영업소로 전근하라는 명령을 받았다. A회사의 취업규칙과 B가 가입한 E노동조합과 A회사의 단체협약에는 '회사는 업무상 필요한 경우에 사원을 전직시킬 수 있다'고 규정하고 있다. 그런데 B는 S시에 자택을 가지고 있으며 S시의 다른 회사에서 근무하는 처와 중학교와 고등학교에 다니는 두 아이 및 노모와 동거하고 있다. B가 전근명령을 거부하여 A회사는 B를 해고하였다. 이 해고는 정당한 것인가?

**관련법령 |** 근로기준법 제30조【해고 등의 제한】 ① 사용자는 근로자에 대하여 정당한 이유 없이 해고 · 휴직 · 정직 · 전직 · 감봉 기타 징벌을 하지 못한다.

**사례의 해결 |** 근로계약에서는 근로의 종류 · 장소 또는 근로자가 근로의 제공에서 지휘 · 감독을 받게 되는 사용자 등을 정하는 것이 일반적이다. 그러나 근로계약 체결 시에 그 내용을 구체적으로 정하지 않거나 막연히 사용자에게 일임하여 근로계약의 이행과정에서 근로자가 예상하지 않은 변경으로 불이익을 입는 경우가 적지 않다. 따라서 근로자의 직종이나 근무장소는 중요한 근로조건이고 근로계약의 요소이므로 전직명령은 근로계약에서 정해진 범위 내에서만 효력을 가지고 그 범위를 넘는 경우에는 근로자의 동의가 필요하다.

근로기준법 제30조 ①항에 규정된 바와 같이 전직시에 정당한 이유가 있어야 한다고 함은 바로 그러한 내용을 말하는 것이라고 할 수 있다.

위 사례에서 A회사는 B에게 전근을 명령하였는데 전근이란 동일 기업 내에서 근무지를 이동하는 인사이동을 말하는 것이다. 그러나 이 전근이라는 말은 근로기준법상의 용어가 아니다. 전근과 같이 기업의 인사와 관련되는 근로기준법상의 개념은 근로기준법 제30조 ①항에 규정되어 있는 전직이라는 말뿐이다. 이러한 전직에는 전근 외에 장기출장이나 전적이라는 개념이 포함되어 있다. 따라서 취업규칙이나 단체협약에서는 전직이라는 용어를 사용한다. 위 사례에서 A회사의 취업규칙과 A회사가 E노동조합과 체결한 단체협약의 규정은 그 예라고 할 수 있다.

위 사례는 기업의 인사에 있어서 전근과 관련하여 근로자가 회사로부터 전근명령을 받은 경우 그 명령이 정당한가를 묻고 있는데, 그 정당성 여부는 두 가지 점에서 판단해야 한다.

첫째, 위 사례에서 근로계약이 S시에 한정된 것이냐를 판단하여야 한다. 일반적으로 본사채용인 경우에는 근무지가 한정되지 않았다고 보나, 지점채용인 경우에는 그러한 한정이 있었다고 본다. 따라서 원격지에 전근시키는 경우에는 앞에서 설명한 바와 같이 B의 동의가 필요하다고 보아야 한다.

둘째, 전직의 정당성은 업무상의 필요성과 근로자의 생활상의 이익에 미치는 영향을 비교하여 판단해야 한다. 위 사례의 경우 후자의 영향은 전자에 비하여 과도하다고 할 수 있다.

따라서 위 사례의 경우 A회사는 B의 동의도 구하지 않았을 뿐만 아니라 전직의 정당성을 고려해 보아도 업무상 필요성에 비해 B의 생활상의 이익에 미치는 영향이 과도하므로 B에 대한 해고는 정당하다고 할 수 없다.

# 휴직

● 사례

A회사의 취업규칙에는 다음과 같은 규정이 있다.

1. 업무외 상병에 의한 결근이 3개월 이상에 미치면 2년간 휴직한다.
2. 의원 등의 공직에 취임하면 휴직한다.
3. 휴직기간이 만료되면 퇴직한다.

종업원 B는 업무외 상병으로 휴직하고 기간 만료시에 질병이 완치되어 복직을 신청하였다. A회사는 종업원 B의 복직을 거부할 수 있는가? 종업원 C는 시의회 의원에 취임하여 A회사는 휴직처분을 하였다. 후에 종업원 C는 의원임기의 만료시에 복직을 신청하였으나 A회사는 그것을 거부하였다. 그것은 정당한가?

**사례의 해결** 휴직이란 어떤 근로자에게 근로에 종사하는 것이 불능 또는 부적당한 사유가 생긴 경우 사용자가 그 종업원에 대하여 근로관계 그 자체는 유지하면서 근로에 대한 종사를 면제시키거나 금지하는 것을 말한다. 휴직은 근로계약이나 취업규칙상의 규정에 근거하여 사용자의 일방적인 의사표시(형성행위)에 의하는 것이 보통이나 근로자와의 합의에 의해 행해지는 경우도 있다.

휴직에 관한 법적 문제는 휴직기간의 만료나 휴직사유의 소멸에 의해 사용자는 복직을 신청한 근로자를 복직시킬 의무를 지는가 하는 점에 있다. 위 사례의 취업규칙은 휴직기간의 만료시에 퇴직한다고 정하여 무조건 근로계약이 종료된다고 규정하고 있으나, 위 규정은 휴직기간이 만료되어도 근로자가 근로를 제공할 수 없는 경우에 한하여 회사가 퇴직시킬 수 있다는 것으로 해석되어야 한다.

사례를 살펴보면 첫째, B의 상병휴직의 경우 완전한 치료에 의해 종전의 근로계약관계는 다시 계속된다고 보아야 하므로 A회사가 복직을 거부하려면 그 치료가 종전의 직무를 통상의 정도로 행할 수 있는 건강상태가 아님을 증명하여야 한다. 즉 종업원 B에 대한 복직거부가 정당한 이유가 있음을 A회사는 입증하여야 한다. 또한 B가 처음에는 경미한 업무에 종사하면서 서서히 통상업무로 돌아가는 것이 가능한 경우에도 복직은 인정되어야 한다.

따라서 취업규칙의 규정만으로 A회사가 종업원 B의 복직을 거부한 것은 부당하다.

둘째, 종업원 C의 지방의회 의원취임은 근로기준법 제9조 공민권행사의 보장에 의해 당연히 인정된다. 따라서 그 취임에 대한 징계해고는 당연히 위법 무효가 되지만, 보통해고는 업무수행에 현저히 저해되는 경우 인정될 수 있고 휴직처분도 그러한 경우에는 인정된다. 따라서 종업원 C에 대한 휴직처분은 공무수행과 업무가 양립할 수 있느냐 없느냐에 따라 판단되어야 한다. 그리고 공직취임기간이 만료되면 사용자는 근로자의 복직을 거부할 수 없다. 왜냐하면 종업원 C의 경우 종전의 직무를 수행하는데 아무런 하자가 없기 때문이다. 따라서 A회사의 복직거부는 부당하다.

# 정리해고

● **사례**

A회사는 불황으로 인한 경영난을 타개하기 위하여 인원삭감을 시도하였다. 회사는 희망퇴직자를 모집했으나 인원삭감예정자를 충족하지 못하여 결근이 잦았던 B를 지명하여 해고하고자 B가 속한 C노동조합의 승인을 얻어, 30일간의 해고예고를 하지 않고 또한 해고예고수당도 지불하지 않고 해고하였다. B에 대한 해고는 유효한가?

**관련법령**| 근로기준법 제30조【해고 등의 제한】 ① 사용자는 근로자에 대하여 정당한 이유 없이 해고 · 휴직 · 정직 · 전직 · 감봉 기타 징벌을 하지 못한다.

근로기준법 제31조【경영상 이유에 의한 해고의 제한】 ① 사용자는 경영상 이유에 의하여 근로자를 해고하고자 하는 경우에는 긴박한 경영상의 필요가 있어야 한다. 이 경우 경영악화를 방지하기 위한 사업의 양도 · 인수 · 합병은 긴박한 경영상의 필요가 있는 것으로 본다.

② 제1항의 경우에 사용자는 해고를 피하기 위한 노력을 다 하여야 하며 합리적이고 공정한 해고의 기준을 정하고 이에 따라 그 대상자를 선정하여야 한다. 이 경우 남녀의 성을 이유로 차별하여서는 아니 된다.

③ 사용자는 제2항의 규정에 의한 해고를 피하기 위한 방법 및 해고의 기준 등에 관하여 당해 사업 또는 사업장에 근로자의 과반수로 조직된 노동조합이 있는 경우에는 그 노동조합(근로자의 과반수로 조직된 노동조합이 없는 경우에는 근로자의 과반수를 대표하는 자를 말하며, 이하 "근로자대표"라 한다)에 대하여 해고를 하고자 하는 날의 60일 전까지 통보하고 성실하게 협의하여야 한다.

④ 사용자는 제1항의 규정에 의하여 대통령령이 정하는 일정규모 이상의 인원을 해고하고자 할 때에는 대통령령이 정하는 바에 따라 노동부장관에게 신고하여야 한다.

⑤ 사용자가 제1항 내지 제3항의 규정에 의한 요건을 갖추어 근로자를 해고한 때에는 제30조 제1항의 규정에 의한 정당한 이유가 있는 해고를 한 것으로 본다.

근로기준법 제32조【해고의 예고】 ① 사용자는 근로자를 해고(경영상 이유에 의한 해고를 포함한다)하고자 할 때에는 적어도 30일 전에 그 예고를 하여야 하며 30일 전에 예고를 하지 아니한 때에는 30일분 이상의 통상임금을 지급하여야 한다. 다만, 천재 · 사변 기타 부득이한 사유로 사업계속이 불가능한 경우 또는 근로자가 고의로 사업에 막대한 지장을 초래하거나 재산상 손해를 끼친 경우로서 노동부령이 정하는 사유에 해당하는 경우에는 그러하지 아니하다.

**사례의 해결** 위 사례에서 B에 대한 해고가 유효한가를 판단하기 위해서는 먼저 일반적인 해고의 법리에 비추어 그것이 유효한가를 판단해야 한다. 다음으로 회사의 B에 대한 해고는 소위 정리해고로서 그 요건에 충족되는지를 판단해야 한다. 끝으로 해고의 예고와 관련하여 근로기준법상의 규정을 위반하지 않았는가를 판단해야 한다.

첫째, 민법상 해고는 본래적으로 사용자의 자유이나(민법 제660~661조 참조), 그것은 노사간의 경제적 불평등을 간과하고 단지 형식적 평등을 규정한 것에 불과하므로 그것을 그대로 적용하면 근로자의 생존은 보장될 수 없다. 따라서 근로기준법 제30조는 정당한 사유 없는 해고를 벌칙으로 금지하고, 그 법적 효력을 무효로 하고 있다. 따라서 B에 대한 지명해고 그 자체는 정당한 사유가 없는 것으로서 무효가 된다고 할 것이다.

둘째, 위 해고는 소위 정리해고이다. 정리해고는 보통해고나 징계해고와 같은 개별적 해고와는 달리, 근로자측에 책임이 없이 기업경영상의 필요성에 의해 행해지며, 상대적 비교의 기준에 따라 근로자집단 중에서 선별 지명하여 해고한다는 특질을 갖는다. 이와 같이 근로자에게 책임이 없는 정리해고는 개별해고를 중심으로 한 근로기준법 제30조의 정당사유만으로는 해결할 수 없다. 따라서 근로기준법 제31조에 별도로 규정하여 그 요건을 정하고 있다. 그러므로 B에 대한 해고는 그러한 요건에 맞는지 검토되어야 한다.

정리해고의 요건은 (1) 근로기준법 제31조 ①항에 규정되어 있는 바와 같이 정리해고의 필요성, 즉 해고를 하지 않으면 기업경영이 위태로울 정도로 긴박한 경영상의 필요성이 존재하여야 한다. 위 사례에서는 설명이 부족하지만 A 회사의 재건을 위해서는 인원삭감이 불가피하다고 인정할 수 있을 것이다.

(2) A회사는 근로기준법 제31조 ②항에 규정되어 있는 바와 같이 정리해고의 회피노력, 즉 경영방침이나 작업방식의 합리화, 신규채용의 금지, 일시휴직 및 희망퇴직의 활용 등 해고회피를 위한 노력을 하였어야 한다. 사례에서는 A회사가 퇴직희망자를 모집한 뒤에 B를 해고하였으므로 그 요건을 충족한다고 볼 수 있다.

(3) 근로기준법 제31조 ②항의 규정에서 알 수 있듯이 정리해고기준의 합리성과 그 운영의 타당성, 즉 합리적이고 공정한 정리기준을 설정하여 해고대상자를 선정하여야 하는데 B의 경우 결근이 잦았기 때문에 그러한 대상자에 포함된다고 할 수 있다.

(4) 근로기준법 제31조 ③항의 규정과 같이 근로자측과의 사전협의, 즉 해고에 앞서 노동조합이나 근로자측과 성실한 협의를 거쳐야 한다. 사례의 경우 노동조합의 승인을 받은 점에서 B의 해고는 정리해고로서 유효하다고 볼 수 있다.

셋째, 위 사례에서의 해고는 정리해고로서는 유효하나 근로기준법 제32조 ①항의 규정에 따라 B에 대해 해고의 예고를 하거나 예고를 하지 아니한 때에 해고예고수당을 지급하여야 함에도 불구하고 A회사가 그러한 조치를 취하지 않았기 때문에 그것은 당연히 근로기준법 제32조 ①항의 규정을 위반한 것이므로 무효이고 따라서 A회사는 벌칙의 적용을 받는다.

# 근로시간

● **사례**

A회사의 취업규칙에는 시업시각이 8시 20분, 종업시각이 17시 20분으로 정해져 있고 그 사이의 근무체제는 다음과 같다.

8시 10분 : 입문, 타임레코더에 체크

10분~20분 : 작업복 갈아입기, 체조, 회의 등

20분 : 작업개시

12시~13시 : 휴게시간

17시 20분 : 작업종료

17시 20분~25분 : 옷 갈아입기, 세면 등

17시 25분 : 출문, 타임레코더에 체크

첫째, 이러한 근무체제 하에서 A회사는 시간외근로의 노사협정을 체결하고 가산임금을 지급할 의무를 지는가? 둘째, 종업원 B는 자주 8시 20분에 입문하여 작업시간에 맞추지 못하였다. A회사는 종업원 B를 징계해고 할 수 있는가? 셋째, 종업원 C는 상사의 지시에 의하지 않고 퇴근시간 후 2시간 정도 업무를 계속하였다. 이에 대해 A회사는 가산임금을 지급해야 하는가?

**관련법령 |** 근로기준법 제49조【근로시간】 ① 1주 간의 근로시간은 휴게시간을 제하고 40시간을 초과할 수 없다. ② 1일 근로시간은 휴게시간을 제하고 8시간을 초과할 수 없다.

근로기준법 제52조【연장근로의 제한】 ① 당사자간의 합의가 있는 경우에는 1주 간에 12시간을 한도로 제49조의 근로시간을 연장할 수 있다.

근로기준법 제55조【연장·야간 및 휴일근로】 사용자는 연장근로(제52조, 제58조 및 제67조 단서의 규정에 의하여 연장된 시간의 근로)와 야간근로(하오 10시부터 상오 6시까지 사이의 근로) 또는 휴일근로에 대하여는 통상임금의 100분의 50이상을 가산하여 지급하여야 한다.

**사례의 해결 |** 근로시간은 근로자가 근로제공의무의 이행으로서 사용자의 지휘·명령 하에서 현실적으로 정신적·육체적 활동을 하는 시간을 말한다. 여기에서 현실의 정신적·육체적 활동이란 본래의 정신적·육체적 활동만이 아니라

그것과 직접적으로 관련되어 본래의 작업을 용이하게 하는 각종의 정신적 · 육체적 작업도 포함하는 것이다. 따라서 본래의 작업과 밀접하게 관련되어 그 작업을 완전하게 하는 것, 예를 들어 복장을 갈아입는 시간, 작업도구를 준비하는 시간, 작업지시 및 작업조 편성 등을 위한 작업 전 회의시간, 작업 후의 청소정리작업시간 등도 근로시간에 포함된다.

사례를 살펴보면 첫째, 근로기준법상 법정근로시간은 휴게시간을 제외한 1일 8시간이다. 위 사례에서 시업시각에서 종업시각까지를 계산하면 9시간, 그것에서 휴게시간을 빼면 8시간으로 법정근로시간에 합당하다. 그러나 위에서 언급한 바와 같이 작업개시 전 준비시간 및 작업개시 후의 정리시간도 근로시간에 포함되므로 위 사례의 경우 작업개시 전 작업복 갈아입기 · 체조 · 회의 등을 하는 10분 간의 시간과 작업종료 후 옷갈아입기, 세면 등을 하는 5분 간의 시간은 근로시간에 포함된다고 할 수 있다. 이 경우 법정근로시간에서 15분이 초과된다. 따라서 그 15분에 대해서는 근로기준법 제52조 ①항의 규정에 따라 당사자간의 합의가 있어야 그 연장이 가능하고, 그 시간에 대해서는 근로기준법 제55조의 규정에 따라 당연히 가산임금이 지급되어야 한다. 여기서 문제가 되는 것은 당사자간의 합의가 개인 차원의 것이지 집단 차원의 것으로 예정되어 있지 않다고 하는 점이다. 그것이 근로자대표와 사용자의 합의에 의한 것이라면 인정될 수 있다고 볼 여지도 있으나 근로시간의 연장은 근로자에게 매우 중요한 것이므로 개인적 합의가 필요하다고 보아야 한다. 그러므로 A회사는 시간외근로에 대한 노사협정을 체결하고 가산임금을 지급할 의무를 진다고 할 것이다.

둘째, 위와 같이 8시 10분을 근로시간의 시작이라고 본다면 B의 경우 그 시간에 10분 간 지각한 것이 되어 징계해고사유가 될 수 있으나 그것은 법정근로시간을 넘는 연장근로시간에 관한 것이므로 종업원 B가 그 연장근로에 동의하지 않은 경우에는 징계해고 할 수 없다.

셋째, 종업원 C는 사용자의 지시를 받지 않고 일하였다는 점에서 근로시간에서 제외된다고 볼 수도 있으나 종업원 C가 사용자의 묵시적 지시 하에 업무를 수행한 것이라면 연장근로시간이라고 보아야 하고 가산임금이 지급되어야 한다.

# 휴게시간

**● 사례**

A회사의 취업규칙에는 '8시 시업, 12~13시 휴게, 17시 종업'이라고 하는 규정이 있다. 또한 '휴게시간 중에 사업장 밖으로 나가는 경우 상사의 허가를 받아야 한다'는 규정이 있다. 이에 종업원 B는 휴게시간 중에도 사외로부터의 전화 등에 대처하기 위하여 근무장소를 떠나서는 안 된다고 하는 지시를 받고 그대로 실행한 후에 1일 1시간 분의 가산임금을 청구하였다. 그 청구는 정당한가? 다음으로 종업원 B는 사업장 밖에서 만날 사람이 있어서 상사의 허가를 받지 않고 외출했다. A회사는 종업원 B를 취업규칙위반을 이유로 징계할 수 있는가?

**관련법령 |** 근로기준법 제53조【휴게】 ① 사용자는 근로시간 4시간인 경우에는 30분 이상, 8시간인 경우에는 1시간 이상의 휴게시간을 근로시간 도중에 주어야 한다.

② 휴게시간은 근로자가 자유로 이용할 수 있다.

근로기준법 제99조【단체협약 준수】 ① 취업규칙은 법령 또는 당해 사업 또는 사업장에 대하여 적용되는 단체협약에 반할 수 없다.

**사례의 해결 |** 휴게시간이란 근로자가 근로시간 도중 사용자의 지휘 · 감독으로부터 벗어나 자유로이 이용할 수 있는 시간을 말한다. 이러한 휴게시간을 인정하는 이유는 근로계약에 따라 근로를 제공하는 근로자가 휴식 없이 장시간근로를 계속하게 되면, 정신적 및 육체적 피로가 축적되고 근로능률이 저하될 뿐만 아니라, 산업재해나 직업병도 발생할 수 있기 때문이다. 따라서 휴게시간 중에는 사용자의 작업에 관한 지휘 · 감독의 속박으로부터 완전히 벗어나게 되며, 이에 따라 휴게시간은 근로기준법 제49조 ①항에 규정된 바와 같이 근로시간에서 제외된다.

위 사례에서 첫째, 종업원 B는 휴게시간 중에도 사외로부터의 전화 등에 대처하기 위하여 근무장소를 떠나서는 안 된다고 하는 지시를 받고 그대로 실행하였다고 했는데, 그렇다면 이것은 휴게시간이 아니라 대기시간이라고 해야 할 것이다. 대기시간이란 근로자가 작업시간 중도에 현실적으로 작업을 하지 않고 다음 작업을 위하여 기다리는 시간으로 이 시간은 근로시간에 포함된다. 따라서 A회사는 종업원 B에게 근로기준법 제53조 ①항의 휴게시간을 부여하지 않아 동조를 위반한 것이 되어 근로기준법 제113조(벌칙규정으로서 2년 이하의 징역 또는 1,000만원 이하의 벌금을 규정하고 있다)에 의한 처벌을 면하지 못하며 그 시간 동안의 가산임금을 당연히 종업원 B에게 지급해야 한다. 그러므로 종업원 B의 청구는 정당하다.

둘째, 근로기준법 제53조 ②항은 휴게시간의 자유이용을 규정하고 있다. 따라서 위 사례에서 종업원 B가 상사의 허가를 받지 않고 외출하는 데는 아무런 문제가 없다. 그것을 사례와 같이 허가제로 하는 것은 동조에 위반된다. 사업수행에 지장을 초래할 수 있는 원격지로의 외출에 대해서 허가제를 규정하는 것은 타당성을 갖는다고 할 수 있으나, 무조건 상사의 허가를 받도록 정한 위 사례의 취업규칙은 근로기준법 제99조 ①항에 위배되어 무효이며 그것에 의한 징계도 무효가 된다. 따라서 A회사는 B를 징계할 수 없다.

# 시간외근로

**● 사례**

A회사의 취업규칙에는 '근로시간은 휴게를 제외하고 8시간으로 한다. 단 업무상 필요한 경우에 종업원은 잔업을 하여야 한다'고 하는 규정이 있다. 또한 A회사는 종업원의 70%로 구성되는 B노동조합과의 사이에 유효기간을 1년으로 하는 시간외근로협정을 체결하고 있다. 종업원 C는 업무상의 실수를 이유로 하여 시간외근무를 해서 고치라는 지시를 받았으나 거부하여 징계해고를 당했다. 이 해고는 적법한가?

**관련법령 |** 근로기준법 제52조【연장근로의 제한】 ① 당사자간의 합의가 있는 경우에는 1주 간에 12시간을 한도로 제49조의 근로시간을 연장할 수 있다.

**사례의 해결 |** 시간외근로란 법정근로시간을 넘는 근로시간을 말한다. 근로기준법 제52조 ①항은 당사자간의 합의에 의한 시간외근로를 규정하고 있다. 따라서 당사자간의 합의가 없는 한 시간외근로는 인정되지 않는다. 취업규칙은 사용자가 일방적으로 제정하는 것이므로 당사자간의 합의로 볼 수 없다. 따라서 위 취업규칙의 규정은 무효라고 보지 않을 수 없다.

단체협약은 일응 당사자간의 합의라고 볼 수 있으나 그것도 근로조건의 일반적인 기준을 정한 것에 불과하고 그것에 의해 개별 근로자에게 시간외근로의무가 생긴다고 볼 수 없다. 따라서 시간외근로의무가 발생하기 위해서는 언제나 근로자가 시간외근로시마다 동의를 해야 한다. 그러므로 위 사례의 징계해고는 적법하지 않다. 그러나 학설에는 단체협약이나 취업규칙에 시간외근로가 규정된 경우 시간외근로의무를 인정하는 견해도 있다. 이러한 견해에 따르면 위의 사례의 경우 종업원 C에 대한 징계해고는 일응 적법하다고 볼 수 있으나, 시간외근로는 통상의 근로와 달리 근로자에게 중대한 침해를 초래할 수 있으므로 구체적으로 판단하여야 한다. 즉 업무상의 실수는 직무수행에서 통상적으로 생길 수 있는 것이므로 그것이 시간외근로를 명령하는 결정의 요소가 된다고 볼 수는 없다. 따라서 업무상의 과오가 당일의 업무달성에 고도의 문제점을 지닌다는 점과 종업원 C가 그것을 거부한 개인적인 사정을 고려하여 시간외근로를 시키지 않으면 안될 특별한 사유가 인정되어야 그것의 위반에 대한 징계가 가능하다고 할 수 있다. 또한 개인적인 사정이 특별한 것이 아니고 설령 그러한 사정이 없다고 하여도 업무상 실수를 고치기 위한 시간외근로를 거부했다고 하여 징계해고에 처함은 징계권의 남용이라고 보지 않을 수 없다. 따라서 종업원 C에 대한 징계해고는 적법하지 않다.

# 연차유급휴가

## ● 사례

A회사의 취업규칙에는 연차유급휴가에 관하여 '휴가일의 2일 전까지 휴가원을 제출하여 승인을 받아야 한다'고 규정하고 휴가원 용지에는 '이유'란이 있다.

첫째 주 소정근로일수가 4일인 시간제근로자인 B가 휴가원을 제출하였으나 인정되지 않았다. 이는 적법한가? 둘째 종업원 C는 휴가일의 시업 30분 전에 A회사로 전화를 걸어 연차유급휴가를 갖겠다고 하는 통지를 하고 그것에 대한 과장의 대답을 듣지 않고 그대로 출근하지 않았다. A회사는 당일 C의 임금을 공제할 수 있는가? 셋째 C와 동일한 과에 소속된 종업원 D와 E는 같은 날 휴가원을 제출하였으나, D는 이유란에 '성묘'라고 써서 승인을 받았으나 E는 이유란에 아무 것도 기재하지 않아 승인을 받지 못하였다. 이 조치는 적법한가?

**관련법령** | 근로기준법 제59조【연차유급휴가】 ① 사용자는 1년간 8할 이상 출근한 근로자에 대하여는 15일의 유급휴가를 주어야 한다. ② 사용자는 계속근로연수가 1년 미만인 근로자에 대하여는 1월간 개근시 1일의 유급휴가를 주어야 한다. ③ 사용자는 근로자의 최초 1년간의 근로에 대하여 유급휴가를 주는 경우에는 제2항의 규정에 의한 휴가를 포함하여 15일로 하고, 근로자가 제2항의 규정에 의한 휴가를 이미 사용한 경우에는 그 사용한 휴가일수를 15일에서 공제한다. ④ 사용자는 3년 이상 계속근로한 근로자에 대하여는 제1항의 규정에 의한 휴가에 최초 1년을 초과하는 계속 근로연수 매 2년에 대하여 1일을 가산한 유급휴가를 주어야한다. 이 경우 가산휴가를 포함한 총 휴가일수는 25일을 한도로 한다. ⑤ 사용자는 제1항 내지 제4항의 규정에 의한 휴가는 근로자의 청구가 있는 시기에 주어야 하며, 그 기간에 대하여는 취업규칙이나 그 밖의 정하는 바에 의한 통상임금 또는 평균임금을 지급하여야 한다. 다만, 근로자가 청구한 시기에 휴가를 주는 것이 사업운영에 막대한 지장이 있는 경우에는 그 시기를 변경할 수 있다. ⑥ 제1항 내지 제3항의 규정을 적용함에 있어서 근로자가 업무상의 부상 또는 질병으로 휴업한 기간과 임신중의 여성이 제72조 제1항 또는 제2항의 규정에 의한 보호휴가로 휴업한 기간은 출근한 것으로 본다. ⑦ 제1항 내지 제4항의 규정에 의한 휴가는 1년간

행사하지 아니한 때에는 소멸된다. 다만, 사용자의 귀책 사유로 사용하지 못한 경우에는 그러하지 아니하다.

**사례의 해결** 연차유급휴가는 1년간 계속 근로한 근로자에 대하여 일정한 기간 유급으로 근로의무가 면제되는 날을 말한다. 연차휴가제도는 근로자에게 일정한 기간 근로의무를 면제해 줌으로써 심신의 피로를 회복하여 건강을 유지하고 근로자가 여가를 선용하여 사회적 · 문화적 시민생활을 누릴 수 있게 하려는 데 그 취지가 있다.

사례를 살펴보면 첫째, 시간제근로자라도 근로기준법 제59조의 요건(1년간의 개근)을 충족하는 한 연차유급휴가권을 갖는다. 따라서 B에 대해 휴가를 부인하는 것은 위법 부당하다.

둘째, 근로기준법 제59조 ⑤항은 유급휴가는 근로자의 청구가 있는 시기에 주어야 한다고 규정하고, 단 사용자는 청구시기에 유급휴가를 주는 것이 사업운영에 심대한 지장이 있는 경우에 그 시기를 변경할 수 있다고 규정하고 있다. 따라서 사용자의 시기변경권의 행사를 해제조건으로 하여 형성권인 시기지정권의 행사에 의해 시기가 특정되면 연차유급휴가는 성립한다. 그러므로 그러한 요건에 해당되지 않는 한 종업원 C의 연차유급휴가는 유효하게 성립하며 따라서 A회사는 C의 임금을 공제할 수 없다고 볼 수도 있다. 그러나 사례의 경우에서는 취업규칙에 절차규정이 있고, 사용자에게 시기변경권의 행사를 고려할 시간적 여유를 전혀 주지 않고 있어서 그 시기지정권은 남용되었다고 볼 수가 있다. 따라서 C의 임금을 공제한 것은 정당하다. 그러나 취업규칙에 연차유급휴가의 청구절차에 대한 규정이 없는 경우에는 그러한 절차를 지킬 필요가 없다고 보아야 한다.

셋째, 시기지정권의 행사는 시기에 대한 의사표시로 충분한 것이지 그 이상으로 연차유급휴가취득의 이유를 표명할 필요는 없다. 따라서 청구이유의 고지를 연차유급휴가부여의 요건으로 정함은 부적법하고 그러한 것을 정한 취업규칙의 효력은 발생하지 않는다. 따라서 E에 대한 조치는 적법한 것이 아니다.

# 산업재해

## ● 사례

A회사의 종업원 B는 숙직근무 중에 절도의 목적으로 회사건물에 침입한 자에 의해 살해되었다. B의 처 C는 A회사에 대해 안전배려의무의 위반을 이유로 하여 손해배상의 지급을 청구하였다. 이는 인정될 수 있는가?

**사례의 해결** 근로자가 업무상 재해를 입은 경우 그 근로자와 그 가족은 근로기준법과 산업재해보상보험법에 따른 보상을 청구할 수 있다. 그러나 이들 보상은 근로자와 그 가족을 보호하기 위한 최저기준이므로 재해를 입은 근로자의 모든 손해를 보상하지는 않는다. 이에 따라 근로자는 그 밖의 손해에 대해서는 근로기준법상의 재해보상과는 별도로 민법상의 손해배상책임을 추궁하여 그 손해를 배상 받을 수 있다. 근로기준법이나 산업재해보상보험법에서도 이를 예정하여 민법을 비롯한 다른 법에 따른 보상을 받는 경우 이중보상을 피하기 위한 조정규정을 두고 있다.

산업재해를 입은 근로자의 사용자에 대한 손해배상청구는 근로계약상 안전배려의무를 이행하지 않은 데 대한 채무불이행책임으로 보는 것이 일반적이다. 채무불이행책임의 법리에 따라 사용자에게 근로계약상 안전배려의무를 인정하여 그 의무위반으로서 사용자의 배상책임을 인정한다. 안전배려의무는 근로자가 근로제공을 위하여 설치하는 장소, 설비 또는 기구 등을 사용하거나 사용자의 지시 하에 근로를 제공하는 과정에서 근로자의 생명과 신체 등을 위험으로부터 보호하도록 배려해야 할 의무라고 볼 수 있다.

예컨대 숙직근무 중의 회사건물에 대한 절도의 침입방지를 위하여 방범체인 · 망원창 · 인터폰 등의 설비를 갖추지 않고, 침입한 절도로부터의 위해방지를 위한 방범벨 등도 설치하지 않았으며, 또한 그러한 물적 시설의 정비가 곤란한 경우에는 숙직원의 증원이나 숙직원에 대한 충분한 안전교육의 실시 등의 조치를 강구하지 아니한 경우 안전배려의무의 위반이 된다.

위 사례의 경우 그러한 의무위반을 이유로 한 손해배상의 청구가 가능하다고 할 수 있다

# 남녀평등

## ● 사례

A회사와 B노동조합은 '회사는 결혼 또는 임신, 출산을 이유로 하여 퇴직하는 여성조합원에 대하여 30%를 증액하는 퇴직금을 지급한다'는 단체협약을 체결하고 있다. A회사는 B노동조합에 대하여 위 단체협약규정은 남녀고용평등법 제8조에 위반하므로 폐지하여야 한다고 요구하였다. 이러한 요구는 정당한가? 또한 남자조합원인 C는 결혼을 이유로 하여 퇴직하였으나 근로기준법 제22조에 의해 30% 증액의 퇴직금청구권을 갖는다고 주장하고 있다. 이 주장은 인정될 수 있는가?

**관련법령** | 근로기준법 제5조【균등처우】사용자는 근로자에 대하여 남녀의 차별적 대우를 하지 못하며 국적·신앙 또는 사회적 신분을 이유로 근로조건에 대한 차별적 처우를 하지 못한다.

근로기준법 제22조【이 법 위반의 근로계약】① 이 법에 정한 기준에 미치지 못하는 근로조건을 정한 근로계약은 그 부분에 한하여 무효로 한다.

② 제1항의 규정에 의하여 무효로 된 부분은 이 법에 정한 기준에 의한다.

제34조【퇴직급여제도】사용자가 퇴직하는 근로자에게 지급하는 퇴직급여제도에 관하여는 근로자퇴직급여보장법이 정하는 바에 따른다.

근로자퇴직급여 보장법 제4조【퇴직급여제도의 설정】① 사용자는 퇴직하는 근로자에게 급여를 지급하기 위하여 퇴직급여제도 중 하나 이상의 제도를 설정하여야 한다. 다만, 계속근로기간이 1년 미만인 근로자, 4주간을 평균하여 1주간의 소정근로시간이 15시간 미만인 근로자에 대하여는 그러하지 아니하다.

② 제1항의 규정에 의한 퇴직급여제도를 설정함에 있어서 하나의 사업안에 차등을 두어서는 아니된다.

근로자퇴직급여 보장법 제8조【퇴직금제도의 설정】① 퇴직금제도를 설정하고자 하는 사용자는 계속근로기간 1년에 대하여 30일분 이상의 평균임금을 퇴직금으로 퇴직하는 근로자에게 지급할 수 있는 제도를 설정하여야 한다.

② 제1항의 규정에 불구하고 사용자는 근로자의 요구가 있는 경우에는 근로자가 퇴직하기 전에 당해 근로자가 계속 근로한 기간에 대한 퇴직금을 미리 정산하여 지급할 수 있다. 이 경우 미리 정산하여 지급한 후의 퇴직금 산정을 위한 계속근로기간은 정산시점부터 새로이 기산한다.

남녀고용평등법 제8조【임금】 ① 사업주는 동일한 사업 내의 동일가치의 노동에 대하여는 동일한 임금을 지급하여야 한다.

② 동일가치노동의 기준은 직무수행에서 요구되는 기술 · 노력 · 책임 및 작업조건 등으로 하고, 사업주가 그 기준을 정함에 있어 제25조의 규정에 의한 고충처리기관의 근로자를 대표하는 자의 의견을 들어야 한다.

③ 임금차별을 목적으로 사업주에 의하여 설립된 별개의 사업은 동일한 사업으로 본다.

남녀고용평등법 제11조【정년 · 퇴직 및 해고】 ① 사업주는 근로자의 정년 · 퇴직 및 해고에 있어서 남녀를 차별하여서는 아니된다.

② 사업주는 근로여성의 혼인, 임신 또는 출산을 퇴직사유로 예정하는 근로계약을 체결하여서는 아니된다

**사례의 해결** 남녀고용평등법 제11조는 여성근로자에 대한 정년 및 해고의 차별을 금지하고(①항) · 근로여성의 혼인 · 임신 또는 출산을 퇴직사유로 예정하는 근로계약의 체결을 금지한다(②항). 그러나 여성근로자가 결혼으로 퇴직하는 경우에 퇴직금산정을 우대하는 것은 남녀고용평등법 제11조에 직접 관련되지는 않으나 간접적으로 여성의 퇴직을 장려하는 제도이므로 민법 제103조의 사회질서에 어긋나고, 또한 근로자퇴직급여보장법 제4조의 제②항에서 금지한 퇴직금산정의 차별에 해당한다고 볼 수 있다.

둘째, 그러나 위 사례의 협약조항은 근로기준법 제5조의 차별대우금지 및 남녀고용평등법 제8조가 금지하는 임금차별에 해당한다고 보아야 한다. 왜냐하면 퇴직금도 임금이기 때문이다. 그런데 합리적 이유 없이 여성이라는 이유만으로 여성의 임금을 남성의 그것보다 우대하는 것도 근로기준법 제5조 및 남녀고용평등법 제8조에 위반된다.

셋째, 위 사례의 협약조항은 강행법규인 근로기준법 제22조에 위반되어 무효이다.

넷째, 남녀고용평등법 제8조가 금지하는 것은 차별이므로 결혼퇴직시의 장려금을 남녀에게 평등하게 적용하면 동조에 위배된다고 할 수 없다. 따라서 C의 주장에도 일리가 있다고 볼 수도 있으나, 결혼을 이유로 한 퇴직 시에 다른 이유에 의한 퇴직근로자와 차별함은 근로자퇴직보장급여법 4조(사업장내 퇴직금 차등금지)에 위반된다고 볼 수 있다. 따라서 C의 주장은 인정될 수 없다.

# 경력사칭

**● 사례**

A회사는 경영부진에 빠져 인원정리를 할 필요를 느끼게 되어 노동조합과 정리기준에 대하여 협의하였으나 교섭이 제대로 진행되지 못했다. 그 결과 A회사는 근무성적이 불량한 자에게 퇴직을 요구하고 그것에 응하면 해고한다는 안을 노동조합측에 제시하여 노동조합측으로부터 동의를 받았다. A회사측은 조사과정에서 B가 대학졸업이면서 이력서에 고교졸업이라고 쓴 것을 발견하고, C가 이전에 근무한 회사에서 업무상 횡령으로 징계해고 된 적이 있었음을 경력란에 기입하지 않은 것을 발견하였다. 이에 B와 C를 취업규칙상의 경력사칭에 해당한다는 이유로 징계해고 하였다. 이 해고는 유효한가?

**사례의 해결** 경력사칭이란 근로계약체결시 학력, 직장경력, 사회활동경력 또는 전과사실 등을 거짓으로 속이거나 은폐하는 것을 말한다. 사칭의 내용은 학력이나 직장경력 이외에 학생운동경력 및 노동조합활동경력 등이 있다. 또한 그 사칭방법에 있어서는 자격이 없는 것을 있다고 하거나 있는 것을 기재하지 않는 경우 또는 높이거나 낮추는 경우가 있다.

경력사칭을 이유로 한 징계해고에 대해서는 학설과 판례가 다양하게 전개되고 있으나, 경력사칭이 현실적으로 기업질서를 문란하게 하는 결과가 발생하지 않는 한, 징계해고는 타당하다고 할 수 없다.

따라서 위의 사례에서 B와 C의 경력사칭은 징계해고의 사유에 해당되지 않는다. 특히 B가 입사 후 상당한 기간에 사내에서 어느 정도 중요한 지위에 취임하고 있는 경우 그것은 회사측에 의해 높이 평가되어 온 것으로 이해되므로 과거의 경력사칭을 이유로 기업질서가 침해되었다고 볼 수는 없다. 설령 신의칙 등의 위반을 이유로 하여 경력사칭에 대한 징계를 인정한다고 하여도 대학졸업을 고졸이라고 사칭한 것에 대해, 신의칙 위반을 이유로 한 비난가능성은 있을 수 없고, 그것에 의해 회사에 지장이 생겼다고 볼 수 없다.

C의 경우는 과거의 징계사실을 이력서에 반드시 기입해야 한다는 법적 근거가 없는 이상 역시 징계해고에 처함에는 문제가 있다. 회사로서는 만약 C가 경리회계를 담당하는 경우 금전취급과 무관한 직장으로 전직시킴이 타당하고, 그러한 전직도 마땅하지 않은 경우에는 직무적격성을 이유로 하여 보통해고 시킴이 타당하다고 할 것이다.

# 징계

● **사례**

A회사 영업부의 B계장은 퇴근 후 친구와 술을 마신 뒤에 자가용으로 귀가하다가 음주운전으로 벌금형을 받았다. 이에 회사는 그 행위가 '불명예로운 행위로서 회사의 체면을 손상시킨' 것이라고 하여 계장에서 주임으로 강격시켰다. 이 처분은 적법한가? 그러한 행위의 주체가 공무원이었고 같은 이유로 징계면직을 받았다면 그것은 적법한가?

**사례의 해결 |** 징계란 근로자가 비위행위를 한 경우에 기업질서의 유지를 위하여 취업규칙 등에 근거하여 사용자가 그 근로자에게 제재를 가하는 것을 말하고, 그것에 관한 사용자의 권리를 징계권, 의사표시를 징계처분이라고 한다.

사례를 살펴보면 첫째, B의 행위는 사생활의 비행으로서 이에 대해서는 징계의 사유로 삼을 수 없다고 보는 부정설도 있으나 그것이 기업질서에 중대한 손상을 초래한 경우에는 징계의 사유가 된다고 보는 예외적 긍정설도 있다. 부정설에 의하면 B의 행위는 징계사유에 해당하지 않으나 예외적 긍정설에 의하면 그것이 과연 '불명예로운 행위로서 회사의 체면을 손상시킨' 것이라고 볼 수 있는가를 따져야 한다. 음주운전이 오늘날 다반사로 생기는 사고라고 보면 그러한 경우에 해당하지 않는다고 볼 수도 있으나, 그것이 엄중히 다루어져야 한다고 보고 더욱이 영업계장이라고 하는 직위를 중시한다면 그러한 경우에 해당한다고 볼 수도 있다.

둘째, 설령 징계사유에 해당한다고 하여도 강격은 해고에 필적할 정도로 중요한 징계처분이라고 볼 수 있으므로 그것이 합당한 징계처분이냐가 문제된다. 단순한 음주운전을 이유로 강격에 처한 것은 반드시 적합한 처분이라고 보기 어렵다.

셋째, 공무원의 경우라면 사기업의 경우보다 더욱 강한 비난이 가해질 수 있으나, 음주운전에 의해 중대한 사고를 일으킨 경우가 아니라면 징계면직 처분을 내리는 것을 사회관념상 과도한 것으로 보고 징계권의 남용을 인정할 수 있을 것이다

# 조합활동

● 사례

A회사의 B노동조합은 임금인상을 요구한 단체교섭이 어렵게 되었으므로 사원식당 벽면에 '임투승리를 위해 단결하자' 라는 플래카드를 걸고, 조합원으로 하여금 '임금인상 절대관철' 이라고 쓴 완장을 착용하게 하였으며, 조합의 입장을 고객에게 호소하기 위하여 그러한 내용의 포스터를 백화점 내에 게시하였다. 회사는 사전 허가가 없었다는 이유에서 그 철거를 요구하였으나, 노동조합측이 거부하였기 때문에 취업규칙 소정의 징계사유인 무허가문서의 게시 및 복장규정 위반을 이유로 하여 노동조합간부 C를 징계해고하였다. 이 처분은 정당한가? 나아가 회사는 플래카드와 포스터를 스스로 철거할 수 있는가?

**사례의 해결 |** 노동조합의 활동 가운데 단체교섭과 쟁의행위를 제외한 활동을 협의의 조합활동이라고 말한다. 일반적으로 조합활동이라고 말할 때에는 이 뜻으로 쓰인다. 노동조합의 목적은 근로조건의 유지 · 개선에 있으므로 노동조합의 기본적인 활동은 단체교섭과 이를 뒷받침하는 쟁의행위이다. 그러나 노동조합은 기본적인 활동 이외에도 위 기본적인 활동을 하기 위하여 여러 가지 대내외적인 활동을 하지 않을 수 없다. 노동조합이 그 기능을 수행함에 있어 조직의 유지와 확대를 위하여 첫째, 일상적인 조합활동으로 조합원에 대한 교육 · 홍보 · 조합원의 의견수렴 · 조합임원의 선출 · 조합비 징수 및 비조합원에 대한 조합가입권유. 둘째, 사용자가 제공한 조합사무소와 게시판과 같은 시설물의 사용. 셋째, 쟁의행위와 관련된 홍보물의 부착 · 배포 · 리본 · 완장의 착용 · 집회 개최 등의 행위가 있다.

위 사례에는 노동조합의 조합활동과 사용자의 시설관리권을 어떻게 조화롭게 볼 것인가 하는 문제가 있다. 사용자의 시설관리권이란 사용자가 사업장 내의 시설물을 유지 · 관리할 수 있는 권능을 말한다. 물론 시설관리권은 법률상의 용어는 아니다. 근로자의 노동기본권에 대응하여 사용자가 가지는 경영권의 일환으로 소유권 내지는 점유권에서 파생되는 권리로 물건의 관리 이용에 관한 권리를 뜻하는 것이라고 할 수 있다.

사업장 내의 조합활동은 원칙적으로 사용자의 시설관리권에 근거한 규율이나 제약에 복종하여야 하나, 그 규율이나 제약은 사업의 원활한 수행을 위하여 합리성이 인정되는 것이어야 한다. 따라서 사례의 경우 B노동조합이 사원식당 벽면에 '임투승리를 위해 단결하자' 라는 플래카드를 걸고, 조합원으로 하여금 '임금인상 절대관철' 이라고 쓴 완장을 착용하게 하고, 조합의 입장을 고객에게 호소하기 위하여 그러한 내용의 포스터를 백화점 내에 게시한 조치가 회사의 업무수행 및 시설관리상에 실질적인 지장을 초래하였다고 볼 수 없으므로 B노동조합의 그러한 조치는 정당한 조합활동으로 보아야 한다. 그러므로 취업규칙 소정의 규정을 위반하였다고 하여 조합간부 C를 징계해고 한 것은 부당하다. 설령 정당한 조합활동이 아니라고 하여도 영업에 미친 실제의 타격에 비추어 C의 징계해고는 부당하다고 할 수 있다. 그러므로 회사의 플래카드와 포스터의 자력철거는 부당하다.

# 단체교섭

**● 사례**

A회사의 종업원으로 조직된 B노동조합은 임금인상요구서를 제출하면서 상부단체인 C산별노동조합에 교섭권한을 위임하고, 양 조합의 연명으로 A회사에 대한 단체교섭을 신청하였다. A회사는 B노동조합과의 단체협약 중에 유일교섭단체조항 및 단체교섭권 위임금지조항이 있음을 이유로 하여 임금인상요구서와 단체교섭 신청서의 수령을 거부하고 B노동조합과의 단체교섭이라면 언제라도 응하겠다는 뜻을 구두로 첨언하였다. A회사의 주장은 타당한가?

**관련법령** 노동조합 및 노동관계조정법 제2조【정의】이 법에서 사용하는 용어의 정의는 다음과 같다.

4. '노동조합'이라 함은 근로자가 주체가 되어 자주적으로 단결하여 근로조건의 유지·개선 기타 근로자의 경제적·사회적 지위의 향상을 도모함을 목적으로 조직하는 단체 또는 그 연합단체를 말한다. 다만, 다음 각 목의 1에 해당하는 경우에는 노동조합으로 보지 아니한다.

가. 사용자 또는 항상 그의 이익을 대표하여 행동하는 자의 참가를 허용하는 경우

나. 경비의 주된 부분을 사용자로부터 원조 받은 경우

다. 공제·수양 기타 복리사업만을 목적으로 하는 경우

라. 근로자가 아닌 자의 가입을 허용하는 경우, 다만, 해고된 자가 노동위원회에 부당노동행위의 구제신청을 한 경우에는 중앙노동위원회의 재심판정이 있을 때까지는 근로자가 아닌 자로 해석하여서는 아니 된다.

마. 주로 정치운동을 목적으로 하는 경우

노동조합 및 노동관계조정법 제29조【교섭 및 체결권한】① 노동조합의 대표자는 그 노동조합 또는 조합원을 위하여 사용자나 사용자단체와 교섭하고 단체협약을 체결할 권한을 가진다.

② 노동조합과 사용자 또는 사용자단체로부터 교섭 또는 단체협약의 체결에 관한 권한을 위임받은 자는 그 노동조합과 사용자 또는 사용자단체를 위

하여 위임받은 범위 안에서 그 권한을 행사할 수 있다.

③ 노동조합과 사용자 또는 사용자단체는 제2항의 규정에 의하여 교섭 또는 단체협약의 체결에 관한 권한을 위임한 때에는 그 사실을 상대방에게 통보하여야 한다.

노동조합 및 노동관계조정법 제81조【부당노동행위】사용자는 다음 각 호의 1에 해당하는 행위(이하 '부당노동행위'라 한다)를 할 수 없다.

3. 노동조합의 대표자 또는 노동조합으로부터 위임을 받은 자와의 단체협약체결 기타의 단체교섭을 정당한 이유 없이 거부하거나 해태하는 행위

4. 근로자가 노동조합을 조직 또는 운영하는 것을 지배하거나 이에 개입하는 행위와 노동조합의 전임자에게 급여를 지원하거나 노동조합의 운영비를 원조하는 행위. 다만, 근로자가 근로시간 중에 사용자와 협의 또는 교섭하는 것을 사용자가 허용함은 무방하며, 또한 근로자의 후생자금 또는 경제상의 불행 기타 재액의 방지와 구제 등을 위한 기금의 기부와 최소한 규모 노동조합사무소의 제공은 예외로 한다.

**사례의 해결** 노동조합 및 노동관계조정법 제81조 3호는 노동조합의 대표자는 물론 노동조합의 위임을 받은 자와의 단체교섭 거부를 부당노동행위로 금지한다. 위 사례에서 단체교섭권이 위임된 산별노조는 그 자체로서도 노조법 제2조 4호의 노동조합에 해당되는 한 단체교섭권의 주체, 곧 단체교섭의 당사자가 된다. 또한 노동조합 및 노동관계조정법 제29조에 의한 단체교섭권의 위임도 당연히 가능하다. 이는 주로 기업별조합의 약점을 보완하기 위한 통일교섭의 형태로 행하여진다. 그것을 거부하는 단체협약상의 조항은 모두 위법한 것이다. 따라서 상부단체인 C노동조합은 B노동조합과 함께 연명으로 A회사에 대하여 단체교섭을 신청할 수 있는 권한을 가지며, A회사가 연명의 교섭신청을 거부하고 B노동조합과의 교섭에만 응하겠다고 하는 주장은 노동조합 및 노동관계조정법 제81조 3, 4호에 위반되는 부당노동행위에 해당한다.

# 경영권

● **사례**

A회사는 서울에 있는 공장을 폐쇄하고 대구로 이전한다고 발표하였다. 그 회사의 종업원으로 구성된 B노동조합은 조합원의 대부분이 이사할 수 없고 퇴직할 수밖에 없으므로 공장이전에 반대하여 단체교섭을 신청하였으나, 회사는 공장이전이 경영방침으로 결정된 것이고, 노동조합과 단체교섭을 할 여지가 없으며, 전근이 불가능한 근로자의 대우문제는 개별적인 이사의 문제로 처리되어야 할 사항이라고 하는 이유에서 단체교섭을 거부하였다. 회사의 주장은 단체교섭을 거부할 수 있는 정당한 이유가 되는가?

**관련법령** 헌법 제33조 ① 근로자는 근로조건의 향상을 위하여 자주적인 단결권 · 단체교섭권 및 단체행동권을 가진다.

노동조합 및 노동관계조정법 제81조【부당노동행위】사용자는 다음 각 호의 1에 해당하는 행위(이하 '부당노동행위' 라 한다)를 할 수 없다.

3. 노동조합의 대표자 또는 노동조합으로부터 위임을 받은 자와의 단체협약체결 기타의 단체교섭을 정당한 이유 없이 거부하거나 해태하는 행위

**사례의 해결** 헌법 제33조 ①항에 규정되어 있는 단체교섭권이 부여된 이상 그 행사에는 민 · 형사법이 적용될 수 없고, 근로자는 사용자에게 성의를 가지고 단체교섭에 응할 것을 청구할 수 있으므로 사용자에게는 단체교섭을 응낙할 의무가 발생한다. 따라서 사용자가 정당한 이유 없이 단체교섭을 거부하면 노동조합 및 노동관계조정법 제81조 3호를 위반하는 것이 되어 부당노동행위에 해당하게 된다.

문제는 '정당한 이유' 가 무엇이냐 하는 것인데 사례에서는 특히 경영권사항이 문제가 된다. 경영권이란 사용자가 기업경영에 필요한 기업시설의 관리 · 운영 및 인사 등에 관하여 가지는 권리로, 근로자가 관여할 수 없는 배타적인 권리라고 말하여진다. 사례에서 A회사는 공장이전이 경영방침으로

결정된 것, 즉 경영권에 속하는 것으로서 노동조합과 단체교섭을 할 여지가 없다고 하고 있으나, 근로자의 근로조건과 관련되는 경영 · 생산관계사항은 단체교섭의 대상에 포함된다. 그러한 경영 · 생산관계사항으로는 새로운 기계의 도입, 설비의 갱신, 생산의 방법, 공장사무소의 이전, 경영자 · 상급관리자의 인사, 영업양도, 회사조직의 변경, 업무의 도급화와 같은 것이 있다. 따라서 A회사의 공장폐쇄와 원격지로의 이동은 종업원인 조합원 대부분에게 퇴직 등의 신분문제를 초래하여 그 근로조건에 중대한 영향을 미치는 것이므로 A회사는 그것에 대한 단체교섭을 거부할 수 없다. 또한 근로자의 개별적인 인사문제도 그것이 근로자의 근로조건에 중대한 변경을 초래하는 경우, 단체교섭의 대상이 된다.

# 단체협약

● **사례**

A회사는 종래 취업규칙에서 60세 정년제를 규정하였으나, 그 후의 신규채용자인 B에게는 입사시 그 정년제에 관계없이 종신직을 보장하겠다고 약속하였다. 그 뒤에 경기불황으로 업무를 축소하게 된 A회사는 C노동조합과 정년을 55세로 하는 단체협약을 체결하였다. 그 협약 체결시에 조합원인 B는 60세가 넘었다. 동 단체협약은 B에게 적용되는가?

**관련법령** 노동조합 및 노동관계조정법 제33조【기준의 효력】① 단체협약에 정한 근로조건 기타 근로자의 대우에 관한 기준에 위반하는 취업규칙 또는 근로계약의 부분은 무효로 한다.

② 근로계약에 규정되지 아니한 사항 또는 제1항의 규정에 의하여 무효로 된 부분은 단체협약에 정한 기준에 의한다.

**사례의 해결** 단체협약 중 '근로조건 기타 근로자의 대우'에 관한 기준에 위반하는 취업규칙 또는 근로계약 부분은 무효이고(강행적 효력), 무효가 된 부분은 단체협약에 정한 기준에 의한다(직접규율적 효력=직률적 효력). 근로계약에 규정되지 아니한 사항에 대하여도 같다. 이러한 단체협약의 강행적 · 직률적 효력을 규범적 효력이라고 한다.

이러한 규범적 효력을 갖는 단체협약이 개개 근로자의 개별적인 근로관계를 어디까지 제한할 수 있는가 하는 것이 문제된다. 단체협약에 의해서도 개별적인 근로관계를 변경할 수 없는 범위를 규범적 효력의 한계 또는 협약자치의 한계라고 한다. 단체협약은 근로조건의 유지 · 개선에 그 목적이 있는바 이 목적의 범위를 벗어나 단체협약을 체결한 경우 협약규제의 한계를 벗어난 것이 되어 그 효력이 부정된다. 다른 한편 단체협약은 근로자의 근로조건의 유지 · 개선을 목적으로 하지만 근로자 개인의 이익과 노동조합(근로자 전체)의 이익이 일치하지 않는 경우도 문제가 된다. 위 사례는 바로 그러한 경우라고 볼 수 있다.

위 사례를 살펴 보면 첫째, 변경된 55세 정년제 자체는 기업경영상 합리성을 갖는 것이므로 유효하다고 보아야 한다.

둘째, 55세 정년제가 유효하다고 하여도 그것은 종래의 근로조건을 불이익하게 변경한 것이므로 그러한 규정에도 규범적 효력이 생긴다고 보아야 하느냐에 대해서는 논쟁이 있다. 그러나 단체협약의 획일적이고 통일적인 기능을 중시하는 입장에서 보면 정년제는 조합원에게 일반적으로 적용되어야 하는 것이므로 규범적 효력은 인정되어야 할 것이다.

셋째, 개개 근로자와 사용자 사이에서 체결된 근로계약이 단체협약에서 정한 기준보다 유리한 경우 근로계약이 우선한다는 유리의 원칙은 기업별 단체협약이 이루어지고 있는 우리나라의 경우 협약의 기준은 기업 내에서 표준적 정형적인 기준의 성격을 가지므로 인정될 수 없다고 보는 것이 타당할 것이다. 따라서 55세 정년제에 위반된 B의 근로계약부분은 무효가 되고(강행적 효력), 55세 정년제가 B에게 적용된다(직률적 효력).

# 파업

### ● 사례

A회사의 B노동조합이 파업을 하여 A회사의 거래처인 C회사가 A회사로부터 납품을 받지 못하여 손해를 받은 경우, 다음과 같은 경우에 C회사는 A회사 또는 B노동조합에 대하여 손해배상을 청구할 수 있는가?

① B노동조합의 파업이 임금인상을 요구한 경우

② B노동조합의 파업이 A회사의 부당노동행위에 항의한 경우

**사례의 해결 |** 첫째, A회사의 C회사에 대한 채무불이행책임이 있는가를 판단해야 한다. 즉 B노동조합은 A회사의 이행보조자라고 할 수 있는가? 단체행동은 사용자의 지휘명령을 떠나 행해지므로 노동조합의 단체행동으로 인한 사용자의 책임을 물을 수는 없다. 따라서 단체행동을 사용자의 귀책사유로 볼 수 없다. 실제로 사용자에게 귀책성을 인정하면 단체행동의 파괴로 인한 부당노동행위도 발생할 수 있고, 친회사는 면책약관에 의해 책임이 면제되고 면책약관을 체결하지 아니한 도급기업만이 책임을 지는 것이 되어 부당하다. 그러나 단체행동이 사용자의 위법행위에 근거하는 경우, 단체행동을 사용자에 의한 행위의 일부로 볼 수도 있으므로 그런 경우에는 채무불이행책임을 진다고 보아야 한다. 또한 단체행동이 정당성을 갖지 않는 경우, 위법한 집단행동에 의한 손해를 제3자가 감수해야 할 필연성은 없으므로 채무불이행책임을 져야 한다.

따라서 ①의 경우에 A회사는 C회사에 대해 책임을 지지 않으나, ②의 경우는 책임을 져야 한다.

둘째, B노동조합은 C회사에 대해 불법행위책임을 지는가를 판단해야 한다. 단체행동이 정당한 경우 제3자도 수인의무가 있으므로 위 ①, ②의 경우 B노동조합의 불법행위책임은 발생하지 않는다.

# 부당노동행위

### ● 사례

A회사 취업규칙에는 회사 구내에서 문서 등을 배포하는 경우에는 미리 회사의 허가를 얻어야 한다는 규정이 있다. 회사 내에서 종업원으로 구성된 B노동조합이 결성되자 부장 및 과장의 일부가 조합원에 대하여 노동조합에서 탈퇴하도록 설득하였다. B노동조합은 위 부 · 과장의 행위가 지배개입으로서 부당노동행위라고 항의하자 사장은 그 행위가 회사의 뜻에 반하므로 앞으로는 그런 일이 발생하지 않도록 엄중히 주의시키겠다고 약속하였다. 그 후 임금인상 요구 시에 B노동조합이 교섭과정을 보고하는 조합뉴스를 시업 전과 휴게시간에 회사구내에서 조합원에게 배포하자 일부의 부 · 과장이 무단의 문서배포는 취업규칙에 위반된다고 하는 이유에서 그 배포를 저지하고 이미 배포된 조합뉴스를 일부 조합원으로부터 회수하였다. 나아가 회사는 B노동조합에 대하여 위의 무단 문서배포는 취업규칙에 위반하고, 앞으로 그러한 행위가 재발하지 않도록 하고, 추후의 배포에 대해서는 징계처분을 한다는 경고서를 노동조합에 교부하고 그러한 취지의 문서를 회사 게시판에 게시하였다. 위 경고서의 교부와 게시는 부당노동행위에 해당하는가?

**관련법령** | 노동조합 및 노동관계조정법 제81조【부당노동행위】 사용자는 다음 각 호의 1에 해당하는 행위(이하 '부당노동행위' 라 한다)를 할 수 없다.

1. 근로자가 노동조합에 가입 또는 가입하려고 하였거나 노동조합을 조직하려고 하였거나 기타 노동조합의 업무를 위한 정당한 행위를 한 것을 이유로 그 근로자를 해고하거나 그 근로자에게 불이익을 주는 행위

2. 근로자가 어느 노동조합에 가입하지 아니할 것 또는 탈퇴할 것을 고용조건으로 하거나 특정한 노동조합의 조합원이 될 것을 고용조건으로 하는 행위. 다만, 노동조합이 당해 사업장에 종사하는 근로자의 3분의 2이상을 대표하고 있을 때에는 근로자가 그 노동조합의 조합원이 될 것을 고용조건으로 하는 단체협약의 체결은 예외로 하며, 이 경우 사용자는 근로자가 당해 노동조합에서 제명된 것을 이유로 신분상 불이익한 행위를 할 수 없다.

3. 노동조합의 대표자 또는 노동조합으로부터 위임을 받은 자와의 단체협약체결 기타의 단체교섭을 정당한 이유 없이 거부하거나 해태하는 행위

4. 근로자가 노동조합을 조직 또는 운영하는 것을 지배하거나 이에 개입하는 행위와 노동조합의 전임자에게 급여를 지원하거나 노동조합의 운영비를 원조하는 행위. 다만, 근로자가 근로시간 중에 사용자와 협의 또는 교섭하는 것을 사용자가 허용함은 무방하며, 또한 근로자의 후생자금 또는 경제상의 불행 기타 재액의 방지와 구제 등을 위한 기금의 기부와 최소한 규모 노동조합사무소의 제공은 예외로 한다.

5. 근로자가 정당한 단체행위에 참가한 것을 이유로 하거나 또는 노동위원회에 대하여 사용자가 이 조의 규정에 위반한 것을 신고하거나 그에 관한 증언을 하거나 기타 행정관청에 증거를 제출한 것을 이유로 그 근로자를 해고하거나 그 근로자에게 불이익을 주는 행위

노동조합 및 노동관계조정법 제2조【정의】이 법에서 사용하는 용어의 정의는 다음과 같다.

2. '사용자'라 함은 사업주 · 사업의 경영담당자 또는 그 사업의 근로자에 관한 사항에 대하여 사업주를 위하여 행동하는 자를 말한다.

**사례의 해결** 부당노동행위란 근로자나 노동조합이 노동위원회에 의해 구제 받을 수 있는 사용자의 부당한 노동운동 침해행위를 말한다. 부당노동행위제도는 사용자의 노동운동 방해행위에 의해 노동기본권이 실현되지 못하는 데 대한 대비책으로, 헌법 제33조에서 보장된 노동 3권, 즉 단결권 · 단체교섭권 · 단체행동권을 구체적으로 확보하기 위한 제도이다. 노동조합 및 노동관계조정법에서는 이에 관해 첫째, 제81조에서 사용자의 다섯 가지 노동운동 방해행위를 부당노동행위의 유형으로 정하고, 둘째는 제82조에서부터 제86조에 걸쳐서는 노동위원회에 의한 신속하고 탄력적인 구제절차를 규정하고 있으며, 셋째는 제90조와 제95조에서는 구제명령인 행정처분을 위반한데 대한 벌칙을 규정하고 있다.

사례에서 일부의 부장 및 과장이 조합원에게 노동조합의 탈퇴를 설득한 것은 노동조합 및 노동관계조정법 제81조 4호에 위반되는 사용자의 지배개입이라고 할 수 있다. 왜냐하면 부장이나 과장은 노동조합 및 노동관계조정

법 제2조 2호가 규정하고 있듯이 그 사업의 근로자에 관한 사항에 대하여 사업주를 위하여 행동하는 자에 해당되기 때문이다. 그리고 취업규칙에 문서배포의 허가제가 규정되어도 조합뉴스를 취업시간 외에 배포하는 것은 정당한 조합활동으로서 직장질서에 아무런 영향도 미치지 않으므로 그것을 허가제로 함은 부당하다고 할 것이다. 따라서 그것에 대한 위반을 이유로 한 A회사 측의 경고서의 교부나 게시는 노동조합활동에 대한 지배개입으로서 부당노동행위에 해당된다.

國際法

# 국제법

이용호 · 채형복

# 국제법의 개념

일반적으로 법을 국내법과 국제법으로 구별하고 있는 바, 여기서 국제법이란 무엇인가?

**정의** 일반적으로 국제법이란 주로 국가 간의 관계를 규율하나, 부분적으로는 국제기구를 비롯하여 자연인이나 또는 법인 등에도 적용되는 국제사회의 법이라고 정의되고 있다. 따라서 1개의 세계국가를 전제로 한 법인 세계법, 일국의 영토 내에서 국가 · 공공단체 · 법인 · 개인 등의 주체 상호간의 관계를 규율하는 국내법 · 섭외적 생활관계에 적용되는 국제사법 · 국경을 초월하는 제행동과 사건을 규율하는 모든 법인 초국내법(transnational law), EU와 같이 그 구성국가에 대하여 법적 구속력을 가진 규범을 제정할 수 있는 소위 초국가적 조직의 법인 초국가법(supernational law) 및 일방은 국제법 주체이나 타방은 국제법 주체가 아닌 당사자 간의 관계를 규율하는 법인 준국제법(quasi-international law) 등과는 구별된다.

또한 국제법은 국내법과의 관계에서 법원, 규율대상 및 적용형식이 상이함에 유의하여야 한다. 먼저 국내법이 국가의 단독의사에 의한 성문법과 불문법을 그 법원으로 하는데 반하여, 국제법은 제국가의 공동의사에 기초한 조약과 국제관습법 등을 그 법원으로 하고 있다. 둘째, 국내법이 일국의 영토 내에서 국가 · 공공단체 · 법인 · 개인 등의 주체 상호간의 관계를 규율대상으로 하는데 반하여, 국제법은 일반적으로 국가와 국제기구 등의 상호관계를 그 규율대상으로 하고 있다. 셋째, 국내법이 권력자의 지위에서 명령적으로 적용되는 경향을 보이는데 반하여, 국제법은 원칙적으로 각 국가를 대등한 지위에 두고 적용되고 있다. 그 밖에도 국내법과 비교해서 정립의 분권성 · 집행의 분권성 · 내용의 추상성 · 주체의 소수성 · 원시성 등의 특징을 갖는다.

**법적성질** 국제법이 법인가? 이에 대해 국제법의 법적 성질을 부인하는 학자는 오늘날 거의 없으며, 각국의 외무부나 재판소도 동일한 견해를 취하고 있다.

그러나 역사적으로 국제법의 법적 성질을 부인한 학자들이 있었던 바, 그들의 논거는 국제법이 중앙집권성을 결여하고 있다는 점, 강제성을 결여하고 있다는 점 및 실효성을 결여하고 있다는 점 등으로 요약할 수 있다. 결국 국제법의 법적 성질을 부인한 학자들은 상기 3가지의 논거에서 국제법이 법이 아니다 라고 주장하였던 것이다.

### 1) 국제법은 중앙집권성이 결여되어 있는가?

국내사회와 비교할 경우, 국제사회는 중앙집권성이 미비하다고 할 수 있다. 그러나 이러한 중앙집권성의 미비라는 사실만으로써 국제법의 법적 성질을 부인할 수 있겠는가 하는 점에서는 의문이 있다. 나아가 오늘날 UN을 비롯한 각종 국제기구에 의해 일정한 중앙집권적 통제가 나타나고 있음을 볼 수 있고, 특히 EU에서는 더 강화된 통제기능을 볼 수  있다.

### 2) 국제법은 강제성이 결여되어 있는가?

국제법에 강제성이 없다 라는 평가는 옳지 못한 판단이라고 하겠다. 왜냐하면 사실상 국제법 위반행위에 대한 강제적 제재는 당사국이 스스로 취하는 일방적 제재와 UN 등 국제기구가 취하는 집단적 제재로 분산되어 나타나기 때문에, 강제성이 미약한 것으로 보이는데 지나지 않는다는 것이다.

### 3) 국제법은 실효성이 없는가?

국제법은 그 위반현상이 빈번히 일어나고 있다는 점에서 그 실효성에 의문이 제기되고 있으나, 실질적으로 잘 준수되고 있다고 평가하는 것이 합당하다고 하겠다. 이를 반영하듯 Moore는 "국제법은 국내법 못지않게 잘 준수되고 있다"고 역설한 바 있다.

결국 경제 · 사회 · 기술 · 통신 · 경제분야는 잘 준수되고 있는 반면, 비교적 핫이슈로 크게 문제시되는 분야인 정치 · 외교 · 군사분야에서의 비준수가 가끔씩 일어남으로써 실제보다도 과장되게 그 비준수가 우리의 의식 속에 각인된 측면이 존재한다는 것이다.

**4) 이상의 검토를 종합할 때, 국제법의 법적 성질을 부인하는 것은 합당한 평가라고 볼 수 없다고 하겠다.**

**현대적 과제** 오늘날 국제법이 직면하고 있는 주요과제로는 새로운 경제질서의 형성에 따른 문제, 냉전의 산물로서 군축과 그 비용문제, 빈번한 국지전과 기아문제, 공해와 우주공간 등의 효율적 이용문제, 인권의 국제적 보호문제, 환경문제, UN개혁문제 등을 예로 들 수 있으며, 특히 우리나라와 밀접한 관계를 보이는 경우로서 통일문제 · 독도문제 · 기타 안보문제 등을 들 수 있다.

# 국가의 형태

국제사회에는 약 200여개 국가가 일정한 영토를 점하고 존재하고 있으며, 이들 국가는 우리나라나 일본처럼 단일국가의 형태 이외에 다양한 국가형태를 취하며 존재하고 있다. 그렇다면 연방국가 · 영연방 · 독립국가연합 및 영세중립국이란 무엇인가?

**연방국가** 복수의 국가가 조약 또는 헌법에 의하여 사실적으로 결합한 것으로서, 연방만이 외교능력을 가지며 구성국은 외교능력을 가지지 않는 것이 일반적이다. 오늘날 연방국가로는 미국 · 스위스 · 독일 · 캐나다 · 베네주엘라 · 아르헨티나 · 브라질 · 오스트리아 · 나이지리아 등이 있다.

**영연방 (Commonwealth)** 영국은 원래 식민제국으로서 단일주권국가였으나, 그 식민지가 점차 자치령(Dominions)으로 발전하기도 하고 또 어느 것은 자치령의 지위에서 벗어나 독립국을 형성하기도 하였다. 이처럼 영본국 이외에 상술한 바와 같은 독립국, 자치령 및 속국 등을 포함한 국가집단을 영연방이라고 한다. 이러한 영연방의 주요 국가는 캐나다 · 오스트레일리아 · 뉴질랜드 · 인도 · 파키스탄 · 스리랑카 · 케냐 · 말레이시아 · 나이지리아 · 키프로스 · 탄자니아 · 사이퍼러스 · 가나 등이다.

**1) 영연방제국간의 일반적 관계**

영연방제국은 상호대등한 관계에서 대외적으로 독자적 외교능력을 가진다. 즉 영연방 자체는 독자적 외교능력을 갖지 않으며, 또한 중심기관도 아니다. 본래 영국왕관의 상징하에 결집하여 그 상호관계는 국내법으로 규율되고 국제법의 규율을 받지 않았으나, 오늘날 국제법의 적용이 배제되는 내부관계도 국제관계로 변질되고 있다.

### 2) 영연방제국의 대외관계에 있어서의 특수성

첫째, 영연방제국은 대외관계에 있어서 독립된 자격을 부여받고 있다. 즉 영연방제국은 UN 가맹국으로의 지위, 외교사절의 파견 및 접수, 조약의 체결 등을 독자적으로 향유한다.

둘째, 조약의 체결시, 영연방제국간의 이해를 조절하기 위하여 사전에 기타 영연방제국에 통고할 의무가 존재한다.

셋째, 영연방제국 상호간에는 高等辦務官(High Commissioners)이 파견된다.

넷째, 영연방제국 상호간의 분쟁은 통상의 국제분쟁으로 취급되지도 않고 동시에 국제재판에 의한 해결에 부탁되지도 않는다. 그러나 제2차 세계대전 이후, 영연방제국간에 체결된 조약 중에 특정사항에 관하여 ICJ의 관할권을 인정한 사례가 나타나고 있고, 또한 영연방제국간의 분쟁이 UN에 제소되는 예도 있다.

다섯째, 영연방제국 상호간에는 통상 및 무역에 관한 '영연방조항(Commonwealth Clause)' 을 통해 특혜대우를 한다.

여섯째, 영연방제국의 모든 국민에게는 '영연방제국의 시민' 으로서의 지위 인정한다.

**독립국가연합 (Commonwea-lth of Independent States, CIS)**

독립국가연합은 새로운 요소를 갖는 독특한 국가결합형태를 이루고 있으며, 또한 그 운명에 관한 미래도 아직은 미지수이다. 그러나 지금까지의 정황에 비추어 각 공화국이 국제법주체로 간주되고 있으며, 독립국가연합 그 자체는 국제법주체성을 갖지 않는 것으로 인정되고 있다.

특히, 1999년 12월 8일의 러시아-벨로루시 간의 연방구성선언으로 인해, 독립국가연합의 미래는 더욱 불투명하게 되었다.

**영세중립국**

**1) 영세중립국의 의의**

타국가간의 무력충돌에 있어서는 중립을 지키고 또한 자발적으로 어떠한 국가에 대해서도 무력충돌에 호소하지 않을 것을 조약에 의하여 의무를 지고 있는 국가를 영세중립국이라고 한다.

영세중립국을 창설한 목적은 그 국가의 독립과 국경현상을 유지하고, 타국의 지배하에 들어가는 것을 배제함으로써 강대국 사이의 세력균형을 유지하여 무력충돌의 발생을 방지하는데 있다.

**2) 형태**

첫째, 스위스식 영세중립국이다. 1815년의 Wien조약에 의하여 관계국이 스위스의 영세중립을 승인하고, 스위스의 영토보전과 불가침을 약속하고, 중립침범의 경우에는 힘에 의한 저지를 보장하였던 바, 스위스는 Wien조약에 가입함으로써, 영세중립국이 되었다. 2002년에 와서 비로소 스위스는 UN에 가입하였다.

둘째, 오스트리아식 영세중립국이다. 오스트리아는 1955년에 제정된 「오스트리아의 중립에 관한 연방헌법규정」이라는 국내법에 의하여 영세중립을 선언하고(또한 동시에 군사동맹에 참가하지 않으며, 외국에 군사기지를 부여하지 않는다는 취지를 규정하고 있음), 이의 승인을 각국에 구하였다. 이에 4대 강대국(미 · 영 · 프 · 구소련)을 포함한 다수국가가 이것을 승인함으로써, 영세중립국이 되었다. 오스트리아는 1955년 UN에 가입하였다.

# 배타적 경제수역

1994년 UN해양법협약이 발효되었고, 그 속에는 배타적 경제수역이라는 새로운 개념이 포함되어 있다고 들었습니다. 배타적 경제수역(exclusive economic zone, EEZ)이란 무엇인가?

**사례의 해결** 배타적 경제수역이란 연안국의 영해 외측에 접속하는 수역으로서, 그 수중 · 해저 및 지하에 있는 모든 생물 · 미생물 천연자원에 대한 연안국의 배타적 관할권이 인정되는 200 해리 범위의 수역을 말한다.

여기에서 연안국은 다음과 같은 권리를 향유한다.

첫째, 그 해저 · 해저지하 · 상부수역에 있어서의 생물 · 비생물 자연자원의 탐사 · 개발 · 보존 · 관리를 위한 주권적 권리 및 해류 · 해풍 · 해수를 이용한 에너지 생산 등 동 수역의 경제적 탐사 및 개발활동에 관한 주권적 권리를 향유한다. 여기서 주권적 권리란 자원의 개발 · 보존 · 관리의 목적으로 행사될 수 있는 권리로서, 영역주권과는 다른 개념이다.

둘째, 인공도 · 시설 · 구조물의 설치 · 사용에 대한 배타적 관할권, 해양환경의 보호 보존에 관한 관할권 및 해양과학조사에 관한 관할권을 갖는다.

셋째, 임검 · 수사 · 체포 · 기소를 포함한 조치 등 법과 규칙의 시행권을 갖는다. 단 배타적경제수역내에서의 어업법령위반에 대한 관계당사국간의 별도의 합의가 없는 한, 금고형 또는 기타 체형을 가할 수 없다. 또한 외국선박을 나포 또는 억류하는 경우에는 그 기국에 신속히 통보하여야 한다.

# 독도영유권 분쟁의 주요 논점

한국과 일본은 독도를 둘러싸고 영유권분쟁을 벌이고 있는 바, 이러한 분쟁의 주요 논점은 무엇인가?

**서언** 한 · 일 양국은 독도의 영토적 귀속을 결정할 기준으로서 각각 다양한 주장을 펼쳐 왔던 바, 그것은 크게 고유영토의 여부, 계속적이고 실효적 점유와 통치의 여부 및 제2차 세계대전 직후의 각종 문서의 해석 등에서 대립되고 있다.

**고유영토의 여부** 독도의 영토적 귀속을 결정할 기준으로써 한 · 일 양국은 독도를 자국의 '고유영토' 라고 각각 주장하고 있다. 주지하는 바와 같이 국가가 성립하기 위해서는 일정한 영토의 존재를 하나의 요건으로 하는 바, '고유영토' 라 함은 국가의 성립 당시부터 그 국가의 성립의 기초가 되는 영토를 의미한다. 따라서 우리나라나 또는 일본의 '고유영토' 라고 함은, 영토에 관한 실정국제법이 근대국제법에 유래하는 것이라는 점에 비추어, 근대국제법의 규율대상이 되기 시작한 시점에 각각의 영토로서 가지고 있었던 것을 말한다. 아무튼 그 시점이 언제부터인지의 여부에 관해서는 별도의 논의가 필요할 것이지만, 그 시점에 우리나라와 일본이 영유하고 있었던 영토를 국제법적으로는 우리나라 또는 일본의 영토라고 할 수 있을 것이다. 이렇게 볼 때, 결국 한 · 일 양국의 독도에 대한 고유영토의 주장은 어느 쪽이 독도에 대한 지리적 인식과 그에 결부된 영유의 의식이 더 빠르고 정확하였는가의 문제로 귀착된다. 따라서 여기서는 한 · 일 양국이 독도를 각각의 '고유영토' 로 주장하는데 대한 역사적 증거가 되는 자료들을 중심으로 한 고찰이 필요한 것이다. 그러나 여기서는 그 양이 너무 방대하고 또한 그 검토가 역사적 고찰이므로 생략하고자 한다.

**실효적 지배의 여부**

고유영토가 아닌 경우에 있어서, 국제법상 영토 취득은 일반적으로 선점 · 할양 · 병합 · 첨부 · 시효 및 정복 등에 의하여 이루어진다. 이러한 영토의 취득행위 가운데 '독도'와 관련이 있는 것은 선점뿐이다. 선점은 무주지를 대상으로 점유할 국가의 의사표시와 실효적 · 계속적 · 평화적 지배를 요건으로 한다.

아무튼 일본은 독도에 대한 '실효적 지배'를 하여 왔음을 주장하고 있고, 이에 대해 우리나라는 반론을 펴고 있다. 그렇다면 일반적으로 영유권 귀속에 있어서 가장 중요한 기준이 되고 있는 독도에 대한 한 · 일 양국의 '계속적이고 실효적 점유와 통치'는 어떠한가?

일본이 독도에 대한 실효적 지배를 하였다는 주장은 조선시대의 空島政策과 밀접한 관련을 가진다. 범인 · 세금포탈자들의 도주를 막고 왜구와의 결탁을 막기위해 실시하였던 공도정책은 무려 1417년~1883년까지 450년간이나 계속되었다. 이러한 조선의 정책을 틈타 일본은 이른바 울릉도를 '경영'하면서 독도에 관한 지리적 인식이 증가하고 또 울릉도에 가는 항로의 도중에 독도를 경유하는 일이 있었던 것이다.

그러나 울릉도와 독도의 영유를 확인한 안용복 사건에서 보는 것 처럼, 상기 일본의 일련의 행위로부터 독도의 실효적 지배가 있었다고 보기에는 어려울 것으로 생각된다.

그 후, 우리나라의 독도에 대한 영유의식은 1900년 10월 25일 의정부의 의결을 거쳐 반포된 울릉도 지방관제 법령(대한제국정부 칙령 제41호)에서 확인되고 있는 바, 여기서는 울릉도에 군수를 파견하며(제1조), 그 관할구역을 鬱陵全島와 竹島 · 石島(독도)로 한다고 규정하고 있다(제2조).

이러한 와중에서, 1905년 2월 22일 島根(시마네)縣告示 제40호가 등장하게 되는데, 일본은 이를 자국의 독도 선점의 결정적 근거로 삼고 있는 것 같다. 따라서 여기서는 島根(시마네)縣告示 제40호와 관련한 약간의 측면을 살펴보고자 한다.

#### 1) 일본의 주장

19세기 후반 明治時代에 접어들면서 隱岐(오키)섬의 島民이 독도에서 어로활동을 활발하게 벌이게 됨으로써, 그 남획을 방지하기 위하여 일본정부는 1905년 독도를 島根縣隱岐島司의 관할하에 두기로 결정하고 이를 島根縣告示로서 공시하였다고 한다. 이러한 공시는 그 당시 일본이 영토선점을 발표하는 관행에 따른 것이므로, 국가의사의 공식적 발표로서 상기 조치는 영토선점에 관한 국제법상의 요건을 충족하였다는 것이다. 그 후, 일본은 독도를 일본식 명칭인 竹島로 토지대장에 등재하여 관련법규를 개정하여 독도에서의 어업허가제를 실시하는 등 제2차 세계대전 종료시까지 독도에 대한 실효적 지배를 계속하였다고 주장하고 있다.

#### 2) 그 부당성(우리나라의 주장)

전술한 島根縣告示 제40호에 따른 영토선점이라는 일본의 주장에 대해, 다음과 같은 부당성이 지적되고 있다.

첫째, 일반적으로 영토선점은 무주지를 대상으로 하며, 이는 국제판례도 인정하고 있는 바이다. 그러나 그 당시 독도는 무주지가 아니라 조선의 영토였다는 점이다. 이는 상술한 '대한제국정부 칙령 제41호'에서 극명하게 잘 나타나고 있다. 물론 조선이 空島政策을 시행한 바 있으나, 조선이 1696년 이후 3년 또는 1년 주기로 순찰사를 파견하는 등 조선의 지배권을 확인하여 왔다는 점에서 단순히 공도정책 그것만으로 독도가 무주지가 된 것은 아니라고 하겠다.

둘째, 島根縣告示 제40호를 통한 일본의 독도영유의사는 지방행정기관에 의해 비밀리에 행하여졌으며, 또한 한국정부에 통고되지 않았다는 점이다. 따라서 국제법상 선점의 의사는 대외적으로 표시되어야 하는 요건을 충족할 수 없는 것이다. 즉 1905년 1월 28일 독도편입조치를 위한 일본 각의의 결정과 동년 2월 22일의 島根縣告示는 선점의 의사를 대내적으로 표시한 것에 불과하다는 것이다. 특히 島根縣告示 제40호는 현지사의 이름으로 고시되었음으로써 이는 국제법상 국가의사의 대외적 표시로 볼 수 없는 것이다.

셋째, 島根縣告示 제40호를 통한 일본의 독도편입조치는 일본이 1904년 2월 18일의 '한일의정서'와 1904년 8월 22일의 '제1차 한일협약' 등을 우리나라에 일방적으로 강제하고 우리의 외교권을 실질적으로 장악하고 있는 상황하에서 이루어진 것이므로, 이는 국제법상 무효인 것이다. 이와 관련하여 일본은 島根縣告示 제40호를 통한 독도편입조치 이후 대한제국 정부의 항의가 없었다고 주장하나, 상술한 외교권이 박탈된 상황에서 강력한 외교적 항의를 대한제국에게 기대하기란 매우 어려운 일이었을 것이다. 다만 그 편입조치 이후 대한제국이 독도를 우리의 영토로 확인한 사실이라든가 또는 황성신문과 대한매일신보 등이 일본의 영토편입조치에 항의의 주장을 제기한 사실 등을 상기하고자 한다.

넷째, 島根縣告示 제40호가 있은 이후에도, 우리나라는 독도를 우리의 영토로 인식하였으며(대표적인 것으로 울릉군수 심흥택의 보고서), 일본도 독도를 자국의 영토로 생각하지 않았다는 점이다(대표적인 것으로 1936년의 육지측량부 발행지도구역일람도 - 其一 - 및 1906년의 田然友彦의 한국지리지:제국백과사전, 1930년의 橘田雪湖의 논설, 1933년의 일본해군성의 수로지).

**전후의 각종문서**

상술한 고유영토의 여부 내지 실효적 지배의 여부 등의 문제와는 별개로, 독도의 영유권 귀속이 결정될 수 있는 국제법적 근거가 있다. 그것은 제2차

세계대전 이후에 연합국이 일본의 영토문제 특히 섬의 귀속문제에 대한 관련문서들로서, 연합국최고사령부지령(Supreme Command Allied Powers Instruction:이하 SCAPIN이라 약칭함) 제677호와 제1033호 및 샌프란시스코 대일평화조약 등을 들 수 있다. 한·일 양국은 이러한 문서의 해석을 둘러싸고 첨예한 대립을 보이고 있는 바, 그것은 다음과 같다.

### 1) 일본의 주장

1946년 1월 29일의 SCAPIN 제677호 제3항에서는 일본의 영토와 주권행사의 범위(Hokaido, Honshu, Kyushu, Shikoku 등 4개의 주요섬과 인근의 약 1,000개의 작은 섬)를 정하면서, 독도를 일본의 영토에서 제외됨을 명시하고 있다. 그런데 동 문서 제6항에서는『본 지령의 어떠한 내용도 Potsdam선언 제8조에 언급된 작은 섬들의 최종적 결정에 관한 연합국의 정책을 표시한 것은 아니다』라고 규정하고 있다. 따라서 일본은, 상기 제6항을 근거로, 그것이 Potsdam선언 제8조에 언급된 작은 섬들의 최종적 결정에 관한 연합국의 정책을 표시한 것으로 해석해서는 안된다고 주장한다. 즉 다시말해서 SCAPIN 제677호에 의한 독도의 일본영토로부터의 분리가 없었다고 주장한다.

다음으로 1946년 6월 22일의 SCAPIN 제1033호에서는 '일본인의 어업 및 포경업의 허가구역' 을 설정하여 '일본인의 선박 및 승무원은 금후 독도의 12해리 이내에 접근하지 못하며 또한 독도와 일체 접촉해서는 아니된다' 라고 규정하면서, 다만 이 지령도 '일본의 관할권, 국제경계선 또는 어업권에 관한 최종적 결정으로서의 연합국의 정책표명은 아니다' 라고 하고 있다. 따라서 일본은 이 단서조항을 가지고 상기와 같은 주장을 펴고 있다.

끝으로 1951년 9월 8일에 샌프란시스코에서 48개 연합국을 일방으로 하고 일본을 타방으로 한 대일평화조약이 체결되었는 바, 동 조약 제2조 (a)항에서는『일본국은 조선의 독립을 승인하여 제주도·거문도 및 울릉도를 포함하는 조선에 대한 모든 권리·권원 및 청구권을 포기한다』라고 규정하고 있다. 따라서 일본은 이 조항 즉 모든 권원을 포기한 지역으로 독도를 명시하지 않고 있기 때문에, 독도는 일본의 영토로부터 분리된 바 없다고 주장하고 있다.

#### 2) 그 부당성(우리나라의 주장)

상술한 일본의 주장은 다방면에서 설득력을 잃고 있는 바, 그것을 하나씩 지적하면 다음과 같다.

먼저 SCAPIN 제677호와 관련한 일본의 주장에 대해 다음과 같은 반론을 제기할 수 있다.

첫째, SCAPIN 제677호의 제5항을 주목할 필요가 있다. 주지하는 바와 같이 일본이 1945년 8월 15일 연합국에 항복하여 동년 9월 2일 항복문서에 조인을 하였다. 따라서 동경에 연합국최고사령부가 설치되어 일본통치를 담당하게 되자, Cairo선언과 Potsdam선언의 제규정을 집행하기 시작하였다. 여기서 연합국최고사령부는 일본 해체작업의 일환으로 SCAPIN 제677호(즉 약간의 주변지역을 정치상 · 행정상 일본으로부터 분리하는데 대한 지령)를 발표하였다. 이 지령에서는 상기한 것처럼 일본의 영토를 정의하면서 독도를 일본영토에서부터 제외하였던 것이다. 그러면서 동 지령 제5항에서는『이 지령에 포함된 '일본의 정의(the definition of Japan)' 는 그에 관하여 다른 특별한 지령이 없는 한 또한 본 연합국최고사령부로부터 발하는 모든 지령 · 각서 · 법령에 적용된다』라고 규정하고 있기 때문에, 이 지령상의 '일본의 정의' 에 변경을 가하고자 할 때에는 반드시 연합국최고사령부가 그에 관한 다른 지령을 발하여야 하며, 그렇지 않는 한 이 지령에서의 '일본의 정의' 는 미래에 영구히 적용된다는 것이다. 결국 연합국최고사령부가 '다른 지령' 을 내린 바 없다는 점에서, 독도는 SCAPIN 제 677호에 의해 주한 미군정에 이관되었고, 그후 1948년 8월 15일 대한민국이 수립되면서 자동적으로 우리의 영토로 반환되었던 것이다.

둘째, 앞서 일본이 독도를 자국영토로부터의 분리가 없었다고 주장하는 근거로 삼고 있는 SCAPIN 제677호 제6항의 해석에 대한 객관성 문제이다.

SCAPIN 제677호 제6항 규정에 대한 공정한 해석은 앞의 일본이 내린 해석과는 달리, 장차 있을 지도 모르는 일본영토의 추가적 분리와 같은 사태를 대비하여 SCAPIN 제677호 제3항(일본영토의 정의)의 결정을 수정할 수 있는 가능성을 남겨 둔 것이라고 보아야 할 것이다. 덧붙여서 이 경우의 그러한 '수정'에도 '다른 지령'을 요함은 당연하다고 할 것이다.

다음으로 SCAPIN 제1033호와 관련해서도, 연합국최고사령부의 진정한 의도는 독도가 한국의 영토이므로 일본의 어부들과 모든 선박이 독도수역 12해리 이내에 들어가지 못하도록 하는데 있는 것으로 해석되며, 아울러 상기 SCAPIN 제677호를 둘러싼 일본의 주장에 대한 우리나라의 반박논리를 원용할 수 있을 것으로 생각된다.

마지막으로 대일평화조약 제2조 (a)에서 일본이 포기하는 영역으로 독도가 명시되지 않았기 때문에, 독도는 일본이 포기한 섬이 아니라는 일본의 주장에 대하여, 다음과 같은 반론을 제기할 수 있다.

첫째, 대일평화조약 제2조에서 일본으로부터 분리되는 도서로 제주도, 거문도, 울릉도만을 열거하고 있는 바, 이는 일본으로부터 분리되는 중요한 島嶼만을 열거한 것이고 모든 도서를 열거한 것이 아니라는 점을 인식할 필요가 있다.

둘째, 동 조약 제2조에서 열거된 제주도, 거문도, 울릉도는 한국의 최외측에 위치한 도서만을 열거한 것은 아니라는 점이다. 이는 제주도 남방 외측에 마라도가 위치하고 있으나, 동조에서는 마라도를 열거하지 아니하고 제주도를 열거하고 있는 것으로 보아 명백하다.

이상과 같은 SCAPIN 제677호와 제1033호 및 대일평화조약 제2조 등을 둘러싼 한 · 일 양국의 주장을 객관적으로 평가할 때, 일본의 주장은 부당하다고 판단된다. 따라서 상술한 戰後의 각종 문서에 의해서 독도가 우리의 영토로 재확인되었다고 보는 것이 타당하다고 생각된다.

# 독도영유권 분쟁의 해결과 ICJ

한 · 일간의 독도영유권문제를 둘러싸고, 많은 국민들은 그 문제를 국제사법재판소(International Court of Justice : ICJ)에 의해 해결하자고 하는데, 그러한 해결이 가능한가?

**서언**

한 · 일 양국 간에는 영유권귀속을 둘러싼 대립뿐만 아니라 독도의 영유권문제의 해결방법과 관련해서도 첨예한 대립을 보이고 있다. 즉 일본은 독도문제를 법적 분쟁으로 인식하여 사법적 해결을 주장한 반면, 우리나라는 최소한 법적 분쟁으로는 인식하지 않고 있으며 따라서 사법적 해결을 반대하고 있는 것 같다.

**사법적 해결의 여부**

독도문제가 법적 분쟁으로서의 성격을 가지는가에 관해 한 · 일 양국은 상반된 견해를 취하고 있다.

먼저 우리 정부는 독도가 우리의 영유에 속한다는 것은 명확하고 다툴 여지가 없는 사실로서 독도의 영유권에 관해서는 분쟁이 존재하지 않는다는 일관된 태도를 취하고 있다. 그런데 여기서 '분쟁이 존재하지 않는다' 라는 말의 의미가 무엇인가 하는 점에서는 논란이 있다. 즉 독도와 관련한 어떠한 분쟁도 전혀 존재하지 않는다는 것인지, 아니면 정치적 분쟁(이 경우에는 ICJ의 판단 대상이 아님)은 존재하나 적어도 법적 분쟁은 존재하지 않는다는 것인지 명확히 알 수 없다. 다만 1954년 9월 25일 일본이 독도문제를 ICJ에 제소하자는 주장에 대해, 우리 정부가 『…독도문제를 ICJ에 제소하자는 일본정부의 제의는 사법절차를 가장한 또 다른 허위의 시도에 불과하다. 한국은 독도에 대한 영유권을 갖고 있으며, 한국이 또한 국제재판에 의하여 자신의 권리를 증명하여야 할 이유가 없다…일본은 소위 독도의 영유권분쟁에 대해 한국과의 관계에서 일본을 동등한 위치에 놓으려고 시도하는 것이다…』라고 항의를 하고 있음에 비추어, 우리 정부의 입장이 '독도와 관련하여 적어도 법적 분쟁만은 존재하지 않는다'라고 인식하고 있음은 자명한 것 같다.

반면에 일본 정부는, 1954년 9월 25일의 외교공한에서 『…독도문제는 영유권에 관한 분쟁이니 만큼…일본정부는 한국정부와의 상호합의에 의하여 이 분쟁을 ICJ에 부탁할 것을 제의한다…』라고 표명하고 있음에 비추어, 독도문제를 법적 분쟁이라고 보고 ICJ에 의한 해결을 원하고 있는 것으로 보인다.

이처럼 한·일 양국간의 입장차를 전제로 할 때, 독도문제에 관한 분쟁의 존재 여부를 떠나, 우리 정부가 동의하지 않는 한 적어도 독도의 영유권문제를 사법적 해결-즉 ICJ나 또는 기타 국제재판소-에 맡겨질 가능성은 없다고 볼 것이다. 왜냐하면 국제재판에는 강제관할권이 인정되지 않고 있기 때문이다.

아무튼 상술한 실정국제법상의 재판의무와 무관하게, ICJ의 유럽중심적 성격, ICJ에서 적용되는 법이 일본을 비롯한 서구국가들에 의해 정립되었다는 사실 그리고 일본이 상설국제사법재판소(PCIJ)시절부터 여러 명의 재판관을 배출하여 왔고 오늘날에도 ICJ에 재판관(Owada재판관)을 두고 있는 반면에 우리의 경우 아직까지 그러한 기회를 한번도 갖지 못하여 왔다는 사실 등은 우리나라가 간과하여서는 안될 부분이라고 할 것이다. 따라서 장차 우리나라는, 국제법에 대한 높은 관심을 통한 훌륭한 국제법문화를 꽃피움으로써, ICJ 재판관의 배출 및 국제법정립에 적극적 참여 등 많은 과제를 숙제로 하고 있다고 할 것이다.

# 독도의 법적 지위

독도는 우리 민족에게 자주독립의 상징이라는 특별한 의미를 갖는다고 보겠습니다. 이와는 별개로 독도가 갖는 법적 지위는 무엇인가?

**UN해양법 협약상의 섬의 지위**

오늘날 섬은『만조시 수면위에 존재하는, 물로 둘러싸인, 자연적으로 형성된 육지지역』으로 정의되고(UN해양법협약 제121조 1항) 있다. 따라서 어떤 지역이 국제법상의 섬이 되려면 그 지형은 자연적으로 형성된 육지지역으로 만조시 노출되어 있어야 한다. 따라서 인공시설물이나 또는 선박과 빙산 등은 법적 측면에서 섬이 될 수 없으며, 간조시에만 수면위에 부상하는 간출지도 또한 마찬가지이다.

이러한 섬에 관하여, UN해양법협약에서는 '민간거주 또는 독자적 경제생활'의 가능성 여부에 따라 2가지 형태의 상이한 섬으로 구분하고 있는 바, 그 형태에 따라 영해와 접속수역만을 갖는 섬과 영해와 접속수역 뿐만 아니라 EEZ와 대륙붕까지 갖는 섬으로 각각 그 법적 지위를 달리하고 있다(UN해양법협약 제121조 2항 및 3항).

따라서 한 · 일 양국에게 독도의 법적 지위가 무엇인가 하는 점은 매우 중요한 문제로 자리잡고 있는 셈이다.

**독도의 법적지위**

독도를 '민간거주 또는 독자적 경제생활'이 가능한 섬으로 볼 것이냐의 여부를 둘러싸고 견해의 대립이 있다. 즉 일부는 독도에서 민간거주 또는 독자적 경제생활이 가능하다고 보고 있는 반면, 다른 일부는 그것이 불가능하다고 보고 있다.

사실 독도에는 41명의 경찰병력이 주둔하고 있고 또한 민간주민이 수산물을 취득하기 위해 그곳에서 일정기간 생활하고 있다. 그러나 생필품은 울릉도에서 공급하는 것으로 확인되고 있다. 따라서 '민간거주 또는 독자적 경제생활'의 의미가 무엇이냐 하는 해석상의 문제가 남기는 하겠지만, 현 상황하에서 독도를 '민간거주 또는 독자적 경제생활'이 가능다고 단정지을 수만은 없을 것 같다.

따라서, 우리는 일본이 자국의 동해에 있는 무인도를 유인화하여 광활한 바다를 자국의 관할하에 둔 것처럼 독도를 개발함으로써, 상기 요건(민간거주 등)을 객관적으로 충족할 수 있도록 적극적인 노력을 기울려야 할 것이다.

결론적으로 울릉도 주민의 다수가 독도를 민간거주 또는 독자적 경제생활이 가능한 섬으로 인식하고 있음을 상기하고자 한다.

# 신한·일어업협정

비교적 최근까지 우리의 어민들이 한국과 일본 간에 체결된 어업협정에 반대하는 집회가 있었고, 또한 그의 여파는 지금까지 계속되는 것 같습니다. 동 협정의 내용이 무엇이고, 또한 무엇이 문제인가?

**기존 어업협정의 내용과 한계**

한·일어업협정은 1965년 6월 22일 한·일기본관계조약과 동시에 체결되었으며, 동년 12월 18일에 효력을 발생하였던 바, 그 주요내용은 다음과 같다.

동 협정에서는 우리나라와 일본 사이에 있는 해양을 전관수역, 공동규제수역, 공동자원조사수역으로 구분하고 있다.

첫째, 전관수역은 양국의 영해 기준선으로부터 12해리 이내의 수역으로 연안국이 어업에 관하여 배타적 관할권을 행사할 수 있는 수역이다. 다만 양국의 12해리 수역이 중복되는 경우에는 중복되는 부분의 최대폭을 나타내는 직선을 이등분하는 점과 중복부분이 끝나는 두 개의 점을 각각 연결하는 직선으로 양분하도록 하고 있다. 둘째, 공동규제수역은 대체로 평화선과 전관수역 외측 한계선의 중간쯤에 위치하는 수역으로서, 여기서는 어업자원의 지속적인 생산성을 확보하기 위하여 양국이 공동으로 일정한 어로 활동을 규제하도록 하고 있다. 셋째, 공동자원조사수역은 공동규제수역 외측에 설치되며, 그 구체적인 범위 및 조사내용은 한·일어업공동위원회의 권고에 따라 양국이 협의하여 결정하도록 하고 있다.

그러나 한·일어업협정은 그 체결시부터 다음과 같은 약간의 문제점을 가지고 있었다. 첫째, 전관수역의 범위(12해리)가 너무 좁다는 점이다. 둘째, 전관수역 이외의 수역에서는 철저한 旗國主義(양국이 각각 자국 어선에 대한 관할권을 갖는 것)에 입각하고 있기 때문에, 어업관계법령을 위반하는 상대방의 어선을 직접 단속할 수 있는 수단이 마련되지 않았다는 점이다. 셋째, 공동규제수역에서의 어획량을 배분함에 있어서 연안국의 우선권이 인정되지 않고 단지 상대방이 제출한 자료에 근거한 50:50의 비율로 똑같이 배분하도록 하고 있다는 점이다. 넷째, 상술한 것 처럼 한 · 일공동어업위원회에 일정한 역할을 위임하고 있으나, 동 위원회가 권고적 기능만을 가짐으로써 실질적인 문제의 해결에는 도움이 되지 않았다는 점이다. 다섯째, 한 · 일어업협정의 체결 이후 해양법 질서에 많은 변화를 가져 왔다는 점에서, 현행 해양법 질서와의 조화문제가 지적된다.

**신어업협정**

신어업협정의 주요내용은 다음과 같다.

첫째, 동해에 한 · 일 양측이 조업할 수 있는 중간수역을 설정한다. 중간수역은 양측 연안으로부터 35해리 폭을 기준으로 하여 여러 개의 직선으로 연결된 다각형 모양이며, 그 동쪽 한계선은 동경 135도 30분이고 서쪽 한계선은 동경 131도 40분이다. 따라서 대화퇴어장의 반 정도가 중간수역에 포함된다.

둘째, 동해 중간수역에서는 기국주의를 실시한다. 또한 각 체약국은 이 수역에서의 해양생물자원의 보존을 위하여 한 · 일어업공동위원회의 권고에 따라 자국의 국민과 어선에 대하여 취할 조치를 결정한다.

셋째, 제주도 남부와 큐슈 서부 사이의 수역에 일정한 중간수역을 설정한다. 여기서는 기국주의의 원칙하에 자원의 공동관리를 실시한다.

넷째, 일본의 배타적경제수역에서의 한국의 명태조업은 협정 시행 초년도에는 15,000 톤(기존 57,000 톤, 365억)으로 제한하고, 2차년도부터는 영으로 한다. 또한 대게의 경우(기존 860톤, 약 120억)에는 초년도에 기존 실적의 50%를 그 다음해에 나머지 50%를 감축한다. 그밖의 어종에 대해서는 3년에 걸쳐 한 · 일 양측의 어획할당량이 등량이 되도록 연차적으로 조절한다. 다섯째 양국은 각각 자국의 국내법에 대한 위반조업을 엄격히 단속하기로 한다.

이러한 신어업협정의 채택으로 인해, 우리 어민들에게 큰 타격을 준다는 점, 장차 어업정책의 변화 필요성, 독도 영유권의 불명시문제 및 실무협상단 문제 등이 노출되었다.

# 우주공간의 경제적 이용

1969년 7월 아폴로 11호가 달에 착륙하는 장면 등은 인류에게 우주공간의 이용에 대한 무한한 꿈을 꾸게 하였다. 실제로 군사적 이용에 관해서는 잘 알려져 있지만 경제적 이용에 관해서는 그렇지 않은 것 같다. 우주공간은 경제적으로 어떻게 이용되고 있습니까?

**지구정지궤도** 지구정지궤도란 지구적도주변의 고도 35,800Km를 지나는 원형궤도로서 지구와 동일방향으로 그리고 지구의 자전속도와 동일속도로 회전하는 특성을 지닌 궤도이다. 동 궤도는 지구표면의 약 1/3과 무선신호의 송수신이 가능하다는 점에서 경제적 가치를 갖는다.

현행우주법에서는 지구정지궤도에 대한 전유화금지, 국제공역으로서의 지위인정, 독특한 천연자원으로서 最適使用을 위한 조정과 계획의 필요, 모든 국가의 공평한 참여보장 및 개발도상국의 장래수용의 인정 등 일반원칙을 밝히고 있다.

**위성직접TV방송** 지구정지궤도상의 위성을 통하여 TV를 방영하는 제도로서, 오늘날 다수의 국가가 이용하고 있다. 그러나 위성방송시 TV방송의 내용이 본의 아니게 타국에 넘쳐 흘러들어가는 spill-over가 발생하며, 그로부터 정보의 자유원칙을 채택하고 있는 서구국가와 불간섭원칙을 취하고 있는 폐쇄국가 간에 다양한 문제를 야기하고 있다.

**통신** 1960년 미국의 국립항공우주국(National Aeronautics and Space Agency, NASA)에 의해 우주공간이 통신을 위해 사용된 이래오늘날 발달된 통신위성을 사용하고 있다. 오늘날 발달된 통신위성의 사용은 電送시간이 오래 걸리고 고장의 수리가 어려운 반면, 수용능력의 방대함과 비용저렴으로 인해 각종 통신에 필수적이다.

**먼거리 탐사**

먼거리탐사란 궤도상의 전자탐지장치에 의하여 지구상의 환경여건을 측정하는 것, 즉 자원탐사 · 기상관측 · 해상탐사 · 환경오염측정 · 산림관찰 · 빙산의 움직임 관찰 등을 측정하는 것이다. 1966년 NASA가 이용한 이래, 오늘날 많은 국가가 이용하고 있다.

이러한 먼거리탐사는 모든 국가의 이익을 위해 수행, 국제법에 따라 수행, 먼거리탐사의 이익극대화, 자연환경보호, 인류보호 등의 원칙하에서 수행되고 있다.

**우주운송과 우주기지**

우주공간은 운송도구로 사용됨과 아울러 장기간 체류 활동하는 여건을 갖춘 기지로 사용되고 있다.

# 외교사절의 파견 및 접수

● **사례**

외교사절의 파견 및 접수에 있어서, 아그레망의 요청이라는 의미는 무엇인가?

**사례의 해결** 외교사절이 파견 · 접수되는 대략적 과정은 외교사절의 임명, 아그레망의 요청, 아그레망의 부여 또는 거부 · 접수국 파견(신임장 휴대) 및 신임장의 접수 등이다. 여기서 아그레망의 요청이란 외교사절로 정식으로 임명하기에 앞서 '특정인물의 임명 및 파견' 에 관해 접수국의 이의유무를 문의하는 것으로서, 그것은 법적 의무이다.

접수국은 아그레망의 거부시, 거부사유를 표명할 필요는 없으며, 특히 사절단의 직원에 대해서는 아그레망을 요하지 않는다. 다만 육 · 해 · 공군의 무관인 경우에는 그 승인을 위해 사전에 그 명단의 제출을 접수국은 요구할 수 있다.

또한 접수국이 갖는 외교사절의 파견 · 접수에 있어서의 통제권으로서 '좋지 않은 인물(persona non grata)' 이라는 것이 있다. 이것은 언제든지 그리고 그 결정을 설명할 필요없이, 외교사절과 그 외교직원을 좋지 않는 인물로 파견국에 통고할 수 있다. 이때 파견국은 그 자에 대해 소환 또는 직무종료의 조치를 취하여야 하며, 그렇지 않은 경우, 접수국은 그자를 사절단의 구성원에서 제외할 수 있다. 이와 유사한 것으로서 '받아들일 수 없는 인물(not acceptable person)' 이라는 것이 있다 이것은 그 대상이 기타의 직원이라는 점에서만 차이가 있다.

앞에 있어서의 신임장이란 특정인을 외교사절로 신임파견한다는 공식통지문서, 대사와 공사의 경우에는 파견국의 원수로부터 접수국의 원수 앞으로, 대리공사의 경우에는 파견국의 외무부장관으로부터 접수국의 외무부장관 앞으로 보낸다.

# 주한미군의 법적 지위

주한미군이 한반도에 진주한지 약 60년이 지났습니다. 그들의 공과에 대한 논의는 다음으로 미룬다고 하더라도, 그들에 의한 범죄행위에 대해서는 다소 분통을 터트리는 경우가 있는 것 같습니다. 그들의 지위에 관한 협정에 관해 알고 싶습니다.

## 주한미군의 주둔과정

### 1) 한국전쟁이전의 과정

1945년 9월 2일의 연합군 최고사령관 MacArthur장군 일반명령 제1호에 근거하여 38도선 이남의 일본군무장해제 및 남한에서의 군정실시하기 위하여 1945년 9월 9일 미군이 한반도에 최초로 들어오게 되었으며, 이때 미군은 점령군으로서의 지위를 가졌다. 그후 1948년 8월 24일 '대한민국대통령과미국군대사령관간의과도기에시행될잠정적군사안전에관한행정협정'을 통해, 미군에게 그 철수시까지 필요한 구역과 시설에 대한 사용권 및 미군, 군속 및 그 가족에 대한 형사재판권을 부여하였다. 1949년 9월 19일 미군은 482명의 군사고문단만을 남기고 철수함으로써, 상기협정은 실효되었다. 1950년 1월 26일 '주한미국군사고문단설치에관한대한민국정부와미합중국간의협정'을 체결함으로써, 미군사고문단과 그 가족을 주한미대사관의 일부로 간주하여 외교관과 동일한 면제권을 부여하는데 이르렀던 것이다.

### 2) 1950년 7월 12일의 대전협정

1950년 6월 27일 UN안보리의 결의에 따라 미군은 다시 한반도에 주둔하게 되었고, 그 법적 지위문제의 해결을 위하여 대전협정(주한미군의형사관할권에관한한미협정)을 체결하였던 바, 동 협정에서는 미군당국에게 전속적 관할권을 부여하고 있다.

전쟁종료 이후 새로운 협정의 체결을 요구하였으나, 미국측은 한국의 사법제도 · 형행제도 및 교도시설에 대한 불신 등을 이유로 미루어져 왔다.

3) 1966년 7월 9일 한미주둔군지위협정 또는 한미행정협정(대한민국과아메리카합중국간의상호방위조약제4조에의한시설과구역및대한민국에서의합중국군대의지위에관한협정:1967. 2. 9발효)을 체결하였던 바, 본 협정 · 합의의사록 · 동 협정 및 합의의사록에 대한 합의양해사항 및 형사관할에 관한 교환서한으로 구성된다.

동 협정은 외형적으로는 평등성을 갖추었으나 부속서에서 형사관할권 · 민사청구권 · 노무자처우문제 · 통관 관세 조세상의 특혜문제 · 미군시설과 기지의 사용문제 · 협정해석시 영어본 우선 등 많은 문제점을 내포하고 있다.

4) 1991년 2월 1일 개정양해사항(대한민국과미합중국간의상호방위조약제4조에의한시설과구역및대한민국에서의합중국군대의지위에관한협정과관련합의의사록의시행에관한양해사항)이 체결되었던 바, 이는 상기 합의양해사항과 교환서한을 폐기 · 대체한 문서이다.

5) 1995년 11월부터 1997년 11월에 걸쳐 형사관할권의 개정을 위한 7차례의 교섭회의가 있었으나, 성과없이 협상이 종료되었다.

**한미주둔군 지위협정의 문제점 - 개정 양해사항과 관련하여**

개정양해사항에서는 첫째, 그 동안 밀수의 온상으로서 말썽을 부린 미군 군사우체국에 대해 '본협정제9조에관련합중국주둔군군사우체국경로우송우편물에대한대한민국세관검사관에대한절차' 가 마련되었으며, 둘째는 형사재판권 자동포기조항의 폐지 등 약간의 개선점이 있었으나, 아래와 같은 문제점을 지니고 있다.

#### 1) 경합적 관할권에 있어서 미군당국의 요청시 재판권포기문제

본 협정 제22조 3항 (다) '재판관할권 포기의 요청이 있으면 그 요청에 호의적 고려를 하여야 한다.'

합의의사록 제22조 제3항 (나)에 관하여 '대한민국당국은 특히 중요하다고 결정하는 경우를 제외하고 재판권을 행사할 그의 제1차적 권리를 포기한다.'

여기서 '특히 중요하다'의 의미는 대한민국의 안전에 관한 범죄, 살인, 강도, 강간 및 이들 범죄의 미수와 공범 등을 예시하고 있다(합의양해사항 제22조 3항). 교환서한에서는 '특히 중요한 사건에 대해서는 대한민국의 법무부장관이 범죄발생을 통고받거나 알게된 후 15일 이내에 미군당국에 서면으로통고' 한 경우에만 우리나라의 재판권행사가 가능하도록 하고 있다.

개정양해사항에서는 중요한 범죄의 종류와 내용을 명시하지 않고 있다.

#### 2) '공무'의 개념확대문제 및 공무판단주체문제

합의의사록 제22조에서 공무라함은 그 자가 집행하고 있는 공무의 기능으로서 행하여질 것이 요구되는 행위만을 의미하며, 또한 공무의 개념과 관련하여 검찰총장이 반증을 제시하는 경우에는 재검토하도록 하고 있다.

합의양해사항 제22조에서는 요구되는 행위로부터의 실질적 이탈은 통상 그의 공무밖의 행위를 의미하며, 또한 공무증명서의 발급은 법무참모의 권고에 의한 장성급장교의 발급에 의함을 규정하고 있다.

개정양해사항에서는 상기문제에 관한 이의제기권자의 범위를 확대하여 일반검사에 의한 이의제기를 가능하도록하고 있다.

**3)** 그밖에도 첫째, 수사권행사 · 증거수집활동 및 판결집행의 제약. 둘째, 한국경찰권행사의 제약 및 미군경찰권의 남용. 셋째, 미군피의자에게 지나친 특혜부여. 넷째, 적대행위발생시 또는 계엄선포시 형사재판권정지. 다섯째, 미군의 형사관할권의 인적 적용범위의 지나친 확대 등을 들 수 있다.

# SALT, INF 협상 및 START

언론매체를 통하여 SALT, INF협상 및 START라는 용어를 자주 접하고 있는데, 그것들의 의미는 무엇인가?

**사례의 해결** SALT, INF협상 및 START는 미국과 구소련(또는 러시아) 간의 양자간 핵군축협상체제를 지칭한다. 미국과 구소련(러시아)은 1970년대의 전략무기제한회담(Strategic Arms Limitation Talks:SALT), 1980년대의 중 · 단거리미사일폐기협상(Negociation on the Elimination of Intermediate-Range and Shorter-Range Missile:INF협상) 및 1980년대와 1990년대에 걸친 전략무기감축회담(Strategic Arms Reduction Talks:START) 등의 핵군축협상을 통하여 핵무기를 통제하여 왔다.

먼저, SALT란 미-소 양국이 전략핵무기(공격무기와 방어무기를 포함)를 제한하기 위하여 1969년부터 1979년까지 벌인 핵무기 통제협상으로서, SALT Ⅰ(1969~1972)과 SALT Ⅱ(1972~1979)로 대별된다. SALT Ⅰ을 통하여 1972년 5월 26일 미-소 양국은 '탄도탄요격미사일제한조약(Treaty on the Limitation of Anti-Ballistic Missile Systems:ABM조약)', '전략공격무기제한에관한잠정협정(Interim Agreement on Certain Measures with respect to the Limitatiom of Strategic Offensive Arms:잠정협정)'을 체결한 바 있으며, SALT Ⅱ를 통하여 1979년 6월 18일 '전략공격무기제한조약(Treaty on Limitation of Strategic Offensive Arms:전략무기제한조약)'을 체결하였다.

둘째, INF협상이란 1981~1987년간에 진행된 핵무기 통제협상이다. 미-소 양국은 1981년 11월부터 중 · 단거리핵미사일의 撤廢를 위한 협상을 시작하였으며, 결국 1987년 12월 8일 INF조약을 체결하였다.

셋째, START란 1982년부터 오늘에 이르기까지 진행되고 있는 핵무기 통제협상으로서, START Ⅰ(1982~1991)과 START Ⅱ(1992~1993) 및 START Ⅲ로 구분된다. 미-소 양국은 1982년 6월 29일 Geneva에서 START Ⅰ을 시작하여, 1991년 'START

Ⅰ조약' 을 체결하였다. 또한 미국과 러시아 양국은 1992년 5월 24일 STARTⅡ를 시작하여, 1993년 'STARTⅡ조약' 을 체결하였다. 이 조약은 '희망의 조약' 으로 불리워질 정도로 인류에게 큰 기대를 부여하고 있다. 즉 'STARTⅡ조약' 이 완전히 이행될 경우, 미국의 핵무기보유량은 1960년대의 수준으로 또한 러시아의 핵무기보유량은 1970년대 중반의 수준으로 각각 감축되는 바, 이에 따라 인류는 그 만큼 핵전쟁의 공포로부터 벗어나게 된다고 할 수 있다.

그후, 미국과 러시아 양국은 Helsinki정상회담을 통하여 STARTⅢ조약의 대강(2007년 12월 31일까지 미국과 러시아 양국이 각각 보유하고 있는 전략핵탄두의 수를 2,000~2,500기로 각각 감축, 양국간 새로운 핵투명성의 확보 및 신뢰구축조치의 형성 등)에 합의하였으며 또한 STARTⅡ조약의 이행연장을 위한 의정서의 채택에 합의하였다. 따라서 1997년 9월 26일 양국이 STARTⅡ조약에대한의정서에 서명함으로써, STARTⅡ조약의 최종이행시한은 2007년 12월 31일로 연장되게 이르렀다.

# 북한의 핵문제

**한반도에서 가장 중요한 현안 중의 하나가 바로 북한핵문제인 것 같습니다. 특히 국제사회(특히 국제원자력위원회)는 직접 북한에 들어가서 핵개발 여부를 조사하겠다고 시도한 바 있었는데, 그 법적 근거는 무엇인가?**

**사실관계** 북한의 핵사찰에 관한 일련의 사태를 총칭해서 일반적으로 '북한의 핵사찰문제' 라고 하는데, 이에 관한 사실관계를 간략히 살펴보면 다음과 같다.

북한은 1985년 12월 12일에 NPT에 가입하였으며, 1992년 1월 30일에 IAEA와 安全措置協定을 체결하였다. 이 협정에 의하여, IAEA는 1992년 5월 25일부터 1993년 2월 6일까지 북한내의 핵시설에 대하여 6회의 사찰을 실시한 바가 있다. 그런데 이러한 사찰과정에서 1992년 8월(제3차 사찰시)에 국제사회는 북한내 2곳의 미신고지역(영변)에 대하여 핵개발의 의혹을 품기 시작하였으며, 그 이후부터 IAEA는 상기 2곳에 대한 사찰을 허용하여 줄 것을 종용하여 왔다. 그러나 IAEA의 설득노력에도 불구하고, 북한은 그러한 설득을 거부하였다. 이에 1993년 2월 11일 IAEA는 북한에 대한 특별사찰을 실시할 것을 결정하였으며, 이에 대응하여 북한은 1993년 2월 21일자 노동신문을 통하여 "특별사찰의 강요시 한반도에 전쟁이 발발할지도 모른다"라는 경고로 맞섰던 것이다.

결국 1993년 2월 25일 IAEA는 1개월 이내에 특별사찰의 수용여부를 결정하라는 '대북한핵사찰수용촉구결의안' 을 채택하였는데, 이 결의는 특별사찰의 수용을 거부할 경우 본 사안을 UN 안전보장이사회에 회부할 것이라는 최후 통첩적인 성질을 띠고 있었다. 그런데 북한은 이 최후 통첩기간중인 1993년 3월 12일 NPT를 탈퇴한다는 선언을 하였다. 이러한 탈퇴선언으로 인하여, 북한의 진의를 확인한 IAEA는 1993년 4월 1일 사무총장의 성명을 통하여 이 문제를 안전보장이사회에 상정하게 되었던 것이다.

그후, 안전보장이사회는 본 사안에 대한 약간의 논의를 거친 후에 1993년 5월 11일 안전보장이사회의 제1차 대북결의(전문 9개항과 본문 5개항으로 구성)를 채택하였으며, 북한의 NPT 탈퇴 발효일인 1993년 6월 12일을 기점으로 북한측의 약간의 태도변화로 인하여, 본 사안은 미국과 북한간의 협상으로 넘겨졌다. 따라서 그 이후 북미간의 협상을 통하여, 경수로문제 · 중유지원문제 등을 해결하면서 해결의 실마리를 보이는가 싶더니, 최근 재차 NPT탈퇴선언 등으로 북한의 핵사찰문제는 여전히 과제로 남겨져 있다.

**법적근거** NPT 제3조 1항에서는 핵무기비보유국으로 하여금 동 조약상의 의무의 이행을 확인하기 위하여 IAEA가 실시하는 安全措置를 수락하도록 요구하고 있다. 따라서 NPT의 당사국인 경우에는, 동 조약 제3조 4항의 규정에 따라서 NPT의 발효 후 180일 이내에 안전조치의 적용을 위한 안전조치협정을 체결하기 위한 교섭을 개시하도록 하고 있으며(1970년 9월 5일 이후에 NPT에 가입하는 경우에는, 그 가입 전에 안전조치협정을 체결하기 위한 교섭을 행함), 교섭개시일로부터 18개월 이내에 안전조치협정이 효력을 발생하도록 하고 있는 것이다.

이 처럼 동 조약에서 규정하고 있는 안전조치의 수락의무와 이를 위한 안전조치협정의 체결의무는, 북한이 1985년 12월 12일에 NPT에 가입함으로써, 북한에게도 당연히 부과되었던 것이다. 그러나 북한은 시간적 한계를 다소 넘긴 1992년 1월 30일에 IAEA와 안전조치협정을 체결하였는데, 이 안전조치협정의 체결로 인하여 북한에게도 법적으로 안전조치를 적용할 수 있게 되었다고 하겠다.

따라서 북한과 IAEA간에 체결된 안전조치협정의 내용에 따라, 북한은 안전조치의 실시를 위한 다양한 의무를 지게 되는데, 그 가운데 가장 중요한 의무가 IAEA가 실시하는 사찰을 수용하여야 할 의무인 것이다. 따라서 북한은 IAEA가 실시하는 수시사찰 · 일반사찰 및 특별사찰을 수용하여야 하는 것이다.

**특별사찰의 거부와 NPT 탈퇴에 대한 법적 평가**

### 1) 특별사찰거부의 위법성

1993년 2월 25일 IAEA는 決議案을 통하여 북한으로 하여금 특별사찰을 수용할 것을 촉구하였다. 모델협정 제73항에 의하면 "특별사찰은 특별보고서에 포함된 정보를 검증하기 위하여 실시할 수 있으며, 또한 일반사찰만으로는 IAEA의 사찰업무에 관한 책임을 수행하는데 불충분하다고 看做하는 경우에 IAEA 자신의 결정에 의하여 실시할 수 있다"라고 규정하고 있다. 따라서 IAEA가 NPT의 당사국인 북한에 대하여 특별사찰을 촉구한 것은 正當하다고 생각되며, 결국 북한의 특별사찰 거부는 북한이 체결한 安全措置協定의 위반인 것이다. 이러한 이유로 인하여 북한은 특별사찰을 지속적으로 거부할 수 없다고 판단하여 특별사찰의 근거가 되는 NPT에의 탈퇴라는 초강수를 선택한 것이 아닌가 생각된다.

### 2) NPT 탈퇴행위의 법적 평가

NPT 제10조 1항에서는 모든 조약당사국에게 '자국의 최고이익이 위태롭다고 판단하는 경우' 동 조약으로부터 탈퇴할 수 있는 권리를 부여하고 있다. 이 처럼 탈퇴권은 모든 조약당사국에게 부여된 일반적 권리인 것이다. 따라서 1993년 3월 12일의 북한의 NPT 탈퇴선언은 외형상으로는 NPT에서 부여한 법적 권리의 유효한 행사로 보인다. 그러나 북한의 NPT 탈퇴행위에 있어서, 그 행위의 실질적인 합법성을 판단하기 위해서는 다음과 같은 검토가 요망된다.

즉, 그 당시에 과연 북한의 최고이익이 위태로운 경우였던가하는 실질적인 판단이 수반된다. 이러한 판단과 관련하여, 전술한 바와 같이 동 조약 제10조에서는 탈퇴국으로 하여금 자국의 최고이익이 위태롭다는 판단을 한 이유를 탈퇴국 스스로가 설명하도록 하고 있다. 다시말해서 최고이익의 침해 여부는 당해 탈퇴국 스스로가 결정하여 3개월 이전에 탈퇴의 사실을 NPT의 모든 조약당사국과 UN 안전보장이사회에 통고하도록 하고 있는 것이다. 따라서 핵사찰을 거부하기 위해서 NPT를 탈퇴하였을 것이라는 대부분 국가의 견해와는 달리, 만약 북한이 그 당시의 상황을 자국의 최고이익이 침해되는 경우로 판단하였다면, 그 탈퇴행위는 최소한 법적으로는 하자가 없는 것이 아닌가 생각된다.

그러나 핵확산을 방지하고자 하는 NPT의 입법취지나 또는 NPT로부터의 탈퇴행위가 가져올 국제평화의 위협 파괴라는 결과에 비추어 볼 때, NPT로부터의 탈퇴행위는 가능한 한 방지되어야 할 것이다.

결론적으로 전술한 평가에도 불구하고 북한의 NPT 탈퇴행위가 합법적인 행위로 간주되는 경우, 그 탈퇴의 효력이 발생하는 1993년 6월 12일 이후부터는 NPT를 기초로 하여 발생한 안전조치수락의무는 북한에게는 배제되며, 아울러 특별사찰도 받지 않아도 되게 된다.

# 코소보사태

1998년 신유고연방 내에서 일어났던 대규모적 인권침해사태(소위 코소보사태)에 대해 북대서양조약기구라는 국제기구가 무력에 의한 개입을 함으로써 논란이 된 적이 있습니다. 상기 코소보사태의 법적 논점은 무엇인가?

**서언** 국제법상 확립된 국가의 기본적 의무 가운데 하나는 바로 타국의 국내문제에 간섭해서는 안된다라는 불간섭의무이다. 그러나 이러한 불간섭의무의 존재에도 불구하고, 예외적으로 UN헌장에 의거한 집단적 간섭, 자위권에 의한 간섭, 권리의 남용에 대한 간섭, 국제법규의 위반에 대한 간섭, 인도적 간섭 등은 합법적으로 타국의 국내문제에 간섭할 수 있는 경우로 인정되고 있다.

이 가운데 특히 인도적 간섭(인종이나 또는 종교상의 이유로 국민의 기본적 인권을 무시하고 국민을 박해하는 경우에 그 박해행위를 중지시키기 위하여 간섭하는 것)과 관련해서는, 소말리아 · 보스니아 · 르완다 · 코소보 등에서의 대규모 인권침해사례에서 잘 보여지는 바와 같이 그 적법성의 여부를 둘러싸고 많은 논란을 야기하고 있는 실정이다.

따라서 여기서는 1998년에 있었던 코소보사태를 중심으로 인도적 간섭의 적법성 여부를 살펴보고자 한다.

**코소보사태의 전개** 코소보는 인구 약 200만 명(약 90%가 알바니아계이며 나머지가 세르비아계)에 이슬람교도인 알바니아계와 그리이스정교를 신봉하는 세르비아계가 공존하는 신유고연방의 2개 자치주 중의 하나이다. 수십년 동안 코소보내 절대다수를 차지하는 알바니아계는 인접국가인 알마니아의 지원하에 코소보의 분리

독립를 요구하여 왔다. 이러한 과정에서 특히 1989년 밀로세비치 유고대통령이 코소보주에 대한 자치권을 박탈함으로써, 상기 양측의 긴장관계는 크게 고조되었다. 따라서 이때부터 코소보해방군을 중심으로 한 알바니아계와 세르비아계 간의 간혈적 무력충돌이 있어 왔던 것이다.

1998년 3월 알바니아계의 독립요구가 거세지자 세르비아가 무력진압에 나사면서 코소보사태는 본격적으로 시작되었다. 이 과정에서 세르비아의 코소보내 알바니아계에 대한 인종청소가 자행되어 수십만의 알바니아계주민이 거주지를 떠났고 수 많은 사람이 처형되었으며 각종의 인권유린상황이 야기되었다.

이러한 인권유린상황에 대응하여, 1999년 3월 미국을 중심으로 한 NATO는 유고에 대한 공습을 감행하였고, 그 결과 유고 군과 경찰의 코소보내에서 완전 철수, 알바니아계에 대한 자치 허용 및 국제평화유지군의 주둔 등을 타협점으로 하여 코소보사태는 일단락되었다.

**코소보사태에 있어서의 인도적 간섭의 적법성**

일반적으로 인도적 간섭이 적법성을 띠기 위해서는 객관적이고 공정한 기구(예컨대 UN)를 통해 이루어져야 할 것이다.

그러나 이번의 경우에, 러시아와 세르비아인은 둘다 슬라브족이라는 점에서 또한 중국은 스스로 인권문제에 한계를 지니고 있다는 점에서, 미국은 러시아나 또는 중국의 지지를 얻을 수 없음을 잘 알고 있었다. 따라서 미국은 코소보에 거주하는 알바니아계를 보호하기 위한 인도적 간섭을 수행함에 있어서, UN 대신에 NATO라는 지역적 기구를 이용하였다.

결국 코소보사태의 적법성여부는 다방면에서 논란을 야기할 것이다.

### 1) 무력사용의 결과

약 15개월간 계속된 세르비아의 코소보에 대한 인종청소는 결국 코소보를 죽음의 땅으로 바꾸어 놓았다. 180만의 알바니아계 주민이 주거지를 떠났고, 모든 땅과 보금자리는 잿더미가 되었다. 수 많은 사람이 처형되었고, 각종의 인권유린이 세르비아의 군과 경찰에 의해 자행되었다. 또한 거의 모든 사회간접시설이 파괴되어 해외로 피난한 난민들이 귀환한다고 하더라도 그들을 기다리고 있는 것은 잿더미로 변한 도시와 시체뿐이다.

### 2) 알바니아계의 역인종청소

NATO의 승리가 확정되고 세르비아의 경찰과 군대가 퇴각한 후, 해외로 피난했던 알바니아계 주민이 귀환하면서, 그들에 의한 세르비아계 주민에 대한 인종보복이 시작되었다. 그 결과 코소보내의 세르비아계 주민들은 다시 코소보주를 탈출해야 하는 역인종청소가 발생하고 있다.

### 3) 인권의 침해

미국은 코소보내에 거주하는 알바니아계의 인권을 보호하기 위한 인도적 차원의 유고공습을 감행하였다. 코소보의 인종청소를 막기 위해 밀로세비치 유고대통령을 제거한다면서 약 5주 이상 무차별공습을 감행하였지만, 무고한 유고 국민 수천명과 100만 명 이상의 난민을 발생하게 하였다. 이처럼 무력을 통한 인권의 보호가 인권의 보호는커녕 인권침해를 대량화 · 가속화하였다는 비난을 받고 있는 실정이다.

民事訴訟法

# 민사 소송법

김경욱

# 민사분쟁의 해결방법

● **사례**

甲은 乙에게 금 1,000만원을 빌려주었는데, 乙은 돈을 갚기로 한 날짜가 지나도록 이를 갚지 않고 있다. 甲은 수차에 걸쳐 변제(辨濟)를 요구하였으나 乙은 곧 갚겠다는 말만 되풀이하고 있다가 이제는 돈을 빌린 사실이 없다고 주장한다. 이러한 경우 甲은 어떠한 방법에 의해서 그의 돈을 되찾을 수 있는가?

**사례의 해결**

**1) 민사소송(民事訴訟)을 통한 분쟁의 해결**

인간은 사회를 이루어 공동생활을 함으로 인하여 필연적으로 여러 가지 분쟁에 휘말리게 된다. 위의 설문에서와 같은 금전소비대차 뿐만이 아니라 매매대금, 토지 · 건물의 임대차, 교통사고로 인한 손해배상, 상속 등에 의해 분쟁이 시작될 수 있다. 원시시대에는 자신의 권리를 침해받은 개인이 자신의 힘으로 자기의 권리를 지켜야만 하였는데 오늘날과 같은 문명사회에서는 이러한 자력구제(自力救濟)를 금지하고 개인 상호간의 사적(私的)인 생활관계에서 발생하는 법률상의 권리분쟁에 대하여 국가가 법원이라는 재판기관을 두고 국가의 공권력에 의해서 이를 해결하는 절차를 두고 있는데, 이를 민사소송절차라고 한다.

이러한 민사소송의 목적을 어떻게 파악할 것인가와 관련하여, 과거에는 민사소송은 자력구제를 금지한 대가로 주어진 절차로서 개인의 권리확정을 통한 개인의 권리보호를 그 목적으로 한다는 견해(私權保護說), 민사소송은 국가의 사법질서유지를 목적으로 한다는 견해(私法秩序維持說)와 민사소송은 사인간의 생활관계상의 분쟁이나 이해충돌의 강제적 해결을 목적으로 한다는 견해(紛爭解決說) 등이 대립하고 있었으나, 오늘날에 와서는 사권의 보호를 중심 목적으로 하면서 사권의 보호를 통해서 분쟁도 해결되고 동시에 국가의 법질서도 유지된다는 견해가 일반적이다.

민사소송과 구별되는 절차로서 행정소송 · 형사소송 및 가사소송절차가 있다. 사적 생활영역에서 발생하는, 사법상의 권리관계를 대상으로 하는 민사소송과 달리 행정소송은 행정청의 위법한 처분 그 밖에 공권력의 행사 · 불행사 등으로 인한 국민의 권리 또는 이익의 침해를 구제하고, 공법상의 권리관계 또는 법적용에 관한 다툼을 적정하게 해결하는 것을 목적으로 하는 절차를 말한다(행정소송법 제1조). 또 민사소송은 민사사건을 그 대상으로 한다는 점에서, 국가의 사인(私人)에 대한 형벌권의 존부의 확정을 목적으로 하는 형사소송과 구별된다. 나아가 사적생활영역 중에서도 특히 신분관계에 관한 분쟁의 해결을 위해서는 민사소송이 아닌 가사소송에 의해 그 분쟁을 해결해야만 한다.

민사소송은 3가지의 과제, 즉 사법상의 권리관계의 확정 · 실현 · 보전의 과제를 가지며, 이에 따라 각각 판결절차 · 강제집행절차 · 보전절차로 나뉘어진다. 일반적으로 민사소송이라고 할 때에는 협의의 의미에서의 민사소송, 즉 소의 제기로부터 확정판결에 이르는 절차를 나타내는 판결절차(判決節次)를 의미하지만, 넓은 의미에서는 소송 전에 하는 가압류 · 가처분절차인 보전절차(保全節次)와 확정판결 후 권리자에게 궁극적으로 만족을 얻게 하는 강제집행절차까지도 포함된다. 판결절차는 민사소송법이 보전절차와 강제집행절차는 민사집행법이 각각 규율하고 있다.

결론적으로 위 사례에서 甲은 乙을 상대로 법원에 민사소송을 제기하여 乙이 갚지 않은 돈의 변제를 청구할 수 있다.

### 2) 민사소송에 갈음하는 분쟁해결방법(Alternative Dispute Resolution, ADR)

민사분쟁을 위에서 살펴본 바와 같이 민사소송을 통해서 해결하는 것은 정형적인 분쟁해결방법 중의 하나이기는 하지만 이러한 분쟁해결방법이 반드시 옳다고 할 수는 없다. 차라리 민사분쟁은 사적자치에 의하여 자주적으로 해결하는 편이 분쟁해결 후의 당사자 간의 원만한 관계유지 등의 이유에서 더 유리할 수도 있다. 이를 위하여 마련된 제도가 소송에 갈음하는 분쟁해결방법으로써, 이에는 화해(和解)·조정(調停)·중재(仲裁)가 있다.

(1) 화해(和解): 화해에는 재판외의 화해(사법상의 화해)와 재판상의 화해가 있으며, 후자는 다시 제소전화해(提訴前和解)와 소송상화해(訴訟上和解)로 나누어진다.

재판외의 화해는 당사자가 서로 양보하여 당사자 간의 분쟁을 끝낼 것을 약정하는 민법상의 화해계약(민법 제731조)을 의미하는 것이다. 우리 주변에서 교통사고가 발생했을 때 가해 운전자와 피해자 사이에 있게 되는 '합의'가 그 예가 될 수 있을 것이다.

재판상의 화해 중 제소전화해는 소송계속 전에 분쟁당사자의 일방이 법원에 화해신청을 하여 양당사가가 법원에 출석하여 화해하는 것이며, 소송상화해는 소송계속 중에 당사자가 서로 양보하여 합의한 내용을 법원에 진술하는 형식으로 이루어진다. 이러한 재판상의 화해는 법원의 관여 하에 성립하는 것이기 때문에 화해가 조서(調書)에 기재되면 확정판결(確定判決)과 동일한 효력이 발생한다(민사소송법 220조).

(2) 조정(調停): 조정은 제3자가 개입하여 양당사자의 주장을 절충하여 서로 양보하고 타협하도록 주선함으로써 화해에 이르도록 돕는 절차이다. 예를 들면 임차인(세입자)이 전세보증금을 돌려 받아야하는데 집주인은 당장 여유가 없고 집값은 폭락하고 또 집주인에게 다른 재산도 없는 경우가 있을 수 있다. 이러한 경우 임차인이 소송을 제기한다고 하더라도 전세보증금을 돌려받는 것이 쉬운 일이 아니다. 이때 조정제도를 이용하면 양 당사자는 소송에서 얻을 수 없는 양 당사자의 의견이 잘 조화된 융통성 있는 해결책, 예를 들면 임차보증금의 일부감액이나 임대차기간의 연장 등을 얻을 수 있는 것이다. 조정절차를 이용하기에 적합한 사건으로는 교통사고·인간관계가 중요한 친척·친구 사이의 사건·증거나 계산이 복잡한 사건·의료사고·

환경오염사고 등을 들 수 있을 것이다. 조정에서 당사자의 화해의 알선을 위해서 개입하는 제3자는 법관이나 법원에 설치된 조정위원회 또는 행정부 산하의 각종 조정위원회가 될 수 있다. 제3자의 개입이 있기는 하지만 궁극적으로는 당사자 간의 합의가 있어야 조정이 성립하므로 자주적 분쟁해결방법의 하나인 것이다.

법원에 의한 조정으로는 민사조정(민사조정법) · 가사조정(가사소송법 제49조 이하) 등이 인정되고 있으며, 행정조정위원회에 의한 조정으로는 소비자분쟁조정위원회(소비자보호법 제45조) · 의료조사조정위원회(의료법 제54조의 2) · 보험분쟁조정위원회(보험업법 제197조의 6) · 환경분쟁조정위원회(환경오염피해분쟁조정법 제2조)에 의한 조정이 있다.

조정이 성립하여 조정조서가 작성되면 이에는 재판상화해의 효력, 즉 확정판결과 동일한 효력이 있다. 따라서 위 설문에서 乙이 甲에게 700만원만을 지급하기로 조정이 성립하였음에도 불구하고 乙이 계속해서 이를 이행하지 않는다면 甲은 다시 소송을 제기할 필요없이 조정조서에 근거하여 乙의 재산에 대해 강제집행을 신청할 수 있다.

(3) 중재(仲裁): 양당사자가 자신들의 분쟁을 사인(私人)인 특정의 중재인의 중재판정에 맡기기로 합의하고 이에 따라서 분쟁을 해결하는 절차를 말한다. 우선 중재계약이 있어야만 중재제도를 이용할 수 있다는 점에서 중재는 자주적인 분쟁해결방법 중의 하나라고 할 수 있으나 일단 중재계약이 성립하면 사적재판(私的裁判)이라 할 수 있는 중재인의 판정(判定)에 따라야만 하므로 강행적 분쟁해결방법이기도 하다. 이러한 중재제도는 법원의 재판에 비해 분쟁을 신속 · 저렴하게 해결할 수 있을 뿐 아니라, 특별한 전문지식과 경험을 필요로 하는 분야, 특히 국제상사거래상의 분쟁 등에서 양 당사자가 믿을 수 있는 전문가를 중재인으로 선정할 수 있으므로 적정하고 실정에 맞는 해결책을 얻을 수 있다는 장점이 있다.

**결론** 결론적으로 위 사례에서 甲이 민사소송을 통해 자신의 권리를 주장 · 실현하는 방법을 택하지 않는다면 소송에 갈음하는 분쟁해결방법인 화해나 조정제도를 이용할 수 있을 것이며, 중재계약이 있었던 경우에는 중재제도도 이용할 수 있다.

# 소장의 작성과 소송비용

## ● 사례

乙에게 금 4,000만원을 빌려주고 돌려받지 못해 애태우던 甲은 乙로부터 "나는 당신에게 돈을 빌린 적이 없으니 받고 싶으면 법(法)대로 하라"라는 말을 듣고 격분하여 민사소송으로 이 문제를 해결하기로 마음을 굳혔다. 그러나 주위에서 민사소송을 제기하려면 법원에 소장을 제출하여야 한다고 하는데 이를 위해 변호사나 법무사를 찾아가서 도움을 받기에는 비용이 부담되고 또 법원에 내어야 하는 소송비용은 얼마나 되는지 걱정이 된다. 甲은 어떻게 소를 제기할 수 있는가?

**사례의 해결**

### 1) 소제기의 방식

양 당사자가 민사분쟁을 화해로 해결하는 것이 가장 바람직하겠으나 그것이 안 될 때에는 부득이 소송에 의할 수 밖에 없다. 민사소송을 제기하려면 우선 소장을 작성하여 법원(접수담당공무원)에 제출해야 하는 것이 원칙이다. 법률에 대한 지식이 없는 일반인이 소장을 쓰는 것이 결코 쉬운 일이 아니기 때문에 '소송목적의 값(訴價)'이 2,000만원 이하인 소액사건인 경우에는 법원에서 유형별로 만든 양식에 기입만 하게 하거나 구술제소(口述提訴)도 가능하다(소액사건심판법 제4조). 이때 '소송목적의 값'이라 함은 원고가 소로서 구하는 목적이 가지는 경제적 이익을 객관적으로 평가한 금액을 말한다. 이자나 소송비용은 소송목적의 값에 산입하지 않는다.

소장(訴狀)에는 바로 뒤에서 설명하는 법정(法定)의 사항을 기재하고 원고 또는 그 대리인이 기명 · 날인하여야 하며, 또 소송목적의 값에 따라 인지(印紙)를 붙여야 한다. 소제기와 관련하여 주의해야할 것은 제소기간의 준수이다. 야간에는 당직실에서도 소장접수가 가능하므로 제소기간을 넘기는 일이 없도록 주의해야 하며, 제소기간의 준수가 문제가 되는 경우에는 소제기증명이나 소장접수증명을 받아두는 것이 좋다.

※ 서식: 소장의 예 (대여금청구의 소: 이자의 약정이 있는 경우)

**소 장**

원고: 홍길동

대구광역시 대동 214

(전화, 이메일주소 등)

피고: 진달래

경북 경산시 산 27

대여금 청구의 소

청 구 취 지

1. 피고는 원고에게 40,000,000원 및 이에 대한 20○○년 3월 2일 부터 갚을 때 까지 연 36%의 비율에 의한 돈을 지급하라.
2. 소송비용은 피고의 부담으로 한다.
3. 제 1항은 가집행할 수 있다.

라는 판결을 구합니다.

청 구 원 인

1. 원고는 피고에게 20○○년 3월 2일 금 40,000,000원을 다음과 같은 조건으로 대여하였습니다.
   (1) 변제기일: 2006년 8월 31일
   (2) 이율: 월 3%
2. 그런데 피고는 지금까지도 위 돈을 갚지 않고 있습니다. 그러므로 원고는 피고에 대하여 위 원금 40,000,000원과 이에 대한 20○○. 3. 2.부터 다 갚는 날 까지 위 약정의 연 36%의 비율에 의한 이자 및 지연손해금의 지급을 구하고자 이 건 청구에 이른 것입니다.

입 증 방 법

1. 갑제1호증 (차용금증서)

첨부서류

1. 소장 부본 1통
2. 송달료 납부서 1통

20○○년 ○○월 ○○일

위 원고 홍 길 동 (인)

대구지방법원 귀중

## 2) 소장의 기재사항

### (1) 필수적 기재사항

민사소송법 제249조에서는 소장에 꼭 기재해야할 사항, 즉 필수적 기재사항으로서 당사자 · 법정대리인 · 청구의 취지와 청구의 원인을 들고 있다.

① 당사자와 법정대리인

당사자는 원고와 피고를 의미하며, 이는 누구를 가리키는 것인지 특정될 수 있도록 기재하여야 한다. 제1심 소송절차에서 소를 제기하는 사람을 원고라고 하고 제기당한 사람을 피고라고 한다. 자연인인 경우에는 성명과 주소, 법인인 경우에는 명칭이나 상호와 본점 또는 주된 사무소의 소재지를 표시하는 것이 보통이다. 당사자가 소송무능력자(예를 들어 미성년자)인 경우에는 그 법정대리인, 법인 등의 단체인 경우에는 그 대표자를 기재하여야한다. 소송대리인(변호사)은 필수적 기재사항은 아니지만 소송서류의 송달의 편의를 위하여 이를 기재하는 것이 실무의 관행이다.

② 청구의 취지

청구의 취지는 원고가 어떠한 내용과 종류의 판결을 구하는 지를 나타내는 판결의 결론부분이다. 즉 원고가 궁극적으로 법원에 바라는 바를 적는 것이므로 간결(簡潔)하고 명확하게 표시하여야 한다. 소장의 청구취지란에는 위의 소장 작성 예에서 볼 수 있듯이 소송비용의 부담과 가집행선고의 신청을 함께 기재하는 것이 보통이다.

소(訴)는 원고의 신청내용에 따라서 이행의 소 · 확인의 소 · 형성의 소로 나뉘어 지는데, 청구의 취지는 이들 각 소송의 형태마다 다른 내용을 가지게 된다.

이를 자세히 살펴보면 첫째, 원고가 피고에 대한 특정한 이행청구권을 주장하고, 그 확정과 이에 기한 이행명령을 내려달라고 요구하는 '이행의 소'에 있어서는 그 판결에 의해서 바로 강제집행이 가능하도록 이행의 대상과 내용을 정확하게 표시하여야 한다. 금전청구인 경우에는 「피고는 원고에게 금 4,000만원을 지급하라」와 같이 그 금액을 명시하여야 하며, 단지 '현 시가 상당액' 이라든가 '신분 상당의 생활비' 등으로 표시하는 것으로는 불충분하다.

둘째, 특정한 권리 · 법률관계의 존재 · 부존재의 확정을 구하는 '확인의 소' 에 있어서는 「계쟁가옥(係爭家屋)이 원고의 소유임을 확인한다」라는 판결을 구하는 것처럼 확인할 대상인 특정한 권리 또는 법률관계와 그에 대하여 존부의 확인을 구한다는 취지를 표시하여야 한다.

셋째, 법률관계의 변동을 선언하는 판결을 구하는 '형성의 소' 에서는 「원고와 피고는 이혼한다」라는 판결을 구하는 것과 같이 형성의 대상인 법률관계와 함께 형성판결을 구하는 취지를 기재하여야 한다.

③ 청구의 원인

민사소송법 상 청구의 원인은 여러 가지 의미로 사용되고 있으나 좁은 의미로 사용되는 청구의 원인이 바로 소장의 필수적 기재사항으로서 쓰이는 경우를 말한다. 이때의 청구원인은 청구의 취지를 보충하여 청구(소송물)를 특정하기에 필요한 사실관계를 의미한다. 넓은 의미의 청구의 원인은 좁은 의미의 청구원인을 포함하여 소송에서 다투어지는 권리관계의 발생원인에 해당하는 사실이다. 즉 원고가 청구취지에서 그와 같은 판결을 구하는 권리 또는 법률관계의 성립원인을 의미하는데, 소장에서는 좁은 의미의 청구원인만을 기재하면 되지만 소송실무에서는 넓은 의미의 청구의 원인에 해당하는 사실까지 기재하는 것이 유리하다. 이것의 기재는 법을 잘 모르는 일반인이라도 사건의 경과에 따라 6하원칙에 따라서 기재하는 것으로 족하며, 사실관계를 적으면서 법률용어나 법조문을 표시할 필요는 없다.

(2) 임의적 기재사항

원래 소장에는 소송물을 특정하기에 필요한 사실관계만을 적고 이를 뒷받침하기 위한 공격방법의 기재는 준비서면(準備書面)에 적으면 된다. 그러나 민사소송법은 소장에 필수적 기재사항 이외에도 청구를 특정하기 위하여 꼭 필요한 것은 아니지만 관할원인 등 소송요건에 기초가 되는 사실, 청구를 이유 있게 하기 위한 사실(광의의 청구원인)과 이를 뒷받침하기 위한 증거방법 등의 공격방법을 기재하여 소장을 준비서면으로 이용하는 것을 허용하고 있다(민사소송법 제249조 2항). 다만 이를 기재하지 아니하여도 소장은 적식(適式)이므로 소장보정명령(訴狀補正命令)이나 소장각하명령(訴狀却下命令)의 대상이 되지 아니한다.

### 3) 인지(印紙)의 첨부와 소장의 제출

소장을 작성하였으면 그 위에 표지를 만들어 붙여 표지의 상단에는 당사자의 성명과 소송물의 가액 및 첨부 인지액을 기재하고 다음 장에는 인지를 붙인다(또는 인지액에 상당하는 현금을 납부할 수도 있다). 소장을 제출할 때에는 피고의 수만큼의 소장 부본을 함께 제출하여야 한다. 인지액은 '소송목적의 값'을 기준으로 결정되므로 우선 '소송목적의 값'의 계산 방법부터 살펴본 후 인지액의 계산방법에 대해서 설명하고자 한다.

(1) 소송목적의 값(訴價)의 계산방법

'소송목적의 값'의 산정의 기준에 관해서는 '민사소송등인지규칙(民事訴訟等印紙規則)'에서 이를 상세히 규정하고 있다. 소송목적의 값은 원고가 청구취지로써 구하는 범위 내에서 원고의 입장에서 보아 전부 승소할 경우에 직접 받게 될 경제적 이익을 객관적으로 평가하여 금액으로 정함을 원칙으로 한다(민사소송등인지규칙 제6조). 그 중요한 내용을 살펴보면 다음과 같다.

| 소의 목적 | 소송목적의 값 |
|---|---|
| 금전지급 청구 | 그 청구금액 자체 |
| 기간이 확정되지 않은 정기금 청구 | 기발생분 및 1년분의 정기금 합산액 |
| 토지 | 지가공시 및 토지등의 평가에 관한 법률에 의한 개별공시지가에 100분의 30을 곱하여 산정한 금액 |

| | |
|---|---|
| 건물, 선박, 구축물, 차량, 중기, 항공기, 입목, 골프회원권, 콘도미니엄회원권, 광업권, 어업권, 기타 지방세법 제111조 제2항 단서, 같은 법 시행령 제80조의 규정에 의한 과세시가표준액의 정함이 있는 것 | 그 과세시가 표준액 |
| 유가증권 (증권거래소에 상장된 증권의 가액) | 액면금액 또는 표창하는 권리의 가액 (소제기 전날의 최종거래가격) |
| 유가 증권이외의 증서 | 200,000원 |
| 소유권에 기한 물건의 인도, 명도 또는 방해배제를 구하는 소 | 목적물건 가액의 2분의 1 |
| 점유권에 기한 물건의 인도, 명도 또는 방해배제를 구하는 소 | 목적물건 가액의 3분의 1 |
| 매매계약에 기한 동산 인도청구 | 목적물건의 가액 |
| 재산권상의 소로서 그 소송목적의 값을 산출할 수 없는 것과 비재산권을 목적으로 하는 소송 | 2천만 100원 |

따라서 설문에서 갑은 40,000,000원의 지급을 구하는 소송을 제기하므로 소송목적의 값은 40,000,000원이 된다.

(2) 인지액의 계산방법

소장에는 소송목적의 값에 따라 인지를 첨부하거나 인지액에 상당하는 현금을 납부해야한다는 것은 이미 설명하였다. 구체적으로 첨부해야하는 인지액의 계산방법은 다음의 표와 같다.

| 소송목적의 값 | 인지액 |
|---|---|
| 1,000만원 미만 | 소송목적의 값 × 50/10,000 |
| 1,000만원 이상 1억원 미만 | (소송목적의 값 × 45/10,000) + 5천원 |
| 1억원 이상 10억원 미만 | (소송목적의 값 × 40/10,000) + 5만 5천원 |
| 10억원 이상 | (소송목적의 값 × 35/10,000) + 55만 5천원 |

위의 표에 의해서 산출된 인지액(印紙額)이 1천원 미만인 경우에는 이를 1천원으로 하고, 또 1천원 이상인 경우에는 100원 미만의 단수(端數)는 산입하지 않는다. 이러한 기준에 의하여 위 설문에서 甲이 내어야할 인지액은 (4천만원 × 45/10,000) + 5천원 = 18만 5천원이 된다.

(3) 송달료의 납부

송달료는 단독사건(소송목적의 값이 1억 이하인 사건)·합의사건(소송목적의 값이 1억을 초과하는 사건) 모두 15회분의 송달료를, 소액사건(소송목적의 값이 2,000만원 이하인 사건)의 경우에는 10회분의 송달료를 납부하여야 한다. 이때 주의할 것은 이 액수는 당사자 1인에 대한 송달료이므로 원고, 피고가 각각 한 명인 경우에는 두 명에 대한 송달료를 납부하여야 하고, 여러 명인 경우에는 그 숫자만큼 납부하여야 한다. 다만 원고나 피고가 여러 명이더라도 그 전체에 대하여 소송대리인이 선임되어 있는 경우에는 소송서류는 그 소송대리인에게만 송달하면 되므로 한명으로 계산하여 송달료를 납부하면 된다.

위 설문에서 소송목적의 값이 4,000만원으로 단독사건이므로 원고 甲은 15회분의 송달료를 당사자의 숫자만큼 납부하면 된다. 계산해보면,

(2006년 3월 현재, 1회 송달료: 2,960원)×(당사자수 2명)×(15회분) = 88,800원이 된다. 따라서 甲은 위에서 설명한 인지대 이외에도 송달료로서 88,800원을 더 납부해야 하는 것이다.

민사소송을 하려면 방금 살펴본 인지대, 송달료 이외에도 변호사 비용, 증인 등의 여비나 일당(日當) 등을 생각해야하고 또 가압류, 가처분과 같은 보전신청을 하는 경우에는 공탁금이 필요하다.

# 어느 법원에 소를 제기할 것인가?

● **사례**

대구에 사는 甲은 여름방학을 맞아 부산해운대로 피서를 갔다가 서울에 사는 乙이 운전하는 자동차에 치여 부상을 당하였다. 乙과 합의에 실패한 甲은 乙을 상대로 민사소송을 통해서 손해배상청구를 하려 하지만 집이 대구이기 때문에 만약 교통사고가 발생한 부산에서 소송을 해야만 한다면 거리가 너무 멀어서 걱정이다. 甲은 자신의 주소지인 대구에서 소송을 제기할 수 있는가?

**사례의 해결**

**1) 관할(管轄)의 의의**

다양하고도 복잡한 사건들이 우리 생활주변에 무수히 발생하고 있으며 이를 해결하기 위해 우리나라에서는 전국에 걸쳐 많은 법원을 운영하며 사건을 분담하여 처리하고 있다. 관할이란 이와 같이 재판권을 행사하는 여러 법원 사이에서 어느 법원에서 어떤 사건을 처리할 것인지를 정하여 놓은 것, 즉 법원 사이의 재판권행사의 분담을 정하는 것을 의미한다. 그러므로 소를 제기하는 원고는 자신이 소장을 제출하는 법원이 이 사건에 대해 관할권을 가지는 여부를 확인하고 제출해야만 한다. 그렇지 않으면 소송이 이송되는 등 시간이 상당히 지연될 수 있기 때문이다. 설문에서와 같이 과연 어느 지역에 있는 법원에 관할이 있는지의 문제가 토지관할의 문제이다. 이에 대해 살펴보고자 한다.

**2) 토지관할(土地管轄)**

(1) 토지관할의 의의

토지관할이란 소재지를 달리하는 동종의 법원사이에 재판권의 분담관계(分擔關係)를 정하여 놓은 것이다. 쉽게 이야기하면 위 설문에서 이 사건의 제1심 법원으로 어느 곳에 있는 지방법원이 관할을 가지는가가 토지관할에 의

해서 정하여 지는 것이다. 어떤 사건이 어느 법원의 토지관할에 속하는 가는 그 사건의 당사자와 소송물이 그 법원의 관할구역내의 지점(地點)과 일정한 관계가 있는지 여부에 따라서 정해진다. 이렇게 토지관할의 발생원인이 되는 관련지점(關聯地點)을 재판적(裁判籍)이라고 부른다. 토지관할은 다시 보통재판적과 특별재판적으로 나누어 설명하는 것이 보통이다.

(2) 보통재판적(普通裁判籍)

가장 원칙적이고 기본이 되는 관할법원을 정하는 기준으로서, 민사소송법은 피고의 편의를 위해 피고의 주소지를 관할하는 법원을 보통재판적으로 하고 있다(민사소송법 제2조, 제3조). 우리나라에 주소가 없거나 또는 이를 알 수 없는 경우에는 피고가 현재 사실상 거주하고 있는 곳(거소, 居所)을 관할하는 법원이 관할법원이다. 원고가 피고의 거소(居所)마저도 알 수 없는 경우에는 피고의 최후의 주소지를 관할하는 법원에 소장을 접수시키면 된다.

원고가 법인 기타 사단 또는 재단을 상대로 소를 제기하는 경우에는 그 주(主)된 사무소 또는 영업소 소재지를 관할하는 법원이 관할을 가지며, 사무소와 영업소가 없는 경우에는 그 주(主)된 업무담당자의 주소지를 관할하는 법원이 관할법원이 된다(민사소송법 제5조).

(3) 특별재판적(特別裁判籍)

보통재판적을 기준으로 관할법원을 정하는 것이 피고의 편의를 위한 것이라면 특별재판적은 원고의 편의를 위해서 인정이 된다고 할 수 있을 것이다. 이는 특별한 사건에 대해서 보통재판적이 없는 법원에서도 원고가 소를 제기할 수 있도록 법이 특별히 관할을 인정하는 것이다. 그 중요한 내용을 살펴보면 사무소 또는 영업소에 계속하여 근무하는 자에 대한 소는 그 사무소 또는 영업소를 관할하는 법원에 제기할 수 있으며(근무지의 특별재판적), 재산권에 관한 소는 거소지 또는 의무이행지의 법원에 제기할 수 있으며(거소지 또는 의무이행지의 특별재판적), 어음 · 수표에 관한 소는 그 지급지의 법원에 제기할 수 있다(어음 · 수표지급지에 대한 특별재판적). 불법행위에 관한 소는 그 행위지의 법원에 제기할 수 있으며(불법행위지의 특별재판적), 부동산에 관한 소는 부동산소재지의 법원에 제기가 가능하고(부동산소재지의 특별재판적), 또 등기, 등록에 관한 소는 등기 또는 등록할 공공기관이 있는 곳의 법원에 제기할 수 있다(등기, 등록지의 특별재판적).

특별재판적 중에서 특별히 관심을 끄는 것은 의무이행지의 특별재판적에 관한 것이다(민사소송법 제8조). 여기에서 그 의무이행지가 어디인지가 문제가 되는데, 민법 제467조 2항에 따르면 「특정물인도 이외의 채무변제는 채권자의 현주소에서 하여야 한다」라고 하고 있으므로 채권자인 원고의 주소지가 의무이행지가 되는 점(지참채무의 원칙)을 유의해야한다. 그러므로 일반적으로 돈을 빌려주고 이를 받지 못해 소를 제기하는 경우 채권자인 원고는 자신의 주소지를 관할하는 법원에 소를 제기하면 되는 것이다.

### 3) 문제의 해결

위에서 살펴보았듯이 법원의 관할은 다양한 기준에 의하여 한 사건에 대해서도 여러 개의 법원에 관할이 있을 수 있다. 위 설문의 경우 원고 甲은 피고 乙의 주소지 관할법원인 서울지방법원에, 불법행위지 관할법원인 부산지방법원에, 그리고 의무이행지 관할법원인 대구지방법원에 소를 제기할 수 있다. 이러한 경우 원고는 자신에게 가장 편리한 법원을 택하여 소장을 접수시키면 된다. 다만 원고와 피고사이에 위 사고와 관련하여 미리 관할법원에 대해 서면합의가 있었던 경우에는 그 합의된 법원에 소장을 접수시켜야 한다(합의관할: 민사소송법 제26조).

# 내용증명이란 무엇인가?

● 사례

대구에 사는 甲은 며칠 전 대학친구의 이름을 들먹이며 찾아온 도서외판원 乙로부터 고가(高價)의 백과사전전집을 사기로 계약을 하고, 그 후 책을 받아보고 실망하여 이를 반납하려 한다. 계약당시 乙이 책을 받아 보고 10일 이내에 전화만 하면 책을 다시 가져가겠다고 했었기 때문에 서울에 있는 출판사에 전화를 해서 책을 다시 가져가라고 이야기하였는데 며칠이 지나도록 출판사로부터 아무런 연락이 없어 甲은 마음이 개운치가 못하다. 회사에 매인 몸이라 서울로 찾아갈 수도 없다. 甲은 계약해제에 대한 자신의 의사를 어떻게 명확하게 전달할 수 있는가?

**사례의 해결**

**1) 내용증명의 필요성**

우리 주변에서는 위 설문과 같이 우연한 기회에 계약을 체결하고 자신의 청약의 의사표시를 시기적절하게 명확히 철회하지 않음으로 인해 피해를 보는 경우가 허다하다. 이와 같이 어떠한 내용의 의사표시를 언제 했는지가 중요한 경우에는 내용증명우편제도를 이용하면 간편하다.

내용증명이란 발송인이 수신인에게 어떠한 내용의 문서를 언제 발송하였는지를 우체국에서 공적으로 증명하는 등기취급우편제도이다. 공적인 기관이 문서의 내용과 발송일자 등을 증명해주므로 법률관계의 확실성을 기할 필요가 있는 경우 널리 이용되고 있다.위 사안에서 혹 나중에 출판사가 계약의 해제통고를 받은 바 없으므로 백과사전의 대금을 지급하라고 요구하고 甲이 이에 응하지 않아 민사소송이 제기되는 경우, 언제 甲이 계약해제의 의사표시를 했는지가 중요한 쟁점이 될 것이다. 이때 甲은 자신이 유효하게 계약을 해제하였다는 것을 주장하고 이를 증명하는 증거로서 내용통지서를 복사해서 법원에 제출하면 쉽게 해결이 되는 것이다. 다만 한 가지 주의 할 점은 내용증명은 어떤 내용을 언제 발송하였다는 것만을 증명하는 것이지 그 내용통지서가 언제 상대방에게 도달하였는지를 증명하는 것이 아니라는 점이다. 우리 민법 제111조에 의하면 상대방이 있는 의사표시는 그 통지가 상대방에 도달한때로부터 그 효력이 생긴다고 하고 있으므로 실제 민사소송이 제기된 경우에는 의사표시를 언제 발송하였는가가 중요한 것이 아니라 언제 상대방에게 도달했는지가 결정적인 것이다. 그러므로 계약해제와 같이 중요한 의사표시를 하는 경우에는 내용증명우편제도를 이용하더라도 이를 내용증명겸 배달증명우편으로 보내는 것이 추후에 있을지 모르는 민사소송을 위해서는 유리하다.

그 밖에도 내용증명은 그것을 받는 상대방에게 심리적인 부담을 줄 수 있다는 점도 중요하다. 대금지급을 늦추고 있는 채무자에게 대금지급청구를 내용증명으로 한다면 그것을 받은 상대방은 채권자가 곧 법적인 조치를 취할 것이라는 심리적인 압박을 받게 되어 자발적으로 채무를 이행할 지도 모르는 것이다. 그러므로 내용증명을 보내는 경우에는 자신의 의사를 분명하고 단호하게 밝히는 것이 좋다.

### 2) 내용증명의 작성과 발송

내용증명에는 특별한 방식이 있는 것은 아니며 A4용지에 발송인과 수신인의 성명과 주소를 적고 상대방에게 통지하고 싶은 내용을 6하원칙에 따라 자연스럽게 기술하면 된다. 다만 종이의 뒷면은 사용해서는 안 된다. 작성한 문서가 2장 이상이면 앞장의 뒷면과 뒷장의 앞면에 걸쳐서 간인(間印)을 하여야 한다. 작성이 끝났으면 2부을 더 복사해서 총 3부를 가지고 우체국으로 간다. 우체국에서는 1부는 발송인 자신에게 되돌려 주고, 1부는 상대방에게 또 1부는 우체국에 보관하게 된다. 내용증명우편이 발송된 후 발송인이나 수취인이 보관 중이던 내용증명문서를 분실하였을 경우에는 우체국에서 당해 내용증명우편물의 발송 다음날부터 3년까지는 당해 내용증명의 문서를 보관하도록 되어 있으므로 발송우체국에 내용증명의 열람이나 재증명을 청구하면 된다.

※ 내용증명의 작성례

수신인: 홍매화

주소: 서울특별시 서초구 산 104번지

발신인: 진달래

주소: 대구광역시 수성구 산 21번지

(".......하지 않을 시에는 가능한 모든 법적 수단을 취할 것임을 알려드립니다." 등의 발신인이 수신인에게 통지하고 싶은 내용을 6하원칙에 따라 편지처럼 기재)

20○○년 ○○월 ○○일

위 발신인 진달래 (인)

# 가압류(채무자가 집을 팔고 도망갈 위험이 있는 경우)

● **사례**

甲은 乙에게 돈 4,000만원을 빌려주었는데 乙은 이행기가 지나도록 갚지 않고 있다. 乙의 어려운 경제사정을 잘 아는 甲으로서는 수차 독촉은 해보았지만 매몰차게 민사소송을 제기하지는 못하고 있는 상태이다. 그러던 어느 날 甲은 乙의 친척 丙을 우연히 만나 乙이 집을 팔고 다른 도시로 이사가려한다는 사실을 알게 되었다. 乙에게 배신감을 느낀 甲은 당장 돈을 갚으라고 乙을 다그쳤으나 乙은 돈이 없다는 말만 되풀이한다. 甲으로서는 乙이 그의 유일한 재산인 집을 팔고 다른 도시로 도망갈 위험은 있으나 늘 乙을 감시하고 있을 여유가 없다. 또 甲이 민사소송을 제기하여 자신의 권리를 실현하려면 시간이 너무 오래 걸린다. 甲이 자신의 권리확보를 위해 우선 취할 수 있는 법적 수단은 무엇인가?

**사례의 해결**

**1) 가압류의 필요성**

채권자가 소송을 제기하여 확정판결을 받아서 강제집행을 하려면 소송실무에서 보면 최소한 몇 달 이상이 걸린다. 그 동안 채무자의 재산상태가 변하거나 소송목적물이 멸실되거나, 채무자가 재산을 임의로 처분하거나 심지어 빼돌리는 경우 채권자가 승소한다고 하더라도 채권의 실질적 만족을 기대할 수 없게 된다. 위 설문에서 만약 乙이 소송 전이나 그 도중에 자신의 유일한 재산인 집을 팔아버리고 그 대금을 소비하거나 빼돌린다면 甲은 소송에 이기고도 전혀 변제 받을 것이 없게 되어버리는 것이다. 이러한 경우를 미리 방지하기 위해서 소송시작 전에 상대방이 재산을 처분하거나 빼돌리지 못하도록 임시로 묶어둘 필요가 있다. 이러한 역할을 하는 제도가 바로 가압류·가처분이라고 하는 보전처분이다. 보전처분은 그 제도의 목적에 비추어 채무자가 모르는 상태에서 신속하게 이루어져야 한다. 설문에서는 금전채권이 문제가 되므로 채권자 甲은 가압류를 해야 한다. 가처분은 채권자가 특정물에 대한 채권을 가지고 있는 경우에 강제집행 전에 채무자가 그 물건의 현상(現狀)을 변경하는 것을 막는 제도이다.

#### 2) 가압류의 의의

가압류라 함은 금전채권 또는 금전으로 환산할 수 있는 채권에 대하여 장래 그 집행을 보전하기 위하여 미리 채무자의 재산을 압류하여 채무자의 일반재산을 현재의 상태로 유지하여 두는 것을 목적으로 하는 보전처분이다(민사집행법 제276조). 이러한 보전절차에서는 원고, 피고라는 용어를 쓰지 않고 채권자(신청인), 채무자(피신청인)라고 한다.

#### 3) 가압류를 하는 방법

가압류신청서에서는 앞으로 본안의 소송에서 청구할 권리가 정당하다고 인정할 만한 근거와 본안의 소송 전에 가압류를 해야만 하는 이유를 적어야 한다. 가압류는 가압류할 물건이 있는 소재지의 지방법원이나 본안의 관할 법원에 신청하여야 한다. 이때 "본안의 관할 법원"이라 함은 위의 설문에서 甲이 대여금청구의 소를 제기하는 경우 관할권을 가지는 법원을 말하는 것으로서 이 경우에는 채무자 乙의 주소지 관할법원과 채권자 甲의 주소지 관할 법원이 모두 '본안의 관할 법원'이 될 수 있다.

일반민사소송절차에서는 청구 또는 주장사실에 대해 입증하기 위해서는 (좁은 의미의) 증명을 하여야 하지만 가압류와 같은 각종의 신청사건에서는 소명으로 충분하다. 여기에서 증명이란 증명해야할 사실의 존재에 관하여 법관에게 확신을 심어준 상태 또는 그러한 확신을 얻게 하기 위하여 증거를 제출하는 당사자의 노력을 의미하며, 소명이란 법관이 어느 사실의 존재가 일응 확실할 것이라는 추측을 얻은 상태 또는 그러한 상태에 이르도록 증거를 제출하는 당사자의 노력을 의미한다. 즉 소명은 법관이 확신에 이르도록 할 필요가 없으며 증명의 경우보다 저도(低度)의 개연성(蓋然性)을 필요로 한다고 할 수 있다.

가처분뿐만이 아니라 가압류도 채무자가 그 절차진행을 알지 못해야 그 소기의 목적을 달성할 수 있기 때문에 보통 신청하는 측(자칭 채권자)의 주장만을 믿고 처리하게 하므로 신청이유가 거짓이라도 법원은 이를 알 도리가 없다. 이러한 상황에서 법원으로부터 가압류(또는 가처분)결정이 내려지면 채무자는 자신의 재산권행사에 많은 제약을 받게 되어, 경우에 따라서는 아무런 이유 없이 심각한 재산상의 손해를 볼 수도 있다. 그러므로 법원은 가압류(가처분)가 부적합하다고 판명이 되는 경우 채무자가 그 손해를 쉽게 회복할 수 있도록 가압류(가처분)결정을 내리기 전에 신청인(자칭 채권자)으로 하여금 담보를 제공하도록 하고 있다. 담보로 제공할 금액은 채권자의 소명정도, 보전처분의 종류와 내용, 채무자의 예상손해액 등을 참작하여 법원이 재량으로 결정하지만, 실무상으로는 보통 부동산 가압류의 경우에는 청구금액의 1/8 에서 1/10 정도, 채권을 가압류하는 경우에는 청구금액의 1/5 정도, 동산을 가압류하는 경우에는 청구금액의 1/3 정도의 상당액이 된다. 채권자의 입장에서는 보증금이 부담이 되므로 가압류신청서에 미리 보증금을 보증보험회사의 보증보험증권으로 대신할 수 있도록 할 것을 법원에 신청하는 것이 보통이다. 법원이 보증보험증권에 의한 담보제공을 허가하면 가압류(가처분)신청을 한 채권자는 보증보험회사와 지급보증보험계약을 체결하고(보통 보험료는 공탁금의 1%정도) 그 보증보험증권을 법원에 제출하면 된다.

부동산에 대한 가압류나 처분금지 가처분 등의 결정이 내려지면 법원이 등기소에 가압류 · 가처분의 등기를 하도록 지시하고, 채권을 가압류한 경우에도 법원이 가압류결정문을 제3채무자에게 송달하므로 채권자가 해야 할 일은 없다. 다만 유체동산에 대한 가압류결정이 내려진 경우에는 채권자는 가압류명령결정 정본을 받은 다음 이를 가압류할 유체동산의 소재지를 관할하는 법원에 있는 집행관사무소에 제출하여 집행관에게 그 집행을 위임하여야 한다. 물론 집행비용도 예납해야 한다. 집행현장에 채권자가 입회해야 할 의무는 없지만 올바른 집행을 위해 입회하는 것이 좋을 것이다. 집행관은 채권금액에 상당하는 적당한 동산을 압류(소위 딱지를 붙인다)하고 유체동산가 압류 집행조서를 작성한다. 그런 다음 채권자는 본안소송에 참가하여 승소 판결을 얻어내어야 하는 것이다. 유체동산에 대한 가압류 후 압류를 당한 채무자가 그 동산을 임의로 처분하는 경우에는 형법 제140조 봉인무효죄로 처벌받게 된다.

※ 서식: 부동산 가압류 신청서

**부동산 처분금지 가처분 신청서**

채권자 (신청인): 홍길동
주소: 대구광역시 대동 214
채무자: 진달래
주소: 대구광역시 산 27

1. 목적물의 표시: 별지목록 기재와 같음
1. 목적물의 가액: 금000,000원
1. 피보전 권리의 요지: 20○○. 3. 1. 매매대금 80,000,000원의 매매를 원인으로 한 소유권이 전등기청구권

신청취지

1. 채무자는 그 소유명의의 별지목록 기재 부동산에 대하여 매매 · 전세권 · 저당권 · 임차권의 설정, 기타 일체의 처분행위를 하여서는 아니 된다.
1. 채권자는 ○○보증보험 주식회사 대구지점과 담보제공명령금액을 보증금액으로 하는 지급보증위탁계약을 체결한 문서를 제출하게 하고, 위 결정을 하는 재판을 구합니다.

신청원인

1. 채권자는 채무자와 '언제' 채무자 소유의 별지목록 기재 부동산에 관하여 매매대금 80,000,000원으로 정하고, 계약금 8,000,000원은 계약당일에, 중도금은 32,000,000원은 '언제', 잔금 40,000,000원은 '언제'까지 지급하기로 하고, 채권자는 기일을 엄수하여 이를 모두 지급하였는데, 채무자는 서류가 준비되지 않았다는 이유로 소유권이전등기에 필요한 제반서류의 제공을 차일피일 미루고 있습니다.
2. 채권자는 채무자를 상대로 소유권 이전등기 절차이행청구의 소송을 준비 중인데, 확정판결을 얻기 까지는 상당한 기간이 걸리고, 그 동안 채무자가 위 부동산을 제 3자에게 처분한다면 채권자가 본안소송에서 승소하더라도 강제집행이 불가능하거나 현저히 곤란해질 우려가 있으므로 신청취지에 기재한 바와 같이 가처분신청을 하기에 이르렀습니다.
3. 담보제공에 관하여는 보증보험회사와 지급보증위탁계약을 체결한 문서로 제출하고자 하오니 허가하여 주시기 바랍니다.

첨부서류

1. 부동산 등기부 등본 1통
2. 매매계약서 1통
3. 대금 영수증 사본 2통

20○○. 9. 5.

위 채권자 : 홍 길 동 (인)

대구지방법원 귀중

## 가처분(잔금까지 다 주었는데 부동산의 소유권이전등기를 안 해주는 경우)

### ● 사례

甲은 같은 동네에 사는 乙이 공장의 부도위기로 乙 소유의 가옥을 싼 가격에 내놓았다는 말을 듣고 乙을 찾아가서 매수의사를 밝혔다. 乙과 가옥 매매계약을 체결한 甲은 계약상의 잔금을 모두 지불하고 소유권이전등기를 요구하였다. 乙이 그 이행을 차일피일 미루고 있는 사이 甲은 우연히 乙이 그 집을 전후사정을 모르는 제 3자에게 다시 처분하려한다는 소식을 듣게 되었다. 甲은 소유권이전등기 청구의 소를 통해서 등기를 넘겨받기에는 시간이 너무 오래 걸려서 불안하다. 어떻게 해야 하나?

**사례의 해결**

**1) 가처분의 의의**

위에서 살펴본 가압류와 마찬가지로 가처분도 소송을 하기 전에 상대방이 재산을 처분하거나 빼돌리지 못하도록 임시로 묶어두는 제도이다. 가처분은 채권자가 금전채권 이외의 채권, 즉 특정한 물건에 대한 청구권을 가지고 있는 경우에 본안판결 후 강제집행이 이루어지기 전에 상대방이 그 물건의 현상을 변경하지 못하도록 보전하거나, 다툼이 있는 권리관계에 관하여 임시의 지위를 정하기 위하여 필요한 조치를 하는 재판이다(민사집행법 제300조). 위의 설문에서 보면 甲이 乙로부터 소유권이전등기를 넘겨받기 전에 乙이 제3자에게 다시 매각할 위험이 있다면 제3자에게 매각하지 못하도록 현상을 보전할 필요가 있는 것이다. 이 경우 甲이 할 수 있는 것이 바로 '부동산처분금지 가처분 신청'이다. 법원의 부동산처분금지 가처분 결정이 내려지고 이에 기하여 등기부에 그 부동산은 처분할 수 없다는 뜻의 '처분금지 기입등기'가 되면, 그 후 乙이 그 부동산을 처분하더라도 甲이 乙을 상대로 한 소유권이전등기청구소송(본안소송)에서 승소하면 그 사이에 이미 등기가 제3자의 명의로 넘어가 있어도 그 등기의 말소를 청구할 권리가 생기는 것이다.

가처분을 하는 방법은 위에서 설명한 가압류를 하는 방법에서의 설명이 그대로 여기에서도 유효하다. 가장 많이 쓰이는 가처분의 종류로서 방금 설명한 부동산처분금지 가처분 이외에도 자기 소유의 건물을 점유하고 있는 사람을 상대로 건물명도청구소송을 하는 경우에 하는 점유이전금지 가처분이 있다. 이는 예를 들어 월세를 내지도 않으면서 나가기를 거부하는 임차인에게 집주인이 집을 비워달라고 소송을 하는 경우(결코 임대인이 힘으로 내쫓을 수는 없다), 이에 대한 판결이 나기 전에 임차인이 사정을 모르는 제3자에게 점유를 이전하면 임대인은 승소하더라도 판결의 효력이 제3자에게 미치지 아니하므로 소송을 한 아무런 실익이 없게 된다. 이에 판결 전에 임차인이 점유를 다른 사람에게 옮기지 못하도록 하는 것이 점유이전금지 가처분인 것이다. 부동산에 대한 점유이전금지 가처분을 받은 채권자는 가처분 결정문을 첨부하여 집행관에게 집행을 위임하고, 집행관이 그 공시서를 목적부동산의 적당한 장소에 부착하고 채무자에게 가처분의 취지를 알림으로써 집행을 실시한다.

※ 서식: 부동산 처분금지 가처분 신청서

**부동산 가압류 신청서**

채권자(신청인) : 홍길동
주소 : 대구광역시 대동 214
채무자 : 진달래
주소 : 대구광역시 산 27

1. 목적물의 표시: 별지목록 기재와 같음
1. 목적물의 가액: 금 000,000원
1. 피보전 권리의 요지: 20○○. 3. 1. 매매대금 80,000,000원의 매매를 원인으로 한 소유권이전등기청구권

신청취지

1. 채무자는 그 소유명의의 별지목록 기재 부동산에 대하여 매매 · 전세권 · 저당권 · 임차권의 설정, 기타 일체의 처분행위를 하여서는 아니된다.
2. 채권자 ○○보증보험 주식회사 대구지점과 담보제공명령금액을 보증금액으로 하는 지급보증위탁계약을 체결한 문서를 제출하게 하고, 위 결정을 하게 하는 재판을 구합니다.

신청이유

1. 채권자는 채무자와 "언제" 채무자 소유의 별지목록 기재 부동산에 관하여 매매대금 80,000,000원으로 정하고, 계약금 8,000,000원은 계약당일에, 중도금은 32,000,000원은 "언제", 잔금 40,000,000원은 "언제"까지 지급하기로 하고, 채권자는 기일을 엄수하여 이를 모두 지급하였는데, 채무자는 서류자 준비되지 않았다는 이유로 소유권이전등기에 필요한 제반서류의 제공을 차일피일 미루고 있습니다.
2. 채권자는 채무자를 상대로 소유권 이전등기 절차이행청구의 소송을 준비 중인데, 확정판결을 얻기까지는 상당한 기간이 걸리고, 그 동안 채무자가 위 부동산을 제3자에게 처분한다면 채권자가 본안소송에서 승소하더라도 강제집행이 불가능하거나 현저히 곤란해질 우려가 있으므로 신청취지에 기재한 바와 같이 가처분신청을 하기에 이르렀습니다.
3. 담보제공에 관하여는 보증보험회사와 지급보증위탁계약을 체결한 문서로 제출하고자 하오니 허가하여 주시기 바랍니다.

첨부서류

1. 부동산 등기부 등본 1통
2. 매매계약서 1통
3. 대금 영수증 사본 2통

20○○년 9월 5일

위 채권자 홍길동 (인)

대구지방법원 귀중

# 피고의 답변서 제출(돈을 다 갚았는데 갚지 않는다고 소를 제기 당할 경우)

● **사례**

乙은 甲에게 돈 4,000만원을 빌려서 쓰고 약속한 날짜에 원금과 이자를 모두 변제하였다. 약 3달이 지난 후 甲은 우편집배원으로부터 이상한 등기우편을 하나 받았는데 그 속에는 乙이 甲을 상대로 이미 갚은 돈에 대한 대여금 청구의 소를 제기한 소장부본이 들어 있었다. 당장 甲을 찾아가서 이를 따지자 甲은 돈을 돌려받은 적이 없다고 주장한다. 당장이라도 법원으로 달려가 사실을 해명하고 싶은데 법원으로부터는 언제 나오라는 통지도 없다. 乙은 어떠한 절차를 거쳐 민사소송을 시작하게 되는가?

**사례의 해결** 이번 문제는 소송을 제기 당한 피고의 입장이 주(主)가 되는 문제이다. 원고의 소장이 접수되면 재판장은 소장을 심사하고 흠결이 없으면 지체 없이 피고에게 소장 부본(副本)을 송달하고 피고는 소장 부본의 송달을 통해 비로소 자신에게 민사소송이 제기된 사실을 알게 되고 방어준비를 하게 되는 것이다. 따라서 소장부본이 피고에게 송달됨으로써 소송계속(訴訟係屬)의 효과가 발생하게 된다.

피고가 원고의 소제기에 의한 권리주장에 대항하여 다툴 의사가 있으면 응소를 해야 한다. 위 설문에서 乙의 경우 자신의 채무를 이미 변제하였으므로 이를 정당하게 주장하기 위해서(결코 물리적인 힘으로 해결해서는 안된다) 甲에 대항하여 소에 응해야 하는 것이다. 이러한 응소행위(應訴行爲)로서 피고는 (공시송달에 의하지 않고) 소장의 부본을 송달받은 날부터 30일 이내에 답변서를 제출해야만 하며(민사소송법 제256조 제1항), 이를 제출하지 않으면 법원은 직권으로 조사할 사항이 있는 경우가 아니라면 청구의 원인이 된 사실을 자백한 것으로 보고 변론 없이 원고청구인용의 판결(소위 無辯論判決)을 받게 된다(동법 제257조 제1항). 답변서란 준비서면 가운데서 피고가 본안의 신청을 기재하여 최초로 제출하는 서면을 말한다. 이때 본안의 신청이라 함은 피고의 원고청구기각 신청을 의미한다. 즉 乙의 입장에서는 자신이 이미 채무를 변제했으므로 중복하여 다시 채무를 변제하라는 甲의 신청을 기각해 달라고 답변서를 통해 법원에 청구하는 것이다.

종래 우리나라의 민사소송은 수시제출주의, 준비절차의 미활용, 병행심리주의를 취함으로써 수회의 변론기일을 거치면서 쟁점정리와 증인신문을 비롯한 증거조사를 병행해 나가는 방식을 사용하였다. 또 주장과 증거는 당사자의 판단에 따라 변론종결 시까지 언제든지 제출이 가능하여 기일이 반복됨으로 인해 소송절차가 상당히 지연되었었다. 또 법관과 대리인은 매 기일마다 기록을 반복 검토해야만 함으로써 시간과 노력의 낭비가 크고, 쟁점이 정리되지 않은 상태에서 증인신문이 이루어지게 되어 효율적인 증인신문이 이루어지지 못하였다. 이에 실질적이면서도 신속한 권리구제가 이루어지도록 하기 위하여 2002년 민사소송법의 개정을 통해 소송의 초기단계에서 사건의 쟁점(爭點)과 증거(證據)를 정리하고 입증의 대상이 되는 사실을 명확히 하여, 이것에 초점을 맞추어 효율적이고 집중적인 증거조사를 실시하는 쪽으로 심리방식을 바꾸었다. 이에 의해 민사소송절차에서 변론기일(辯論期日)은 사건의 쟁점정리와 증거조사의 준비를 마친 다음 증거, 특히 인증(人證)의 조사를 위하여 가급적 1회에 한하여 집중적으로 실시하게 되었다. 따라서 설문의 경우 피고 乙은 법정에서 이루어지는 변론기일에 출석하기 전에 변론준비절차에서 행해지는 증거조사 등을 위해 미리 증거서류와 증인을 찾아보는 것도 소송에 승소하기 위해서는 중요하다.

이러한 변론준비절차는 우선 준비서면의 교환을 통해 이루어지는데(다만 소송목적의 값이 1억원 이하인 사건과 같은 단독사건의 변론은 서면으로 이를 준비하지 않을 수 있다), 이때 준비서면이란 변론의 집중을 위해 당사자가 변론에서 진술하고자 하는 사항을 미리 법원과 상대방에게 예고하기 위하여 법원에 제출하는 서면을 말한다. 이러한 서면공방만으로 쟁점정리가 완결되지 않는 경우, 주장과 증거의 정리를 위해 필요하다고 인정하는 때 재판장 등은 기일을 지정하여 양당사자를 출석하게 하여 쟁점정리를 계속할 수 있는데, 이를 변론준비기일이라 한다. 이러한 변론준비기일은 정식의 변론기일이 아니라 쌍방당사자나 대리인이 서로 만나 구술로 쟁점과 증거를 정리하는 절차이므로, 준비절차실이나 심문실과 같은 법정 이외의 장소에서 비공개로 형식에 구애받지 않고 행해지며, 당사자로서는 재판장과 자유롭게 대화하고 토론할 수 있는 기회를 얻게 된다. 이와 같은 변론준비절차를 거쳐 비로소 당사자는 변론기일에 들어가게 되는 것이다.

※ 서식: 답변서

**답변서**

2006 가합 ○○○호 (당해 사건번호)

원고: 홍길동
　　주소: 대구광역시 대동 214
피고: 진달래
　　주소: 대구광역시 대동 200

위 당사자 간 귀원 2006 가합 ○○○ 호 대여금 청구사건에 대하여 피고는 다음과 같이 답변합니다.

청구취지에 대한 답변

1. 원고의 청구는 이를 기각한다.
1. 소송비용은 원고의 부담으로 한다
　라는 판결을 구합니다.

청구원인에 대한 답변

1. 청구원인 제 1항 사실은 부인한다.
2. 청구원인 제 2항 사실 중 ○○년 ○○월 ○○일에 피고가 원고로부터 금 ○○○원을 빌린 사실은 인정하나, 피고는 ○○년 ○○월 ○○일에 원고의 처 소외 ○○○이 원고명의의 위임장과 청구서를 제시하여 영수증을 수령하고 위 금 ○○○원을 변제하였으므로 이건 청구에 응할 수 없습니다.

첨부서류

을 제1호증 영수증 사본 1통

○○년 ○○월 ○○일
위 피고 진달래 (인)

대구지방법원 귀중

# 지급명령(채무자가 돈을 빌린 사실을 인정을 하는데 돈을 갚지 않고 있는 경우)

### ● 사례

동네에서 화장품가게를 운영하는 甲은 같은 동네에 사는 乙에게 4,000만원을 빌려주었다. 甲은 수차례에 걸쳐 갚을 것을 요구했으나 乙은 차일피일 미루기만 한다. 乙이 자신의 채무를 부인한다면 당장 민사소송이라도 제기해서 돈을 받아 내겠지만 그렇지도 않고 또 막상 민사소송을 제기한다고 해도 가게 때문에 법원에 갈 시간도 없다. 甲은 다행히 충분한 증인과 차용증을 가지고 있다. 丙이 이야기하기를 복잡한 민사소송을 거치지 않고도 돈을 갚으라는 법원의 명령을 간단하게 받을 수 있는 방법이 있다고 한다. 乙을 어떤 절차에 의해서 쉽게 집행권원을 얻을 수 있는가?

**사례의 해결**

**1) 집행권원이란 무엇인가?**

우선 집행권원이 무엇인지부터 살펴보고 위 설문을 살펴보도록 한다. 집행권원이란 강제집행으로 실현될 일정한 사법상의 이행청구권의 존재와 범위를 밝힌 공적(公的)인 증서로서 집행기관에 의한 강제집행의 근거가 되는 문서를 말한다. 가장 통상적인 집행권원으로는 확정된 종국판결이나 가집행선고가 있는 종국판결이다.

위의 설문의 예에서 만약 甲이 乙을 상대로 민사소송을 제기하여 법원이 乙에게 돈을 갚으라는 판결을 내린 경우 그 판결서가 집행권원이 되는 것이고 채무자가 판결 후에도 자발적으로 돈을 갚지 아니하면 그 판결서에 기해서 강제집행을 하게 되는 것이다. 이러한 확정판결이외에도 집행권원이 될 수 있는 것으로는 집행증서(공정증서) · 청구의 인락조서(認諾調書) · 재판상의 화해조서(和解調書) · 각종의 조정조서(調停調書) 그리고 확정된 지급명령(支給命令) 등이 있다.

### 2) 지급명령(支給命令)에 의한 해결

위 설문에서의 甲은 독촉절차를 통해 지급명령을 받음으로써 문제를 비교적 쉽게 해결할 수 있다. 즉 독촉절차란 채무자가 자신의 채무의 존재에 대하여 다투지 않을 것이 예상되는 경우, 금전 기타 대체물이나 유가증권(有價證券)의 일정량의 지급을 목적으로 하는 청구권에 관하여(이때 청구금액이 얼마이냐는 문제가 되지 않는다) 채권자에게 간이 · 신속하게 집행권원을 얻게 하는 약식소송절차이다.

이 절차는 통상의 판결절차에서 요구되는 소의 제기 · 변론 · 판결이 필요 없는 절차로서, 신청은 원칙적으로 서면에 의하며, 신청서에는 당사자 · 법정대리인 · 청구의 취지 및 청구의 원인을 기재하고 그 밖에 준비서면에 기재하는 사항을 적을 수 있다. 신청서에 붙이는 인지액은 소장에 붙일 인지액의 1/10이며, 송달료는 당사자 1인당 4회분의 송달료를 납부하여야 한다. 신청서를 제출할 법원은 채무자의 주소지, 근무지 또는 사무소 · 영업소 소재지를 관할하는 지방법원, 지방법원 지원, 시 · 군법원이다.

법원은 신청서접수 후 신청서등본을 상대방에게 송달할 필요가 없다. 즉 독촉절차에서는 채무자를 심문하지 않고, 채권자의 신청이 적법하고, 신청서 상의 신청의 취지에 의해서 청구가 이유 있다고 인정되는 경우에는 증거조사도 없이 바로 지급명령이 내려지게 된다. 그러므로 채권자의 입장에서는 통상소송의 1/10의 비용으로 신속하게, 특히 법정에 나갈 필요없이 서면심사만으로 손쉽게 집행권원을 얻게 되는 것이다. 다만 실무에서는 채권자가 지급명령신청서를 제출할 때 차용증이나 약속어음과 같이 자신의 권리를 증명하는 서류를 같이 제출하는 것이 보통이다. 증거조사 없이 또 채무자에게 알리지도 않고 채권자의 주장만을 믿고 일방적으로 지급명령이 발하여지므로 채무자는 지급명령을 송달받은 후 2주일 이내에 이의신청(異議申請)을 하여 불복할 수 있다.

### 3) 지급명령에 대한 채무자의 이의신청(異議申請)

지급명령을 받고 채무자가 2주 이내에 이의신청을 하지 않거나, 이의신청을 했더라도 이를 취하하거나 그 각하결정이 확정되면, 지급명령은 확정이 되고 확정된 지급명령은 집행력이 발생하여 집행권원이 되므로, 채권자는 그 지급명령에 기하여 채무자의 재산을 강제집행 할 수 있게 된다.

채무자의 적법한 이의신청이 있는 경우에는 지급명령은 그 이의의 범위 안에서 실효가 되고 지급명령을 신청한 때 소송의 제기가 있었던 것으로 보게 되어 지급명령절차는 소송절차로 이행된다. 이때는 지급명령을 신청한 채권자는 이미 납부한 1/10의 인지액을 제외하고 나머지 9/10의 인지액을 법원에 추가로 납부하여야 한다. 소송절차가 개시되면 채권자 · 채무자는 그들이 독촉절차에서 제출한 지급명령신청서와 이의신청서에 기재한 사실을 변론기일에서 다시 주장하여야 한다.

위 설문에서 乙이 자신의 채무의 존재에 대해 다투지 않고 있으므로 甲은 지급명령을 신청하여 지급명령을 받고 이에 대해 乙이 이의를 신청하지 않는다면 甲은 그 지급명령에 기해 乙의 재산에 대해 강제집행을 실시하여 자신의 채권의 만족을 받을 수 있게 된다.

※ 서식: 지급명령신청서

**지 급 명 령 신 청 서**

채권자: 홍길동

주소: 대구광역시 대동 214

(전화, 팩스, e-mail주소 등)

채무자: 진달래

주소: 대구광역시 대동 200

대여금청구 독촉사건

청구금액: 금 40,000,000원정

청 구 취 지

채무자는 채권자에 대하여 금 4,000만원 및 이에 대한(언제: 돈을 빌린날)부터 이 지급명령정본송달시 까지는 연 5푼의, 그 다음날부터 다 갚을 때까지는 연○○%의 비율에 의한 금원 및 다음의 독촉절차비용을 지급하라

라는 지급명령을 구합니다.

독촉절차비용

(내역) 1. ○○○원 (신청서 첩용인지대금)

2. ○○○원 (당사자수 × 우편요금 × 4회 송달)

청 구 원 인

1. 채권자와 채무자는 같은 동네에서 친하게 지내는 사이로 채권자는 (언제) 채무자에게 금 40,000,000원을 이자를 정함이 없이 빌려주고 채무자는 채권자가 원하는 시기에 언제든지 갚을 것을 약정하였습니다.

2. 채무자는 수차례의 변제요구를 받고도 이를 갚을 생각을 하지 않고 있으므로 이 청구에 이르렀습니다.

첨 부 서 류

1. 차용증서 1통

1. 송달료납부서 1통

20○○년 ○○월 ○○일

채권자 홍길동 (인)

대구지방법원 귀중

# 소액사건을 제기하고 변호사가 아닌 자를 소송대리인으로 하여 소송을 수행할 수 있는가?

● 사례

40세의 甲은 乙에게 돈 1,500만원을 빌려주었다가 받지 못해서 소액사건으로 법원에 소장을 제출하였다. 변론기일이 지정이 되어 그 날을 손꼽아 기다리던 甲은 교통사고로 병원에 입원하였다. 하루라도 빨리 사건을 처리하고 싶은 甲은 기일변경신청을 하기보다는 차라리 법과대학을 우수한 성적으로 졸업한 자신의 동생 丙으로 하여금 변론에 나가도록 하려고 한다. 이는 가능한가?

**사례의 해결** 여기에서는 우선 소액사건이라는 점이 문제가 되므로 먼저 소액사건이 무엇인지에 대해서 살펴본 후 소송상 대리에 대하여도 살펴보겠다. 다만 대리인의 경우에는 본인의 의사에 의하지 않고 대리인이 되는 법정대리인과 본인의 의사에 기하여 대리권이 수여되는 임의대리인이 있는데, 임의대리인 중에서 특히 소송수행을 위한 포괄적대리권(包括的代理權)이 부여된 자를 소송대리인이라고 부른다. 보통 소송대리인이라고 할 때에는 변호사(辯護士)를 가리키는 경우가 대부분이다.

**1) 소액사건심판절차(少額事件審判節次)**

소액사건심판절차에서 소액사건이라 함은 소송목적의 값이 2,000만원 이하의 금전(金錢) 기타 대체물(代替物)이나 유가증권의 일정수량의 지급을 구하는 민사사건을 의미한다. 따라서 부동산 등 특정물의 지급을 목적으로 하는 청구는 소송목적의 값이 2,000만원 이하 이더라도 소액사건이 될 수 없다. 위 설문상의 사건은 대여금 청구사건으로 소송목적의 값이 1,500만원이므로 소액사건이 된다.

소액사건은 지방법원(지원 포함)에서는 지법단독판사가 관할하며, 시 · 군법원의 경우에는 시 · 군법원판사의 전속적 사물관할에 속한다. 소장에 의한 소 제기 이외에도 구술(口述)에 의한 소의 제기와 양당사자가 임의로 법원에 출석하여 변론함으로써 간이하게 제소할 수 있는 임의출석에 의한 제소(任意出席制)도 가능하다. 사건의 신속한 처리를 위하여 소의 제기가 있으면 지체없이 변론기일을 지정하고, 되도록 1회의 변론기일로 심리를 종결하도록 하여야 한다(소액사건심판법 제7조 제1항 · 제2항). 이러한 1회 심리의 원칙을 위해서 소장이나 제소조서(提訴調書: 구술제소의 경우)는 지체없이 피고에게 송달하여야 하며, 소가 제기되면 바로 변론기일을 지정하며 또 변론기일 이전이라도 당사자로 하여금 증거신청을 하게 하는 등 필요한 조치를 취할 수 있다(동법 제7조 제3항).

소액사건에서는 판사는 필요하다고 인정이 되면 직권으로 증거조사를 할 수 있다(동법 제10조 제1항). 또 법원은 소장 · 준비서면 기타 소송기록에 의하여 청구가 이유없음이 명백한 때에는 변론없이 청구를 기각할 수 있다(동법 제9조 제1항). 판결의 선고는 변론종결 후 즉시 할 수 있으며, 판결이유의 요지는 구술로 설명하게 하여 판결서에 판결이유의 기재를 생략할 수 있다(동법 11조의2).

### 2) 소송상의 대리인

(1) 법정대리인

법정대리인은 본인의 의사에 의하지 않고 대리인이 된 자로서 이는 혼자서는 소송수행을 할 수 없는 소송무능력자를 위해서 마련된 제도이다. 즉 소송의 당사자가 민법상의 미성년자, 한정치산자, 금치산자인 경우 법정대리인이 대리하여 소송행위를 할 수 있게 한 것이다. 소송법상의 법정대리인은 실체법상 법정대리인의 지위에 있는 자가 될 수 있다(소송법의 규정에 의하여 법원이 선임하는 법정대리인도 있으나 여기서는 설명을 생략한다). 그러므로 미성년자가 소송당사자인 경우에는 그 친권자(親權者)나 후견인이 법정대리인 되고, 한정치산자나 금치산자가 소송당사자인 경우에는 그 후견인이 법정대리인이 된다.

(2) 임의대리인

민사소송법은 소송상의 임의대리인, 즉 소송대리인이 될 수 있는 자격을 엄격히 제한하고 있다. 이는 법률문외한인 당사자의 이익을 보호하고 더 나아가 소송절차의 원활한 진행을 꾀하기 위해서이다. 그리하여 법률에 의하여 재판상 행위를 할 수 있는 대리인 이외에는 원칙적으로 변호사가 아니면 소송대리인이 될 수 없다(민사소송법 제87조). 이를 변호사대리의 원칙이라 한다. 우리나라에서는 아직 변호사강제주의가 채택되지 아니하여 당사자본인이 모든 심급의 소송을 스스로 수행하는 것은 가능하지만 소송수행을 위해서 대리인을 선임하는 경우에는 변호사가 아니면 안 되는 것이다.

다만, 이러한 변호사대리의 원칙에는 많은 예외가 인정이 되고 있으며 그 중 위 문제와 관련되는 것을 중심으로 살펴보면,

첫째, 민사소송법 제88조 제1항에 의하여 단독판사가 심판하는 사건에 있어서 그 소송목적의 값이 일정한 금액 이하(현재는 5,000만원 이하)인 사건에서, ① 당사자의 배우자 또는 4촌 안의 친족으로서 당사자와의 생활관계에 비추어 상당하다고 인정되는 경우(민사소송규칙 제15조 제2항 제1호) ② 당사자와 고용, 그밖에 이에 준하는 계약관계를 맺고 그 사건에 관한 통상사무를 처리 · 보조하는 사람으로서 그 사람이 담당하는 사무와 사건의 내용 등에 비추어 상당하다고 인정되는 경우(동항 제2호)에는 변호사가 아니더라도 법원의 허가를 얻은 때에는 소송대리인이 될 수 있다.

둘째, 소액사건심판법 제8조 제1항에 따르면 당사자의 배우자 · 직계혈족 · 형제자매 또는 호주는 법원의 허가 없이 소송당사자인 본인의 위임을 받아 소송대리인이 될 수 있다. 그러므로 위의 설문에서와 같은 소액사건의 경우에는 위임을 받은 소송대리인과 본인과의 관계를 증명할 수 있는 주민등록등본이나 호적등본 등을 첨부하여 소송위임장을 제출하면 법원의 허가

없이도 소송대리가 가능하게 되는 것이다.

#### 3) 문제의 해결

위 설문에서는 소송목적의 값이 2,000만원 이하이므로 소액사건심판법의 적용을 받는 소액사건이 문제가 되므로 소송대리에 있어서도 민사소송법상의 변호사대리의 원칙이 적용되지 아니한다. 위에서 이미 살펴본 바와 같이 소송당사자인 甲의 동생은 소액사건심판법 제8조 제1항에서 말하는 형제자매에 속하기 때문에, 동생 丙은 법원에 가서 '소송대리허가신청 및 소송위임장' 을 작성, 제출하면 유효하게 소송대리를 할 수 있다. 다만 소송대리인 丙은 그 소송의 당사자가 아니므로 판결의 효력을 받지 아니한다.

# 처분권주의

> **● 사례**
>
> 휴일에 근처 산으로 차를 몰고 가던 甲은 乙이 운전하는 자동차와 충돌하였다. 甲은 乙이 졸음운전을 한 것 같고 자신에게는 전혀 과실이 없다고 믿고 있다. 이 경우 甲은 현장에 출동한 경찰이 법원에 알려서 자신이 입은 손해를 법원이 알아서 배상 받을 수 있도록 조치를 취해줄 것을 기대할 수 있는가? 또 甲이 스스로 乙을 상대로 법원에 500만원의 손해배상청구소송을 제기한 경우 법원이 여러 가지 증거조사를 해본 후 乙에게 1,000만원의 손해배상을 명할 수 있는가?

**사례의 해결**

**1) 당사자가 민사소송을 제기하지 않고 있는데 법원이 직권으로 이를 문제 삼을 수 있는가?**

민사소송에 있어서의 기본원칙 중의 하나인 처분권주의(處分權主義)는 소송의 개시, 소송물(심판의 대상) 및 소송의 종료에 대하여 당사자에게 처분권을 주어서 스스로 이를 결정할 수 있게 하는 원칙이다. 이는 민사소송의 대상인 사법상의 권리관계에 기초가 되는 사적자치의 원칙이 소송절차에 나타난 것이라고 할 수 있다. 이 원칙에 따르면 민사소송절차는 당사자의 소(訴) 제기 행위에 의해서 비로소 개시될 수 있으며 결코 법원의 직권에 의하여 개시되지 아니한다. 「원고(原告) 없는 곳에 법관 없다」, 「신청 없는 곳에 재판 없다」라는 법언(法諺)은 이러한 원칙을 나타내는 것이다.

그러므로 위 사안에서는 스스로 피해자라고 생각하는 甲의 소 제기 행위가 없으면 '甲의 손해를 배상하라'는 내용의 판결을 받아낼 수 있는 민사소송이 시작될 수 없는 것이다.

### 2) 당사자(원고)가 청구한 손해배상액을 넘어서 법원이 상대방 당사자(피고)에게 배상을 명할 수 있는가?

처분권주의의 의의(意義)에서 살펴보았듯이 민사소송에서 당사자(원고)는 심판의 대상과 그 범위도 스스로 결정할 수 있다. 그러므로 법원은 당사자가 신청하지 아니한 사항에 대해서는 스스로 조사하여 판결하지 못하고 또 당사자가 신청한 범위를 넘어서 판결해서도 아니 된다. 그리하여 예를 들어 A라는 사람이 B에게 2,000만원의 채권이 있음에도 이를 착각하여 1,000만원의 지급을 구하는 소송을 제기하였다고 한다면, 법관은 이에 구속되어 1,000만원의 범위 내에서만 이를 판단하여야 하며, 아무리 증거조사과정에서 그 채권액이 2,000만원이라는 사실을 알게 되었다고 하더라도 원고가 이를 스스로 주장하지 않고 있다면 2,000만원을 지급하라고 판결을 할 수가 없다.

만약, 법원이 원고가 청구하지 않은 사항이나 청구의 범위를 넘어서 판결한다면 이는 당사자 쌍방에게 예측할 수 없었던 뜻밖의 판결이 되어 그로 인해 불이익을 받는 당사자의 입장에서는 '정당한 재판을 받을 권리' 의 침해가 될 수 있으며, 또 채권자가 2,000만원의 채권이 있는 것을 알면서도 1,000만원만 받기를 원할 수도 있다는 점을 생각한다면 처분권주의에 의한 이러한 결론은 당연한 것이라고 해야 할 것이다.

결론적으로 민사소송의 대원칙이라 할 수 있는 처분권주의에 의하여 위 사안에서 법원은 甲이 신청한 500만원의 손해배상액을 넘어서 판결할 수 없다. 다만 반대로 원고가 1,000만원의 손해배상을 청구하였는데 법원이 500만원만 지급하도록 판결하는 것은 원고가 신청한 범위 내에서 판결이 이루어진 것으로 처분권주의에 위배되지 아니한다.

그 밖에도 처분권주의에 의하여 당사자는 일단 개시된 민사소송절차를 법원의 판결에 의하지 않고 스스로의 의사결정에 의해 종결시킬 수 있다. 그러므로 당사자는 원칙적으로 어느 때나 소의 취하(取下), 청구의 포기(抛棄) · 인낙(認諾) 또는 화해(和解)에 의하여 소송절차를 종결시킬 수 있다.

따라서 위 사안에서 만약 甲과 乙이 사적(私的)으로 일정한 배상액을 합의하였거나 甲이 심경의 변화를 일으켜 배상을 받기를 원하지 않는다면 자신이 제기한 乙에 대한 손해배상청구소송을 취하하거나 포기할 수도 있는 것이다.

刑事訴訟法

# 형사 소송법

이동형

# 교통사고의 처리

**● 사례**

(1) 甲은 야간에 자동차를 운전하던 중 차도에 갑자기 뛰어 들던 乙을 뒤늦게 발견하고 급제동하였으나, 워낙 가까운 거리에서 乙이 뛰어 드는 바람에 피하지 못하고 乙을 치어 부상을 입히게 되었다. 甲은 사고 직후 경찰서에 신고를 한 후 乙을 병원에 데려가서 치료를 받도록 하였다. 병원에서는 乙이 전치 6주의 골절상 등의 상해를 입은 것으로 진단서를 발부하였다.

- 이 경우 甲에 대해서 행해 질 것으로 예상되는 형사절차와 甲이 취해야 할 조치는 어떤 것이 있을 것인가?
- 甲이 자동차종합보험에 가입한 경우와 그렇지 않은 경우는 어떻게 다른가?

(2) 위 사건에서 乙이 사망한 경우는 어떻게 되는가?

**甲에게 적용되는 관련 규정**

### 1) 형법상 업무상과실치상죄(형법 제268조)

이 사건에서 甲은 형법과 교통사고처리특례법의 적용을 받게 된다. 甲에 대해서 적용되는 기본적인 법규정은 형법이다. 甲의 행위는 제268조의 '업무상과실치상죄'에 해당한다. 형법 제268조는 '업무상 과실 또는 중대한 과실로 인하여 사람을 사상(死傷: 죽거나 다치게 하는 것)에 이르게 한 자는 5년 이하의 금고 또는 2천만원 이하의 벌금에 처한다'고 규정되어 있다. 즉 판사는 사건의 경중에 따라서 최대 5년의 금고형[1]까지 선고할 수 있다는 것이다.

자동차를 운전하는 것은 업무에 해당한다. 형법상의 業務는 '사람의 사회생활상의 지위에 기하여 계속·반복하여 행하는 사무'를 의미하고, 자동차 운전도 이에 속한다. 자동차를 운행하는 경우 운전자는 전방을 주시하고, 만일의 경우에 발생할 수 있는 사태에 대비하여 조심해서 운전해야 한다. 교통사고로 사람이 다치거나 사망한 경우 운전자는 업무상과실치상죄(상해의 경

1) 금고형은 교도소에서 수감생활을 하되, 노역에 종사하지 않는다는 점에서 징역형과 차이가 있다.

우) 또는 업무상과실치사죄(사망의 경우)를 범한 것으로 처리된다.

### 2) 교통사고처리특례법

교통사고처리특례법(이하 '교특법')은 형법의 특별법으로서 교통사고의 처리에 관하여 형법의 규정 이외에 달리 처리할 수 있는 특별한 사항에 관하여 규정한 법률이다. 이 법 제3조 제2항에는 차의 운전자가 교통사고로 인하여 업무상과실치상죄를 범한 경우에는 피해자의 명시한 의사에 반하여 공소를 제기할 수 없는 것으로 규정되어 있다. 여기서의 '被害者의 明示한 意思'라는 것은 "피해자가 가해자의 처벌을 원하지 않는다는 뜻을 명시적으로 표시한 의사"를 말한다.

또한 위 규정 단서(但書; '다만' 이하의 내용)에서는 도주차량의 경우[2]와 10가지의 예외사유의 경우에는 피해자의 명시(明示)한 의사에 반하더라도 검사는 공소를 제기할 수 있는 것으로 규정하고 있다. 즉 피해자가 가해자(운전자)의 처벌을 원하지 않는다는 것을 명시적으로 표시한 경우에도 가해자는 처벌받게 된다. 10가지 예외사유는 ① 신호위반, ② 중앙선침범, ③ 제한속도 위반(20Km 초과의 경우에 한함), ④ 앞지르기, 끼어들기 금지 위반, ⑤ 건널목 통행방법 위반, ⑥ 횡단보도 사건, ⑦ 무면허운전, ⑧ 음주운전, ⑨ 인도돌진, ⑩ 개문발차이다.

또한 위의 10가지 예외사유 이외의 경우로서 사고차량이 자동차종합보험이나 공제에 가입되어 피해자에게 보험금(또는 공제금)이 지급될 수 있는 경우에도 피해자의 명시한 의사가 있는 것과 같이 취급된다(교특법 제4조). 책임보험에 가입된 경우는 여기에 해당하지 않는다.

2) 운전자가 교통사고를 낸 후, 그 사고 직후 피해자를 구호하는 등의 조치를 하지 않고 도주하거나 피해자를 사고장소로부터 옮겨 유기하고 도주한 경우

**1) 乙이 부상당한 경우를 먼저 보면 다음과 같다.**

(1) 甲의 차량이 자동차종합보험에 가입된 경우

이 사건은 피해자(乙)가 사망한 것도 아니고, 甲이 사고 후 도주한 것도 아니며, 위에서 본 10가지의 예외 사유에도 해당하지 않기 때문에 교특법 제4조에 의하여 형사처벌을 받지 않게 된다. 甲은 피해자인 乙과 합의[3]를 할 필요도 없다. 甲은 사고사실을 경찰서와 보험회사에 알리는 등의 조치를 취하면 된다.

(2) 甲의 차량이 자동차종합보험에 가입되어 있지 않은 경우

이 경우 甲이 형사처벌을 받지 않기 위해서는 乙과 합의를 하여야 한다. 乙과 합의가 되지 않는 경우 甲은 형사처벌을 받게 되는 입장에 놓이게 된다. 이 경우의 합의는 자동차종합보험에 가입된 경우와는 달리 형사상의 합의만이 아니라 민사상의 합의를 포함하는 것이 일반적이다. 즉 교통사고로 인한 치료비 · 일실수입[4] · 위자료[5] 등 피해자가 입게 되는 재산적 손해 전부에 대한 보상까지 함께 해결해 주는 합의가 필요한 것이 일반적이다. 자동차종합보험에 가입된 경우에는 보험회사에서 민사상의 손해를 전부 배상해 주게 되어 있지만, 자동차종합보험에 가입되어 있지 않은 경우에는 피해자가 가해자로부터 모든 손해를 배상받을 것이 보장되어 있지 않기 때문이다.

(3) 참고사항

한 가지 덧붙여 말한다면, 경우에 따라서는 甲은 이 사건에 관하여 무죄의 주장을 할 수도 있다. 甲은 정상적으로 운행하고 있는데 갑자기 乙이 甲의 차량 앞으로 갑자기 뛰어 들었으므로 甲으로서는 아무리 주의를 기울였어도

3) 이 경우의 '합의'는 가해자가 피해자에게 금전을 지급해 주고, 가해자가 피해자의 처벌을 원하지 않기로 하는 합의를 말한다. 합의는 민사상의 합의와 형사상의 합의로 나누어 볼 수 있다. 민사상의 합의는 손해를 배상하는 것을 말하며, 대체로 교통사고 등에서의 합의는 형사상의 합의를 의미한다. 일반적으로 합의를 하는 경우에는 합의서를 작성하여 수사기관이나 법원에 제출하는 방식으로 하며, 이 경우 합의서에는 피해자의 인감도장을 찍고 인감증명서를 첨부하여야 한다.

4) 일실수입이라는 것은 '피해자가 사고를 당하지 않았다고 가정한다면 계속하여 얻을 수 있는 수입'을 의미한다.

5) 정신적인 피해에 대한 손해배상을 위자료라고 한다.

어쩔 수 없는 상황이었다고 할 수도 있다. 이 경우 甲에게는 과실이 전혀 없다고 볼 여지도 있다. 그런데 이 같은 주장을 하는데 있어서도 甲의 차량이 자동차종합보험에 가입되어 있는 경우라면 甲은 좀 더 유리한 입장이라고 할 수 있다. 왜냐하면 위에서 본 것처럼 일단 甲은 형사처벌을 받지 않는 것이 법에 의하여 보장되어 있기 때문이다.

그러나 甲의 차량이 자동차종합보험에 가입되어 있지 않은 경우라면 무과실의 주장이 첫 눈에 명백하게 타당한 것이 아니라면 어느 정도의 위험을 감수해야 할 것이다. 이 경우에는 甲은 형사처벌을 받을 가능성이 높은 위치에 놓여 있고, 무죄주장이 받아들여지지 않는 경우에는 피해자에 대한 보상 등 정상을 참작할 만한 사유가 전혀 없기 때문에 엄한 형을 선고받을 가능성이 있기 때문이다. 무죄 주장을 하면서 피해자와 합의를 한다는 것 역시 현실적으로 불가능하다. 또한 피해자와 합의를 해 놓고 무죄주장을 하는 것은 수사나 재판을 하는 입장에서 이율배반적인 것이라고 할 수 있기 때문에 그러한 무죄주장은 받아들여지기 어렵다고 보아야 한다.

### 2) 乙이 사망한 경우

乙이 사망한 경우에는 자동차종합보험에 가입되어 있는 경우와 그렇지 않은 경우가 법규정상으로는 동일하게 취급된다. 그러나 자동차종합보험에 가입되어 있는 경우는 수사과정에서도 불구속으로 재판받고, 형이 선고되는 경우에도 자동차종합보험에 가입되어 있지 않은 경우에 비해서 가벼운 형이 선고될 가능성이 높다. 일단 자동차종합보험에 가입되어 있는 경우에는, 피해자는 손해배상을 받을 것이 보장되어 있기 때문이다.

또한 자동차종합보험이 가입되어 있는 경우의 합의는 보험회사에서 피해자의 손해를 배상해 주게 되어 있기 때문에 甲은 乙의 유가족과 합의하기도 유리하다. 민사상의 손해배상을 제외하고, 형사상 처벌을 원하지 않는다는 합의서를 받아 내기에 충분할 정도의 금전만 지급하면 되기 때문이다.

그러나 甲의 차량이 자동차종합보험에 가입되어 있지 않은 경우에는 합의를 받아 내기가 어려운 것이 현실이다. 피해자의 유가족으로서는 가해자로부터 피해자가 사망함으로 인한 민사상의 손해를 모두 보상받기 어렵기 때문에 합의를 잘 하려고 하지 않으며, 가해자로서도 한꺼번에 민사상의 손해를 포함한 모든 돈을 마련해서 피해자의 유가족에게 돈을 제공하기 어렵기 때문이다. 이런 이유에서 자동차종합보험에 가입되지 못한 경우에는 구속재판을 받을 가능성도 높은 것이 현실이다.

# 공정한 재판을 위한 제도

**● 사례**

甲은 강간사건으로 고소를 당하여 수사를 받게 되었다. 그러나 甲은 경찰에서의 수사 당시부터 계속하여 자신은 강간한 사실이 없다는 취지로 무죄주장을 하고 있다.

그러나 검사는 甲에 대한 수사를 하는 도중 甲에 대한 구속영장을 지방법원 판사에게 청구하여 판사로부터 영장을 발부받아 甲을 구속하였으며, 그 후 위 검사는 甲을 기소하여 甲은 재판을 받게 되었다.

그런데 甲의 형사사건을 담당한 재판부의 판사들 중 판사 A는 이 사건을 검사가 수사 중일 때 구속영장을 발부한 판사였고, 판사 B는 소송이 계속되는 중에 언론에 재판중의 내용을 설명하고 유죄를 확신하는 듯한 발언을 하였다. 이런 사정으로 甲은 판사 A와 판사 B가 공정하게 재판을 진행하지 않을 것이라고 생각하게 되었다.

이 경우 甲이 자신에 대한 재판절차에서 위 A와 B를 배제하기 위해서 취할 수 있는 조치는 어떤 것이 있는가?

**공정한 재판의 의미**

1) 재판(裁判)은 공정(公定)해야 한다. 재판이 공정하다는 것은 법원이 중립적인 입장에서 사건의 당사자(검사와 피고인) 중 어느 한 편에 불리하거나 유리한 편파적인 판정을 하지 않는 것을 말한다. 즉 어느 쪽에도 치우치지 않는 공평(公平)한 입장에서 재판을 하는 것이다. 여기서의 공평 또는 공정하다는 말은 그 결과에 있어서만이 아니라 과정에 있어서도 공정하다는 것을 말한다. 과정에 있어서 공정하지 못한 요소를 갖고 있는 재판이 그 결과에 있어서 공정하다고 할 수 없기 때문이다.

2) 재판의 공정성을 보장하기 위해 헌법(憲法)은 일정한 자격(資格)을 갖춘 자에 한하여 법관(法官)이 될 수 있게 하는 한편(헌법 제101조), "법원은 헌법과 법률에 의하여 그 양심(良心)에 따라 독립하여 재판 한다"고 규정하고 있다(헌법 제103조).

**공정한 재판을 위한 제도**

공정한 재판이 되기 위해서는 위에서 본 것과 같은 일반적인 보장 이외에 법관이 구체적으로 특정 사건과 관련이 있다거나 기타 불공정한 재판을 할 염려가 있는 경우에는 그 법관을 재판을 담당할 법관의 구성에서 배제할 필요가 있다. 이를 위해 형사소송법은 법관의 제척(除斥)·기피(忌避) 및 회피(回避)라는 제도를 두고 있다.

### 1) 제척(除斥)

제척은 사건을 담당하게 된 법관에게 불공정한 재판을 할 우려가 큰 사유가 있는 경우 그 법관을 해당 재판에서 자동적으로 배제시키는 제도이다. 제척의 사유는 형사소송법 제17조에서 규정하고 있다. 동법 제17조에 따르면 ① 법관이 피해자인 때, ② 법관이 피고인 또는 피해자의 친족, 호주, 가족 또는 이러한 관계가 있었던 자인 때, ③ 법관이 피고인 또는 피해자의 법정대리인, 후견 감독인인 때, ④ 법관이 당해 사건에 관해 증인, 감정인, 피해자의 대리인이 된 때, ⑤ 법관이 사건에 관하여 피고인의 대리인, 변호인, 보조인으로 된 때, ⑥ 법관이 사건에 관하여 검사 또는 사법경찰관의 직무를 행한 때 ⑦ 법관이 사건에 관하여 전심재판 또는 그 기초되는 조사, 심리에 관여한 때이다(형사소송법 제17조 제1호 내지 제7호). 제척사유가 있는 판사가 재판에 관여하는 것은 항소이유 또는 상고이유가 된다.

### 2) 기피(忌避)

기피(忌避)는 법관에게 제척사유가 있음에도 불구하고 그 법관이 재판에 관여하거나 기타 불공정한 재판을 할 염려가 있는 경우 당사자(當事者)의 신청(申請)에 의해 법관을 직무집행으로부터 탈퇴시키는 제도이다(동법 제18조). 기피와 제척과의 차이점은 그 사유(事由)가 법령에 정해진 것 이외에 일반적으로 불공정한 재판을 할 염려가 있으면 기피신청(忌避申請)이 가능하며, 이에 따른 법원의 결정(決定)에 의해 법관을 직무에서 배제시킨다는 점이다. 불공정한 재판을 할 염려가 있는 경우로는 예컨대 ① 법관이 증명되지 않은 사실을 언론에 발표하거나, ② 심리(審理) 중에 유죄를 예상케 하는 말을 하거나, ③ 피고인에게 모욕적인 말을 하거나 ④ 피고인에게 진술을 강요하는 경우를 들 수 있다. 결국 기피사유란 법관이 재판심리 도중 불공정한 재판을 할 것이라고 생각되는 언동(言動)을 한 경우를 말한다.

**3) 회피(回避)**

회피(回避)는 법관 스스로 기피의 원인이 있다고 판단되는 때 자발적으로 직무집행에서 탈퇴하는 제도이다.

**사례의 검토 및 법규정 해석**

**1) 먼저, 위의 사례 중 판사 A와 판사 B에 대해서 제척사유가 있는지 여부를 살펴본다.**

구속영장을 발부한 법관이나 영장실질심사를 한 법관이 재판에 관여한 것이 위에서 본 형사소송법 제17조에 규정된 제척사유 7가지 중 ①내지 ⑥에 해당하지 않는 것은 명백하다.

문제는 위의 제척사유 중 ⑦에 해당하는가 하는 것이다. 즉 법관이 사건에 관하여 전심재판(前審裁判) 또는 그 기초되는 조사, 심리에 관여하였다고 할 수 있는가 하는 것이다. 여기서 전심재판이란 2심(항소심) 판사의 입장에서 1심 재판을 말한다. 이렇게 보면 구속영장의 발부나 영장실질심사를 한 것은 전심재판에 관여했다고 할 수는 없다. 이 사건에서의 법관은 1심 법관인데, 그 이전에 전심이란 있을 수 없기 때문이다. 이 사건에서 판사 A와 판사 B는 모두 전심재판에 관여한 법관이라고 할 수 없으므로 제척의 대상이 되지는 않는다.

**2) 다음으로 기피에 대해서 본다.**

⑴ 구속영장을 발부한 법관이나 영장실질심사를 한 법관은 그 사건에 대해서 이미 어떤 형태로든 사건의 실체를 심사하였기 때문에 이미 그 사건에 대해 선입견을 갖고 있다고 할 수 있다. 그러한 법관이 재판을 하게 되면 공정한 재판이 되기를 기대하기는 어렵다. 이러한 경우는 법관이 불공정한 재판을 할 염려가 있는 때에 해당한다. 따라서 당사자는 불공정한 재판을 할 우려가 있음을 이유로 기피신청은 할 수 있다.

⑵ 판사가 언론에 증명되지 않은 사실을 이야기하거나 유죄를 인정하는 듯한 발언을 한다면 피고인은 법원에 기피신청을 할 수 있다. 법원은 이를 심사하여 기피여부를 결정할 의무가 있다. 법원이 그 기피신청이 이유 있다고 인정하면 해당 법관은 재판의 직무집행으로부터 배제된다.

**결론(甲이 취할 수 있는 조치)**

결론적으로 피고인(甲)은 법관A와 법관 B에 대해 기피신청을 함으로써 이들을 피고인(甲)에 대한 재판에서 배제할 수 있을 것으로 보인다.

# 간통죄의 고소

## ● 사례

(1) A는 甲과 법률상 혼인한 부부관계이다. 그런데 A는 주변사람들로부터 甲이 어떤 여성 乙과 만나고 있다는 말을 듣고 甲이 乙과 간통하고 있다고 의심하게 되었다. 어느날 A는 甲을 미행하던 중 甲이 乙과 만나 함께 여관으로 들어가는 것을 목격하고 경찰서에 신고하였다. 출동한 경찰관과 A는 甲과 乙의 간통현장을 덮치고 사진을 찍는 등 증거를 확보하였다. A는 甲과 乙을 간통죄로 고소하고자 한다. 이 경우 A가 甲과 乙을 간통으로 고소하기 위한 방법과 절차는?

(2) A는 남편 甲이 한 번만 용서해준다면 앞으로 다시는 절대로 乙을 만나지 않겠다고 통사정하는 바람에 甲에 대해서는 고소를 하지 않기로 하였다. 그러나 A는 乙은 처벌 받아야 한다고 생각한다. 이 경우 A가 甲은 고소하지 않고 乙만 고소할 수 있는가? 그리고 이 경우 甲은 어떻게 되는가?

(3) A는 결국 甲과 乙 모두를 고소하였다. 그러나 그 후 甲이 계속하여 사과를 하고 간통고소의 취하를 집요하게 요청하자 A는 甲에 대한 고소를 취하해 주었다. 그러나 그 이후 甲은 태도를 바꾸어 오히려 A에게 이혼을 요구하였다. 이 경우 A는 다시 甲을 다시 간통죄로 고소할 수 있는가?

**사례의 해결**

**1) 간통죄 및 고소에 관한 법 규정의 검토**

(1) 간통죄

간통죄는 '배우자 있는 자가 간통' 한 때에 성립하는 범죄로서 법정형은 2년 이하의 징역이다(형법 제241조 제1항). 즉 간통은 배우자 있는 자가 자신의 배우자 아닌 자와 성관계를 가진 경우에 성립하는 범죄이다. 이 사건에서 간통죄를 저지른 사람은 甲이다. 甲가 성관계를 가진 乙은 상간자(相姦者)라고 한다. 상간자도 간통죄를 저지른 자와 같이 취급된다.

간통죄는 배우자의 고소(告訴)가 있어야 논(論)할 수 있는 범죄이다(형법 제241조 제2항). 여기서 논한다는 말은 배우자의 고소가 있어야 비로소 형벌권이 발동되어 수사 및 처벌을 할 수 있다는 의미이다.[6] 이처럼 고소가 있어야만 논하는 범죄를 친고죄(親告罪)라고 한다. 참고로 친고죄로 형법상 규정되어 있는 대표적인 것으로는 강간죄(형법 제297조), 강제추행죄(형법 제298조), 모욕죄(형법 제311조), 사자(死者)에 대한 명예훼손죄(형법 제308조) 등이 있다.

(2) 고소

고소(告訴)는 범죄의 피해자 또는 그와 일정한 관계에 있는 고소권자가 수사기관에 대해 범죄사실을 신고함으로써 범인의 처벌을 구하는 의사표시이다.[7] 고소의 절차를 간략하게 살펴보면 다음과 같다.

① 고소권자: 고소할 수 있는 자, 즉 고소권자(告訴權者)는 범죄의 피해자, 피해자의 법정대리인, 피해자의 배우자 · 친족 그리고 지정 고소권자이다. 범죄로 인한 피해자는 고소권을 가지지만(형사소송법 제223조) 자기 또는 배우자의 직계존속은 고소하지 못한다(형사소송법 제224조). 그러나 '성폭력범죄의 처벌및피해자보호등에관한법률'(이하 '성폭력특별법')에는 이에 대한 예외규정을 두고 있다(성폭력특별법 제18조 참조). 피해자의 법정대리인(法定代理人)도 독립하여[8] 고소할 수 있는데(형사소송법 제225조 제1항) 법정대리인은 미성년자의 친권자(親權者), 후견인(後見人)과 같이 무능력자의 행위를 일반적으로 대리할 수 있는 자를 말한다. 피해자의 배우자나 친족 또는 형제 · 자매는 예외

6) 다만, 친고죄에서 고소가 없는 상황에서도 수사기관이 수사를 개시할 수 있는가 하는 점에 대해서는 문제가 있으나, 여기서는 상세히 다루지 않기로 한다.

7) 참고로 고소와 구별되는 개념으로 고발(告發)이 있다. 고발은 고소권자와 범인 이외의 자가 수사기관에 대하여 범죄사실을 신고하여 그 소추(訴追)를 구하는 의사표시이다. 고은 고소권자와 범인, 그리고 수사기관을 제외한 자라면 누구나 할 수 있다(형사소송법 제234조 제1항). 다만 공무원은 그 직무를 행함에 있어서 범죄가 있다고 생각되는 경우에는 고발의무를 진다(같은 조 제2항) 고발을 하는 자는 반드시 자신의 신분을 밝혀야 한다. 따라서 익명의 신고는 고발에 해당하지 않는다. 고발은 범죄사실을 수사기관에 알려서 소추를 구하는 것이므로 단순한 피해신고는 고발이라고 할 수 없으나, 반드시 범인을 지적할 필요는 없고 범인을 지적한 경우에도 진범인일 것을 필요로 하지 않는다. 고발 및 그 취소의 방식과 절차, 수사기관의 처리절차는 고발의 경우와 동일하며, 자기 또는 배우자의 직계존속에 대한 고발은 허용되지 않는다(형사소송법 제224조, 제235조). 또한 고발기간에는 제한이 없으며, 대리고발은 인정되지 않고, 고발을 취소한 후에도 다시 고발을 할 수 있다.

8) 여기서 "독립하여"라는 말은 피해자의 의사와 무관하게, 피해자의 명시 · 묵시의 의사에 반하여 고소할 수 있고, 피해자 본인은 고소를 취소할 수 없게 된다는 의미이다. 또한 고소기간도 피해자의 고소권 소멸여부와 관계 없이 법정대리인이 범인을 안 날로부터 진행된다(대법원 1987. 6. 9. 선고 87도 857 판결).

적으로 고소권자가 될 수 있다. 피해자가 사망한 경우 그 배우자 · 직계친족 또는 형제자매가 고소권을 행사할 수 있다(형사소송법 제225조 제2항). 피해자의 법정대리인이 피의자이거나 법정대리인의 친족이 피의자인 때에는 피해자의 친족이 독립하여 고소할 수 있다(형사소송법 제226조). 친고죄에서 고소할 자가 없는 경우에 이해관계인이 신청하면 검사는 10일 이내에 고소할 수 있는 자를 지정해야 한다(제228조). 이를 지정고소권자라 한다.

② 고소의 방식: 고소는 서면 또는 구술(口述)로 검사 또는 사법경찰관에게 하여야 한다. 특히 친고죄에서는 고소할 수 있는 기간이 제한되어 있다. 즉 범인을 알게 된 날로부터 6개월을 경과하면 고소하지 못한다. 가령 간통사실을 안 날로부터 6개월을 경과한 이후에는 고소하지 못한다. 다만 성폭력특별법에는 고소기간이 1년으로 되어 있다. 비친고죄에 대해서는 이러한 제한이 없다. 친고죄의 고소는 1심 판결 선고 전까지 취소할 수 있으며 고소를 취하하면 재고소(再告訴)는 금지된다(형사소송법 제232조).

③ 간통죄의 경우의 특칙: 간통죄(姦通罪)의 경우에는 혼인이 해소되거나 이혼소송을 제기한 후가 아니면 고소할 수 없다(형사소송법 제229조 제1항). 이 경우에 다시 혼인을 하거나 이혼소송을 취하하면 고소는 취소된 것으로 간주한다(형사소송법 제229조 제2항). 아울러 배우자가 간통을 용서한 경우에도 간통을 고소할 수 없다(형법 제241조 제2항 단서).

④ 고소불가분의 원칙: 친고죄의 공범 중 그 1인 또는 수인에 대한 고소 또는 그 취소는 다른 공범자에 대해서도 효력이 있다(형사소송법 제233조). 이를 '고소 불가분의 원칙' 이라고 한다. 이 같은 제도를 둔 것은 고소인의 의사에 따라 같은 사안을 두고 하나의 사건에서 어떤 사람은 처벌을 받게 되고 어떤 사람은 처벌받지 않게 됨으로써 국가 형벌권이 고소인의 자의적인 의사에 의하여 행사되는 것을 막기 위해서이다.

#### 2) 사안의 해결

(1)의 경우 A는 간통사실을 적발한 날로부터 6개월의 기간 내에 검사나 사법경찰관에게 서면이나 구두(口頭)로 甲과 乙을 고소할 수 있다. 일반적으로는 고소장을 작성하여 경찰서나 검찰청에 접수하는 것이 일반적이다. 다만 A가 甲을 간통죄로 고소하려면 먼저 남편(甲)을 상대로 가정법원에 이혼소송을 제기하여 이에 대한 증명원을 발급받아 고소장에 첨부하여야 한다(형사소송법 제229조).

(2)의 경우는 고소불가분의 원칙상 乙에 대한 고소는 甲에 대해서도 효력을 가진다. 이 사안에서 乙에 대한 고소는 남편인 甲에게도 미친다. 만일 A가 甲과 乙을 고소한 후에 甲에 대한 고소만 취소하는 경우에도 乙에 대한 고소는 취하된 것으로 취급된다.

(3) 친고죄의 고소를 취소하면 동일한 사안으로 다시 재고소할 수 없다(형사소송법 제232조 제2항). 따라서 A는 다시 甲을 간통죄로 고소할 수는 없다. 다만 甲이 위에서 문제된 간통 이외에 다른 간통사건을 저질렀다면 A는 甲을 간통죄로 고소할 수 있다.

# 피의자 · 피고인의 권리

> **● 사례**
>
> 甲은 인터넷 채팅으로 乙을 알게 되었다. 甲은 인터넷 채팅을 통하여 乙과 만나 자신의 차에 乙을 태우고 밤늦게까지 대구 시내와 팔공산 부근 등을 돌아다니며 놀았으나 도중에 乙이 말을 함부로 한 일로 사소한 말다툼을 하게 되었다. 위와 같이 말다툼을 하던 중 더 이상 차를 타고 가지 못하겠다고 하면서 달리는 차의 문을 열고 내리려고 하여 甲이 乙을 제지하기 위해 乙의 손목을 세게 붙잡는 등의 일이 있었다. 결국 甲은 새벽 2시 무렵 대구 시외 택시정류장 부근에서 乙을 차에서 내려 주고는 헤어졌다. 그런데 며칠 후 사법경찰관들이 甲에게 찾아 와서 乙이 甲을 강간치상으로 고소하였다고 하며 甲을 체포하였다. 乙은 손목에 생긴 상처가 甲이 자신을 강간할 때 저항하다가 생긴 것이라고 고소장에 기재하였다.
>
> 이 경우 甲이 행사할 수 있는 권리 또는 甲이 취할 수 있는 조치는 어떤 것이 있는가?

**체포 · 구속의 개념과 절차**

### 1) 체포와 구속의 개념

수사 또는 재판의 과정에서 피의자나 피고인이 증거를 인멸하거나 도망할 것이 우려되는 경우에는 피의자나 피고인이 그와 같은 행동을 하지 못하도록 신체의 자유를 제한할 필요가 있다. 이를 위한 제도가 체포와 구속이다.

체포(逮捕)는 피의자가 죄를 범하였다고 의심할 만한 상당한 이유가 있고, 피의자가 정당한 이유 없이 수사기관의 출석요구에 응하지 않거나 응하지 않을 우려가 있는 경우, 구속에 선행하여 수사관서 등 일정한 장소에 단기간 동안 피의자를 인치(引致)하여 신체의 자유를 빼앗는 제도이다.

구속은 수사절차상 피의자 구속과 피고인 구속으로 나누어지며, 피의자 구속은 수사절차에서 수사기관이 법관의 영장을 발부 받아 하는 구속이고, 피고인 구속은 공소제기 후 법원이 피고인을 구속하는 것이다.

### 2) 체포의 개념과 절차

(1) 통상적인 체포의 절차

수사기관은 범죄의 혐의가 있고 피의자가 출석요구에 불응하거나 불응할 우려가 있는 경우에는 법관이 발부한 영장에 의해 피의자를 체포할 수 있다. 체포영장은 검사가 청구하고 체포영장의 청구를 받은 관할 지방법원판사는 피의자를 체포할 만한 상당한 이유가 있다고 인정하는 때에는 체포영장을 발부한다(형사소송법 제200조의2). 체포영장을 집행할 때에는 체포영장을 피의자에게 제시하여야 한다. 다만 영장을 소지하지 아니한 경우로서 급속을 요하는 때에는 피의자에 대하여 피의사실의 요지와 영장이 발부되었다는 것을 고지하고 집행을 완료한 후 신속히 체포영장을 제시해야 한다. 아울러 사법경찰관리는 체포 전에 피의자에게 범죄사실의 요지, 체포의 이유와 변호인을 선임할 수 있음을 고지하고 변명할 기회를 제공하여야 한다.

(2) 긴급체포와 현행범체포

위의 통상체포의 경우 외에 영장 없이 체포할 수 있는 경우가 있다. 즉 범죄가 중대하고 긴급한 경우(긴급체포)나 현행범의 경우에는 영장 없이도 체포가 가능하다. 긴급체포는 중대한 범죄(사형 · 무기 또는 장기 3년 이상의 징역이나 금고에 해당하는 죄)에 대해서만 허용하고 피의자를 체포한 후 구속을 계속할 필요가 있는 경우에는 영장을 발부받도록 하고 있다(형사소송법 제200조의3). 긴급체포할 때에는 구속과 마찬가지로 범죄사실의 요지와 변호인을 선임할 수 있음을 말하고 변명의 기회를 주어야 한다. 현행범은 범죄의 실행중이거나 실행의 직후인 자를 말하고 현행범은 누구든지 영장 없이 체포할 수 있다(형사소송법 제211조, 제212조). 다만 검사 또는 사법경찰관리가 아닌 자가 현행범인을 체포한 때에는 즉시 검사 또는 사법경찰관에게 현행범인을 인도해야 한다(형사소송법 제213조 제1항).

(3) 체포후의 절차

체포 후에는 48시간 내에 구속영장을 청구하지 않으면 피의자를 석방해야 한다(형사소송법 제200조의2 제5항).

### 3) 구속과 영장실질심사

(1) 구속의 개념과 절차

구속은 구금(拘禁)과 구인(拘引)을 포괄하는 개념이다. 구인은 피고인을 법원 기타 장소에 인치(引致)하는 강제처분이다. 인치기간은 인치한 때로부터 24시간이며, 그 전이라도 구금할 필요가 없으면 피고인을 석방해야 한다. 구금은 피고인 또는 피의자를 교도소 또는 구치소에 가두는 처분이다. 구속을 하기 위해서는 피고인이 범죄를 저질렀다고 믿을 만한 상당한 이유가 있어야 하고, 주거부정 · 증거인멸의 염려 또는 도망하였거나 도망할 염려가 있어야 한다(형사소송법 제70조 제1항). 이 요건이 충족될 때 검사는 지방법원 판사에게 구속영장을 청구하여 그로부터 영장을 발부받아 피의자를 구속할 수 있다.

(2) 영장실질심사

구속영장의 청구를 받은 판사는 구속의 사유를 판단하기 위하여 구속영장이 청구된 피의자를 심문할 수 있다. 이를 구속영장실질심사 또는 구속전피의자심문이라고 한다. 피의자나 그 법정대리인은 피의자가 체포된 때부터 구속영장발부 여부가 결정될 때까지 판사의 심문을 신청할 수 있고, 이 경우 판사는 피의자를 심문할 수 있다. 지방법원 또는 지원의 장은 구속영장청구에 대한 심사를 위한 전담법관(영장전담법관)을 지정 할 수 있다. 아울러 수사기관은 피의자에게 구속전 피의자심문을 신청할 수 있다는 것을 고지(告知)해야 하고 피의자신문조서에 피의자가 판사의 심문을 신청하는지 여부를 기재해야 한다.

**체포 · 구속적부심사청구**

체포적부심사와 구속적부심사는 체포 또는 구속의 타당성을 심사하는 제도이다. 체포된 피의자는 법원에 체포적부심사를, 구속된 피의자는 구속적부심사를 청구할 수 있다. 헌법은 제12조 제6항에서 "누구든지 체포 또는 구속을 당한 때에는 적부(適否: 적법 또는 부적법한지 여부)의 심사를 법원에 청구할 권리를 가진다"고 규정하고 있다. 위 헌법의 규정에 따라 형사소송법은 제214조의 2에 구속 · 체포적부심사에 관한 규정을 두고 있다.

체포적부심사청구와 구속적부심사청구는 그 심사청구의 대상이 체포냐, 아니면 구속이냐에 따라서 다르지만 그 외의 점에 대해서는 내용이 동일하다. 형사소송법에서도 체포적부심사청구와 구속적부심사청구를 같은 조문(제214조의 2)에서 규정하고 있다. 현행법상 체포 · 구속적부심사청구는 피의자에게만 인정된다.

체포 · 구속적부심사를 할 수 있는 자는 구속된 피의자, 그 피의자의 변호인 · 법정대리인 · 배우자 · 직계친족 · 형제자매 · 호주 · 가족 및 동거인 또는 고용주이다(형사소송법 제214조의2 제1항). 앞에서 언급한 것처럼 체포 · 구속적부심사는 피의자에게만 인정되는 것이므로 공소제기 후의 피고인은 적부심사청구를 할 권리가 없다.

구속적부심사는 원래 구속의 위법여부에 대한 심사를 구하는 것이다. 적법한 체포영장이나 구속영장에 의하지 않고 체포 · 구속된 경우, 발부된 체포영장이나 구속영장이 적법한 요건을 갖추지 않은 경우, 체포기간이나 구속기간이 경과하였음에도 체포 · 구속이 계속되는 경우 등의 경우에는 구속적부심사를 청구할 수 있다. 이처럼 체포 · 구속이 그 당시부터 불법적인 경우가 원래의 형태라고 할 수 있다.

그러나 체포 · 구속적부심사청구는 체포 · 구속당시에는 구속이 적법하였으나, 그 이후의 사정에 의하여 체포 · 구속이 위법하게 되거나 부당한 경우에도 할 수 있다. 예컨대 체포 또는 구속 후에 피해자와 합의를 한 경우이다. 이런 경우에도 체포 · 구속된 피의자의 석방을 위해서는 체포 · 적부심사청구를 해야 한다. 이런 경우에 보석(保釋)허가청구는 할 수 없다. 현행법상 보석은 피고인에 대해서만 인정된다.

체포 · 구속적부심사는 피의사건의 관할법원에 서면 또는 구술로 청구할 수 있다. 이 경우 법원은 지체 없이 심문기일을 지정해야 한다. 법원은 체포적부심사 청구의 경우에는 24시간 이내로, 구속적부심사청구의 경우에는 3일 이내로 심문기일을 정하여야 한다(형사소송법규칙 제103조). 법원은 심문기일에 피의자를 심문하고 수사관계 서류와 증거물을 조사한다.

법원은 체포 또는 구속된 피의자에 대한 심문이 종료된 때로부터 24시간 이내에 체포 · 구속적부심사청구에 대한 결정을 해야 한다(형사소송법 규칙 제106조). 법원의 결정에는 기각결정과 석방결정이 있다. 석방결정의 경우 법원은 출석을 보증할 만한 보증금의 납입을 조건으로 피의자의 석방을 명할 수 있다(형사소송법 제214조의 2 제4항).

**진술거부권** 모든 국민은 고문을 받지 아니하며, 형사상 자기에게 불리한 진술을 강요당하지 아니한다(헌법 제12조 제2항). 수사기관이 피의자를 신문할 때에는 먼저 피의자가 진술을 거부할 수 있음을 고지(告知)해야 한다(형사소송법 제200조 제2항). 진술거부권을 고지하지 않고 작성된 피의자 신문조서는 증거로 사용할 수 없다.[9)]

9) 대법원 1992. 6. 23. 선고 92도682 판결. 이 판결의 요지는 다음과 같다.

가) 형사소송법 제200조 제2항은 검사 또는 사법경찰관이 출석한 피의자의 진술을 들을 때에는 미리 피의자에 대하여 진술을 거부할 수 있음을 알려야 한다고 규정하고 있는바, 이러한 피의자의 진술거부권은 헌법이 보장하는 형사상 자기에 불리한 진술을 강요 당하지 않는 자기부죄거부(自己負罪拒否)의 권리에 터 잡은 것이므로 수사기관이 피의자를 신문함에 있어서 피의자에게 미리 진술거부권을 고지하지 않은 때에는 그 피의자의 진술은 위법하게 수집된 증거로서 진술의 임의성이 인정되는 경우라도 증거능력이 부인되어야 한다.

나) 공범으로서 별도로 공소제기된 다른 사건의 피고인 갑에 대한 수사과정에서 담당검사가 피의자인 갑과 그 사건에 관하여 대화하는 내용과 장면을 녹화한 비디오테이프에 대한 법원의 검증조서는 이러한 비디오테이프의 녹화내용이 피의자의 진술을 기재한 피의자신문조서와 실질적으로 같다고 볼 것이므로 피의자신문조서에 준하여 그 증거능력을 가려야 한다.

다) 검사가 위 '나'항의 녹화 당시 위 갑의 진술을 들음에 있어 동인에게 미리 진술거부권이 있음을 고지한 사실을 인정할 자료가 없으므로 위 녹화내용은 위법하게 수집된 증거로서 증거능력이 없는 것으로 볼 수밖에 없고, 따라서 이러한 녹화내용에 대한 법원의 검증조서 기재는 유죄증거로 삼을 수 없다.

**변호인의 조력을 받을 권리**

### 1) 변호인의 의미

변호인은 피고인이나 피의자의 방어권을 보충하는 것을 임무로 하는 보조자를 말한다. 변호인이 형사절차에 관여하기 위해서는 변호인 선임절차가 필요하다. 변호인은 피의자 · 피고인이 선임하는 사선변호인과, 법원에 의하여 선임된 국선변호인으로 구분된다.

국선변호인은 법원의 직권에 의하여 행하는 경우와 피의자 · 피고인의 청구에 의하여 행하는 경우로 나뉘어진다. 국선변호인의 선정에 대해서는 형사소송법 제33조[10]와 형사소송규칙 제16조[11]와 제17조[12]에서 규정하고 있다.

### 2) 체포 · 구속된 피의자 · 피고인의 접견교통권

체포 또는 구속된 피고인이나 피의자에게는 변호인 · 가족 · 친지 등 타인과 접견하고, 서류 또는 물건을 수수하며, 의사의 진료를 받을 수 있는 권리

---

10) 법원이 직권으로 변호인을 선정해야 할 사유. ① 피고인이 미성년자인 때 ② 피고인이 70세 이상의 자인 때 ③ 피고인이 농아자(聾啞者)인 때 ④ 피고인이 심신장애(心神障碍)의 의심 있는 자인 때 ⑤ 피고인이 빈곤 기타 사유로 변호인을 선임할 수 없는 때 단, 피고인의 청구가 있는 때에 한한다.

11) ① 법 제33조 제1호 내지 제4호, 법 제282조에 해당하는 피의자가 체포 또는 구속의 적부심사를 한 때에는 법원은 지체 없이 국선변호인을 선정하고, 피의자 및 변호인에게 그 뜻을 告知하여야 한다. 다만, 체포 또는 구속의 적부심사청구가 법 제214조의2 제2항 각호에 해당하는 때에는 그러하지 아니하다.

② 체포 또는 구속의 적부심사를 청구한 피의자가 법 제33조 제5호에 해당하고 국선변호인의 선정을 청구한 때에도 제1항과 같다.

③ 제1항의 고지는 서면 이외에 구술 또는 기타 적당한 방법으로 할 수 있다.

④ 제2항의 경우 피의자는 소명자료를 제출하여야 한다. 다만, 기록에 의하여 그 사유가 소명되었다고 인정될 때에는 그러하지 아니하다.

⑤ 체포 또는 구속의 적부심사청구 후에 변호인이 없게 된 때에도 제1항 및 제2항의 규정을 준용한다.

12) 제17조 (공소제기의 경우 국선변호인의 선정 등)

① 재판장은 공소제기가 있는 때에는 변호인 없는 피고인에게 다음 각호의 취지를 고지한다.

1. 법 제33조 제1호 내지 제4호 및 법 제282조에 해당하는 때에는 변호인 없이 개정할 수 없는 취지와 피고인 스스로 변호인을 선임하지 아니할 경우에는 法院이 국선변호인을 선정하게 된다는 취지
2. 법 제33조 제5호에 해당하는 때에는 법원에 대하여 국선변호인의 선정을 청구할 수 있다는 취지

② 제1항의 고지는 서면으로 하여야 한다.

③ 법원은 제2항의 고지를 받은 피고인이 변호인을 선임하지 아니한 때 및 법 제33조 제5호에 해당하는 피고인이 국선변호인 선정청구를 한 때에는 지체없이 국선변호인을 선정하고, 피고인 및 변호인에게 그 뜻을 고지하여야 한다.

④ 법 제33조 제5호에 해당하는 피고인이 국선변호인 선정청구를 한 때에는 제16조 제4항의 규정을 준용한다.

⑤ 공소제기가 있은 후 변호인이 없게 된 때에도 제1항 내지 제3항의 규정을 준용한다.

가 보장된다. 이와 같은 권리를 접견교통권이라고 한다. 접견교통권은 헌법 제12조 제4항에서 규정한 변호인의 조력을 받을 권리에서 나오는, 체포 · 구속된 피고인 · 피의자의 권리이며(형사소송법 제89조, 제209조, 제213조의2)이며, 동시에 변호인 또는 변호인이 되려고 하는 자의 고유한 권리(고유권)이다(형사소송법 제34조).

구속된 피고인이나 체포 · 구속된 피의자는 법률의 범위 내에서 타인과 접견하고 서류 또는 물건을 수수하며 의사의 진료를 받을 수 있다(형사소송법 제89조, 제209조, 제213조). 또한 구속된 피고인 또는 체포 · 구속된 피의자는 법원, 교도소장 또는 구치소장 또는 그 대리자에게 변호사를 지정하여 변호인의 선임을 의뢰할 수 있으며, 이러한 의뢰를 받은 법원, 교도소장, 구치소장 또는 그 대리자는 급속히 그 변호사에게 그 취지를 통지하여야 한다(형사소송법 제90조. 제209조 제213조).

**결론** 이 사안에서 甲은 우선 접견교통권을 행사하여 가족이나 친지 등을 접견할 수 있다. 甲은 변호인을 선임할 수 있다. 국선변호인은 피고인에게만 인정되므로 이 경우에는 국선변호인 선정이 이루어질 수 없다.

甲은 체포가 위법하거나 부당하다는 것을 이유로 체포적부심사청구를 할 수 있다. 이는 甲 본인이 직접 하거나 변호인 등을 통해서 할 수도 있다. 甲이 체포 · 구속적부심사청구를 한 경우 형사소송법 제33조에서 정한 사유가 있으면 법원은 국선변호인을 선정해야 한다(형사소송법 제214조의2 제3항).

이 후에 甲에 대한 구속영장이 청구되는 경우 甲은 영장실질심사(구속전 피의자심문)를 청구할 수 있으며, 이 경우에도 변호인의 조력을 받을 권리가 있다. 甲에게 구속영장이 발부된 경우에도 다시 甲은 구속적부심사청구를 할 수 있다.

또한 甲은 수사기관에서 자신에게 불리한 사실을 진술하지 않을 권리가 있다. 이 경우 자신에게 불리한지 여부에 대한 판단은 甲에게 달려 있으며, 경우에 따라서는 일체의 진술을 하지 않을 수도 있다. 甲은 변호인의 조력을 받아 자신에게 유리한 진술을 하거나 자신에게 유리한 증거를 수사기관에 제출할 수도 있다.

# 부당한 약식명령을 받은 경우의 불복방법

● **사례**

甲은 乙과 대화를 나누다가 乙이 계속 甲에게 시비를 걸어 말다툼을 하였으며, 그 과정에서 乙이 甲의 뺨을 먼저 때리는 바람에 서로 싸움을 벌이게 되었다. 甲과 乙은 모두 상대방의 얼굴과 목, 가슴 부위에 전치 3주의 타박상과 찰과상 등을 입혔다. 이 일로 甲과 乙은 서로를 고소하여 각자 진단서를 제출하고 수사를 받았다.

얼마 후 甲은 법원으로부터 벌금 300만원을 납부하라는 약식명령을 송달받았다. 그런데 甲이 알아 본 결과 乙에게는 벌금 200만원의 약식명령이 송달된 것을 알게 되었다.

이 경우 甲이 위 약식명령에 불복할 수 있는 방법은?

**약식기소와 약식명령의 의미**

검사는 피의자에 대한 범죄의 혐의도 충분하고 피의자가 처벌받는 것이 마땅하다고 생각하는 경우에 공소제기(公訴提起)를 한다. 공소제기는 기소(起訴)라고도 하며, 이는 검사가 피의자에 대한 형사처벌을 구하는, 법원에 대한 의사표시이다.

이 경우 검사는 일반적인 의미에서의 공소제기를 할 수도 있고, 약식명령청구를 할 수도 있다. 검사가 공소제기를 한 경우에는 공판기일에 피고인[13]이 출석하여 변론(辯論)을 하고 증거조사를 하여 판결(判決)을 선고(宣告)하게 된다. 이에 비해 약식명령청구(약식기소)는 검사가 처음부터 약식절차에 의하여 피고인에게 벌금형이나 구류, 과료 몰수 등의 형을 가할 것을 구하는 법원에 대한 청구이다. 즉 검사는 피고인의 범행 등이 경미하다고 판단하여 벌금형으로 처벌 받을 수 있도록 하는 것이 타당하다고 생각하는 경우에는 약식명령청구(약식기소)를 할 수 있다.

---

13) 이는 피고인과 구별되는 개념이다. 피고인은 검사에 의하여 기소되어 재판을 받게 된 자를 말한다. 피고인은 피의자와 구별된다. 피의자는 기소되기 전의 개념이고, 피고인은 기소된 후의 개념이다. 또한 피고인은 피고와 구별된다. 피고인은 형사소송법상의 개념인데 반하여 피고(被告)라는 개념은 민사소송법상의 개념이다. 즉 피고는 원고에 의하여 소제기 된 자, 즉 원고의 상대방을 의미한다.

검사에 의한 약식명령청구가 있으면 법원은 검사가 제출한 서류와 증거물을 기초로 하여 약식명령의 청구에 관한 서면심리를 한다(약식절차). 약식절차에서는 서면심리가 원칙이다. 약식절차는 서면심사가 원칙이기 때문에 공판절차에서 요구하는 것과 같은 정도의 엄격한 증명의 법리가 요구되지는 않는다. 다만, 법원은 그 사건이 약식명령으로 할 수 없거나 약식명령으로 하는 것이 적당하지 않다고 인정되는 경우에는 공판절차에 의하여 심판한다(형사소송법 제450조). 이를 실무상 '통상회부' 라고 한다.

법원이 검사의 약식명령청구를 심리한 결과 약식명령으로 하는 것이 적당하다고 인정하는 경우에는 피고인에게 '약식명령' 을 한다. 약식명령의 고지는 검사와 피고인에 대한 재판송달서에 의한다(형사소송법 제452조).

**정식재판의 청구**

정식재판의 청구는 약식절차에 의하여 법원이 약식명령을 하는 경우 그 재판에 불복이 있는 자가 정식의 재판절차에 의한 심판을 구하는 것이다. 정식재판의 청구는 동일심급의 법원에 원재판의 시정을 구하는 제도이다. 따라서 원심판결에 대해 상급법원에 재판의 시정을 구하는 상소(上訴)[14]와는 다르다.

피고인은 약식명령을 고지 받은 날로부터 7일 이내에 정식재판청구를 할 수 있다(형사소송법 제453조). 피고인의 법정대리인은 피고인의 의사(意思)와 관계없이 정식재판을 청구할 수 있고, 피고인의 배우자 · 직계친족 · 형제자매 · 호주 · 원심의 대리인 또는 변호인은 피고인의 명시적 의사에 반하지 않는 범위에 한하여 독립하여 정식재판을 청구할 수 있다(형사소송법 제458조, 제340조, 제341조).

정식재판의 청구는 약식명령을 한 법원에 서면으로 하여야 한다. 만일 자

14) 상소는 항소와 상고를 통틀어서 일컫는 개념이다. 즉 1심판결에 대한 불복을 하는 '항소' 라고 하고, 항소심(2심) 판결에 대해 대법원에 불복을 하는 것을 '상고' 라고 하는데, 상소는 이들을 모두 포함하는 개념이다.

기 또는 대리인이 책임질 수 없는 사유로 인하여 7일 이내에 정식재판을 청구하지 못한 경우에는 상소권회복의 규정에 의해 정식재판청구권의 회복청구와 동시에 정식재판청구를 하면 된다(형사소송법 제458조 제1항, 제345조, 제346조).

**정식재판청구에 대한 재판**

정식재판이 적법하게 이루어진 경우 법원은 그 사건을 공판절차에서 심판해야 한다(형사소송법 제455조 제3항). 공판절차에서 심판하는 경우 사실인정, 법령적용, 양형(量刑) 등 모든 부분에 대해 자유롭게 판단할 수 있다. 법원은 약식명령에 구속되지 않는다. 즉 공판절차는 공소사실을 판결대상으로 하는 것이지 단순히 약식명령이 타당한지 여부를 판단하는 것을 목적으로 하는 것이 아니다.

정식재판을 청구한 피고인이 정식재판절차의 공판기일에 출석하지 않은 경우에는 법원은 다시 기일을 정하며, 피고인이 정당한 사유 없이 다시 정해진 기일에 출석하지 않으면 법원은 피고인의 출석 없이 판결할 수 있다(형사소송법 제458조 제2항, 제365조).

약식명령을 받은 피고인이 이에 불복하여 정식재판청구를 한 경우 법원은 약식명령의 형보다 중한 형을 선고하지는 못한다(형사소송법 제457조의2).

**결론**

위 사안에서 甲은 법원으로부터 약식명령장을 받은 날로부터 7일 이내에 약식명령을 한 법원에 정식재판청구서를 제출함으로써 정식재판을 청구할 수 있다. 정식재판절차에서 甲은 검사의 공소장(약식명령청구)에 기재된 공소사실이 잘못되었다던가, 약식명령에 의한 벌금형이 형평성을 잃은 것으로서 과중하다던가 하는 주장을 할 수도 있다.

# 타인으로부터 성명을 사칭당한 경우 – 성명모용

**● 사례**

甲은 어느날 법원으로부터 벌금 300만원을 내라는 약식명령을 송달받았다. 약식명령의 내용은 甲이 음주운전을 하다가 단속에 적발되어 벌금을 내어야 한다는 것이었다. 그러나 甲은 약식명령장에 기재되어 있는 일시에 음주운전을 한 적도 없고 단속에 적발된 적도 없었다.

甲이 곰곰이 생각해 보니 甲은 약 6개월 전에 주민등록증과 운전면허증이 들어 있는 지갑을 잃어 버려 이들 신분증을 새로 발급받은 일이 있는데, 누군가가 그 신분증을 갖고 있다가 음주운전을 하던 중 적발되자 甲의 신분증을 제시한 것이라는 결론을 내리게 되었다.

이 경우 甲이 취할 수 있는 조치는?

**사례의 해결 |** 피고인은 검사에 의해 공소가 제기된 자이다. 약식명령도 공소제기의 일종이다. 검사가 피고인으로 지정한 사람 이외의 다른 사람에게는 공소제기의 효력이 미치지 않는다(형사소송법 제 248조). 문제는 공소장에 기재된 피고인과 현실적으로 심판을 받는 사람이 일치하지 않는 경우에 누구를 피고인(被告人)으로 볼 것인가 하는 것이다.

공소제기는 공소장을 법원에 제출하여야 하므로 공소장에 기재된 자를 피고인으로 보아야 하나 검사의 의사(意思)를 전혀 무시할 수 없으므로 검사의 의사나 실제로 피고인으로 행위하였는가 여부를 종합적으로 고려하여 결정해야 한다.

위의 사례는 소위 '성명모용'이라고 해서 다루어지는 사건이다. 성명모용(姓名冒用)의 경우 누구를 피고인으로 볼 것인가에 대해서는 학설의 대립이 있고, 대법원 판례는 이 경우 甲이 피고인이 아니라고 보고 있다.

사안의 경우 甲은 약식명령장을 받은 날로부터 7일 이내에 정식재판을 청구하여 자신이 공소제기된 사람이 아니라는 것을 밝힘으로써 재판절차에서 벗어날 수 있다. 이 경우 법원은 甲이 피고인이 아니라는 것을 밝히는 의미에서 甲에 대한 공소기각판결을 선고하고, 甲의 성명을 사칭(모용)한 자에게는 공소장 정정절차를 거쳐 다시 약식명령 정본과 피고인표시정정결정을 송달하는 조치를 취한다(대법원 1997. 11. 28. 선고 97도2215 판결).

# 검사의 불기소처분에 대한 불복

### ● 사례

(1) 甲은 乙로부터 사기를 당하였다는 것을 내용으로 하는 고소를 하였다. 甲은 경찰청과 검찰청에 여러 차례 출석하여 甲이 乙로부터 사기를 당한 것을 입증하기 위한 자료를 제출하고 진술도 하였으나, 검사는 乙에 대하여 사기의 혐의가 없다는 결정을 내렸다.

(2) 甲은 경찰서에서 경찰관 X로부터 수사를 받던 중 경찰관 X가 묻는 말에 대하여 횡설수설 하면서 제대로 대답을 하지 못하였다. 그러자 X는 甲의 머리를 주먹으로 때리면서 모욕적인 말을 하고, 甲으로 하여금 바닥에 장시간 무릎을 꿇고 앉아 있게 하는 등의 가혹행위를 하였다.

甲은 경찰관 X의 폭행과 가혹행위를 이유로 검찰청에 고소장을 제출하였다. 그러나 검사는 X의 가혹행위에 대해서는 증거가 없다는 이유로 혐의 없음의 처분을 하고, 폭행에 대해서는 혐의를 인정하였으나, X가 성실히 직무를 수행하는 과정에서 우발적으로 범한 사건이며, X가 잘못을 깊이 뉘우치고 있다는 것을 이유로 기소유예 처분을 하였다.

– 위의 각 경우 甲이 검사의 불기소처분에 불복하는 방법은 어떤 것이 있는가?

**수사종결에 따른 검사의 결정**

형사사건 또는 범죄가 발생한 경우에는 수사가 개시된다[15]. 수사기관으로는 사법경찰관리[16]와 검사가 있다. 수사한 결과에 대한 최종적인 처분(수사의 종결)은 검사가 한다. 수사를 종결하면서 검사가 공소제기와 불기소 여부를 결정한다.

공소제기는 검사가 법원에 피고인에 대한 판결을 구하는 소송행위이다. 검사가 공소제기를 하면 법원은 공소제기된 사건에 대한 심판을 할 의무를

15) 수사가 개시되는 원인을 수사의 단서(端緖)라고 하며, 수사의 단서로는 고소 · 고발 · 변사체 검시 · 불심검문, 소문 · 풍문 · 수사기관의 인지(認知) 등이 있다.

16) 사법경찰관리(司法警察官吏)는 사법경찰관과 사법경찰리를 합하여 일컫는 말이다. 사법경찰(司法警察)은 형사사법(刑事司法)에 관한 업무, 즉 범죄의 수사를 주로 하는 경찰행정을 말한다. 사법경찰은 행정경찰(行政警察)과 구별된다 행정경찰은 치안질서의 유지 등 주로 행정업무에 종사하는 경찰업무이다.

지게 된다. 지금까지 수사의 대상이던 피의자는 검사의 공소제기 이후부터는 피고인으로 불리게 된다[17]. 검사의 불기소 처분으로는 '공소권 없음' '혐의 없음' '죄가 안됨' '기소중지' '참고인중지' '기소유예' 등이 있다. '공소권 없음'은 공소시효 완성, 친고죄에서 고소인의 고소 취하, 반의사불벌죄에서 피해자의 명시한 의사표시 등의 사유 등 소송조건을 갖추지 못한 경우에 행해지는 결정이다. '혐의 없음'은 피의자[18]에게 범죄의 혐의가 없는 것으로 판단되거나, 범죄의 혐의를 인정할 만한 자료(증거)를 발견할 수 없을 때 내리는 결정이다.

'죄가 안됨'은 피의사실이 범죄구성요건에는 해당하지만 법률상 정당행위 · 정당방위 · 긴급피난 등의 위법성 조각사유 또는 심신상실, 형사미성년 등의 책임조각사유가 있는 경우에 내려지는 처분이다.

'기소중지'는 피의자(被疑者)를 찾을 수 없어 피의자를 발견할 때까지 수사를 중지한다는 처분이다. '참고인 중지'는 수사상 필요한 참고인의 소재를 확인할 수 없어 그를 발견할 때까지 수사를 중지하는 처분이다.

'기소유예'는 피의자에게 범죄의 혐의는 인정되지만 형법 제51조 각호의 사항, 즉 ① 피고인의 연령 · 성행(性行) · 지능과 환경, ② 피해자에 대한 관계, ③ 범행의 동기 · 수단과 결과, ④ 범행후의 정황(情況) 등을 참작하여 형사정책적 차원에서 공소제기를 하지 않기로 하는 처분을 말한다.

이 외에도 검사의 결정 중에는 타관송치(他管送致)와 공소보류(公訴保留)가 있다. 타관송치는 '사건이 검사가 소속된 검찰청에 대응하는 법원의 관할에 속하지 않는 경우에 사건을 서류 · 증거물과 함께 관할법원에 대응하는 검찰청 검사에게 송치하는 것'을 말한다(형사소송법 제256조). 공소보류는 기소유예의 특별한 형식의 하나로서, 국가보안법 위반의 경우 검사는 공소제기를

17) 이처럼 피의자와 피고인의 개념은 공소제기를 기준으로 구별된다. 또한 피고인은 민사소송절차에서 '원고'에 의하여 소제기를 당한 '피고'와 구별되는 개념이다.

18) 범죄의 혐의가 있는 것으로 인정되어 수사의 대상이 된 자를 말한다.

보류하는 결정을 하는 것을 말한다(국가보안법 제20조 제1항)[19].

**기소독점주의와 기소편의주의**

공소의 제기는 국가기관인 검사만이 할 수 있다. 형사소송법 제246조는 "공소는 검사가 제기하여 수행한다"고 규정하고 있다. 검사는 국가기관이므로 형사소송법 제246조는 국가소추주의를 규정하고 있는 것이다. 국가소추주의란 공소제기의 주체가 개인이 아니라 국가라는 것이다. 한편 국가소추주의를 전제로 국가기관 중에서도 검사만이 공소권을 갖는 것을 기소독점주의라고 한다. 형사소송법 제246조는 국가소추주의와 함께 기소독점주의를 규정하고 있는 것이다.

또한 검사는 기소 · 불기소를 결정할 수 있는 재량을 갖고 있다. 이를 기소편의주의라고 한다. 형사소송법 제247조 제1항은 "검사는 형법 제51조의 사항을 참작하여 공소를 제기하지 아니할 수 있다"고 규정하여 기소편의주의를 채택하고 있다는 것을 나타내고 있다.

기소독점주의와 기소편의주의 하에서는 검사의 공소권 행사가 자의적으로 행사되어 악용될 여지가 있다. 따라서 기소독점주의 · 기소편의주의에 의한 검사의 공소권의 자의적 행사를 규제할 수 있는 제도적 장치가 필요하다. 그 대표적인 것으로 불기소처분의 고지제도와 불기소처분에 대한 항고 · 재항고, 재판상의 준기소절차 및 헌법소원이 있다. 여기서는 불기소처분의 고지제도만 설명하고 나머지는 항을 바꾸어서 설명하기로 한다.

불기소처분의 고지는 검사가 고소 · 고발사건에 대해 공소를 제기하지 않을 경우 고소인 · 고발인에게 그 취지를 통지하는 것이다(형사소송법 제258조

19) 제20조 (공소보류) ①검사는 이 법의 죄를 범한 자에 대하여 형법 제51조의 사항을 참작하여 공소제기를 보류할 수 있다. ②제1항에 의하여 공소보류를 받은 자가 공소의 제기없이 2년을 경과한 때에는 소추할 수 없다. ③공소보류를 받은 자가 법무부장관이 정한 감시 · 보도에 관한 규칙에 위반한 때에는 공소보류를 취소할 수 있다. ④제3항에 의하여 공소보류가 취소된 경우에는 형사소송법 제208조의 규정에 불구하고 동일한 범죄사실로 재구속할 수 있다.

제1항). 고소인 · 고발인의 청구가 있으면 검사는 7일 이내에 서면으로 이유를 설명해 주어야 할 의무가 있다(형사소송법 제259조). 이 제도는 검사의 부당 · 위법한 불기소처분을 직접 규제하는 것은 아니지만, 재정신청과 항고의 기초자료를 제공해 주고 검사의 불기소처분의 투명성을 확보해 준다는 점에서 간접적인 규제장치로 작용하고 있다고 할 수 있다.

**검사의 불기소처분에 대한 불복방법**

#### 1) 항고(抗告) · 재항고(再抗告)

검사의 不起訴處分에 불복이 있는 告訴人, 또는 告發人은 그 검사가 속하는 지방검찰청 또는 지청(支廳)을 거쳐 서면으로 관할 고등검찰청 검사장에게 항고[20]할 수 있다.

이 경우 당해 지방검찰청 또는 지청의 검사는 항고가 이유 있다고 인정하는 때에는 그 처분을 更正하여야 한다(검찰청법 제10조 제1항). 고등검찰청 검사장이 위 항고를 이유 있는 것으로 인정하는 때에는 소속 검사로 하여금 지방검찰청 또는 지청 검사의 불기소처분을 직접 경정(更正)하게 할 수 있다. 이 경우 고등검찰청 검사는 지방검찰청 또는 지청의 검사로서 직무를 수행하는 것으로 본다(같은 조 제2항). 고등검찰청 검사장이 항고를 기각한 경우 이에 불복이 있는 항고인(고소인 또는 고발인)은 검사가 속하는 고등검찰청을 거쳐 서면으로 검찰총장에게 재항고할 수 있다. 이 경우 당해 고등검찰청의 검사는 재항고가 이유 있다고 인정하는 때에는 그 처분을 경정하여야 한다(같은 조 제3항).

이상의 항고와 재항고는 불기소처분의 통지 또는 항고기각결정통지를 받은 날로부터 30일 내에 하여야 한다. 다만 항고인이 그 기간 내에 항고나 재항고를 하지 못한 경우 항고인은 자신에게 책임 없는 사유로 인하여 그 기

20) 항고는 법원의 재판 중 결정에 대해서 불복하는 경우에 하는 것이다. 항고에 대해서 불복이 있는 경우에는 재항고할 수 있다.

간 내에 抗告 또는 再抗告하지 못하였다는 것을 소명(疏明)[21]할 수 있다. 이 같은 소명이 있는 경우 그 기간은 위와 같은 사유가 해소된 때로부터 기산된다(같은 조 제4항). 위의 기간을 경과하여 항고 또는 재항고가 접수된 경우 그 항고 · 재항고는 기각된다. 다만, 새로이 중요한 증거가 발견된 경우에 告訴人 또는 告發人이 그 사유를 소명한 때에는 기각하지 않을 수 있다(같은 조 제5항).

고소인 · 고발인이 형사소송법 제260조의 규정에 의한 재정신청(후술)을 한 때에는 抗告를 하지 못한다. 다만 재정결정이 있기 전에 그 신청을 취소한 때에는 불기소처분의 통지 또는 항고기각결정통지를 받은 날로부터 30日 내에 다시 항고할 수 있으며(같은 조 제6항), 항고인이 재정신청을 한 때에는 그 항고는 취소된 것으로 본다(같은 조 제7항).

### 2) 재정신청

재정신청(裁定申請)은 형법 제123조(직권남용죄)[22], 제124조(불법체포 · 감금죄)[23], 또는 제125조(폭행 · 가혹행위)[24]에 대하여 고소 또는 고발한 자가 검사로부터 공소를 제기하지 않는다는 통지를 받은 때에 그 검사 소속의 고등검찰청에 대응하는 고등법원에 그 불기소처분의 당부에 관한 재정을 신청하는 것을 말한다. 위 신청에 의하여 법원이 심판(審判)에 부(付)하는 결정을 한 때에는 공소제기가 있는 것으로 간주한다(형사소송법 제260조 이하). 이것을 재판

---

21) 증명보다는 정도가 약한 정도의 입증을 소명이라고 한다.

22) 공무원이 직권을 남용하여 사람으로 하여금 의무없는 일을 하게 하거나 사람의 권리행사를 방해하는 것을 내용으로 하는 범죄이다. 이 경우 5년 이하의 징역, 10년 이하의 자격정지 또는 1천만원 이하의 벌금에 처해지게 된다.

23) 재판 · 검찰 · 경찰 기타 인신구속에 관한 직무를 행하는 자 또는 이를 보조하는 자가 그 직권을 남용하여 사람을 체포 또는 감금하는 것을 내용으로 하는 범죄이다. 이 경우 7년 이하의 징역과 10년 이하의 자격정지에 처해지게 된다.

24) 재판 · 검찰 · 경찰 기타 인신구속에 관한 직무를 행하는 자 또는 이를 보조하는 자가 그 직무를 행함에 당하여 형사피의자 또는 기타 사람에 대하여 폭행 또는 가혹한 행위를 가하는 것을 내용으로 하는 범죄이다. 이 경우 5년 이하의 징역과 10년 이하의 자격정지에 처해지게 된다.

상의 준기소절차라고 한다.

재정신청은 불기소처분의 통지를 받은 날로부터 10이내에 불기소처분을 한 검사 소속의 지방검찰청 검사장 또는 지청장을 경유하여 그 검사 소속의 고등검찰청에 대응하는 고등법원에 신청해야 한다.

재정신청을 수리(受理)한 지방검찰청검사장 또는 지청장은 ① 신청이 이유 있는 것으로 인정한 때에는 즉시 공소를 제기하고 그 취지를 소할(所轄) 고등법원과 재정신청인에게 통지하여야 하며, ② 신청이 이유없는 것으로 인정한 때에는 그 기록에 의견서를 첨부하여 7일 이내에 소할고등검찰청검사장에게 송치한다. 위 재정신청이 신청이 이유 없는 것으로 인정된 경우 위 기록을 수리한 고등검찰청검사장은 ① 신청이 이유 있는 것으로 인정한 때에는 그 기록에 공소제기명령서를 첨부하여 소할지방검찰청검사장에게 송치하고 그 취지를 소할고등법원과 재정신청인에게 통지하여야 하며, ② 신청이 이유 없는 것으로 인정한 때에는 30일 이내에 그 기록을 소할고등법원에 송치한다.

재정신청서와 그 기록을 수리한 고등법원은 항고의 절차에 준하여 다음의 결정을 한다.

즉, ① 신청이 법률상의 방식에 위배하거나 이유없는 때에는 신청을 기각하며, ② 신청이 이유있는 때에는 사건을 관할지방법원의 심판에 부(付)한다. 법원은 20일 이내에 위 결정을 하여야 하며, 법원은 필요한 경우에는 증거를 조사할 수 있다. 법원의 위 결정에 대하여는 항고할 수 없고 법원의 위 기각결정이 있었던 사건에 대하여는 다른 중요한 증거를 발견한 경우를 제외하고는 소추(訴追)할 수 없다. 법원이 재정신청에 대한 기각결정 또는 부심판결정(付審判決定)을 한 때에는 그 정본(正本)을 재정신청인 · 피의자와 소할지방검찰청검사장 또는 지청장에게 송부(送付)하여야 한하며, 사건을 지방법원의 심판에 부하는 결정의 재판서에는 공소장의 기재사항을 기재하여야 한다. 심판에 부하는 결정을 한 경우에는 그 기록에 재정결정의 재판서의 정본을 첨부하여 7일 이내에 관할지방법원 또는 지원에 송치하여야 한다.

재정신청이 있을 때에는 재정결정이 있을 때까지 공소시효의 진행을 정지하며(형사소송법 제262조의2), 부심판결정이 있는 때에는 그 사건에 대하여 공소의제기가 있는 것으로 간주한다. 재정신청은 기각결정 또는 부심판결정이 있을 때까지 취소할 수 있으며, 취소한 자는 다시 재정신청을 할 수 없다.

법원은 부심판결정에 의하여 사건이 그 법원의 심판에 부하여 진 때에는 그 사건에 대하여 공소의 유지를 담당할 자를 변호사 중에서 지정하여야 하며, 위 지정을 받은 변호사(지정변호사)는 당해 사건과 이와 병합된 사건에 대한 공소를 유지하기 위하여 종국재판[25]이 확정될 때까지 검사로서의 모든 직권을 행사한다.

단, 사법경찰관리에 대한 수사의 지휘는 재판장이 인정한 사항에 한한다. 지정변호사는 법령에 의하여 공무에 종사하는 자로 간주되며, 지정변호사가 그 직무를 행함에 있어서 불적당하다고 인정하거나 기타 특수한 사정이 있을 경우에는 언제든지 그 지정을 취소하고 다른 변호사를 지정할 수 있다. 지정 변호사는 국가로부터 법률로써 정한 액의 보수를 받는다.

### 3) 헌법소원

헌법소원은 공권력의 행사 또는 불행사로 인하여 헌법상 보장된 기본권을 침해받은 자가 헌법재판소에 그 권리구제를 청구하는 제도이다. 검사의 기소, 또는 불기소처분으로 헌법상 기본권을 침해받은 자는 헌법소원을 제기할 수 있다.

헌법소원을 청구할 수 있는 자는 고소인이다. 고발인에게는 청구권이 인

---

25) 당해 심급을 종료하는 재판을 말한다. 예를 들어 유죄판결의 선고가 대표적인 예이다.

26) 헌법재판소 1989. 12. 22. 자 89헌마145결정. “범죄 피해자가 아닌 고발인에게는 개인적 주관적인 권리나 재판절차에서의 진술권(陳述權)따위의 기본권이 허용될 수 없으므로 검사가 자의적으로 불기소처분을 하였다고 하여 달리 특별한 사정이 없으면 헌법소원심판청구(憲法訴願審判請求)의 요건인 자기관련성(自己關聯性)이 없다.”

정되지 않는다는 것이 헌법재판소의 입장이다[26]. 피의자도 헌법소원심판청구권을 갖는다[27].

헌법소원의 대상이 되는 불기소처분은 좁은 의미의 불기소처분(혐의없음, 공소권 없음 및 죄가 안됨)과 이에 해당하는 사건에 대해 기소유예처분을 하는 경우는 물론 기소유예처분 자체가 검사가 가지는 소추재량권의 일탈이나 남용에 해당하는 경우도 포함한다. 또한 검사가 고소 · 고발사건에 대해 수사에 착수하지 않거나 장기간 수사종결처분을 미루는 경우도 공권력의 불행사로 파악될 수 있으므로 헌법소원의 대상이 된다. 다만 헌법재판소는 현재 수사중인 사건에 대해서는 특단의 사정이 없는 한 헌법소원의 대상으로서 구체적인 공권력의 행사 또는 불행사가 있다고 볼 수 없다는 이유로 헌법소원의 대상에서 제외하고 있다.[28]

헌법소원은 다른 법률에 구제절차가 있는 경우에는 그 절차를 모두 거친 후가 아니면 청구할 수 없다. 따라서 검사의 불기소처분에 대한 헌법소원은 검찰항고, 재정신청 등 다른 구제절차를 모두 밟은 후에 비로소 가능하다. 다만 피의자가 행하는 헌법소원은 헌법재판소에 직접 제기할 수 있다.

헌법소원의 청구는 검찰항고 또는 재정신청의 최종결정을 통지받은 날로부터 30일 이내에 청구하여야 한다(헌법재판소법 제69조 제1항 단서). 참고로 피의자가 직접 헌법소원심판을 청구하는 경우에는 검사의 불기소처분이 있음을 안 날로부터 60일 이내에, 불기소처분이 있은 날로부터 180일 이내에 청

27) 헌법재판소 1992. 11. 12. 91헌마146 결정. 이 사건 결정의 요지는 ① 형사피의자로 입건되었던 자가 기소유예처분을 받았을 때 스스로 무고함을 주장하여 헌법소원심판을 청구할 수 있다는 것, ② 이 경우 형사피의자로 입건되었던 자(者)는 검찰청에 진정서나 탄원서를 제출하거나 수사재기(搜査再起)를 신청함으로써 자신의 억울함을 호소할 수도 있겠으나, 그것은 검사의 직권발동을 촉구하는 하나의 방법일 뿐이므로 헌법재판소법 제68조 제1항 단서 소정의 구제절차에 해당하는 것이라고 할 수 없으며, 위와 같은 사건은 법률상 구제절차가 없는 경우에 해당하므로 헌법재판소에 직접 제소하는 것이 가능하며, 그 기간은 헌법재판소법 제69조 제1항 본문에 따라 그 사유인 기소유예처분이 있음을 안 날로부터 60일 이내에, 그 사유가 있은 날로부터 180일 이내에 청구하면 된다는 것이다.

28) 헌법재판소 1989. 9. 11. 89헌마 169결정.

구하여야 한다(같은 조 제1항 본문). 헌법소원심판청구인이 변호사를 대리인으로 선임할 자력(資力)이 없는 경우에는 헌법재판소에 국선대리인선임을 신청할 수 있다(같은 법 제70조 제1항 제1문). 헌법소원의 심판청구서에는 청구인 및 대리인의 표시 · 침해된 권리 · 침해의 원인이 되는 공권력의 행사 또는 불행사 · 청구이유 · 기타 필요한 사항 등을 기재하여야 한다(같은 법 제71조 제1항). 헌법소원의 심판청구에는 재정신청의 경우와 달리 공소시효 정지의 효력이 없다.

**결론**

**1) 사례 (1)의 경우**

甲은 검사에게 불기소이유를 서면으로 통지할 것을 요구할 수 있다. 甲은 불기소처분 통지를 받은 날로부터 30일 내에 그 검사가 속하는 지방검찰청 또는 지청을 거쳐 서면으로 관할 고등검찰청 검사장에게 항고할 수 있다. 위 항고에 대하여 기각결정이 내려진 경우 甲은 항고기각결정통지를 받은 날로부터 30일 내에 검찰총장에게 재항고할 수 있다. 위 재항고가 받아들여지지 않을 경우 甲은 검찰항고의 최종결정을 통지받은 날로부터 30일 이내에 헌법소원을 제기할 수 있다. 본 사안에서의 사건은 형법 제123조 내지 제125조에 해당하는 것이 아니므로 재정신청은 할 수 없다.

**2) 사례 (2)의 경우**

이 경우에도 일단 甲은 검사에게 불기소이유를 서면으로 설명해 달라는 것을 요구할 수 있다. 甲은 이를 검토하여 甲은 X에 대한 불기소처분의 통지를 받은 날로부터 30일 내에 그 검사가 속하는 지방검찰청 또는 지청을 거쳐 서면으로 관할 고등검찰청 검사장에게 항고할 수 있다. 위 항고에 대하여 기각결정이 내려진 경우 甲은 항고기각결정통지를 받은 날로부터 30일 내에 검찰총장에게 재항고할 수 있다.

이 경우는 피고소인의 행위가 형법 제125조에 해당하는 것이므로 형사소송법 제260조의 규정에 의하여 재정신청의 대상이 된다. 甲은 검사로부터 불기소처분의 통지를 받은 날로부터 10일 이내에 불기소처분을 한 검사 소속의 지방검찰청 검사장 또는 지청장을 경유하여 그 검사 소속의 고등검찰청에 대응하는 고등법원에 신청할 해야 한다.

위 재항고가 받아들여지지 않을 경우 甲은 검찰항고의 최종결정을 통지받은 날로부터 30일 이내에 헌법소원을 제기할 수 있다.

# 불심검문의 적법한 범위

● **사례**

(1) 甲은 거리를 걸어가던 중 경찰관이 甲에게 다가 와서 자신의 신분을 밝히고 甲에게 인적사항과 행선지 등을 물었다. 甲은 경찰관이 자신에게 다가와서 묻는 것에 대하여 굳이 대답할 이유가 없다고 생각하여 甲의 질문을 무시하고 그냥 지나가려고 하였다. 이에 경찰관이 甲의 팔을 붙잡고 "가긴 어딜 가느냐"고 하면서 甲을 근처에 있는 파출소로 연행해 가려고 하였다. 이에 甲은 경찰관에게 저항하였으며, 그 과정에서 경찰관과 몸싸움을 하게 되었다.

이 경우 甲의 행위는 공무집행방해죄를 구성하는가?

(2) 경찰관 A는 필로폰(정식 명칭은 '메타암페스타민')이 밀매되고 있다는 정보를 입수하고 필로폰이 밀매되고 있는 장소로 알려진 대구시내 모 나이트클럽 주위를 감시하고 있었다. 그곳에서 마침 A는 甲의 거동이 수상하다고 판단하고 甲이 필로폰을 소지하고 있을 것이라는 의심이 들어 甲을 정지시키고 甲에게 경찰관 신분증을 제시하고 소지품을 제시하라고 요구하였다. 그러나 甲이 이를 거부하자 A는 甲의 호주머니에 손을 넣어 강제로 그 안에 있던 필로폰을 끄집어 내려고 했다.

이에 甲은 A에게 대항하게 되었고 A와 실랑이를 벌이게 되었다. 마침내 A는 힘으로 甲을 제압하여 甲의 호주머니를 뒤졌으며, 甲이 소지하고 있는 필로폰을 압수하였다.

그리고 A는 甲이 자신의 공무집행행위를 방해하였다고 하면서 甲을 공무집행방해죄로 입건하였다.

① 위의 각 사례에서 甲에게 공무집행방해죄가 성립하는가?

② (2)의 경우 甲이 마약류관리에관한법률위반으로 기소된 경우 A가 압수한 필로폰은 위 범죄의 증거로 사용될 수 있는가?

**불심검문과 소지품검사**

1) 경찰관은 수상한 거동이나 기타 주위의 사정을 합리적으로 판단하여 어떤 죄를 범하였거나 범하려고 하고 있다고 의심할 만한 상당한 이유가 있는 자 또는 이미 행해진 범죄나 행해지려고 하는 범죄행위에 관하여 그 사실을 안다고 인정되는 자를 정지시켜 질문할 수 있다(경찰관직무집행법 제3조 제1항).

이러한 경찰관의 직무행위를 불심검문(不審檢問)이라고 한다.

또한 경찰관은 불심검문을 하는 장소에서 질문을 하는 것이 그 당해인(불심검문의 상대방)에게 불리하거나 교통의 방해가 된다고 인정되는 때에는 질문을 하기 위하여 부근의 경찰서 · 지구대 · 파출소 또는 출장소에 同行할 것을 요구할 수 있다. 이를 임의동행이라고 한다. 이 경우 당해인은 경찰관의 同行要求를 거절할 수 있다(같은 조 제2항).

또한 警察官은 위와 같이 당해인에 대하여 질문을 할 때에 兇器의 소지여부를 조사할 수 있다. 이를 소지품검사라고 한다.

경찰관이 불심검문 또는 임의동행을 요구할 경우에는 자신의 신분을 표시하는 증표를 제시하면서 소속과 성명을 밝히고 그 목적과 이유를 설명해야 하며, 동행의 경우에는 동행장소를 밝혀야 한다(같은 조 제4항).

### 2) 불심검문과 소지품검사의 한계

불심검문을 하는 경우 불심검문을 당하는 자는 그 의사에 반하여 답변을 강요당하지 않는다(같은 법 제4조 제1항). 경찰관이 임의동행을 요구하는 경우에도 당해인(甲)은 임의동행의 요구를 거절할 수 있다. 당해인은 형사소송에 관한 법률에 의하지 아니하고는 신체를 구속당하지 아니한다(같은 항).

소지품검사는 직무질문 대상자에게 질문하면서 흉기의 소지 여부를 조사하기 위해 외부에서 소지품을 관찰하거나 소지품의 내용에 관해 질문하거나 의복 또는 휴대품을 외부에서 손으로 가볍게 만지면서 질문해야 한다. 그리고 경우에 따라서는 소지품의 내용제시를 요구하며 제시된 소지품을 검사해야 한다.

흉기인 것으로 의심이 되지 않는 물건에 대하여 상대가 소지품검사에 응하지 않음에도 불구하고 강제로 소지품을 검사하는 것은 압수 · 수색영장이 없이는 이를 할 수 없다. 이는 물건의 압수 · 수색에 관하여 영장주의를 취하고 있는 헌법과 형사소송법의 규정에 반하기 때문이다. 영장주의는 체포 ·

구속 · 압수 · 수색 등 국민의 기본권(신체의 자유 또는 사생활의 비밀에 관한 권리)을 침해하는 강제처분을 하는 경우에는 법관이 발부한 영장이 있어야 한다는 것을 말한다.

**甲의 필로폰 소지 행위**

甲이 필로폰을 소지한 행위는 마약류관리에관한법률에 위배되는 행위이다. 마약류관리에 관한 법률은 마약 · 향정신성의약품 · 대마 및 원료물질의 취급 · 관리를 적정히 함으로써 그 오용 또는 남용으로 인한 보건상의 위해를 방지하여 국민보건향상에 이바지하는 것을 목적으로 하는 법률이다. 이 법은 마약 · 향정신성의약품 · 대마 등을 마약류라고 하며, 이들에 대한 구체적인 내용은 마약류관리에관한법률 제2조에서 상세히 규정하고 있다.

마약류는 마약류를 취급할 수 있는 자격을 갖춘 자 만이 다룰 수 있으며, 이에 위반하여 마약류를 취급하거나 제조 · 매매 · 매매의 알선 · 수수(授受) · 수출 · 수입하거나 이를 위한 목적으로 소지하는 행위 또는 단순 소지의 행위조차도 형사처벌을 받게 된다(같은 법 제58조 이하). 甲의 행위는 마약류관리에관한법률에 위반한 행위라는 것은 명백하다.

**경찰관들의 행위의 검토**

**1) 사안 (1)의 경우**

경찰관이 甲에게 자신의 신분을 밝히고 질문을 한 것까지는 적법[29]하다고 할 수 있으나, 甲이 대답을 하지 않는다는 것을 이유로 부근의 파출소로 끌고 가려고 한 것은 적법하지 않은 것으로서 불심검문의 한계를 벗어나는 것이다. 따라서 경찰관의 행위는 부적법하다.

29) 적법 · 부적법의 문제는 어떤 행위가 법률에서 규정하고 있는 형식적 · 객관적 요건을 갖춘 것인가 하는 문제이다. 어떤 행위가 법률에서 정한 요건을 갖춘 경우는 적법한 것이고, 그렇지 않은 행위는 부적법한 것이다. 원칙적으로 적법한 행위는 법률상 허용되는 것이고, 부적법한 행위는 법률상 허용되지 않는다.

### 2) 사안 (2)의 경우

(1) A의 행위의 적법성

A가 甲에게 소지품을 제시하라고 한 것은 직무질문의 범위를 벗어난 것이다. 甲이 순순히 소지품을 제시하였다면 모르겠으나, 甲이 소지품 제시를 거부한 이상 A가 甲의 호주머니에 들어 있는 소지품을 강제로 빼앗은 것은 성질상 압수에 해당하는 것이고, 이는 법에서 허용한 소지품검사의 범위를 벗어난다. 경찰관직무집행법 제3조에서 허용되는 소지품검사는 흉기의 소지여부에 관한 것이기 때문이다.

(2) 위법수집증거의 증거능력

A의 행위가 부적법한 것이고 A가 영장주의에 위반하여 甲으로부터 필로폰을 빼앗은 행위가 부적법한 것이라면 이는 위법하게 수집한 증거에 해당한다[30]. 위법한 절차에 의하여 취득한 증거는 증거능력[31]을 인정할 수 없다고 보는 것이 미국의 판례이며, 우리나라에서의 다수의 형사소송법 학자들은 위법하게 수집한 증거에 대해서는 증거능력을 인정해서는 안된다고 주장한다(위법수집증거 배제의 법칙). 미국의 판례에 의하면 위의 사례(2)에서 甲의 행위가 부적법한 것이라면 A가 甲으로부터 압수한 필로폰은 영장주의에 반하여 취득한 것으로서 위법하게 수집한 증거이므로 이는 甲의 마약소지를 인정하는 유죄의 증거로 사용되어서는 안된다.

다만 우리나라의 대법원은 영장주의에 위반하여 압수한 증거물에 대하여

30) 원래 위법이라는 개념은 법에서 정하고 있는 가치에 반하는 것을 말한다. 위법수집증거에서의 위법은 적법한 절차에 위반하여 수집한 증거라는 의미인 것으로 사용된다. 따라서 여기서의 위법은 부적법의 개념으로 보아도 무방한 것으로 생각된다.

31) 증거능력은 범죄의 실체를 파악하는데 있어서 증거로 사용될 수 있는 자격을 말한다. 유 · 무죄의 판단은 증거능력이 있는 증거에 의해서만 판단하여야 한다. 하며, 증거능력이 없는 증거는 아예 처음부터 유 · 무죄 판단의 자료로 삼아서는 안된다. 이와 구별되어야 할 개념으로는 증명력이 있다. 증명력은 어떤 증거가 증거로서 어느 정도의 가치를 가지는가 하는 것이다. 증명력은 증거능력을 전제로 하는 개념이다. 증거는 증거능력이 있어야 비로소 증거로서의 가치에 대한 판단을 받을 자격이 부여되는 셈이다. 증명력은 증거능력이 있는 증거로서 그 증거가 유죄를 인정함에 있어서 어느 정도 가치를 가지는가 하는 것이다. 증거능력이 있는 증거라고 하더라도 증거로서의 가치가 없는 것이라면 당해 사건에 대해서는 무죄가 선고될 수밖에 없을 것이다.

"압수물은 압수절차가 위법하다고 하더라도 물건 자체의 성질 · 형상에 변경을 가져 오는 것은 아니므로 그 형상 등에 관한 증거가치에는 변함이 없다 할 것이므로 증거능력이 인정 된다"고 하여 증거능력을 인정하고 있다.[32)]

**관련문제**

**1) 공무집행방해위의 의미**

공무집행방해죄는 직무를 집행하는 공무원에게 폭행, 또는 협박을 하는 경우에 성립하는 범죄이다. 공무집행방해죄를 저지른 자는 5년 이하의 징역 또는 1천만원 이하의 벌금에 처해지게 된다(형법 제136조 제1항). 공무원에 대하여 그 직무상의 행위를 강요 또는 저지하거나 그 직을 사퇴하게 할 목적으로 폭행 또는 협박한 경우도 같다(같은 조 제2항). 또한 위계(僞計)로서 공무원의 직무집행을 방해하는 경우도 공무집행방해로 처벌받는다(형법 제137조). 위계로서 공무원의 직무집행을 방해하는 예로는 국가공무원시험에서의 대리시험이 있다.

**2) 필로폰 판매현장에서 체포된 경우 등**

만약 위의 사례와는 달리 甲이 필로폰을 판매하는 현장에서 체포되었다고 가정한다면 甲은 마약류관리에관한법률에서 규정한 마약류의 매매 등에 관한 현행범(現行犯)이므로 A는 영장 없이 甲을 체포할 수 있을 것으로 보이고(형사소송법 제211조, 제212조) 압수한 필로폰은 증거로 사용할 수 있을 것이다.

甲이 마약류를 소지하고 있는 것 자체가 마약류관리에관한법률에 위반하는 것이므로 A는 甲을 현행범으로 체포할 수 있는 것으로 볼 수 있을 것으로도 보인다. 상황에 따라서 달리 파악되어야 할 문제이기는 하지만, 본 사례의 경우처럼 막연히 마약류를 소지하고 있다는 의심이 드는 경우는 형사소

32) 대법원 1987. 6. 23. 선고 87도705 판결; 대법원 1994. 2. 8. 선고 93도3318 판결.

송법 제211조의 '범죄의 실행중이거나 실행의 직후'인 것이 명백하다고 하기는 어려운 것으로 생각된다. 이러한 경우 경찰관은 일단 압수·수색을 보류하고 형사소송법 제200조의3의 규정에 의하여 甲을 긴급체포한 후 사후에 영장을 받는 절차를 밟을 수는 있을 것으로 보인다.

**결론**

**1) 사례 (1)**

甲의 행위는 공무집행방해죄를 구성하지 않는다. 공무집행방해죄가 성립하기 위해서는 공무집행행위가 적법한 것이어야 하는데, 위 사례에서 공무원인 경찰관의 행위는 적법하다고 할 수 없기 때문이다.

**2) 사례 (2)**

A의 행위 역시 甲의 부적법한 행위에 대항한 것으로서, A의 행위가 다소의 폭행을 수반하는 결과를 초래했다고 하더라도 A의 행위는 공무집행방해죄를 구성하지 않는다. 공무원인 甲의 행위는 그 한계를 벗어나는 부적법한 것으로서 정당한 공무집행행위라고 할 수 없기 때문이다.